Die Weimarer Republik
zwischen Metropole und Provinz

Wolfgang Bialas · Burkhard Stenzel (Hg.)

Die Weimarer Republik zwischen Metropole und Provinz

Intellektuellendiskurse zur politischen Kultur

1996

BÖHLAU VERLAG WEIMAR KÖLN WIEN

Gedruckt mit freundlicher Unterstützung
des Thüringer Ministeriums für Bundesangelegenheiten in der Staatskanzlei
und der Alexander von Humboldt-Stiftung.

Die Deutsche Bibliothek - CIP-Einheitsaufnahme

Die Weimarer Republik zwischen Metropole und Provinz:
Intellektuellendiskurse zur politischen Kultur / Wolfgang Bialas/
Burkhard Stenzel (Hg.).- Weimar ; Köln ; Wien : Böhlau, 1996
ISBN 3-412-08796-3
NE: Bialas, Wolfgang [Hrsg.]

Umschlagabbildung: Georg Muche, Großes Bild XX, Nächtliche Stunde, 1915
(mit freundlicher Genehmigung der Kunstsammlungen zu Weimar)

Dieses Buch wurde auf säurefreiem,
chlorfrei gebleichtem Papier gedruckt.

Druck und buchbinderische Verarbeitung:
MVR Druck GmbH, Brühl
Printed in Germany
ISBN 3-412-08796-3

Inhalt

Einleitung
WOLFGANG BIALAS , BURKHARD STENZEL.. 1

„Weimar" als regionales, intellektuelles Reform- und
Experimentierfeld
JÜRGEN JOHN 11

„Wege nach Weimar" und „deutsche Wiedergeburt":
Visionen kultureller Hegemonie im völkischen Netzwerk
Thüringens zwischen Jahrhundertwende und „Drittem Reich"
JUSTUS H. ULBRICHT 23

„...eine Verzauberung ins Helle und Heitere."
Harry Graf Kesslers Ideen zur Kulturerneuerung in Deutschland
BURKHARD STENZEL.. 37

„Die Zukunft der Goethe-Gesellschaft erfüllt mich mit Sorge."
Anmerkungen zur Diskussion um die Nachfolge Gustav Roethes
THOMAS NEUMANN.. 57

Rückzugsgefechte: Die Dichter im Nachkrieg
ALEXANDER HONOLD.. 71

Der Mythos des „Geistes von 1914" in der Weimarer Republik
JEFFREY VERHEY 85

Paul Plaut – Psychologe zwischen den Kriegen
BERND ULRICH 97

Arbeit, Helden, Straßenkämpfe: Krieg in Hugenbergs Medien
MARTIN RASS 111

Motorisierung der Seelen
Anmerkungen zu Arnolt Bronnens
Konzeption der Mensch-Maschine-Symbiose
ULRIKE BAUREITHEL.. 131

Physiognomischer Skeptizismus
Oswald Spenglers „Morphologie der Weltgeschichte" im Kontext
zeitgenössischer Kunsttheorien
HANS-JÜRGEN BIENEFELD 143

Die Frage als Leitfaden in Heideggers Denken
KAI HAUCKE 157

Die Leere zwischen Sein und Sinn:
Helmuth Plessners Heidegger-Kritik in „Macht und
menschliche Natur" (1931)
HANS-PETER KRÜGER 177

Grenzen der Gesellschaft und Grenzen der Gemeinschaft
Zur philosophischen Anthropologie bei Ferdinand Tönnies
und Helmuth Plessner
MANFRED GANGL 201

Zur Diskussion historiographischer Methoden
in den „Preußischen Jahrbüchern" (1919-1935)
HILDEGARD CHÂTELLIER 219

Deutsch-Französische Transaktionsprozesse
Personalistische Dritte-Weg-Diskurse der Zwischenkriegszeit
THOMAS KELLER 235

Ostdeutsche Diskurse und die Weimarer Republik
Variationen zum Verhältnis von Geist und Macht
WOLFGANG BIALAS 253

Anhang

Verzeichnis der Abkürzungen 269

Literaturverzeichnis 271

Personenverzeichnis 289

Autorenverzeichnis 295

Einleitung

Die erste deutsche Demokratie „gedieh" in einem politischen und kulturellen Klima der permanenten Gefährdung ihrer Grundlagen und des zunehmenden Verlusts der politischen Mitte. Nicht nur in den Metropolen, etwa Berlin, Hamburg oder München, sondern vor allem in der Provinz, den Kleinstädten und ländlichen Gebieten, gab es keine republikanische Mehrheit in der Bevölkerung. Der *kollektive Austritt aus dem republikanischen Konsens*[1] durch die Wählerschaft trug schließlich maßgeblich zur Auflösung des demokratischen Staates bei. Der Errichtung einer Diktatur von rechts gingen Kontroversen um das Verhältnis von Metropole und Provinz voraus, die charakteristischerweise von Intellektuellen mit den unterschiedlichsten, politischen Positionen, sowohl Republikbefürwortern als auch -widersachern, geführt wurden.

Mit dem vorliegenden interdisziplinären Band werden Studien vorgestellt, die das vielfältige kulturelle Leben der Weimarer Republik nicht einseitig im Blick auf die Metropolen darstellen, sondern das Spannungsverhältnis zum Leben in der Provinz ausdrücklich thematisieren. Die intellektuellengeschichtliche Literatur zur politischen Kultur von 1918 bis 1933 hat das Verhältnis von Metropole und Provinz in der Moderne bisher wenig beachtet. Nach einem Seminarkolleg der Alexander von Humboldt-Stiftung im November 1995 in Berlin liegen nun die Referate und ergänzenden Beiträge zu diesem Thema vor, die durch die Zusammenarbeit mit dem Weimarer Forschungsprojekt „Instrumentalisierung kultureller Traditionen", das durch die Volkswagen-Stiftung finanziert wird, zustandekamen. Intellektuellendiskurse der Weimarer Republik werden hier aus der Perspektive der realen Orte Berlin und Weimar als Zentren regionaler bzw. nationaler politischer Machtausübung untersucht. Imaginäre Beschwörungen eines Geistes von „Potsdam" oder „Weimar" werden dabei in ihrer symbolischen Bedeutung ernst genommen als Auseinandersetzungen um die inhaltliche Besetzung der politischen Kultur der Weimarer Republik im Kreuzungspunkt unterschiedlicher kultureller Traditionen, politischer Interessen und Kräftekonstellationen.

Der völkisch-nationale Autor Alfred Rosenberg titulierte in seinem 1930 erschienenen Werk *Der Mythos des 20. Jahrhunderts* die Metropolen in Deutschland als *Vorposten des bolschewistischen Niedergangs.*[2] Joseph

Goebbels fand für *Berlin* zwei Jahre zuvor im nationalsozialistischen *Angriff* die ressentimentgeladenen Attribute: *Asphaltdemokratie, Scheinkultur* und *Eiterbeule*. Diese antirepublikanischen Äußerungen suggerierten, daß die Großstadt gleichsam *undeutsch, jüdisch, amerikanisiert* sei und eine Bedrohung für das *deutsche Volk* darstelle. Solche nationalsozialistischen Ressentiments gegen die Metropole – in denen die Unberechenbarkeit ihrer kulturellen Ambivalenzen zu spüren ist – korrespondierten mit der Agitation idealistisch-völkischer Apologeten, die als Vertreter einer *Heimatkunstbewegung* seit der Jahrhundertwende unter den Slogans *Los von Berlin!* und Kampf gegen *Lärm-Juden-Preßcliquen-Cafe-Hausliteraten-Berlin* für den Aufstieg der Provinz eintraten. Adolf Bartels, Ernst von Wildenbruch und Friedrich Lienhard waren die bekanntesten Verfechter der Idee einer *deutschen kulturellen Erneuerung durch die Provinz*. 1920 entwarf beispielsweise Lienhard den Plan für eine *Deutsche Akademie* in Weimar, bei dem die Goethe-Gesellschaft federführend fungieren sollte.[3] Seine Träume von einem *geistigen Olympia* in der thüringischen Provinz wurden jedoch weder von der konservativen Goethe-Gesellschaft, noch von der literarischen Öffentlichkeit ernsthaft erörtert. Schon 1922 trug der Antisemit Adolf Bartels gemeinsam mit der *Deutschen Schillerstiftung* in Weimar einen Aufruf zur *Not der Geistigen* vor, in dem er heftig gegen die Republik polemisierte. Die *harmlosen Hakenkreuzträger* und die *Deutsch-völkischen* wären nicht mehr überzeugt, daß *in unserem Volksganzen die wertvollen Triebkräfte noch ausreichend am Werke sind* – so Bartels.[4] Als im November 1926 die Sektion für Dichtkunst der Preußischen Akademie der Künste in Berlin gegründet wurde, meldete sich Bartels zu Wort: *jüdische Akademie* nannte er die Dichtersektion.[5] Kurt Tucholsky hatte bereits 1922 in der *Weltbühne* Bartels` Werk *Die deutsche Dichtung der Gegenwart. Die Jüngsten* (1921) als *Karikatur des Deutschtums* persifliert.[6] Von radikaldemokratischer Seite wurden die *Provinzphantasien* völkischer und rechter Apologeten unterschätzt oder wie im Falle Tucholsky karikiert. Selbst als Ignaz Wrobel, alias Kurt Tucholsky, in dem Aufsatz *Berlin und die Provinz* (1928) für die *Weltbühne* schreibt, daß vom *republikanischen Gedanken (...) draußen im Lande nur fleckenweise etwas (...) zu merken* wäre; wird eine ernsthafte Gefahr für die Republik durch den überwiegend reaktionären Geist der Provinz daraus nicht abgeleitet.[7] Nur wenige bürgerlich-liberale Intellektuelle machten sich wie Thomas Mann schon 1927 klar, daß *der faschistische Anti-Idealismus die allgemeine Geistesform von 1930 sein* könne, wobei *eine solche Beschränktheit im Lande Goethe`s und*

Nietzsche`s beschämend sei.[8] Lion Feuchtwanger, der sich in seinem Roman *Erfolg. Drei Jahre Geschichte einer Provinz* (1930) mit dem frühen Faschismus und mit Ereignissen von 1921 bis 1924 in München, die zum Hitler-Putsch führten, auseinandersetzte und dabei den Zusammenhang von provinzieller Honoratiorenkultur und der Auflösung demokratischer Grundsätze beschrieb, erkannte 1931 die nationalsozialistische Gefahr. Zwar konnte er sich zu keinem öffentlichen Engagement für die Republik durchringen, umriß er jedoch die Perspektiven liberaler intellektueller Existenz unter den Bedingungen der Herrschaft eines nationalsozialistischen Regimes:

Was also die Intellektuellen und Künstler zu erwarten haben, wenn erst das Dritte Reich sichtbar errichtet wird, ist klar: Ausrottung. Das erwarten denn auch die meisten, und wer irgend unter den Geistigen es ermöglichen kann, bereitet heute seine Auswanderung vor. Man hat, wenn man unter den Intellektuellen Berlins herumgeht, den Eindruck, Berlin sei eine Stadt von lauter zukünftigen Emigranten.[9]

Und die Kleinstadt Weimar? Sie war als Provinz der politisch unverfänglichste Ort für die konstituierende Sitzung der Nationalversammlung am 6. Februar 1919. Das krisengeschüttelte Berlin bot vorerst ungünstige Bedingungen für die Parlamentsarbeit. Zudem sollten positive Impulse von der thüringischen Kleinstadt ausgehen, die im Herzen Deutschlands lag und den Reichsgedanken gegenüber den südlichen Bundesstaaten stärken sollte. Der „Geist von Weimar", den Friedrich Ebert 1919 in seiner Rede vor den Vertretern der Nationalversammlung im Deutschen Nationaltheater beschwor, fühlte sich dem Humanismus und der Aufklärung des 18. Jahrhunderts verpflichtet – realpolitisch hatte diese Entscheidung die „Flucht nach Weimar" zur Folge. Pathetisch beschwor der Intendant des Weimarer Theaters Ernst Hardt 1919 nach der Umbenennung zum *Deutschen Nationaltheater* die geistige Anziehungskraft des Ortes:

Was aber ist dieses Unfaßbare, Unsichtbare: Weimar. Ein ehrwürdiges Museum inmitten eines schattigen Gartens. Gewiß.- Irgendwo aber glimmt ein Fünkchen wie das Licht einer ewigen Lampe in einer Kirche. Niemand kann die Flamme greifen und fassen, und dennoch sieht sie jeder Deutsche hinter seinen Lidern schimmern, wenn er das Wort Weimar spricht.[10] Die turbulenten Jahre der Reformtätigkeit des Bauhauses unter Walter Gropius blieben bis 1924 eine Episode ohne prägenden Einfluß in der sonst dem Traditionalismus verpflichteten Stadt. Der aus Schwaben stammende konservative Schriftsteller und Generalsekretär der *Deutschen Schillerstiftung*

Heinrich Lilienfein empfand sich 1925 als *Ausgestoßner* in der Kleinstadt. Er meinte zum sterilen Traditionskult in Weimar: *Die Toten würgen die Lebendigen, die Vergangenheit erstickt die Gegenwart, das Alter erdrosselt die Jugend (...) Wer kann in dieser Stadt leben?*[11]

Der „Besetzung" kultureller Traditionen als „Geist von Weimar" wie dem realen demokratischen Staat selbst traten in der thüringischen Stadt prononciert konservative, monarchistische und völkisch-nationale Bewegungen entgegen, die – vor allem traumatisiert durch Weltkriegs- und Revolutionserfahrung – „erfolgreich" an der Zerstörung der ersten Republik in der Provinz arbeiteten.

Die Rede von der 'Krise der Intellektuellen', ihrem 'Verrat', ihrem 'Versagen' oder auch ihrer 'historischen Verabschiedung' ist im 20. Jahrhundert weit verbreitet. Gemeint war damit zunächst die dezisionistische Auflösung des Spannungsverhältnisses von Universalismus und Partikularismus zugunsten einer kompromißlosen nationalen, sozialen, politischen oder auch religiösen Parteilichkeit, mit der Intellektuelle 'Verrat' an ihrem exemplarischen Amt, ihrer weltgeschichtlichen Mission begingen, erkennbar an ihrer Bereitschaft, *das Wahre vom Nützlichen, das Gerechte von den Umständen*[12] bestimmen zu lassen. Mit dem Verweis auf die vielfältigen Verstrickungen Intellektueller in ihre jeweiligen politischen und ideologischen Systeme bis hin zu ambitionierter Inanspruchnahme geistiger Führerschaft, und sei es zum Ausgleich der Diskrepanzen zwischen menschenverachtender Realpolitik und ihrer idealtypischen Formulierung eines 'wahren ...-ismus', wird diese Kritik häufig begründet. Vorausgesetzt ist dabei, daß zum Selbstverständnis Intellektueller das Bewußtsein gehört, besondere Verantwortung für den Verlauf gesellschaftlicher Prozesse zu tragen.[13] Zugleich wird auch ein Zusammenhang zwischen der intellektuellen- und realgeschichtlichen europäischen Entwicklung, symptomatisch an der Unterbrechung intellektueller europäischer Kontinuität ausgemacht: *Heftige Eruptionen und blutige Katastrophen brachen aus, wenn, zu welcher Zeit immer, die Gegenbewegung gegen den Intellekt an Boden gewann.*[14]

Darin jedenfalls besteht weitestgehend Übereinstimmung: Durch die Interpretation und Deutung historischer Situationen, in der offenen oder verdeckten Parteinahme für soziale Gruppen, politische Bewegungen oder ideologische Strömungen tragen Intellektuelle entscheidend zur Konturierung von Zeitgeist und soziokultureller Atmosphäre bei.[15] Ihr gesellschaftspolitisches Engagement ebenso wie ihre prononcierte Kritik an gesellschaftlichen Zuständen oder ihre Verweigerung ideologischer Funktionalisierung und politischer Instrumentalisierung verweisen darauf, daß intellektuelle Tätigkeit in konkreten soziokulturellen Kontexten stattfindet. Gelingt es, die Ideengeschichte sozial- und geisteswissenschaftlicher Disziplinen problemgeschichtlich zu kontextualisieren, so läßt sich der Streit der Schulen und Konzepte übersetzen in die in ihrem Ausgang immer wieder offene Konkurrenz um Deutungs- und Interpretationskompetenz zeitgeschichtlicher Problem- und Konfliktlagen. Dann wird deutlich, daß sowohl ersichtlich folgenreiche, aber auch scheinbar folgenlose Entscheidungen unter sozialen Zwängen und kulturellen Erwartungen stehen. Strukturiert durch eine Konfiguration von Interessenlagen ist intellektuelles Engagement mit Risiken behaftet, die vom persönlichen Scheitern bis zur Verkehrung intentierter Wirkungen in ihr Gegenteil reichen. Erklärungsgewinn verspricht hier die konzeptionelle Verschränkung von historisch vergleichender und intellektuellengeschichtlich systematisierender Perspektive.[16]

Intellektuelle bleiben ihrer Zeit auch dann noch verhaftet, wenn sie für sich beanspruchen, in reflexiver Distanz zu deren Turbulenzen den objektiven Standpunkt eines neutralen Beobachters einzunehmen. Ohne eine solche Distanz ist es ihnen andererseits nicht möglich, mehr als das Sprachrohr derjenigen sozialen Gruppen zu sein, deren Interessen sie teilen. Ihre zumeist erklärte Absicht, generalisierende Analysen und Interpretationen vorzulegen, steht dann in einem eigenartigen Mißverhältnis zur offensichtlichen Partikularität ihres konzeptionellen Ansatzes – ein Mißverhältnis, das zum Ausgleich durch den Anspruch politisch nicht vermittelbarer intellektueller Führerschaft geradezu herausfordert. Eine theoretische Rechtfertigung der kulturellen Segregierung intellektueller Eliten ist jedoch nicht unwidersprochen geblieben. Versuche, auf die vortheoretische Konstituierung sozial- und geisteswissenschaftlicher Problemfelder zurückzugehen (Hayden White), die lebensweltliche Einbindung von Expertenkulturen zu reklamieren (Jürgen Habermas) oder ein Feld bedeutungs- und sinnfreier Zeichen auszumachen, die sich nach internen Regeln sprachlicher Verknüpfung zu Diskursen zusammenschließen (Foucault), haben so immer auch eine intellektuellengeschichtliche Dimension.

Die deutsche Favorisierung des Geistes gegenüber den Intellektuellen[17] verweist auf Vereinseitigungen und Ausblendungen. Ob nun konzeptualisiert als Wissenschafts-, Ideen-, Geistes- oder Theoriegeschichte, oder, sozialgeschichtlich inspiriert, als Begriffsgeschichte oder 'Sozialgeschichte der Ideen', *ein* Problemfeld mit den entsprechenden Anschlußproblemen bleibt in der Regel ausgespart, nämlich das der rationalitätstheoretisch, methodologisch und inhaltlich gleichermaßen prägenden sozialen und kulturellen Position der Intellektuellen selbst.[18]

Eine idealtypische Definition des Intellektuellen in der Moderne hat Gangolf Hübinger gegeben: *Intellektuelle stellen sich in den Dienst eines Ideals, weltdeutend und sinnvermittelnd. Sie leiten aus diesem Ideal Kulturwerte ab und kämpfen um deren Verbindlichkeit bei der rationalen Gestaltung der sozialen Ordnung und bei der Systematisierung persönlicher Lebensführung. Bei der sozialen Vermittlung abstrakter Werte verfügen sie über die Macht des gesprochenen und geschriebenen Wortes, ohne die politische Verantwortlichkeit für das daraus resultierende praktische Handeln übernehmen zu müssen. Ihre Erfolgschancen liegen in ihrem 'tatsächlichen oder möglichen Wert als Störungsfaktor' (Schumpeter - d.A.) politisch willkürlicher, sozial ungerechter, bürokratisch verhärteter oder kulturell leerlaufender Ordnungen.*[19] Mit dieser funktionalen Bestimmung Intellektueller sucht Hübinger theoretische Diskussionen auf den Punkt zu bringen, die in der Weimarer Republik geführt wurden, um eine intellektuelle Position zwischen politischer Indienstnahme und Neutralisierung zu bestimmen.[20]

Helmuth Plessner, selbst ein herausragender Intellektueller der Weimarer Republik, konfrontierte 1952 der 'Legende von den zwanziger Jahren', ihrer einzigartigen Produktivität, auffallenden geistigen Dichte und ungewöhnlichen inneren Spannung das, was er 'die geschichtliche Wahrheit' nannte: *Ohne den verhältnismäßig langen ungestörten Konsolidierungsprozeß einer zukunftsgewissen geistigen Schicht vor 1914 hätte es den Stau nicht geben können, der nach dem plötzlichen Fortfall staatlich-gesellschaftlichen Drucks im Elan der zwanziger Jahre sichtbar wurde; ohne den Übergang zur republikanischen Staatsform wiederum nicht die Chance einer Hauptstadt, eines Mittelpunktes für die entbundenen Energien, nicht die Chance einer dem deutschen Staat bis dahin versagten repräsentativen nationalen Urbanität.*[21]

Führt die Auswertung historischer Erfahrungen tatsächlich dazu, aktuellen Problemen besser begegnen zu können? Oder, kurz und knapp: Läßt sich aus der Geschichte lernen? Was beispielsweise könnte der Bonner bzw. Berliner Republik geschehen, worauf sie unter Einbeziehung von Erfahrungen der Weimarer Republik besser vorbereitet wäre als im Bewußtsein der historischen Einzigartigkeit ihrer Problemlagen solche Erfahrungen von vornherein für irrelevant zu halten? Ist es die drohende Unregierbarkeit der Republik angesichts sich überlagernder Krisen? Ist es der 'Krieg in den Städten', der, wenn nicht bürgerkriegsähnliche Zustände, wie von Hans Magnus Enzensberger heraufbeschworen, so doch einen Rückzug der Politik auf symbolisches Handeln anzeigen würde?[22] Bonn ist nicht Weimar heißt es in trotziger, und dennoch unsicherer Rede. Das soll wohl signalisieren: Die freiheitlich demokratische Grundordnung hat ihre Probleme fest im Griff und läßt sich weder von linken noch von rechten Radikalismen die Initiative des Handelns aus der Hand nehmen. Aber auch die Gefahr eines neukonservativen Rückgriffs auf Zeiten, in denen der Geist durch den Antiintellektuellen repräsentiert wurde, wurde, zumindest vor 1989, in der Diskussion beschworen: *Nachdem in zwei Kriegen die Fundamentalopposition gegen die westlichen Demokratien mit ihrem abstrakten Moralismus, utopischem Rationalismus und kaltem Intellektualisms zusammengebrochen ist, gilt es nun, das alte Bündnis von optimistischer Metaphysik und sozialem Pessimismus für begrenztere ideologische und kulturelle Zwecke wieder flottzumachen.*[23]

In ihren jeweiligen theoriegeschichtlichen Bezügen, kategorialen Präferenzen, regional spezifischen Entstehungskontexten und Verortungen, vor allem aber in jeweils im Mittelpunkt stehenden Themenfeldern unterscheiden sich in diesem Band vorgestellten provinziellen und hauptstädtischen Intellektuellendiskurse der Weimarer Republik beträchtlich. Sie belegen, daß eine retrospektiv auf diese Debatten bezogene Bankrotterklärung des 'Geistes' gegenüber der 'Macht' zu kurz greift. Ein solches Bild, vorzugsweise entwickelt in Darstellungen, die den Weimarer Intellektuellen die Verantwortung für das Scheitern der Republik geben, ist mit Sicherheit einseitig, blendet es doch die engagiert geführten kontroversen Debatten um ihre politische Standortbestimmung aus. In den Debatten um eine zeitgemäße respektiv zeitgeistkritische Bestimmung intellektueller Rollen wurde die Gefahr, Spielball politischer Interessen zu werden, durchaus gesehen. Allerdings gilt auch der Befund von Martin und Sylvia Greiffenhagen, die den Intellektuellen der Weimarer Republik bescheinigen: *Parteipolitische Unabhängigkeit wurde mit moralischer Integrität gleichgesetzt. Politik galt, wie früher, als das Bürgertum von ihr ausgeschlossen war, als schmutziges Geschäft, dem sich der 'geistige Mensch' fernhalten mußte, um er selbst bleiben zu können. Gleichzeitig beklagte man mangelnden politischen Einfluß.*[24]

Noch in der Normalisierung der Verhältnisse war der Krieg in den intellektuellen Debatten der Weimarer Republik immer präsent.[25] Nicht nur diejenigen, die ihn selbst in den Schützengräben erlebt hatten, sondern auch diejenigen, die ihn nur aus 'zweiter Hand' kannten, mußten sich mit seinen Folgen auseinandersetzen. Sowohl das rückstandslose Aufgehen in der Masse als anonymes Teilchen eines größeren Ganzen als auch der Rückfall ins Bodenlose existentieller Vereinzelung angesichts von Verwundung und Todesgefahr blieben prägende Erfahrungen. In solchen Gefühlslagen schienen Vernunft und analytischer Verstand massenhaft außer kraft gesetzt zu sein. Wie sonst wäre es zu erklären, daß auch Intellektuelle solchen Stimmungen mehrheitlich erlegen waren? Welchen Einfluß hatte hier die Erfahrung der Übermächtigkeit von Massenpsychologie, der Effizienz von Mobilisierungstechniken, der Destruktionspotentiale des Massenzeitalters auf das Selbstverständnis und den geistigen Führungsanspruch von Intellektuellen? Welche Varianten der intellektuellen Verarbeitung dieser Erfahrungen im Spannungsfeld von Politisierung und expertenkulturellem Rückzug in den akademischen Raum der Disziplinen oder der sozial freischwebenden 'Gemeinschaft des Geistes' wurden wahrgenommen? Was überhaupt bringt Intellektuelle dazu, ein Massenerlebnis zu beschwören und damit einen Mythos zu konstruieren, der ihren eigenen Führungsanspruch als elitäre Anmaßung zu erledigen droht? Nicht zu unterschätzen ist die Erfahrung der Ambivalenzen moderner Massengesellschaften schlechthin für das Selbstverständnis und den geistigen Führungsanspruch von Intellektuellen.[26]

Ermöglicht wurde die Publikation durch die freundliche Unterstützung der Thüringer Ministerin für Bundesangelegenheiten in der Staatskanzlei und durch die Alexander von Humboldt-Stiftung. Die Alfried Krupp von Bohlen und Halbach-Stiftung förderte das Kolleg vom November 1995. Unser Dank gilt dem Lektorat des Böhlau Verlages Weimar, Köln, Wien, insbesondere Herrn Dr. Markus Twellenkamp.

Wolfgang Bialas und Burkhard Stenzel
September 1996

Anmerkungen

1 DETLEV J.K. PEUKERT, Die Weimarer Republik. Die Krisenjahre der Klassischen Moderne, Frankfurt a.M. 1987, S.227.
2 Vgl. ALFRED ROSENBERG, Der Mythos des 20. Jahrhunderts. Eine Wertung der seelisch-geistigen Gestaltungskämpfe unserer Zeit, München 1930.
3 Vgl. WERNER MITTENZWEI, Der Untergang einer Akademie oder Die Mentalität des ewigen Deutschen. Der Einfluß der nationalkonservativen Dichter an der Preußischen Akademie der Künste 1918 bis 1947, Berlin 1992.
4 ADOLF BARTELS, Not der Geistigen, in: Deutsches Schrifttum 1923, Nr. 10.
5 DERS., Die Deutsche Dichterakademie, in: Deutsches Schrifttum, 1926, Nr. 6.
6 IGNAZ WROBEL [KURT TUCHOLSKY], Herr   Adolf Bartels, in: Die Weltbühne, 1922, Nr.12 v. 23. 3.
7 DERS., Berlin und die Provinz, in: Die Weltbühne,1928, Nr. 11 v. 13.3.
8 THOMAS MANN, Von europäischer Humanität, in: DERS. Gesammelte Werke in 13 Bdn., Frankfurt a.M. 1990, Bd. XII, Reden und Aufsätze, S. 637.
9 LION FEUCHTWANGER, Wie kämpfen wir gegen ein Drittes Reich?, in: Die Welt am Abend, Nr. 17, 1931.
10 ERNST HARDT, Weimar. in: Weimarer Blätter, 1919, H1/2, 1. Jg.
11 HEINRICH LILIENFEIN, Aus Weimar und Schwaben. Dichternovellen, Heilbronn 1925, S. 73 ff.
12 JULIEN BENDA, Der Verrat der Intellektuellen (1927). München, Wien 1978, S. 121.
13 Zum Gesamtproblem vgl. WOLFGANG BIALAS, Vom unfreien Schweben zum freien Fall. Ostdeutsche Intellektuelle im gesellschaftlichen Umbruch. Frankfurt a. M. 1996.
14 WOLFGANG KRAUS, Der fünfte Stand. Aufbruch der Intellektuellen in West und Ost, Frankfurt a. M. 1990, S. 59.
15 Diesen Zusammenhang hat KURT SONTHEIMER für die Weimarer Republik nachgewiesen: "Das antidemokratische Denken bereitete nicht unmittelbar den Nationalsozialismus vor", aber dennoch war es "ein maßgeblicher Faktor im Zersetzungsprozeß der Weimarer Republik". DERS.: Antidemokratisches Denken in der Weimarer Republik. München 1992, S. 18 und S. 14.
16 Vgl. dazu ERNST SCHULIN, Geistesgeschichte, Intellectual History und Histoire des Mentalités seit der Jahrhundertwende. Göttingen 1979, S.144-162; Historisches Wörterbuch der Philosophie. Herausgegeben von JOACHIM RITTER und KARLFRIED GRÜNDER . Band 4: I-K. Basel, Stuttgart 1976. „Intellectual History", S. 431 (R. Hülsewiesche).
17 Vgl. dazu DIETZ BERING, Die Intellektuellen. Geschichte eines Schimpfwortes. Stuttgart 1978.
18 Vgl. dazu MICHEL DE CERTEAU, Das Schreiben der Geschichte. Frankfurt a. M./ New York 1991, S. 71ff.
19 GANGOLF HÜBINGER, Die europäischen Intellektuellen 1890-1930, in: Neue Politische Literatur. Jg. 39 (1994), S. 34-54 (S. 35f.).

20 Dagegen stehen bei MANFRED GANGL/ GÉRARD RAULET (Hg.), Intellektuellendiskurse in der Weimarer Republik. Frankfurt, New York 1994 im Mittelpunkt des Interesses "die sich überlagernden, sich kreuzenden und sich
vermengenden intellektuellen Strömungen, ... die ideologischen Schnittstellen
und theoretischen Konstellationen, die unter den besonderen politisch-gesell-
schaftlichen Bedingungen der Weimarer Republik gerade Ungewöhnliches
und Neues hervorbrachten". (S. 11) Zur Komplexität dieser intellektuellen
Landschaft vgl. auch WOLFGANG BIALAS, Intellektuellengeschichtliche
Facetten der Weimarer Republik, in: DERS./ GEORG G. IGGERS (Hg.),
Intellektuelle in der Weimarer Republik. Frankfurt a: M: 1996, S. 13-30.

21 HELMUTH PLESSNER, Die Legende von den zwanziger Jahren, in: DERS., Gesammelte Schriften Bd. 6, S. 261-279 (S.278f.).

22 Vgl. dazu HANS MAGNUS ENZENSBERGER, Aussichten auf den Bürgerkrieg,
Frankfurt a. M. 1993.

23 HAUKE BRUNKHORST, Der Intellektuelle im Land der Mandarine, Frankfurt a.
M. 1987, S. 9.

24 MARTIN UND SYLVIA GREIFFENHAGEN, Ein schwieriges Vaterland. Zur politischen Kultur im vereinigten Deutschland. München, Leipzig 1993, S. 269.

25 Vgl. dazu ERNST SCHULIN, Der erste Weltkrieg und das Ende des alten
Europa, in: AUGUST NITSCHKE, GERHARD A. RITTER, DETLEV J.K.PEUKERT
(Hg.), Jahrhundertwende. Der Aufbruch in die Moderne 1880-1930. Bd. 1,
Reinbek bei Hamburg 1990, S. 369-403.

26 Dazu u.a. DETLEV J.K. PEUKERT, Die Weimarer Republik, a.a.O.; RÜDIGER
VOM BRUCH, "Der Zug der Millionen". Massengesellschaft im Aufbruch, in:
A. NITSCHKE, G.A. RITTER, D.J.K. PEUKERT (Hg.), Jahrhundertwende,
a.a.O., S. 93-120.

„Weimar"
als regionales, intellektuelles
Reform- und Experimentierfeld*

JÜRGEN JOHN

„Weimar" ist in einem mehrdeutigen Sinne Chiffre, Metapher und Symbol für die politische Kultur der Weimarer Republik. Als herausragender Ort der deutschen und europäischen Kulturgeschichte und als Gründungsort der Republik steht die einstige mitteldeutsche Klassikerstadt für Aufbruch-stimmung und geistigen Neubeginn nach der Katastrophe des ersten Weltkrieges und dem Fiasko deutscher „Weltpolitik". Mit „Weimar" als geistigem Symbolort verband sich die Absicht - wie es Friedrich Ebert am 14. Januar 1919 formulierte - „den Geist von Weimar mit dem Aufbau eines neuen Deutschen Reiches" zu verbinden (MILLER/POTTHOFF 1969). Man wollte - so Ebert beim Weimarer Zusammentritt der verfassungsgebenden deutschen Nationalversammlung am 6. Februar 1919 - „hier in Weimar die Wandlung vollziehen vom 'Imperialismus' zum 'Idealismus', von der Weltmacht zur geistigen Größe" (VERHANDLUNGEN 1920). In diesem Kontext steht „Weimar" als Gründungsort des Bauhauses zugleich als Symbolort für den europäischen Avantgardismus der Zwischenkriegszeit.

Die Bezeichnungen „Weimarer Republik", „Weimarer Verfassung", „Weimarer Koalition", „Weimarer Kultur" oder „Weimarer Bauhaus" wur-den so zu Symbolbegriffen eines demokratischen und kulturellen Neubeginns nach dem Weltkrieg wie des Scheiterns dieser Republik und ihrer Kultur. So steht „Weimar" auch für den verhängnisvollen Entwick-lungsweg deutscher Geschichte in die erneute Katastrophe des National-sozialismus und des zweiten Weltkrieges und für eine nationalistisch-machtstaatliche Interpretation des „Geistes von Weimar" in Symbiose mit dem „Geist von Potsdam" (BAUCH 1926). Damit verkörperte die Chiffre „Weimar" eine höchst kontrastreiche Bezugsgröße für Intellektuellendis-kurse der Weimarer Zeit mit entsprechender Vorgeschichte Weimars als nachklassischer Kulturstätte zwischen Tradition und Moderne (PÖTHE 1995) und als Mekka des deutschen Bildungsbürgertums im Spannungsfeld von geistigem Kosmopolitismus, radikalem Nationalismus, „kultureller Nations-bildung" und „Nationalisierung der Kultur" (LANGEWIESCHE 1992; MANDELKOW 1980 u. 1990; GLASER 1993).

So steht „Weimar" auch für jene in die Vorkriegszeit und in die ambivalente Epochen- und Zeitenwende um 1900 (HEPP 1992) zurückreichenden Entwicklungstrends, Intellektuellendiskurse und geistigen Hegemoniekämpfe (HÜBINGER/MOMMSEN 1993), mit denen unterschiedlichste - avantgardistische bis „völkische" _- Gruppen der Moderne das „nachklassische Weimar" als „geistige Hauptstadt" für sich reklamierten und sich dabei entweder auf Goethe als Weltbürger (STENZEL 1995) oder auf einen ins Nationale gewendeten Goethe (MANDELKOW) beriefen. Dies bezog sich auf „Weimar" als ideelles Konstrukt wie auf den Ort selber. Auch die verschiedenen kulturellen Entwürfe für ein „neues Weimar" der Zukunft (GENIUS 1992) wiesen beide Ebenen des ideellen Diskurses wie der realen Struktur auf. Die jeweiligen Konzepte beanspruchten die in der polyzentrischen mitteldeutschen Kulturlandschaft Thüringens (JOHN 1994) gewachsene Residenz- bzw. Landeshauptstadt im ideellen wie im realen Sinne als „nationales" oder als „weltoffenes Weimar" (WEDEL 1950), als „geistige Hauptstadt deutscher Wiedergeburt"(ULBRICHT „Deutsche Renaissance", 1995) oder als avantgardistische „Kulturstadt Europas" (STENZEL 1994).

Darauf gerichtete Forschungen haben es also mit vielschichtigen und sehr widersprüchlichen Inhalten und Ebenen des „Weimar"-Begriffs zu tun. Er meint die Diskurs- wie die Strukturebene, „Weimar" als fiktive wie als reale Größe, als ideelles Konstrukt wie als reales Netzwerk von Strukturen, Gruppen und Personen, als exponierte Stätte kultureller Erbepflege wie als kulturelles Innovationszentrum. Er meint damit stets „Weimar" sowohl in einer nationalen und europäischen als auch in seiner lokal-regionalen Dimension. Der Topos „Weimar" kann nicht - wie es oft verbreitete Praxis ist - allein auf einer allgemeinen Diskursebene bestimmt werden. Es ist auch die reale Ebene vor Ort einzubeziehen und nach regionalen intellektuellen Profilen, Strukturen, Konstellationen, Problem- und Konfliktlagen der mit der Chiffre „Weimar" als „exemplarischem Ort" politischer und kultureller Gestaltungskonzepte und Auseinandersetzungen umschreibbaren Zusammenhänge zu fragen.

Dies gilt schon für die Inkubationszeit der Entwicklungstrends und Hegemoniekämpfe des späten Kaiserreiches und des Weltkrieges, erst recht für deren Entfaltungsphase nach Kriegsende, Revolution und Republikgründung, als sich die verschiedenen Problemlagen und Entwicklungstrends zu einem explosiven Gemisch bündelten und Weimar zum Schauplatz von

Republik-, Landes- und Bauhausgründung wurde. Damit profilierte sich Weimar weit stärker als vor dem Kriege zum intellektuellen Kampfplatz politischer und kultureller Ideen und Gestaltungskonzepte. Das lange Zeit seiner national wie europäisch ausgleichenden und integrierenden geistigen Wirkungen wegen geschätzte und nicht zuletzt deshalb zum Gründungsort der Republik gewählte Weimar erwies sich in der zerklüfteten politischen Kultur der Weimarer Republik als exponierter Schauplatz der Politisierung und Polarisierung des Geistes, als Stätte kultureller Hegemoniekämpfe avantgardistischer und „völkischer" Varianten der „klassischen Moderne", an denen sich die bildungsbürgerlichen Geister schieden. In dieses Konflikt-feld gehört die Chiffre „Weimar" auch zur intellektuellen Vorgeschichte des Nationalsozialismus und jener mit dem Begriffspaar „Weimar" und „Buchenwald" umschreibbaren Zusammenhänge, die „Weimar" als Klassi-kerstadt und Geburtsstätte der demokratischen Republik mit „Buchenwald" als „schauerlicher Negation des klassischen Weimars" und Sinnbild der NS-Verbrechen verbinden.

In diesem Kontext soll im Folgenden „Weimar" als regionales intellektuelles Reform- und Experimentierfeld der ersten deutschen Republik, die ja nicht zufällig den Namen ihres Gründungsortes Weimar trug, knapp porträtiert werden. Der Begriff „Weimar" erscheint damit als Republikbegriff wie zur Umschreibung regionaler Zusammenhänge. Bevor auf die damit verbunde-nen Konstellationen, Aktionsfelder und Konfliktlagen eingegangen wird, sei kurz die Notwendigkeit begründet, die politische Kultur der Weimarer Republik und ihrer Intellektuellendiskurse auch in deren regionalen Bezügen und Strukturen zu untersuchen.

*

So zahlreich bisherige Forschungen und Publikationen über die politische Kultur der Weimarer Republik und ihre Intellektuellen sind, so wenig beziehen sie sich in der Regel auf die regionale Ebene. Sie richten ihren Blick verständlicherweise meist auf Berlin als Hauptstadt und intellektuelles Zentrum der Republik oder auf andere Großstädte. Die Kultur der Weimarer Republik mit ihren avantgardistischen und massenkulturellen Zügen nehmen sie vor allem als eine hauptstädtische (SCHRADER/SCHEBERA, Kunstmetro-pole 1987) und das politisch polarisierte Spannungsfeld der geistigen (LAQUEUR 1976; GAY 1987; HERMAND/TROMMLER 1988; SCHRADER / SCHEBERA, Die „Goldenen"1987) und der politischen Kultur (LEHNERT / MEGERLE 1989) dieser Republik und ihrer Intellektuellendiskurse (GANGL / RAULET 1994; BIALAS/IGGERS 1996) fast ausschließlich auf Reichsebene wahr. Diese Perspektive hat auch weitgehend die allgemein monographische und bilanzierende Literatur über die Weimarer Republik bestimmt. Sie behandelt die kulturellen und intellektuellen Aspekte dieser Republik fast durchweg auf der Reichs- und Hauptstadtebene. Bezeichnenderweise hat die nahezu unüberschaubar gewordene, den Namen „Weimars" meist im Titel führende Literatur zur Politik und Kultur der Weimarer Republik bislang von dem Kultur- und Gründungsort Weimar selbst weitgehend abgesehen (zuletzt WINKLER 1993).

Hingegen betonen neuere Darstellungen über das Kaiserreich gerade die polyzentrische Kultur des bundesstaatlichen Deutschlands mit ihren modernen, oft in Kontrast zum Wilhelminischen Berlin stehenden regionalen Kulturzentren (NIPPERDEY 1993). Von dieser polyzentrischen Kultur schien in der demokratisch verfaßten, trotz bundesstaatlicher Gründungskompromisse aber stärker zentralisierten Weimarer Republik - jenem „unitarischen Bundesstaat" (HUBER 1981) - freilich wenig übriggeblieben zu sein. Der „Aufbruch in die Moderne" (NITSCHKE u.a. 1990) oder - in anderer Lesart - die „Krisenjahre der klassischen Moderne" (PEUKERT 1987) stellten sich als nunmehr fast ausschließlich haupt- und großstädtische Phänomene dar. Ansonsten schien man es mit einer sui generis großstadt- und avantgarde-feindlichen Provinzkultur zu tun zu haben (BERGMANN 1970), die letztlich zum Untergang der Weimarer Republik und des modernen Berlins beitrug. Doch zeigt gerade das als Phänomen der „Moderne in der Provinz" begreif-bare Beispiel „Weimars", wie unbefriedigend eine solche Forschungsper-spektive ist. „Von Weimar nach Europa" - diese vom Reichskunstwart Edwin Redslob geprägte Metapher (REDSLOB 1972) - gilt auch in ihrer Umkehrung. Der „Zug in die Weimarer Provinz" führte stets geradezu ins Zentrum nationaler und europäischer Kontraste.

Bisherige Forschungsperspektiven mit ihrer Schere national gerichteter Forschungen zur politischen Kultur der Weimarer Republik einer- und übergreifende Aspekte oft vernachlässigender Lokal- und Landesforschung andererseits vermögen dies Doppelphänomen kaum zu erfassen. Erstere nehmen das intellektuelle Milieu der Länder kaum wahr. Letztere behandelt intellektuelle Problemlagen oft nur am Rande und trägt so das Ihre dazu bei, die Defizite fortzuschreiben. So stellen die Länder als intellektuelle Aktions-räume der Weimarer Republik ein noch weitgehend unbestelltes Forschungs-feld dar. Hier gibt es umso mehr Handlungsbedarf, als die Länder der

Weimarer Republik ja - bei allen Kompetenzverlusten an die Reichsgewalt - ihre Bildungs- und Kulturhohheit behielten und damit geistigen Bestrebungen regional deutlich unterschiedliche Rahmenbedingungen setzten, wie das thüringische Beispiel mit seiner Landeshauptstadt Weimar in recht eindrucksvoller Weise zeigt.

*

Der zur Umschreibung regionaler Zusammenhänge verwendete „Weimar" Begriff bezieht sich auf Weimar selbst wie auf Weimars regionales Umfeld - und dies wiederum in einem doppelten Sinne. Zum ersten meint dieser weitere regionale Bezug des „Weimar"-Begriffs den Wirkungszusammenhang Weimars und Jenas als „geistiger Doppelstadt" der Klassik, Nachklassik und Moderne mit ihren Kontrastbezügen als (höfische bzw. republikanische) Verwaltungs- und Kunsthochschulstadt (Weimar) einer- und als Industrie- und Universitätsstadt (Jena) andererseits (JOHN/WAHL 1995). Einige Stichworte mögen die intellektuellen Spannungsfelder beider Städte andeuten.

Im Falle Weimars etwa: Die auf das klassische Weimar bezogenen Einrichtungen und Organisationen mit der Gründung der Goethe-Memorialstätten 1885 als Ausgangspunkt; weiterhin das Nietzsche-Archiv (1896); die Reformgruppe des „Neuen Weimars" um Harry Graf Kessler und Henry van de Velde (1902/06); der Adolf-Bartels-Kreis „völkischer" Intellektueller seit 1896; das Bauhaus Weimar (1919); die Gegengründung der Bauhaus-Gegner (1921); die Vertreibung des Bauhauses aus Weimar (1924/25); die Profilierung der Nachfolge-Hochschulen zum NS-Experimentierfeld unter Paul Schultze-Naumburg (seit 1930); der „Weimarer Kreis verfassungstreuer Hochschullehrer" um Friedrich Meinecke und Gustav Radbruch (1926).

Im Falle Jenas etwa: der 1904 von Leipzig nach Jena verlagerte Eugen-Diederichs-Verlag mit seinem intellektuellen Umfeld, zahlreichen Bünden und dem späteren Berliner „Tat-Kreis" um Hans Zehrer; der 1903 geschaffene Jenaer Kunstverein als Förderzentrum für Expressionismus und Neue Sachlichkeit; das von Abbe, Schott und ihrem Umkreis um die Carl-Zeiss-Stiftung (1889/91) begründete, industriell und liberal geprägte „moderne Jena"; die Universität mit ihren intellektuellen Zirkeln um Ernst Haeckel (Monistenbund), Rudolf Eucken (Eucken-Bund), Otto Koellreutter, Karl Korsch oder Julius Schaxel; mit den Reformpädagogen und Volkshochschulgründern um Wilhelm Rein, Hermann Nohl, Heinrich Weinel, Wilhelm Flitner, Adolf Reichwein, Anna Siemsen, Peter Petersen einer - und ihren konservativen Gegenspielern andererseits, die sich - wie die Professorenmehrheit insgesamt - mit dem Grundgestus des „unpolitischen Gelehrten" im antirepublikanischen Sinne politisierten; oder die Konfliktfelder zwischen der „völkisch"-antisemitisch eingestellten Studentenmehrheit um den Jenaer Studentenausschuß einer - und dem Gründungsversuch eines Reichskartells republikanischer Studenten (1922) andererseits.

Zum zweiten meint dieser weitere regionale Bezug des „Weimar"-Begriffs das 1920 aus früheren Einzelstaaten gegründete Land Thüringen mit Weimar als Landeshauptstadt (FACIUS 1978; JOHN 1993; HÄUPEL 1995). Diese umfassenste deutsche Territorialreform seit 1866 bündelte die landesbildenden Energien zu linksrepublikanisch-sozialistischer Reformpolitik von reichsweiter Ausstrahlung und mit einer Fülle intellektueller Profile (TRACEY 1972; HÄUPEL 1995). Thüringen und Weimar wurden damit zu regionalen Musterbeispielen der Politisierung und Polarisierung des Geistes und damit verbundener kultureller Hegemoniekämpfe wie politisch-geistiger Gestaltungskonzepte auf Landesebene.

Diese von aktuellem Reformwillen wie von sozialistischen Visionen getragenen, bis 1923 landespolitisch wirksamen Konzepte sind erst in jüngsten Publikationen angemessen beurteilt worden. Ihr konstruktivrepublikbezogener Gestaltungswille verdient besondere Aufmerksamkeit. Erlaubt er doch einen Zugang jenseits üblich gewordener Intellektuellenschelte, die die Intellektuellen für die totalitären Irrungen dieses Jahrhunderts verantwortlich macht (FEST 1992 u. 1995) wie intellektueller Resignation, die Visionen nicht mehr für möglich hält und sich ihrer bereitswilligst entledigt. Der breite Widerstand, der diese Reform- und Gestaltungskonzepte zum Scheitern brachte, ist nicht minder aufschlußreich. Er zeigt neben dem rechtsradikalen Intellektuellentypus gerade jenen, so destruktiv auf die „politische Kultur der Weimarer Republik" wirkenden, sich politisch nach rechts öffnenden und schließlich den Schulterschluß mit der radikalen Rechten suchenden intellektuellen „Extremismus der Mitte" (KRAUSHAAR 1994), dem ein großer Teil des aus seinen gewohnten Bahnen gerissenen bildungsbürgerlichen Honoratiorenmilieus verfiel (vgl. für Thüringen die Situation des Bürgertums in Gotha, MATTHIESEN 1994).

Thüringen und Weimar wurden im Kontext der „politischen Kultur" der 1920er/1930er Jahre zu einem exemplarischen Fall regionaler intellektueller Problemlagen mit dramatischem Konstellationswechsel vom sozialistischen Reformzentrum der frühen Weimarer Republik zur Probebühne der NS-Machtergreifung und zum reichsweiten NS-Experimentierfeld, mit dem rechtsradikale Kultur- und Politikkonzepte gleichsam Regierungspolitik wurden (HEIDEN/MAI 1995 u. 1996). Thüringen und Weimar spiegelten damit die politischen und kulturellen Schicksale der Weimarer Republik in exponierter Weise wider. In diesem Zusammenhang ist der landespolitische Konstellationswechsel der mittzwanziger Jahre besonders erklärungsbedürftig. Neben den auf die Weimarer Republik insgesamt einwirkenden ist dabei auch nach endogenen Faktoren zu fragen. Dies stellt ein besonders strittiges Forschungsfeld dar. Unbestreitbar zeigt das thüringische Beispiel aber, daß die Richtung der „Politisierung des Geistes" nach Weltkriegsende und Republikgründung auch von den landespolitischen Rahmenbedingungen abhing. Dies soll im Folgenden anhand ihrer wichtigsten Konstellationen und Konstellationswechsel verdeutlicht werden.

Hier ist zunächst vor allem auf die Wirkungen von Weltkrieg, Kriegsniederlage und Revolution zu verweisen. Der Erste Weltkrieg - jene „Mutterkatastrophe des 20. Jahrhunderts" (MANN 1994), die das bürgerliche Europa in seine bis dahin größte Katastrophe stürzte, wirkte auch auf das Phänomen „Weimar" als regelrechter Kulturschock und als Katalysator für tiefgreifende, soziale, politische, mentale und geistig-kulturelle Wandlungsprozesse (HIRSCHFELD/KRUMEICH 1993). Das erschütternde Weltkriegserlebnis prägte eine ganze Nachkriegsgeneration in höchst ambivalenter Weise (FLITNER 1986; BUCHWALD 1992). Den mentalen Erschütterungen entsprachen die politischen Veränderungen. Sie fanden im Ende des Wilhelminischen Kaiserreiches und der Entstehung der nunmehr demokratisch und pluralistisch verfaßten Republik mit Weimar als Gründungsort ihren sichtbarsten Ausdruck, im engeren regionalen Umfeld des Phänomens „Weimar" zudem im Ende der Kleinstaaten und der Landesgründung (1920) mit Weimar als Hauptstadt.

Der Weltkrieg und seine Folgen haben die kulturellen Hegemoniekämpfe in Weimar und seinem regionalen Umfeld deutlich verschärft und vor allem das „völkische" Lager radikalisiert, das sich erstmals mit einer breiten Durchsetzung von ihr vehement bekämpfter Kultur- und Gesellschaftskonzepte

konfrontiert sah. Es reagierte darauf mit einer „Kulturrevolution von rechts"
(ULBRICHT 1995), die unter den traditionellen Eliten und Honoratioren
erhebliche Resonanz fand. Mit der „Kultur von Weimar" schienen gerade
diejenigen Kulturstile und kulturellen Tendenzen eine hegemoniale Stellung
zu erlangen, die schon in den Jahren nach der Jahrhundertwende zu den
bevorzugten Objekten völkischer Kulturkritik gezählt hatten. Die Berufun-
gen Ernst Hardts und Walter Gropius' in Weimar oder des aus dem van de
Velde-Kreis stammenden Erfurter Museumsdirektors Edwin Redslob zum
Reichskunstwart signalisierten in „völkischen" Augen einen bedrohlichen
kulturpolitischen Wandel.

Wie brüchig die scheinbar hegemoniale Stellung der künstlerischen Avantgarde in der krisengeschüttelten, von den bürgerlich-agrarischen Eliten eher
abgelehnten als akzeptierten und nur von Minderheiten überzeugter Demokraten getragenen Weimarer Republik tatsächlich war, zeigte sich schon in
deren Anfangsjahren, erst recht dann in der Staats-, Wirtschafts- und
Gesellschaftskrise dieser Republik. Die bürgerliche Honoratiorenkultur
jedenfalls stand eher im Lager der Gegner als der Befürworter der Republik,
den völkischen Kreisen zweifellos geistig näher als der künstlerischen
Avantgarde oder republikanischer Reformpolitik.

In diesem Zusammenhang kommt der zeitgenössisch und historiographisch
höchst umstrittenen Reform-, Bildungs- und Kulturpolitik des neugegründe-
ten und bis 1923 von Linkskoalitionen regierten Landes Thüringen besonderer Stellenwert zu (HÄUPEL 1995). Geriet es doch in besonders exponierter
Weise ins Zentrum politischer und geistiger Auseinandersetzungen der
frühen Weimarer Republik. Die linksrepublikanische Reformpolitik war von
vornherein mit dem Odium belastet, von einer sozialistischen Regierung
unternommen worden zu sein und stieß deshalb auf die Fundamentalopposition des bürgerlich-agrarischen Lagers. Was sie auch verordnete oder
beschloß, wurde alsbald als „marxistisch" verworfen.

Dies fand im Streit um das Weimarer Bauhaus (WINKLER 1992) oder um die
Thüringer Volkshochschulbewegung (1919 - 1994. 75 JAHRE 1994) ebenso
seinen Ausdruck und reichsweites Aufsehen wie in den Konflikten um die
entschiedene Schulreform des Volksbildungsministers Max Greil (MITZEN-
HEIM 1966), „vor der sich das ganze bürgerliche Deutschland bekreuzigte"
(BUCHWALD 1992), oder im sogenannten Thüringer Hochschulkonflikt

1922/23 zwischen sozialistischer Weimarer Landesregierung, konservativer Jenaer Universitätsleitung und „völkisch"-antisemitisch eingestelltem Studentenausschuß (JOHN 1983). Diese Auseinandersetzungen erschütterten auch die im Aufbau befindliche Thüringer evangelische Landeskirche (SCHREIER 1985; KOCH 1995). Wie kaum eine andere Region wurden Thüringen und Weimar in jenen Jahren zum symbolischen und realen Kampfplatz reformorientierter und konservativer, avantgardistischer und radikal-völkischer Kulturkonzepte.

Unter den nach dem Scheitern dieser Reformperiode und den Reichseingriffen vom November 1923 im Zeichen bürgerlich-konservativer Revisions- und „Ordnungsbund"-Politik gründlich veränderten landespolitischen Rahmenbedingungen verlor der künstlerische Avantgardismus in Weimar weitgehend an Einfluß. Die scheinbare Blüte der „goldenen Zwanziger Jahre" sah die bauhausorientierten und neusachlichen Kunsttendenzen Thüringens in der Defensive. Die Vertreibung des Bauhauses 1925 setzte dafür einen vorläufigen Schlußpunkt. Um so mehr gewannen, zumal die Landespolitik nunmehr von der äußersten Rechten abhängig wurde und ihr günstige Entfaltungsbedingungen einräumte, nun die völkisch-nationalsozialistischen Gruppen in zeitweisen Zweckbündnissen und wachsender Konkurrenz an Terrain (HEIDEN/MAI 1995 u. 1996); symbolisiert vor allem im Weimarer „Deutschen Tag" der „Nationalsozialistischen Freiheitsbewegung Großdeutschlands" (1924) mit ihrem „Deutschen Kulturbekenntnis" sowie im Weimarer NSDAP-Reichsparteitag (1926) mit der Gründung der Hitler-Jugend, deren Reichsjugendführer Baldur v. Schirach (1929/40) in Weimar aufwuchs und zeitweise dem Bartels-Kreis angehört hatte.

Wie er kam ein nicht unbeträchtlicher Teil der regionalen politischen und kulturellen NS-Elite aus dem völkischen Milieu der Klassikerstadt. Dies trifft auch für die Gründungsgruppe des NSDAP-Gaus Thüringen (1925) um den Schriftsteller Artur Dinter (Gauleiter 1925/27) und um den Journalisten und späteren Landesleiter des NS-Kampfbundes für deutsche Kultur, Hans Severus Ziegler, zu. Während diese Gruppe schon bald bzw. nach der „Machtergreifung" in Konzeptions- und Konkurrenzkonflikte mit der hitlertreuen Garnitur der NS-Funktionsträger geriet, verkörperte Fritz Sauckel, der Dinter 1927 als Gauleiter ablöste, den karrierefähigen Typus der späteren NS-Elite.

Neben dem Bartels-Kreis, dem „Saalecker Kreis" Schultze-Naumburgs, dem
„Deutschen Schillerbund", dem sich seit 1928 formierenden und 1930 in
Weimar seine erste Reichstagung abhaltenden „Kampfbund für deutsche
Kultur" sowie anderen Zirkeln und Bünden dürfte auch der Sympathisanten-
kreis des Weimarer Nietzsche-Archivs einer der Sammelpunkte dezidiert
antidemokratischer und tendenziell nationalsozialistischer Kulturoptionen
gewesen sein. Dabei sorgten schon der Name des Philosophen, vor allem
aber dessen durch seine Schwester auf weite Strecken verfälschtes Erbe für
reichsweit spürbare Ausstrahlungen dieses Zirkels (NAAKE 1995). Im
gesamten Netzwerk regionaler völkischer Strukturen wirkte sich zweifellos
auch die räumliche Nähe Weimars zur Jenaer Landesuniversität aus
(JOHN/WAHL 1995), die sich - in deutlichem Kontrast zum industriell
geprägten „modernen Jena" (VON HIER 1928) - als ein Sammelbecken
national-konservativer und völkisch-rassistischer Kreise mit breiter Resonanz unter der Jenaer Studentenschaft (FLIEß 1959) erwies.

Die völkisch-nationalsozialistische, seit 1924 deutlich intensivierte Genese-
phase späterer NS-Strukturen, Kulturkonzepte und Erbe-Instrumentalisie-
rung endete im Land Thüringen und in Weimar gewissermaßen schon drei
Jahre vor der eigentlichen NS-„Machtergreifung". Bei den Landtagswahlen
vom Dezember 1929 ergab sich in dem ohnehin politisch instabil gewordenen Land eine parlamentarische Patt-Situation, in der die NSDAP mit zwar
erheblichen Stimmengewinnen, aber immer noch wenigen Mandaten zum
Zünglein an der Waage wurde. Aus dieser Situation entstand Anfang 1930 -
nach direkter Intervention Hitlers, der hier eine Chance witterte, die
erstrebte legale „Machtergreifung" zu erproben (DICKMANN 1966) - eine
rechtsbürgerlich-nationalsozialistische Koalitionsregierung. In ihr übernahm
Wilhelm Frick die Schlüsselressorts des Innen- und Volksbildungsministers
und wurde so zum „starken Mann" dieser erstmals im Reichsmaßstab
Nationalsozialisten einschließenden Baum-Frick-Regierung (HEIDEN/MAI
1995 u. 1996; RUDOLPH 1995).

Trotz nur einjähriger Amtsperiode dieser Regierung verstanden es Frick und
die Münchener Parteizentrale der NSDAP, Weimar und Thüringen zum NS-
Experimentierfeld insbesondere auf kultur-, hochschul-, bildungs- und
kirchenpolitischem Gebiet und zum reichsweit wirkenden Magneten
völkisch-nationalsozialistischer Kreise und Kulturkonzepte zu gestalten. Die
Frick'sche Kultur-, Hochschul- und Bildungspolitik - vom berüchtigten

„Negererlaß" und dem Gebot „deutscher" Schulgebete über die Berufung Schultze-Naumburgs an die Spitze der vereinigten Weimarer Hochschulen und des Rasse-Forschers Hans F. K. Günther an die Jenaer Universität bis zu der vom „Kampfbund für deutsche Kultur" unterstützten „Säuberung" Weimarer Kunstsammlungen von Werken der Bauhaus-Periode - setzte weit über Weimar und die Region hinaus Zeichen. Zudem verband sie sich mit einer nunmehr bereits deutlich nationalsozialistisch überformten Instrumentalisierung klassischer Weimarer Kulturtraditionen.

Dieser zwar 1931 teilweise wieder gestoppte, mit der NSDAP- Landesregierung unter dem Gauleiter Sauckel 1932 aber vertiefte politische Umbruch wäre ohne die Vorgeschichte und die Existenz eines in den Jahrzehnten zuvor entwickelten völkischen Netzwerkes gerade in dieser Region kaum möglich gewesen. Dabei wird man die spezifische Struktur des kulturellen Sektors als - neben Ökonomie und Politik - dritten entscheidenden Bedingungsfaktor der thüringischen „Machtergreifung" verstehen müssen. Es ist also nach den Auswirkungen der kulturellen Tradition auf politische Entwicklungen zu fragen, wie dies für norddeutsche Regionalkulturen als zukunftsträchtige Forschungsperspektive skizziert worden ist (HOPSTER 1994).

Mit der in dieser Perspektive liegenden Vorgeschichte, der „Ära Frick" 1930/31 und der NSDAP-Landesregierung 1932/33 gehörten Weimar und Thüringen zu denjenigen Regionen Deutschlands, die in besonders gründlicher Weise auf die NS-Zeit vorbereitet waren. Die Klassikerstadt trug schon lange, bevor der Schatten Buchenwalds auf sie fiel, einen Januskopf.

*Der Text fußt auf im Rahmen des Forschungsprojektes „Die völkische und nationalistische Instrumentalisierung kultureller Traditionen in Weimar seit dem Ende des 19.Jahrhunderts" entstandene Überlegungen, die am 17. November 1995 im Berliner Humboldt-Kolleg „Zur politischen Kultur der Weimarer Republik" vorgetragen wurden. Aus Zeit- und Platzgründen ist auf eine ausführliche, mit Belegen versehene Fassung verzichtet worden. Summarisch sei auf das Literaturverzeichnis dieses Bandes verwiesen.

„Wege nach Weimar" und „deutsche Wiedergeburt": Visionen kultureller Hegemonie im völkischen Netzwerk Thüringens zwischen Jahrhundertwende und „Drittem Reich"

JUSTUS H. ULBRICHT

I. „Potsdam" und „Weimar" oder: Suchbewegungen deutscher Identität

Im Oktober-Heft der konservativ-revolutionären Kulturzeitschrift *Deutsches Volkstum* meldete sich im Jahre 1925 ein „Hinterwäldler" zu Wort mit einem ersten *Brief aus Berlin nach Österreich*, dem noch ein weiterer folgen sollte.[1] Der Autor, hinter dem vermutlich Wilhelm Stapel selbst, der Herausgeber des Blattes, stecken dürfte, schreibt darin :

> „[...] in Berlin gibt es nur eine wirklich starke Tradition, die aber liegt eine Bahnstunde entfernt und heißt Potsdam. Ich nenne diesen Namen in Ehrfurcht, nicht mit jener kindlichen Betonung, die an dem [*sic*] konstruierten Gegensatz „Weimar" hämisch oder weichlich erinnern will und unfehlbar einen liberalen Ideologen mit dicksten, seinen 'demokratischen' Astigmatismus noch immer nicht korrigierenden Brillengläsern verrät. [...] Potsdam ist eine Heimat."[2]

Der Reichshauptstadt den konservativen Kulturwert „Heimat" schlechthin abzusprechen und damit den Ort des Heimatlichen ins Provinzielle zu verlagern, ist Mitte der Zwanziger Jahre nicht mehr sonderlich originell. Spätestens seit Friedrich Lienhards Parole „Los von Berlin"[3] galt eben diese Metropole der Moderne den Heimatideologen als Unort, als Sündenbabel gesellschaftlichen, politischen und kulturellen Verfalls. Solche kulturkämpferischen Positionen der Jahrhundertwende hatten sich seit 1914 allenfalls noch weiter verhärtet, jedoch kaum mehr erneuert. Im Jahre 1930 sollte Stapel unter dem Titel *Der Geistige und sein Volk* zum vorerst letzten großen „Aufstand der Landschaft gegen Berlin"[4] blasen, um einer in seinen Augen verhängnisvollen Entwicklung Paroli zu bieten, die er ironisierend in die Wendung faßte: „Das Deutschtum wird zum Berlinertum. Wir gehen einer kessen Zukunft entgegen. Ihnen gesagt: einfach knorke."[5]

Der im Brief des „Hinterwäldlers" gefallene Hinweis auf „Potsdam" mußte beim Leser einen Ideenkomplex evozieren, der ins Umfeld derjenigen

Diskurse führt, die ich mit den Zitaten „Wege nach Weimar" und „Deutsche Wiedergeburt" bereits eingangs angedeutet habe. „Potsdam" nämlich zieht „Weimar" nach sich, denn „Potsdam und Weimar" war die Parole bereits der kaiserzeitlichen Goetheverehrung gewesen, die in dem „Olympier" das kulturelle Über-Ich der neugewonnenen Staatlichkeit verkörpert sah. In Friedrich dem Großen und Goethe schienen die Deutschen zu ihrem nationalen Selbstbewußtsein gekommen zu sein, wobei es den klassischen Dichtern zu danken war, daß das preussische Staatsgefühl „über ganz Deutschland sich ausdehnen, ein Gemeinbesitz aller werden konnte". Dies zumindest behauptete der Goethe-Forscher Gustav von Loeper in seiner Ansprache *Berlin und Weimar*[6], die er 1890 vor der Weimarer Goethe-Gesellschaft gehalten hat – in einem Jahr, dessen politische und kulturelle Umbrüche auch für die Entwicklung des völkischen Denkens in Deutschland bedeutsam gewesen sind. Ebenfalls 1890 erschien beispielsweise mit *Rembrandt als Erzieher*[7] eines der Grundbücher des nationalistischen Klassik- und Goethekultes, denn anders als der Titel des Werkes von Julius Langbehn vermuten läßt, sind Bismarck und Goethe – und nicht etwa Rembrandt – die beiden am häufigsten erwähnten nationalen Heroen kommender künstlerisch-politischer Kultur.

Das schon bei Loeper, noch radikaler jedoch bei Langbehn entfaltete 'Berlin-Potsdam-Weimar-Syndrom' als gültiger Ausdruck kultureller wie auch politischer Identität konnte in der Folgezeit beliebig aktualisiert werden – auch und gerade gegen herrschende politische Tendenzen und in Abkehr von der Realität deutscher Staatlichkeit sowie deutscher Kultur. Doch auch diese Art der selbstgewählten Weltferne ließ sich goethephilologisch abfedern, galt doch – wiederum in Berufung auf die Weimarer Klassiker – die Regel, daß der Gebildete seine nationale Funktion umso besser wahrnehmen könne, je weniger er sich in die politischen Zeitinteressen hineinziehen lasse – was oftmals wenig mehr als die antiparlamentarischen Ressentiments deutscher Bildungsschichten zum Ausdruck brachte, deren nationales Engagement sich immer „unpolitisch" und angeblich auch überparteilich artikulierte.

Der Potsdam-Weimar-Komplex wurde auch in Thüringen selbst verschiedentlich kulturkritisch mobilisiert – dazu im folgenden einige Beispiele.

Als der Jenaer Kulturverleger Eugen Diederichs im Jahr des 100. Völkerschlachten-Gedenkens daranging, mittels eines „deutschen Volksrates" die kulturkritische Intelligenz seiner Zeit zu formieren, konnte er sich affirmativ

auf den wahren Geist von „Potsdam" und „Weimar" berufen, den er als
„Nährboden" für den „elan vital der Freiheitskriege" betrachtete und den er
– ganz wilhelminismuskritisch gestimmt – im nationalen Treiben seiner
eigenen Gegenwart eben nicht verkörpert sah.[8] In seinen während des Krieges veröffentlichten *Gedanken zur Organisation der deutschen Kulturaufgaben* hingegen berief sich der Verleger lieber auf das kulturelle Erbe des
Provinz-Zentrums Jena:

> „Statt 'Weimar' herrsche heute in Deutschland 'Potsdam', so formu-
> lieren unsere Feinde ihre Anklage gegen den preussischen Militaris-
> mus. Wenn es schon eine Stadt sein soll, so möchte ich behaupten,
> unser Ziel der Zukunft ist weder 'Weimar', noch 'Potsdam', sondern
> 'Jena' und als Formel gefaßt ist es: '*Der soziale Staat gegründet auf
> der Organisation der schöpferisch handelnden Kräfte.*'"[9]

Es wird im folgenden jedoch nicht weiter um Eugen Diederichs gehen, den
man im übrigen keinesfalls pauschal zur völkischen Szene rechnen darf. Sein
Votum für Jena stand hier allein als Zeuge dafür, wie weit verbreitet das
antinomische Begriffspaar „Potsdam - Weimar" damals gewesen ist. Radi-
kal-völkische Versionen der Kombination aus Preussentum und Idealismus
hingegen wurden von anderen als dem Jenaer Kulturverleger propagiert.

Zur Kaiser-Geburtstags-Feier am 26. Januar 1917 hielt der damalige Rek-
tor der TU Berlin-Charlottenburg, Prof. Dipl. Ing. Max Kloß, einen Vortrag
mit dem Titel *Potsdam und Weimar, die Wurzeln deutscher Kraft*[10], in dem
er Preussengeist und Klassik, Militarismus und Ästhetik, Friedrich den
Großen, Hindenburg, Ludendorff und Goethe zusammenfügte zu einem
Komplex deutscher Befindlichkeiten, den man treffend mit Thomas Manns
Diktum von der „machtgeschützten Innerlichkeit" bezeichnen kann. All das
wurde vollmundig vorgetragen im sicheren Bewußtsein des deutschen
„Siegfriedens", dem der TU-Professor und völkische Multifunktionär Kloß
damals noch entgegenfieberte.[11] Neun Jahre später, hinreichend ernüchtert
durch die Niederlage und die Revolution, aber umso erbitterter kämpfend
um eine „deutsche Wiedergeburt" jenseits der ungeliebten Weimarer Republik, sprach der Kant-Forscher und Philosophie-Professor Bruno Bauch in
Jena vor Kollegen und Studenten seiner Universität. Aus Anlaß der
Reichsgründungsfeier am 18. Januar 1926 redete Bauch – der sich nach
seinen eigenen Worten Herrn Kloß „in nationalpolitischen Fragen nahe"
wußte[12] – über das Thema „Der Geist von Weimar und der Geist von
Potsdam"; einen Geist, den zu lehren er selbst nicht müde wurde. Mithin

erfüllte er als akademischer Lehrer wie als gern gesehener Vortragsredner ein nationalpädagogisches Programm, dem des „Hauptmanns von Köpenick" Ausspruch galt:

> „Der alte Fritz, der kategorische Imperativ und unser Exerzier-reglement, das macht uns keiner nach! Das und die Klassiker, damit hammer's geschafft in der Welt."[13]

Im Lehrplan einer thüringischen Institution völkischer Erwachsenenbildung ließe sich das von Zuckmayer ironisierte kulturelle Deutungsmuster leicht nachweisen. „Potsdam", „Weimar" und der thüringischen „Heimat" verpflichtet fühlte sich nämlich ebenfalls die *Deutsche Heimatschule Bad Berka*, deren Gründung am Vorabend des Reformationsfestes 1922 nicht denkbar gewesen wäre ohne die vorangegangene Einrichtung der erwähnten *Arndt-Hochschule* in Berlin, deren erster Direktor wiederum Max Kloß gewesen ist.[14] Nicht nur die Konstrukte „Weimar" und „Potsdam" – der Geist Ilm-Athens und Spree-Spartas sozusagen – sondern auch die Thüringer und Berliner Protagonisten „deutscher Renaissance"[15] standen augenscheinlich also eng miteinander in Berührung.

Dafür steht ebenfalls ein Ereignis, an dem die politische Instrumentalisierung des „klassischen" Erbes in Weimar sowie die Beziehung zwischen „Weimar" und „Potsdam" ebenso deutlich gemacht werden kann wie die Geschichte, Kohärenz und politische Intention völkischer Netzwerke in der mitteldeutschen Provinz.[16]

II. Das „Deutsche Kulturbekenntnis" – August 1924 in Weimar

Vom 15. bis 17. August 1924 fand in Weimar der Reichsparteitag der *Nationalsozialistischen Freiheitsbewegung Großdeutschlands*[17] statt, an dessen Abschluß am 17. ein „Großes Deutsches Kulturbekenntnis" stehen sollte, zu dem die Veranstalter nicht nur zahlreiche „Vaterländische Verbände", sondern letztlich „jeden deutschen Mann und jede deutsche Frau" zu gewinnen hofften.[18] Um den staatlichen Auflagen zu genügen, die sich an den Gesetzen zum Schutze der Republik orientierten, war diese abschließende Großkundgebung als dezidiert 'unpolitische' Veranstaltung geplant – faktisch aber handelte es sich bei den erwarteten Teilnehmern um dieselben Personen und Verbände, die seit bereits zwei Tagen in Weimar

versammelt waren. Dazu kamen allerdings zahlreiche nur zum „Kulturbekenntnis" Angereiste – der Polizeibericht sprach von 19 Sonderzügen –,
so daß sich auf dem Aufmarschplatz des 17. August, dem Weimarer
Flugplatz, gegen 15.000 Menschen versammelten.

Sieht man vom wichtigsten Teilnehmer dieser Tagung ab, von Erich
Ludendorff nämlich, dann war der Geist von Potsdam allein schon dadurch
anwesend, daß die Mehrzahl der Besucher uniformiert war und – wenn nicht
den Tarnorganisationen der NSDAP – den "Vaterländischen Verbänden"
angehörte. Im einzelnen handelte es sich um den *Stahlhelm-Bund der
Frontsoldaten*, dessen mitteldeutsche Abspaltung *Wehrwolf* des Hallenser
Studienrates Fritz Kloppe, den *Scharnhorst-Bund Deutscher Jungmannen* –
also die Jugendorganisation des *Stahlhelm* –, Abteilungen des *Jungdeut-
schen Ordens* von Arthur Mahraun, dessen sog. *Knappenschaften*, die
Jugendgruppen der DNVP – die *Bismarck-Jugend* –, den örtlichen
Weimarer Krieger- und Militärvereinsbund, Abordnungen des *Deutschen
Offiziersbundes* und der Organisation *Reichsflagge*.

Nach einem Feldgottesdienst mit anschließender Fahnenweihe für die völkischen Kampfverbände zog man in zwei Marschsäulen – jeder Teilnehmer
war geschmückt mit einer schwarz-weiß-roten Schleife, dem offiziellen
Festabzeichen – durch die Weimarer Innenstadt bis zum Goethe-Schiller-
Denkmal vor dem Deutschen Nationaltheater bzw. zum Carl-August-
Denkmal auf dem Fürstenplatz (heute: Platz der Demokratie). Auf dem
Marktplatz fand eine weitere Kundgebung statt – ursprünglich hatte man
sich eigentlich bei Goethes Gartenhaus im Park an der Ilm versammeln
wollen, was die Behörden ablehnten. Am Denkmal des fürstlichen Goethe-
Förderers sprach der völkische Literaturprofessor Heinrich Kraeger, der u. a.
auch zum Lehrkörper der erwähnten Berliner *Arndt-Hochschule* gehörte.
Vor dem Standbild der Dioskuren redete Artur Dinter, der sich allerdings –
anders als mit der Thüringischen Staatsregierung abgesprochen – zu derart
krassen antirepublikanischen Äußerungen hinreißen ließ, daß ein Verfahren
wegen Hochverrats gegen ihn angestrengt wurde. Mit den ebenfalls deutlich
politischen Äußerungen Ernst Graf Reventlows auf dem Marktplatz waren
selbst die dort überwiegend versammelten "Vaterländischen Verbände" nicht
einverstanden. Die Leitgedanken des „Kulturbekenntnisses", das als öffentliches Gelöbnis aller Beteiligten abgelegt wurde, lauteten:

> „Trotz der außenpolitischen und innenpolitischen Not die deutsche
> Kultur und das deutsche Wesen hoch und rein zu halten, über den Par-

teigeist und die innere Zerrissenheit und die Bedrängnis von außen die deutsche Kultur, für welche Weimar Symbol und Heimstätte ist, zu stellen, sie zu erneuern, zu pflegen und für diese Kultur ein wichtiges öffentliches Bekenntnis abzulegen."[19]

Die Schleifen der an beiden Denkmälern niedergelegten Kränze trugen die Aufschrift: *Deutschem Geist und Deutscher Art*.

Der Tag klang aus mit dem Vorbeimarsch der Verbände an Ludendorff, der am Friedhof Aufstellung genommen hatte, nachdem dort von ihm die Gefallenen des Krieges geehrt worden waren. Auch dieser Schlußpunkt zeigt zusammen mit dem vorangegangenen „Kulturbekenntnis" die in der Inszenierung angelegte, also beabsichtigte Verschränkung der Symbol- und Wertewelten von „Potsdam" und „Weimar".

III. „Experimentierfeld Thüringen"

Daß all dies – und in den drei vorangegangenen Tagen noch viel mehr – in Weimar stattfinden konnte, hatte, abgesehen von der Aura des Provinzstädtchens als der deutschen Klassikerstadt, auch den Grund, daß zahlreiche nationalsozialistische und völkische Organisationen nach ihrem Exodus aus der „Ordnungszelle" Bayern – wie auch aus anderen Reichsländern – nach Thüringen ausgewichen waren und daß hier mit Fritz Sauckel und Artur Dinter zwei bedeutende Protagonisten der *NS-Freiheitsbewegung* lebten. Noch bedeutsamer aber dürfte sein, daß bereits seit Mitte der Zwanziger Jahre in Thüringen ein politisch, vor allem aber kulturell hochaktives Netzwerk völkischer Verbände, Parteien, Institutionen und Einzelpersonen installiert war, dessen bekannteste Weimarer Aktivisten Adolf Bartels und sein geistiger Ziehsohn Hans Severus Ziegler gewesen sind.

Während der jüngere Ziegler für die langsame Emanzipation dezidiert nationalsozialistischer Denk- und Handlungsformen aus dem völkischen Herkunftsmilieu steht, gehörte Bartels seit der Jahrhundertwende zur völkischen Avantgarde Deutschlands und gemeinsam mit dem deutsch-national, neuidealistisch gesonnenen Friedrich Lienhard sowie dem radikal-völkischen Ernst Wachler zum dominanten völkischen Dreigestirn in der Stadt Weimar.[20] Die drei letztgenannten hatten allesamt einstmals als Anhänger des Naturalismus ihre Schriftsteller-Laufbahn begonnen, waren jedoch bald aus je unterschiedlichen Gründen im herrschenden Kulturbetrieb gescheitert.

Aus dieser Not aber machten sie eine Tugend, wandten sich real wie programmatisch von der Moderne und deren Kapitale Berlin ab, gingen in die Provinz und beschworen dort fürderhin den Geist der Heimat. Doch nicht irgendeine Provinz war ihr Fluchtpunkt, sondern eben die thüringische – sieht man einmal von der Verklärung des dithmarscher Flachlandes durch Bartels oder des Elsaß durch Lienhard ab, der seinen Weg nach Weimar mit der Chiffre „vom Grenzland ins Hochland“ belegt hat. Der Thüringer Wald, zusammen mit „Wartburg“ und „Weimar“, war Lienhard seit 1906 geistig und 1917 dann wirklich zur Heimat geworden. Der Publizist und Theatertheoretiker Ernst Wachler kam als Redakteur der *Weimarischen Zeitung* bereits 1902 an die Ilm. Nach dem Scheitern seiner Pläne für ein „Deutsches Nationaltheater“ in der Goethe-Stadt, alternativ aber in der Wartburg-Stadt Eisenach, gelang ihm mit Unterstützung seiner einflußreichen Freunde im Jahre 1903 die Gründung des „Harzer Bergtheaters“ in Thale, eines künftigen Wallfahrtsortes der völkischen Szene Deutschlands.[21]

Die Etablierung der drei Vorkämpfer für eine kulturelle Wiedergeburt Deutschlands, für die es wieder einmal auf die Reanimierung der klassischen Ressourcen anzukommen schien, vollzog sich zeitgleich bzw. vor dem Hintergrund des sog. „Dritten Weimar“ Harry Graf Kesslers und Henry van de Veldes.[22] Bartels', Lienhards und Wachlers Projekte und deren obsessive Projektionen richteten sich also nicht nur gegen das (in Berlin verkörperte) „undeutsche“ Wesen, sondern auch gegen die örtlichen Spielarten der Moderne, die ebenfalls im anderen Teil der Doppelstadt, in Jena nämlich, seit 1900 Fuß gefaßt hatte.[23] Daß die ästhetischen Konzepte der Moderne, genauer Kesslers Projekte, nach wenigen Jahren bereits in Weimar unterlegen sind, war weniger direkt wohl dem Einfluß der drei erwähnten Deutschdenker zu verdanken, als vielmehr Widerständen des Hofes und des etablierten, kleinstädtischen Bürgertums – das fürderhin den Resonanzboden für die konservativen und später völkischen Kulturkonzepte der kommenden Jahre und Jahrzehnte abgeben sollte.

Im Rahmen dieser Entwürfe aber wurde das wirkliche Weimar immer mehr zur Chiffre für allgemeine kulturpolitische Ambitionen und ästhetische Utopien, zu deren Konstruktion die weimar-thüringische Realgeschichte allenfalls der Steinbruch war, aus dem sich die Baumeister „deutscher Renaissance“ ihr Material besorgten. Schon in der 1905 geschriebenen Vorbemerkung zu seinen *Wegen nach Weimar* mit dem Titel *Wo liegt Weimar?* betonte Lienhard:

„Das landschaftliche und historische Weimar sind mit all ihrer Schönheit doch nur Ausgangspunkt und Beispiel. Es ist mir nicht um den Ort
und nicht um das Wort zu tun. [...] Der Weg nach Weimar ist ein fei-
nes Abstandhalten von der Körperlichkeit der Erscheinungswelt...“[24]

Mitte der Zwanziger Jahre formulierte die dichterische Weimarer Lokal-
größe Leonhard Schrickel in seinem Stadtführer *Weimar – eine Wallfahrt in
die Heimat aller Deutschen*, der übrigens in der von Adolf Bartels gegründeten *Lesegemeinschaft für das gute deutsche Buch* erschienen ist:

„Das Weimar-Buch möchte ein Führer sein; aber kein Führer durch
Weimar sondern in Weimar hinein [..] die Seele jener Häuser und
Pfade will es aus dem im Laufe der Jahre darübergehäuften Schutt und
Kleinkram herausschürfen. [..] Mit einem Wort, wir wollen nicht das
durch Goethe, Schiller, Herder, Wieland und so viele andere Große
berühmt gewordene [..] Städtchen Weimar an der Ilm, geschweige
denn gar die jetzige Hauptstadt des Freistaates Thüringen beschreiben
[..] wir wollen vielmehr jenes 'Weimar', das tor- und mauerlos als eine
Geisterstadt, als eine Tempelstätte bewußter Schöpferkraft, d. i.
willensmächtigen Kulturbewußtseins sich längst über die halbe Erde
ausgebreitet hat und täglich, stündlich immer weiter wächst, in alle
Herzen bauen.“[25]

Sich der kulturellen Utopie „Weimar“ zuzuwenden, bedeutete also die
rigorose Abkehr von einer als schlecht erachteten Realität, zu der durchaus
die Stadt Weimar selbst, vor allem aber die in dieser gegründete Weimarer
Republik gehören konnte. Diese Distanz zur Realstaatlichkeit schloß
nationales Engagement natürlich nicht aus; im Gegenteil, denn dies war
sowohl „unpolitisch“ definiert als auch zumeist guten Gewissens anti-
republikanisch. Waren zur Zeit des Kaiserreichs „Potsdam und Weimar“
entweder affirmativ verwendete Chiffren der Zustimmung zu den herrschenden Verhältnissen oder – im Einzelfall – Ausdruck der Distanz zum
Kulturbetrieb und zur Politik gerade des Wilhelminismus, so änderte sich
dies infolge des ersten Weltkriegs. Nach 1918 erhielt das erwähnte
Ideologiesyndrom bedeutend größere Sprengkraft im Kontext antidemokratischer Strömungen deutschnationaler und völkischer Provenienz. Die
„Wege nach Weimar“ wurden nunmehr zu Fluchtwegen vor der Demokratie
und den Zumutungen der modernen Massengesellschaft, zu Schleichpfaden
all derjenigen, die darauf aus waren, dem neuen Staat jegliche kulturelle und
politische Legitimation abzusprechen. Ins wirkliche Weimar oder auf die
wirkliche Wartburg zu kommen – anläßlich von Parteitagen, Aufmärschen,

Kulturbekenntnissen und manch anderen Treffen – hatte dabei einen immens symbolischen Charakter. Denn die angestrebte Rückeroberung verlorengegangenen kulturellen Terrains mußte sich zuallererst derjenigen Orte versichern, die inzwischen etwa durch die Nationalversammlung, das *bauhaus* oder die kultur- und bildungspolitischen Maßnahmen der ersten thüringischen Landesregierung in völkischen Augen kontaminiert zu sein schienen. Politisch vorerst machtlos, auf eine Minderheiten-Rolle beschränkt oder für eine gewisse Zeit gar von den Staatsorganen der jungen Republik an der vollen Kraftentfaltung gehindert, machte es für die Völkischen zu Beginn der zwanziger Jahre Sinn, sich umso intensiver um die Aktivierung derjenigen kulturellen Kraftquellen zu kümmern, die ihnen als vorgeblich zeitlose, einzig wahre Ausprägungen deutscher Identität galten. Da überdies das Netzwerk im Kulturbereich besonders eng geknüpft war, bot es sich an, dessen Strukturen und Inhalte zur Rückgewinnung bzw. Eroberung auch der politischen Macht zu nutzen. Verlage, Zeitschriftenredaktionen und Lesergemeinschaften, kulturelle Zusammenschlüsse jeder Art – nicht zuletzt die Organisationen der bildungsbürgerlichen Reformbewegungen –, einzelne pädagogische Projekte, Siedlungsgemeinschaften und Volkshochschulen entwickelten sich zu bevorzugten Tagungs- und Begegnungsstätten der völkischen Subkultur. Auf diese Weise aber reorganisierten sich die Mitglieder einer dominant bildungsbürgerlichen Schicht zugleich als „Gemeinschaft", einer Schicht, die von den Professionalisierungsschüben akademischer Berufe[26], den strukturellen Krisen des Ausbildungs- und Berufssektors sowie den Entfaltungsgesetzen des literarisch-künstlerischen Marktes seit Ende des 19. Jahrhunderts längst desintegriert war. Der Zerfall des Bürgertums[27] war schließlich in der „Versäulung" der wilhelminischen Gesellschaft gemündet[28], deren weltanschauliche und politische Lagermentalität die Grabenkämpfe der Weimarer Republik schon ahnen ließ. Man wird mithin die Entstehung integraler Kulturkonzepte und entsprechender personell-organisatorischer Netzwerke als Versuch interpretieren müssen, die im 19. Jahrhundert noch besser gewährleistete „ständische Vergesellschaftung" des deutschen Bildungsbürgertums[29] unter veränderten gesellschaftlichen Bedingungen neu und wieder zu leisten – um damit individuelle und kollektive schichtenspezifische Identität unter 'modernen' Konditionen dauerhaft zu begründen. So wie die inzwischen vollkommen überzeichnete Figur des „Olympiers" Goethe im Kontext bürgerlicher Genieverkultung[30] zum Prototyp einer „ganzheitlichen", letztlich auch „deutschen" Individualität avanciert war, so kam der Epoche der „deutschen

Klassik" insgesamt der Charakter „gesunder" Kultur zu. Dies Vorbild unter modernen Bedingungen wieder zu erreichen, blieb maßgeblicher Ansporn zahlreicher gebildeter Bürger. *Organische Kultur als Erbe von Weimar –* auf diesen Nenner brachte das ein Artikel in der Eugen Diederich'schen „TAT" vom Oktober 1923.[31] Die völkische Variante dieser Form der „Erbe-Aneignung" zeichnete sich durch die besondere Radikalität der Ausgrenzung konkurrierender kultureller Entwürfe und deren Trägergruppen aus. Das „Experimentierfeld Thüringen"[32] liefert zahlreiche Beispiele dafür, auf welche Weise diese Ausgrenzung weltanschaulich vorgeprägt und danach politisch exekutiert wurde. Daß Wilhelm Frick 1930 neben dem Innen- auch das Bildungsministerium zugesprochen bekam, ist in solcher Perspektive nur die Konsequenz vorangegangener Entwicklungen, gleichzeitig jedoch Voraussetzungen grundlegender nationalsozialistischer Eingriffe in die Kulturpolitik des Landes, in deren Gefolge sich die politische Kultur einschneidend veränderte – und nicht nur in Thüringen.

Anmerkungen

1 ANONYM, Brief aus Berlin nach Österreich, in: Deutsches Volkstum 7 (1925), H. 10, S. 729-731.

2 Ebd., S. 729.

3 Grundlegende Auseinandersetzungen über den Gegensatz „Großstadtkunst" versus „Heimatkunst" bei FRITZ LIENHARD, Die Vorherrschaft Berlins. Litterarische Anregungen, Berlin 1900.

4 WILHELM STAPEL, Der Geistige und sein Volk. Eine Parole, in: Deutsches Volkstum 12 (1930), H. 1, S. 5-8, hier: S. 8. Vgl. dazu Berlin – Provinz. Literarische Kontroversen um 1930, bearb. v. Jochen Meyer, Marbach/N. 1985 (= Marbacher Magazin Nr. 35).

5 Ebd., S. 6.

6 GUSTAV VON LOEPER, Berlin und Weimar (1890), in: Goethe im Urteil seiner Kritiker. Dokumente zur Wirkungsgeschichte Goethes in Deutschland, Teil III: 1870-1918. Hg., eingel. u. komm. v. Karl Robert Mandelkow, München 1979, S. 197-207.

7 Rembrandt als Erzieher. Von einem Deutschen [i.e. AUGUST JULIUS LANG-BEHN], Leipzig 1890. Von diesem Buch erschienen im ersten Jahr 34 Auflagen, der Text wurde ab der 14. Auflage maßgeblich verändert und erweitert - nicht zuletzt um antisemitische Passagen.

8 EUGEN DIEDERICHS, Ein deutscher „Volksrat". Vorschlag zur Organisation unserer schöpferischen Kräfte, in: TAT 5/1, H. 1 (1913/14), S. 37-44, hier: S. 37.

9 DERS., Gedanken zur Organisation der deutschen Kulturaufgaben, in: TAT 7/1, H. 2 (1915/16), S. 97-106; hier: S. 98, [Hervorhebung im Original].

10 MAX KLOSS, Potsdam und Weimar, die Wurzeln deutscher Kraft. Festrede, gehalten bei der Kaiser-Geburtstagsfeier am 26. Januar 1917, in der Technischen Hochschule zu Berlin. Mit einem Nachwort vom 6. Februar 1917, Berlin 1917.

11 Dem „Alldeutschen Verband" sowie der „Vaterlandspartei" nahestehend, gehörte Kloß darüber hinaus zu den Berliner Mitbegründern sog. „Vaterländischer Vorträge", aus denen nach Kriegsende die völkische Erwachsenenbildungsstätte „Arndt-Hochschule" entstanden ist. Vgl. JUSTUS H. ULBRICHT, Volksbildung als Volk-Bildung. Intentionen, Programme und Institutionen völkischer Erwachsenenbildung von der Jahrhundertwende bis zur Weimarer Republik, in: Jahrbuch für historische Bildungsforschung 1 (1993), S. 179-203. Dieser Aufsatz erscheint demnächst in anderer Form und beträchtlich erweitert in: Handbuch der völkischen Bewegung im Deutschen Kaiserreich (1871-1918). Hg. v. Uwe Puschner, Walter Schmitz und Justus H. Ulbricht, München 1996.

12 BRUNO BAUCH, Der Geist von Potsdam und der Geist von Weimar. Eine Rede bei der von der Universität Jena veranstalteten Feier des Jahrestages der Gründung des Deutschen Reiches gehalten am 18. Januar 1926. Jena 1926; Bezug auf Kloß im Vorwort.

13 CARL ZUCKMAYER, Der Hauptmann von Köpenick. Ein deutsches Märchen in drei Akten. Berlin 1930, S. 13.

14 Zur „Deutschen Heimatschule", s. JUSTUS H. ULBRICHT, Die Heimat als Quelle der Bildung. Konzeption und Geschichte regional und völkisch orientierter Erwachsenenbildung in Thüringen in den Jahren 1933 bis 1945, in: 1919 bis 1994. 75 Jahre Volkshochschule Jena. Rudolstadt 1994, S. 183-217.

15 DERS., Deutsche Renaissance. Weimar und die Hoffnung auf die kulturelle Regeneration Deutschlands zwischen 1900 und 1933, in: Jürgen John, Volker Wahl (Hg.), Zwischen Konvention und Avantgarde. Doppelstadt Jena Weimar. Weimar/Köln/Wien 1995, S. 191-208.

16 DERS., Kulturrevolution von rechts. Das völkische Netzwerk 1900-1933, in: Detlev Heiden, Gunther Mai (Hg.), Nationalsozialismus in Thüringen. Weimar/Köln/Wien 1995, S. 29-48.

17 Hinweise zu dieser Organisation mit wechselnden Namen bei MANFRED WEISSBECKER: Deutschvölkische Freiheitspartei (DVFP) 1922-1933, in: Lexikon zur Parteiengeschichte. Die bürgerlichen und kleinbürgerlichen Parteien und Verbände in Deutschland (1789-1945), Leipzig 1984, S. 550-558.

18 Die damaligen Ereignisse sind von mir aus den Akten rekonstruiert worden. Besonders einschlägig ist der Bestand Thüringisches Ministerium des Innern, Abt. P, Akte Nr. 168, im Thüringischen Hauptstaatsarchiv Weimar. - [Im folgenden abgekürzt als ThHStA Weimar, ThürInnMin. P, Nr. 168]. Sämtliche folgende Zitate - so nicht anders nachgewiesen - aus Akte Nr. 168.

19 Gedruckter Handzettel mit dem „Kulturbekenntnis", ebd.

20 Näheres vgl. ULBRICHT, Deutsche Renaissance, a.a.O.

21 Vgl. PUSCHNER, Deutsche Reformbühne und völkische Kulturstätte. Ernst Wachler und das Harzer Bergtheater, in: Ders., Walter Schmitz, Justus H. Ulbricht, (Hg.), Handbuch der völkischen Bewegung im deutschen Kaiserreich, München 1996 [ersch. demn.].

22 Umfassend dazu: BURKHARD STENZEL, Harry Graf Kessler. Ein Leben zwischen Kultur und Politik. Weimar/Köln/Wien 1995; vgl. auch JÖRN RIETSCH, Der Traum vom dritten Weimar, in: Zeitschrift für Germanistik, Neue Folge 4 (1994), H. 2, S. 275-285.

23 Zahlreiche Hinweise bei VOLKER WAHL, Jena als Kunststadt. Begegnungen mit der modernen Kunst in der thüringischen Universitätsstadt zwischen 1900 und 1933, Leipzig 1988.

24 FRIEDRICH LIENHARD, Wo liegt Weimar, in: DERS., Gesammelte Werke in drei Reihen. Dritte Reihe: Gedankliche Werke, Bd. 2 (= Wege nach Weimar, Bd. 1/2), Stuttgart 1926, S. 1f.

25 LEONHARD SCHRICKEL, Weimar. Eine Wallfahrt in die Heimat aller Deutschen. Weimar 1926, letzte Seite.

26 Überblick bei KONRAD H. JARAUSCH: Die Krise des deutschen Bildungsbürgertums im ersten Drittel des 20. Jahrhunderts, in: Jürgen Kocka (Hg.), Bildungsbürgertum im 19. Jahrhundert, Teil IV: Politischer Einfluß und gesellschaftliche Formation, Stuttgart 1989, S. 180-205.

„Wege nach Weimar" und „deutsche Wiedergeburt"   35

27 HANS MOMMSEN, Die Auflösung des Bürgertums seit dem späten 19. Jahrhundert (1987), in: DERS., Der Nationalsozialismus und die deutsche Gesellschaft. Ausgewählte Aufsätze, Reinbek 1991, S. 11-38.

28 Vgl. GANGOLF HÜBINGER, Kulturprotestantismus und Politik. Zum Verhältnis von Liberalismus und Protestantismus im wilhelminischen Deutschland,
Tübingen 1994, insbes. S. 303-313.

29 RAINER M. LEPSIUS, Das Bildungsbürgertum als ständische Vergesellschaftung, in: Ders. (Hg.), Bildungsbürgertum im 19. Jahrhundert, Teil III: Lebensführung und ständische Vergesellschaftung, Stuttgart 1992, S. 8-18

30 Anregend dazu EDGAR ZILSEL, Die Geniereligion. Ein kritischer Versuch
über das moderne Persönlichkeitsideal, mit einer historischen Begründung
(1918). Hg. u. eingel. v. Johann Dvorak, Frankfurt a. M. 1990.

31 R. VON ENGELHARDT, Organische Kultur als Erbe von Weimar, in: TAT
(1923), H. 7, S. 481-491.

32 KAROLINE HILLE, Beispiel Thüringen. Die „Machtergreifung" auf der Probebühne 1930, in: 1933 - Wege zur Diktatur, Berlin 1983, S. 187-217;
GUNTHER NELIBA, Wilhelm Frick und Thüringen als Experimentierfeld für
die nationalsozialistische Machtergreifung, in: Detlev Heiden, Günther Mai
(Hg.) Nationalsozialismus, a.a.O., S. 75-96.

„... eine Verzauberung ins Helle und Heitere."
Harry Graf Kesslers Ideen zur Kulturerneuerung in Deutschland

BURKHARD STENZEL

Harry Graf Kessler kannte und förderte wie nur wenige Intellektuelle von der Jahrhundertwende bis zum Ende der Weimarer Republik die moderne Kunst und Literatur in Europa. Seine „Vaterländer" waren ihm gleichermaßen Frankreich, Großbritannien und Deutschland. In Weimar lebte er über dreißig Jahre, bis er durch die Nazis zur Emigration nach Spanien und schließlich nach Frankreich gezwungen wurde. Kesslers früh gescheiterte weitreichende kulturpolitische Innovationsprojekte im provinziellen Thüringen nach 1900 gewannen in den Jahren der Weimarer Republik als utopisches Modell eines „Dritten Weimar" an Aktualität.

Mit dem Aufstieg des Nationalsozialismus erhielt dieses Konzept Konturen des „schönen Scheins"[1] des „Dritten Reiches". Ästhetische Analogien zwischen dem „Dritten Weimar" Kesslers und dem nationalsozialistischen „Dritten Reich" waren Ausdruck für die Ambivalenz von Kulturkritik und Kulturentwurf, die zu Beginn der dreißiger Jahre besonders deutlich wurde:

> „Die Polarität, die sich in Griechenland zwischen der tiefen inneren Tragik des griechischen Lebens und der Heiterkeit seiner äußeren Formen ergab, scheint sich im heutigen Deutschland zu wiederholen."

So schrieb Harry Graf Kessler 1933 im März-Heft von Samuel Fischers *Die Neue Rundschau* einen Essay mit dem Titel *Der neue deutsche Menschentyp.* Weiter meinte er:

> „Und wie der griechische Mensch diese Polarität des Düsteren und Hellen in sich trug und auf sie seine gleichzeitig dionysische und apollinische Kultur aufbaute, so mag der neue Menschentyp, der heute im Entstehen begriffen ist, die uralte deutsche Sehnsucht nach Griechenland, allerdings unbewußt, aber dem Zwang einer geschichtlichen Situation gehorchend, in dieser Form erfüllen."[2]

Es ist erstaunlich, daß der Republikaner und gemäßigte Pazifist Kessler unmittelbar nach der Machtübernahme durch die Nazis in Deutschland nicht politische Programme erörtert, sondern ein ästhetisches Menschenbild

entwirft, das im Sinne des literarischen Expressionismus als kulturell-
erzieherische Antwort auf die gesellschaftlichen Krisenerscheinungen zu
verstehen ist. Und doch ist dieser Versuch, an die Tradition der klassischen
griechischen Antike anzuknüpfen, sie mit der Philosphie Friedrich Nietzsches und dem Aufbruchspathos moderner Literatur zu verbinden, nicht neu
bei Kessler.

Schon 1902 warb Kessler mit einem „Ordensbund höherer Menschen"[3],
um Künstler, Schriftsteller und Wissenschaftler für eine geistige Erneuerung
– eben für kulturelle Reformen, für „eine neue, dritte Epoche weimarischer
Kultur" zu gewinnen.[4] In dem Sinne von Nietzsches Auffassung vom „neuen
Menschen"[5] sollten die Reformen – bezeichnet als das „Dritte" und „Neue
Weimar" – einen direkten Gegenentwurf zum Wilhelmismus bilden. Graf
Kessler, ein herausragender Vertreter der ästhetischen Opposition und
Kulturerneuerer, hatte dieses Projekt des befreiten Menschen konzipiert.[6]

So ähnlich diese Beispiele für geistig-kulturelle Erneuerungsentwürfe
Kesslers in ihren Ansätzen und Zielen von der Jahrhundertwende bis zur Errichtung der NS-Diktatur erscheinen, vergleichbar sind sie aufgrund der völlig verschiedenen historischen Situation nicht. Vielmehr muß angesichts der
gescheiterten politischen Konzepte des Faschismus und Kommunismus, die
ihrerseits die „Schöpfung des neuen Menschen" propagierten, gefragt
werden: In welchem Kontext stehen jeweils Kesslers zeitgenössische Kultur-
und Zivilisationskritik der Jahrhundertwende bis zum Beginn des Ersten
Weltkrieges mit derjenigen in der Weimarer Republik? Welche Ursachen
hatte das Scheitern des Reformvorhabens? Waren diese ästhetischen
Innovationsversuche und Utopieentwürfe in Deutschland im ersten Drittel
des 20. Jahrhunderts „eher eine Flucht vor der Modernisierung [...] als deren
Bewältigung"?[7] Diese Problemstellung wurde bislang in der auf Kessler
bezogenen wissenschaftlichen Literatur nicht diskutiert.[8]

Harry Graf Kessler erkannte frühzeitig die heraufziehenden Gefahren des
Faschismus für Deutschland. Im August 1924 beobachtete er genau den
Aufmarsch der Nationalsozialisten in Weimar zum sogenannten Deutschen
Tag. Das Tagebuch vermerkt:

> „[...] Nachmittags von 2 1/2 Uhr an marschiert das Hakenkreuzheer in
> Zugkolonne mit Standarten auf dem Theaterplatz vor dem National-

theater auf. Zwei Musikkapellen stehen beim Schiller-Goethe Denkmal und spielen ohne Unterbrechung Armeemärsche. Rings steht 'Volk'; auf dem Balkon des Nationaltheaters L u d e n d o r f f, umgeben von völkischen Abgeordneten und Damen. Die Hakenkreuztruppen, etwa 3000 Mann, bilden ein Carré; die Mitte des Platzes bleibt leer. Nach beendetem Aufmarsch verschwinden die Fahnen und erscheinen nach einigen Minuten wieder auf dem Balkon des Nationaltheaters, wo jetzt zwei Dutzend blutrote Hakenkreuzfahnen den Hintergrund zu Ludendorff im schwarzen Gehrock bilden.[...] Der Redner blickt sich erwartungsvoll um. Die Hakenkreuzler erheben die rechte Hand; das 'Volk' mit verschiedenen Ausnahmen n i c h t. Endlich entschliesst er sich und beginnt den Schwur vorzusprechen, den die Hakenkreuzler Wort für Wort mit erhobener Schwurhand nachsprechen, und der Nichts Andres ist als eine V e r e i d i g u n g auf L u d e n d o r f f, ein V e r s p r e c h e n i h m b l i n d l i n g s z u f o l g e n, wohin es auch führen möge und bis in den Tod, kurz e i n e u n v e r - s c h l e i e r t e T r u p p e n A n w e r b u n g f ü r d e n B ü r g e r k r i e g. Das ist das Wesentliche, der ernste Sinn dieser theatralischen   Schaustellung: eine   ö f f e n t l i c h e · V e r s c h w ö r u n g   z u m   Z w e c k e   e i n e s S t a a t s s t r e i c h s."⁹

Eine passive Haltung gegenüber dem Nationalsozialismus oder gar eine stille Duldung ist Kessler nicht vorzuhalten. Man denke an sein öffentliches Auftreten gegen die von Schultze-Naumburg dekretierte Übertünchung der Oskar Schlemmer-Fresken in der Weimarer Bauhochschule und die Verbannung von 70 als „entartet" bezeichneten modernen Kunstwerken – darunter Bilder und Plastiken von Dix, Feininger, Klee, Kokoschka, Marc, Nolde und Lehmbruck – aus dem Schloßmuseum im Oktober 1930. Kesslers Protest *Frick über Deutschland* erschien in mehreren deutschen Tageszeitungen.¹⁰ Bereits im September 1930, nach dem Wahlerfolg der NSDAP, die sie zur zweitstärksten Fraktion im Reichstag werden ließ, erkannte Kessler die Gefahren einer Diktatur von rechts:

„Der Nationalsozialismus ist eine Fiebererscheinung des sterbenden deutschen kleinen Mittelstandes; dieser Giftstoff seiner Krankheit kann aber Deutschland und Europa auf Jahrzehnte hin verelenden. Zu retten ist diese Klasse nicht, sie kann aber ungeheures neues Elend über Europa bringen in ihrem Todeskampf."¹¹

Im Sommer 1932 war Kessler der Geldgeber für den Druck des großformatigen John Heartfield-Plakats *Adolf, der Übermensch – schluckt Gold und redet Blech.*¹²

All diese eindeutig antinationalsozialistischen Äußerungen und Aktivitäten bewahrten ihn – wie übrigens viele andere Republikaner auch – nicht davor, die Brutalität, die Menschenverachtung und politische Radikalität der zukünftigen Machthaber des „Dritten Reiches" zu unterschätzen. Nur so ist es zu erklären, daß Kessler mit einer gewissen Blindheit gegenüber den Realitäten der Machtübernahme durch die Nationalsozialisten Vorschläge für den „neuen deutschen Menschentyp" zur Diskussion stellte. Noch immer meinte Kessler, durch Appelle und Aufrufe an das demokratische Deutschland Einfluß auf die öffentliche Meinung nehmen zu können. Diese Überschätzung eigener Wirkungsmöglichkeiten ist typisch für Kessler in Umbruchs- und Krisensituationen. Als solche muß auch der Weimarer Reformversuch (1902-1906) verstanden werden.

Beschwörung der Moderne: Das „Dritte Weimar"

„Charakteristisches" – notierte Kessler im Januar 1902 – „der kleinen Stadt und des kleinen Hofs – Alles ist von Intrigen und Aegriertheit untergraben. Grund: alle Leute haben Nichts zu thun und haben unendlich viel Zeit. Leute fühlen sich zurückgesetzt, schon weil sie an einem kleinen Hof und in einem kleinen Land agieren statt in Berlin; allen bieten sich die Intrigen und der Klatsch als die am leichtesten zu begreifende Beschäftigung. Dabei knistert und knattert es immerfort im Untergrund von springenden Minen, oder richtiger von Lustfeuerwerk, mit dem man sich die Zeit vertreibt. Ein Studium hier lehrt Einem die kleinen Seiten der menschlichen Seite besser kennen als irgendwo anders: Reinkulturen des menschlichen Schimmelpilzes."[13]

Als Harry Graf Kessler diese Beobachtungen anläßlich eines Empfangs des jungen Großherzogs Wilhelm Ernst im Weimarer Schloß machte, reizte es ihn neben der beabsichtigten diplomatischen Tätigkeit im Auswärtigen Dienst, sich ausgerechnet in der „kleinen Stadt" mit ihren unverwechselbaren „Reinkulturen des menschlichen Schimmelpilzes" als Kulturförderer und -erneuerer zu engagieren.[14] Eine auffällig anziehende Distanz bestimmte sein Verhältnis zu Weimar. Schließlich war die Aussicht, gemeinsam mit Elisabeth Förster-Nietzsche und seinem Freund Henry van de Velde ein „Drittes Weimar" zu begründen, das ein ästhetischer Gegenentwurf zur Kulturdoktrin Kaiser Wilhelms II. bilden sollte, für ihn eigenartigerweise verlockend genug, in Weimar zu bleiben. Kessler sollte drei Jahrzehnte, bis zur Emigration 1933, mit der Stätte Goethes, Schillers und Nietzsches durch sein Wohnhaus und durch seine *Cranach-Presse* verbunden bleiben. Der von ihm initiierte moderne Reformversuch von 1902 bis 1906 scheiterte nicht zuletzt an der Barriere, das vorherrschende provinzielle Denken am klassischen Ort nicht überwinden zu können. Der Zerfall des „vornehmen Culturkreises"[15] um Kessler war die Folge der verlorengegangenen Auseinandersetzung um die kulturelle Hegemonie in einer deutschen Residenzstadt. Der Hof und – wie sich später zeigte – konservative Kreise dominierten. Dabei handelte es sich keineswegs nur um eine Provinzposse.

Das „Dritte Weimar" wurde in seiner vielschichtigen Wirkung in den Bereichen Bildende Kunst, Literatur- und Theaterförderung und mit dem erstmaligen Zusammenschluß namhafter deutscher Künstler zu einer staatlich unabhängigen Künstlerorganisation von den kulturellen Antipoden als realer, ernstzunehmender Versuch verstanden, traditionell besetzte und neu erschlossene Kulturfelder für sich zu vereinnahmen. Weimar sollte unter Kesslers „Oberleitung" zu einem neuen Zentrum nationaler und internationaler Kunst und Literatur im Sinn von Nietzsches „neuem Menschen" gestaltet werden. Ein Mitarbeiter des Nietzsche-Archivs brachte 1907 mit seiner Einschätzung den Triumph konservativer und völkisch-nationaler Kreise in einem Brief an Elisabeth Förster-Nietzsche am deutlichsten zum Ausdruck:

> „Gott, was sind wir doch damals vergnügt gewesen, – ehe die schreckliche Zeit kam, wo wir alle mit künstlichen Mitteln Weimar zu einem Centrum deutscher Kultur machen wollten! – und nicht nur deutscher Kultur! – Wie gut, daß wir nicht reüssierten, daß wir elend entgleisten, es wäre sonst gewiss sehr feierlich, aber auch schrecklich langweilig geworden! Wie gut, daß dieses Wanfried ein Wahn blieb!"[16]

Kaiser Wilhelm II. hatte in seinen *Randbemerkungen* zu den politischen Berichten des preußischen Gesandten im Großherzogtum Sachsen-Weimar seiner Freude über das Scheitern der Kulturerneuerung freien Lauf gelassen. Er notierte zu Kessler: „Moderner Querkopf, total verdreht."[17]

Dem Scheitern des höchst widersprüchlichen Reformversuchs vor 1914 lagen real verschiedene Ursachen zugrunde:

1. Harry Graf Kessler hatte die morbiden, krisenhaften Zustände am Weimarer Hof nach dem Tod des literatur- und kunstsinnigen Großherzogs Carl Alexander Anfang 1901 erkannt. Die Erbnachfolge durch den erst 25jährigen Großherzog Wilhelm Ernst nutzte er, um mit diplomatischem Geschick den jungen Regenten für seine Idee der modernen nationalen und internationalen Kulturhebung im Geiste der Tradition Goethes und Schillers schnell zu gewinnen. Zu schnell jedoch, denn bereits 1903 – als Kessler zum Direktor des Kuratoriums des Großherzoglichen Museums für Kunst und Kunstgewerbe berufen war – ging Wilhelm Ernst auf Abstand zu den neuen Kulturambitionen; nicht zuletzt, weil Kessler Wert darauf legte, nicht Staatsbeamter im Großherzogtum zu werden, sondern unabhängiger Förderer bleiben wollte. Der direkte Interessenskonflikt zwischen dem modernen Weltbürger Kessler und dem thüringischen Militär- und Jagdliebhaber Wilhelm Ernst war unvermeidlich, wie dies im Juni 1906 mit dem „Rodin-Skandal" und Kesslers Rücktritt deutlich wurde.

2. Harry Graf Kesslers unabhängige Stellung in Weimar wurde mit größtem Argwohn und Mißtrauen von den intriganten Hofchargen beäugt. Sein Anspruch, möglichst alle Kultur- und Bildungsinstitute im Großherzogtum unter seine „Oberleitung" zu stellen, mußte unweigerlich als globaler Angriff auf die Hoheit der Minister und Staatsbeamten verstanden werden, der zur Kollision zwischen staatlich-unabhängiger und staatlich-reglementierter Kultur führen sollte. Zumal Kessler formal lediglich die Leitung und Umgestaltung des Museums für Kunst und Kunstgewerbe übertragen bekam, aber auf den Gebieten der modernen Literatur- und Theaterförderung wie im Bereich des Bildungswesens in bisher nicht gekannter Weise aktiv wurde. Formale Kompetenzstreitigkeiten signalisierten, daß die engagierte institutionelle und außerinstitutionelle Kunstpolitik Kesslers im Widerspruch zur zutiefst konservativen Kulturauffassung des Weimarer Hofs stand.

3. Mit unglaublicher Energie und mit dem Pathos eines elitären Kulturmoguls setzte sich Kessler für die als „fremd" und „undeutsch" geltende Malerei des Impressionismus und Neo-Impressionismus in Weimar ein. Über 30 Ausstellungen mit moderner nationaler und internationaler Kunst konnte Kessler in drei Jahren der Öffentlichkeit präsentieren, darunter Werke von Claude Monet, Auguste Renoir, Gustave Courbet, Pierre Bonnard, Maurice Denis, Paul Signac, Paul Gauguin und Edvard Munch, Wassily Kandinsky, Max Liebermann und Curt Herrmann. Deutschland

hatte in Weimar vorübergehend ein einzigartiges M u s e u m   d e r   M o -
d e r n e . Die antimodernen Kräfte um die heimatkünstelnden Schriftsteller
Adolf Bartels und Friedrich Lienhard sahen sich aufgrund der erfolgreich
beginnenden Refomen in ihrem erklärten Vorhaben, Weimar zur „geistigen
Hauptstadt"[18] Deutschlands zu machen, bedrängt. Sie traten gemeinsam mit
intrigierenden Hofbeamten in der Öffentlichkeit gegen Kessler auf. Selbst
Kesslers anfängliche Komplizin, Elisabeth Förster-Nietzsche, rückte von
ihm ab; die Verfälschung der Texte des Bruders, ihr politischer Hang zum
Deutsch-nationalen und schließlich zum Faschismus sind bezeichnend für ihren provinziellen und reaktionären Geist.

4. Eine weitere Ursache für den Sturz Kesslers in Weimar bildete seine eindeutig antiwilhelminische Frontstellung zum Kulturregime Kaiser Wilhelms
II., die mit der Gründung des *Allgemeinen Deutschen Künstlerbundes* als
Zusammenschluß aller namhaften deutschen Künstler zur staatlich unabhängigen Organisation, zur *Secession aller Secessionen*, offen zu Tage trat
und Anlaß zum Handeln für die höchste Stelle in Berlin gab. Infolge der
durch Kessler provozierten Kontroverse im Februar 1904 im Reichstag um
die Teilnahme von modernen deutschen Künstlern (darunter Corinth,
Slevogt, Klinger) am deutschen Pavillion zur Weltausstellung in St. Louis
konnten zwar zeitweilig die Interessen der Künstler öffentlich vorgebracht
werden, eine Teilnahme an der Weltausstellung kam jedoch nicht zustande.
Kesslers polemische Essays gegen den Berliner Akademiedirektor und
majestätstreuen Maler Anton von Werner und gegen dessen Sekretär
Wolfgang von Oettingen verhallten wirkungslos.

5. Die wohl entscheidende Ursache für das Scheitern des „Dritten Weimar"
liegt in dem partikularen Ziel, in der Ausschließlichkeit begründet, mit einer
kleinen Elite von Kunst- und Literaturenthusiasten im nationalen Maßstab
kulturelle Veränderungen in die Wege zu leiten. Mit einem kosmopolitisch
geprägten „Kulturrevolutionarismus" konnte die beabsichtigte Harmonisie-
rung des Widerspruchs von Geist und Macht nicht gelingen. Das „Dritte
Weimar" hatte sein ambivalentes Charakteristikum darin, daß einerseits
verheißungsvoll praktische Kulturreformen begonnen wurden, die partiell
systemerneuernd sein sollten. Mit der Erringung der kulturellen Hegemonie
sollte aber andererseits die Unantastbarkeit des wilhelminischen Deutschlands gewahrt bleiben. Diese Unvereinbarkeit war Ausdruck einer Doppel-

gesichtigkeit, die sich als ästhetische Opposition artikulierte; aber den Intentionen nach eine konservative Kulturerneuerung verkörperte.

Somit hatte Kessler zwar die Auseinandersetzungen gegenüber der staatlichen Kulturvormacht in Weimar und Berlin verloren, er hatte aber anschaulich demonstriert, wie innerhalb von nur vier Jahren traditionell besetzte und neu erschlossene Kulturfelder zu gestalten und zu lenken sind. Aufbruch und Resignation bzw. „Faszination und Irritation"[19] bestimmten eine Grunddisposition, die es infolge von Unsicherheit vor Veränderungen und Modernisierungen ermöglichte, daß Kessler derart durchsetzungsfähig – wenn auch nur kurzfristig – agieren konnte. Auffälligerweise wurden die von Kessler besetzten Kulturfelder und neu erschlossenen Bereiche alsbald von antimodernen Vertretern annektiert und schließlich instrumentalisiert, wobei das Vorhaben der Schriftsteller um Paul Ernst, Samuel Lublinski und Wilhelm von Scholz, eine „neuklassische Blüte" nach 1906 in Weimar herbeizuführen, eine kurzzeitige, glücklose Episode darstellte. Fortan war Kessler eine kulturelle Randfigur, ein Kulturerneuerer, eben ein engagierter Außenseiter ohne öffentliches regionales Betätigungsfeld, den es auf die nationale und internationale Ebene drängte.

Die praktischen Elemente seiner neuen Strategie beim Modernisierungsversuch eines „Dritten Weimar" lassen sich wie folgt zusammenfassen:

– regionale Kulturerneuerung, die auf eine nationale und schließlich internationale Ausdehnung abzielte, E u r o p ä i s c h e s   Z e n t r u m   m o - d e r n e r   K u n s t   u n d   L i t e r a t u r, kultureller Aufbruch von der „Provinz" in die „Metropole";
– Bündelung, Konzentration der Aufgaben einer Kulturadministration, Globalisierung, Vereinfachung von Organisationsabläufen bei künstlerisch-kultureller Projektrealisierung, bspw. Ausstellungen, Tagungen und Lesungen;
– gezielte Förderung von Schriftstellern und Künstlern durch Vergabe von öffentlichen Aufträgen, Stipendien und durch gezielte Ankaufspolitik;
– schnelle, präzise und flexible Durchführung von Kulturprojekten von der Idee über die Planung bis zur erfolgreichen Umsetzung durch einen kleinen Kreis kompetenter Partner, E l i t ä r e r   K u l t u r k r e i s;
– permanenter Einsatz von moderner Kommunikationstechnik (Telefon, Telex) und gezielte Nutzung der Medien (Zeitungen, später Radio) zum

Herstellen von Öffentlichkeit, Ö f f e n t l i c h k e i t   a l s   e i n   k u l -
t u r p o l i t i s c h e r   M a c h t f a k t o r .

Es überrascht nicht, daß sich Kessler immer wieder dieser in Weimar
erprobten Instrumentarien bediente. Auffällig dabei ist, daß diese zunehmend zentralisierenden und globalisierenden Mittel im Prozeß der Gestaltung von Kulturpolitik zu den allgemeinen Bestandteilen gehörten, die
tendenziell vom wilhelminischen Kaiserreich bis zum „Dritten Reich" zur
nationalsozialistischen „Gleichschaltungspolitik" zur Geltung kamen.

Kessler verfolgte als aufmerksamer Beobachter und Tagebuchautor konti-
nuierlich die politische und kulturelle Entwicklung in Deutschland und
Europa. Nach dem einschneidenden Weltkriegserlebnis als Rittmeister in
den Karpaten und vor Verdun, der Lektüre der Schriften von Marx und
Lenin sowie der Revolutionserfahrung blickte Kessler desillusioniert auf sein
frühes Wirken in Weimar zurück:

> „Damit ist unser ganzes Weimarer Unternehmen zu Ende. Ein Ab-
> schnitt. Wie viele Kämpfe und Jahre finden damit einen Abschluss.
> Mir tut es um Weimar und unserm schönen Jugendidealismus weh.
> Auch hier hat der Krieg einen tiefen Schnitt zwischen zwei Welten
> unseres Lebens gemacht."[20]

Wenig später, am 17. August 1918, formulierte Kessler nach seiner Rückkehr in sein Weimarer Haus noch klarer, wie entfremdet ihm sein ästhetisches Verständnis der Vorkriegszeit jetzt erschien:

> „[...] die impressionistischen und neoimpressionistischen Gemälde, die
> französischen, englischen, italienischen, griechischen und deutschen
> Bücherreihen, die Figuren und Figürchen von Maillol, seine etwas zu
> starken, wollüstigen Frauen [...] als ob noch 1913 wäre [...]. Es war
> eine Art Schwebezustand, der wie eine Seifenblase plötzlich platzte
> und spurlos verschwunden war, als ob die höllischen Kräfte, die in
> seinem Schosse brodelten, reif waren."[21]

Der kritische Zeitchronist und engagierte Außenseiter hatte sich jedoch nur
scheinbar von seiner harmonisierenden Ästhetik der Vorkriegszeit verabschiedet. Kesslers vielfältiger Einsatz für demokratische und pazifistische
Organisationen bestimmte sein Verhältnis zur Weimarer Republik, gleichzeitig aber wurde durch seinen vitalen Aktionismus überdeckt, in welchem

Maße er fähig war, partiell zeitgemäße Diagnosen zu stellen. Nicht zufällig geriet Kessler seit Mitte der 20er Jahre zunehmend in eine gesellschaftlich isolierte Position, nachdem er die Möglichkeit der diplomatischen Tätigkeit als deutscher Botschafter in Brüssel und Bern abgelehnt hatte und schwer erkrankte. Seine Modernisierungspläne waren bis 1933 längst überholt und wurden – wie sich später zeigte – geschickt erst von völkischer dann von nationalsozialistischer Seite in Weimar adaptiert. Zwei kulturpolitische Beispiele mögen belegen, wie der Weg vom geistigen „Dritten Weimar" zum realen „Dritten Reich" in Thüringen verlief.

Auf dem Weg ins „Dritte Reich"

1. Im Dezember 1903 entwickelte Kessler gemeinsam mit der Berliner Schauspielerin Louise Dumont den Plan eines nationalen *Mustertheaters* in Weimar. Vor allem moderne Stücke von Hauptmann, Ibsen und Hofmannsthal, aber auch von Sophokles und Shakespeare sollten in Weimar in einem neuen von Henry van de Velde zu errichtenden *Theater der Moderne* aufgeführt werden. Kessler erkannte den Stellenwert des Weimarer Theaters für die Modernen. Seine Pläne wurden von den antimodernen Kräften am Weimarer Hof verhindert. Seit 1906 wurde statt dessen ein Hoftheaterneubau errichtet. Im gleichen Jahr gründete der völkische, antisemitische Schriftsteller Adolf Bartels die *Nationalfestspiele der deutschen Jugend* mit Unterstützung des Großherzogs Wilhelm Ernst. Ziel der Bartelsschen Festspielidee war, in der deutschen Jugend „das Erbe Goethes und Schillers, Kleists und Ludwigs, Grillparzers und Hebbels, Sophokles' und Shakespeares [...] lebendig und wirksam zu erhalten."[22] Gezielt wurde das Weimarer Theater für völkische Zwecke als öffentliches Forum genutzt. 1921 forderten die deutsch-völkischen Vereine, allen voran der *Schutz- und Trutz-Bund*, das Stück *Reigen* vom „Juden Schnitzler" unter Ankündigung „des Widerstandes aller anständigen Deutschen" vom Spielplan abzusetzen.[23] Ab 1924 schließlich wurde das Theater ein Forum der Nazis. Neben der Durchführung des NSDAP-Parteitages 1926 im Weimarer Nationaltheater war Hitler mehrmals bis 1933 Theaterbesucher. Nach der Machtübernahme wurden Spielplan und Publikum ganz im Sinne faschistischer Ideologie ausgerichtet. Der Schauspieldirektor und ab 1936 als Intendant tätige Hans Severus Ziegler hatte hier den besonderen Ehrgeiz entwickelt, das

Theater „judenfrei" zu führen. NS-Feiern fanden hier mit Beteiligung prominenter Nazis – vor allen Hitler, Goebbels, Göring, Frick, Sauckel, Wächtler – ebenso statt wie seit 1935 Veranstaltungen zur *Woche des deutschen Buches* und seit 1938 die pompös inszenierten *Großdeutschen Dichtertreffen*.[24] Kesslers Plan nach 1900, eine moderne Theateranstalt am traditionsreichen Ort zu gründen, löste Kämpfe um die Hegemonie im Weimarer Kulturbetrieb aus, die insofern eine Antizipation der kulturpolitischen Auseinandersetzungen zwischen völkisch-nationalsozialistischen und republikanisch-sozialdemokratischen Vertretern um das Deutsche National-theater in den 20er Jahren waren. Die NSDAP-Leitung in Thüringen, allen voran Gauleiter Sauckel und Staatsrat Ziegler, erkannte frühzeitig die Symbolkraft dieses Theaters und nutzte die Bühne für Propagandazwecke im Namen der „Nationalheroen" Goethe und Schiller.

2. Unter Berufung auf antike Traditionen entwickelte Kessler 1911 gemein-sam mit einem Komitee des Nietzsche-Archivs den Gedanken für die Errichtung eines Nietzsche-Tempels. Die Memorialstätte sollte auf einer Anhöhe Weimars errichtet werden. Das dionysische und apollinische Prinzip Nietzsches wollte Kessler in dieser öffentlichen Kultstätte verkörpert wissen. Henry van de Velde, Aristide Maillol und Eric Gill waren für das *Monument der Moderne* als verantwortliche Künstler vorgesehen. Dem Tempel sollte ein Nietzsche-Hain mit einem Stadion zugeordnet werden, in welchem Massen- und Sportveranstaltungen stattfinden sollten.[25] Bis 1914 scheiterte dieser Plan aufgrund von Streitigkeiten mit Elisabeth Förster-Nietzsche und aufgrund fehlender finanzieller Mittel. Verärgert und ent-täuscht über das Nichtzustandekommen eines weltoffenen Nietzscheforums meinte Kessler zur zweifelhaften Rolle von Elisabeth Förster-Nietzsche:

> „Sie ist im Grunde doch eine kleine spiessige Pastorentochter, die zwar auf die Worte ihrer Bruders schwört, aber entsetzt und empört ist, sobald man sie in Taten umsetzt."[26]

Die Schwester des Philosophen verwarf Kesslers Überlegungen zum Bau ei-ner Nietzsche-Kultstätte nur teilweise. Durch ihre frühen Kontakte zu Hitler gelang es ihr, finanzielle Mittel für eine Nietzsche-Halle zu sichern. Nach ih-rem Tod wurde nach Entwürfen von Paul Schultze-Naumburg eine Nietz-sche-Gedenkhalle unweit des Nietzsche-Archivs errichtet, die eine kultische Funktion im Sinne der NS-Führervergötterung und der Volksgemeinschaft übernahm. Eine Steintafel über dem Eingang des Archivs trug die Inschrift:

„FRIEDR. NIETZSCHE ZUM GEDÄCHTNIS ERBAUT UNTER ADOLF HITLER IM VI. JAHRE DES DRITTEN REICHES".[27]

Gleichzeitig entstand unmittelbar nach der reichsweiten Machtübernahme durch die Nazis in Weimar der Plan, ein Monumentalbauwerk im Asbachtal – zwischen Hauptbahnhof und Landesmuseum gelegen – zu schaffen. Hitler hatte selbst Hand bei den Entwürfen angelegt. 1936 begann der Bau des Monuments. Das „Gauforum" bestand aus der „Halle der Volksgemeinschaft" (12.000 Sitzplätze, 20.000 Stehplätze), dem „Gebäude des Reichsstatthalters", dem „Gebäude der DAF und Gliederungen der NSDAP". Eine Arno Breker-Promtheusstatue sollte auf dem Aufmarschplatz, der den Namen Hitlers trug, stehen. Bis 1945 fanden hier NS-Massenaufmärsche statt, Reichsstatthalter Sauckel plante hier seinen Verwaltungssitz, der infolge des Krieges nicht fertiggestellt werden konnte.[28] Sauckel hatte seit 1936 zielstrebig an seinem Plan von einem nationalsozialistischen „neuen" und „dritten" Weimar festgehalten, zu dem neben der Schaffung voluminöser architektonischer Bauwerke im Stadtzentrum die Errichtung des peripher gelegenen Konzentrationslagers Buchenwald gehörte. Hermann Giesler, der durch Hitler für die Neugestaltung Weimars beauftragte Generalbaurat, realisierte teilweise die Stadtumgestaltung, die in Anlehnung an die Architektur der römischen Antike erfolgen sollte. Gieslers Berufung auf das imperiale Zeitalter Roms verkehrte Kesslers Vorstellungen von einem *Monument der Moderne* aus dem Geist der griechischen Antike und der Philosophie Nietzsches völlig.

Diese Beispiele verdeutlichen, daß Kessler ein sicheres Gespür dafür hatte, wichtige Kulturräume zu erschließen und der modernen Ästhetik zu eröffnen. Die direkte Instrumentalisierung seiner kosmopolitischen Ideen durch die Nazis gelang nicht, da der diktatorische Staat die Teile der bürgerlichen Repräsentations- und Feierkultur übernahm, die den eigenen Herrschaftszwecken entsprachen.

Kesslers eingangs zitierter Essay *Der neue deutsche Menschentyp* faßte 1933 die Erfahrung der Doppelgesichtigkeit seiner Modernisierungsbestrebungen zusammen:

> „Und doch ist es kein Paradox, sondern die bloße Feststellung einer nicht zu leugnenden Tatsache, daß das eigentliche Phänomen unserer

deutschen Gegenwart nicht der Einbruch der Politik in das geistige Leben, sondern umgekehrt der geistiger, an die letzten Dinge rührender Probleme in die Politik ist." Verursacht sah er diese Entwicklung „[...] durch das Eindringen der ungeheuren und in rasendem Tempo fortschreitenden technischen Neuerungen und ihrer Auswirkungen in den Unterbau und bis in die tiefsten Fundamente der Gesellschaft und des Geistes"[29]

Für ihn handelte es sich daher um „die Neuschöpfung des Weltgefüges; ja, darüberhinaus um die Neuschöpfung des Menschen". Kesslers Forderung nach einer globalen Lösung der Krisenerscheinungen durch ein neugeschaffenes Weltgefüge, ja durch einen neu geformten Menschen als eine Art eines *Golem der Moderne* hatte seine ästhetischen Wurzeln im Konzept des utopischen „Dritten Weimars". Nach seinem Verständnis sollte der moderne Mensch mit vielen Eigenschaften vor allem widerstandsfähig sein:

„[...] der neue Mensch muß in seiner Struktur den technischen und geistigen Ansprüchen der von Grund aus verwandelten Welt gewachsen sein; und zweitens: er muß sich innere und äußere Werte sichern, die ihn davor bewahren, daß er und seine Seele durch den fortgesetzt steigenden Druck der Mechanisierung zermalmt werden."[30]

Seine Rückbesinnung signalisierte seismographisch die Zeitprobleme. Neuerlich entwarf er voll Pathos ein utopisches Menschenbild, das sich an antike wie expressionistische Vorbilder verheißungsvoll anlehnte, wobei die Entdeckung von Johannes R. Bechers expressionistischer Lyrik sinnstiftend für Kessler war. Der von ihm geförderte und an den Insel-Verlag empfohlene Autor hatte seine Ästhetik der 20er Jahre mit beeinflußt.[31] Bechers Gedicht *Der neue Mensch* (1919) betonte die Hoffnung auf die Geburt eines ganzheitlichen Menschen:

„O neuer Mensch... zerfleischte Schultern: Wiesen! / Und schleppend dich und zerrend dich: Empor! / Und greifend dich und flehend dich: Empor! / Empor!"[32]

Wie stark Kessler dieser Hoffnung folgte, bekannte er in einem Artikel für eine Berliner Zeitung 1928:

„Die Zeichen mehren sich", so meinte er emphatisch, „dass die Menschheit das ungeheure Neue, das aus dem Prozess der Mechanisierung wie ein Chaos über die Welt hereingebrochen ist, furchtlos

ins Auge zu fassen beginnt. D e r   M u t   z u r   W a h r h a f t i g -
k e i t   w ä c h s t ."

In ihm sah er das „allgemeine Kennzeichen unserer Zeit" zur Lösung der
sozialen und kulturellen Probleme, um „die Welt [...] für den Menschen
erträglich zu machen". Seine Zuversicht relativierend, schrieb er abschlie-
ßend:

> „Sind wir also auch noch weit entfernt vom Zenith einer neuen Kultur,
> so sind doch schon genügend Zeichen zu erkennen, die berechtigen zur
> Hoffnung auf einen neuen Aufstieg."[33]

Fünf Jahre später trug Kesslers neoidealistischer Verweis auf den „neuen
deutschen Menschentyp" und auf das Primat des Geistes anachronistische
Züge. Er meinte, eine „Verwandlung der deutschen Jugend" zu erkennen,
als wäre „eine neue Rasse im Entstehen".[34] Gemeinsam mit Aristide Maillol
hatte er im Sommer 1930 Beobachtungen in Freibädern und Stadien gemacht, die ihn in seinem Glauben bestätigten.[35] Sich Ende 1932 besseren
Zeiten entgegen sehend, schrieb er, als entwerfe er ein Gemälde:

> „Dieser Verwandlung des Körpers entspricht eine parallelgehende des
> Lebensstils nicht nur der oberen Schicht, sondern fast noch mehr der
> breiten Massen, eine Verzauberung ins Helle und Heitere, wie wenn
> eine Konstrastwirkung zum Elenden und Düsteren des deutschen All-
> tags sich zwangsläufig eingestellt hätte."[36]

Nietzsches Auffassung vom „Neuen Menschen" ebenso wie die Kulturkritik
Walther Rathenaus, die von Kessler anläßlich der französischen Rathenau-
Biographie neu bedacht wurde[37], bildeten – im Zeitkontext der Entstehung
des Essays – utopische Denkfiguren, die fern der Realität waren. Dieses
ambivalente Konstrukt des „Neuen Menschen" galt Kessler als einzig
vorstellbare Alternative.

> „Er wird, wenn seine Schöpfung glückt und nicht durch das materielle
> Elend und den politischen Hader gestört wird, ein Mensch sein, in dem
> Solidarität und Verantwortung die sittlichen Grundkräfte, körperliche
> Gesundheit und Schönheit, dazu Licht, Luft und Sonne die
> Grundelemente seines Lebensstils sein werden. Ein Mensch, der in
> sich die Spannung einer nie nachlassenden Abwehr und Bereitschaft
> gegenüber den übermächtigen Kräften einer stets bedrohlichen, gigan-
> tischen und ihn erbarmungslos bestürmenden Umwelt trägt. Ein

Mensch also, der nie das Bewußtsein der Gefahr verlieren und deshalb
auch die durch die Gefahr hervorgerufenen ritterlichen Eigenschaften
nicht entbehren kann."[38]

Deutlich trat Kesslers Ohnmacht vor einer Bewältigung der politischen und
gesellschaftlichen Krise am Ende der Weimarer Republik hervor, der er mit
einer hoffnungsvollen Antwort allgemein menschlicher Werte und Ideen der
Aufklärung zu begegnen glaubte. So positiv dieser Entwurf auch gedacht
war, Appelle dieser Art fanden im März 1933 in Deutschland keine größere
Resonanz mehr. Kessler beabsichtigte wohl weniger eine direkte Wirkung
mit seinem Essay, vielmehr war er der Meinung, daß seine Vorstellung von
einem weltoffenen „neuen deutschen Menschentyp" auch zukünftig diskuta-
bel sein müßte.

Dennoch, Kessler hatte 1933 – im Alter von 65 Jahren – keine neuen
Diagnosen zur Krise der Moderne stellen können. Sein Ansinnen war ein
ausführliches Memoirenwerk, dessen erster Teil noch zu seinen Lebzeiten
1935 erscheinen konnte.[39] Die doppelgesichtige Erfahrung des Jahrhundert-
anfangs – die des Aufbruchs und der Resignation – blieb für Kessler die
prägende, lebensbegleitende Erfahrung. In gesellschaftlichen wie privaten
Konfliktsituationen hatte der Kulturerneuerer und engagierte Außenseiter die
Neigung zu idealisieren. Die für ihn charakteristischen Denkfiguren Har-
monisierung/Abstraktion und Ästhetisierung/Irrationalismus beeinflußten
nicht nur seine Konzeptbildungen, sondern ebenso seine Produktivität und
Kreativität. Wie stark Kessler ambivalente Fiktionen entwickelte, zeigte sich
gerade darin, wie enthusiastisch und verschwommen er die Idee des „Dritten
Weimar" sah; aber dabei zugleich mit dem Konstrukt eines „Neuen
Menschen" eine Absage gegenüber antiaufklärerische Positionen am Beginn
des „Dritten Reiches" gab. Anders als mit dem Rückgriff auf die
mittlerweile überholten Entwürfe der Weimarer Reformzeit konnte Kessler
den radikalen gesellschaftlichen Umbrüchen nicht mehr begegnen. Insofern
sind seine Innovationsversuche und Gesellschaftsutopien in ihrer
Ambivalenz gleichzeitig individuell und zeittypisch, sie als „Flucht vor der
Modernisierung" zu beschreiben, trifft nur eingeschränkt zu.
Kesslers Konzepte zur geistigen Erneuerung der Kultur in Deutschland
entzogen sich der Vereinnahmung durch die Machthaber des „Dritten
Reiches" nicht zuletzt deshalb, weil seine Ästhetik und deren schöner
Schein dem Humanismus verpflichtet war. Anfang der 30er Jahre meinte

Rudolf Alexander Schröder dazu: „Graf Kessler dagegen hat, fußend auf den Resultaten einer Lebenshaltung, die den Diplomaten, den Schriftsteller, den Politiker, den Kunstkenner und Kunst-Organisator in Berührung mit einer unübersehbaren Breite und Mannigfaltigkeit des geistigen Europa von gestern und heute gebracht hat, seinem Unternehmen von vornherein eine breitere, man kann sagen, internationalere Grundlage gegeben."[40]

Anmerkungen

1 Vgl. PETER REICHEL, Der schöne Schein des Dritten Reiches. Faszination und Gewalt des Faschismus, Frankfurt a.M. 1993.

2 HARRY GRAF KESSLER, Der neue deutsche Menschentyp, in: Gesammelte Schriften in 3 Bdn. (nachfolgend: HGK/GS), hg. v. C. Blasberg u. G. Schuster, Frankfurt a.M. 1988, Bd. 2: Künstler und Nationen, Aufsätze und Reden 1899-1933, S. 285-295, zit. S. 293f, Erstveröffentlichung in: Die Neue Rundschau (Berlin). Jahrgang 44, Heft 3, März 1933, S. 298-306.

3 ROSWITHA WOLLKOPF, Das Nietzsche-Archiv im Spiegel der Beziehungen Elisabeth Förster-Nietzsche zu Harry Graf Kessler, in: Jahrbuch der Deutschen Schillergesellschaft, 34. Jg.,1990, S. 132-164, zit. S. 161, Anm. 156.

4 HENRY VAN DE VELDE, Geschichte meines Lebens, hg. v. Hans Curjel, München 1962, S. 222.

5 ROSWITHA WOLLKOPF, Das Nietzsche-Archiv, a.a.O., S. 150.

6 BURKHARD STENZEL, Harry Graf Kessler. Ein Leben zwischen Kultur und Politik, Weimar/Köln/Wien 1995; DERS., Harry Graf Kessler und die Weimarer Reformen von 1902 bis 1906. Ein Versuch der Moderne, in: Kleinstaaten und Kultur in Thüringen vom 16. bis 20. Jahrhundert, hg. v. Jürgen John, Weimar/Köln/Wien 1994, S. 501-528.

7 FRANK TROMMLER, Einleitung, in: Deutsche Literatur. Eine Sozialgeschichte, hrsg. v. Horst Albert Glaser, Bd. 8: Jahrhundertwende, Vom Naturalismus zum Expressionismus, 1880-1918, Hamburg 1987, S. 10.

8 Verwiesen sei u.a. auf die verdienstvollen Arbeiten von BERNHARD ZELLER (1965, 1987), RENATE MÜLLER-KRUMBACH (1969, 1992), WOLF-DIETRICH RASCH (1967), CORNELIA BLASBERG und GERHARD SCHUSTER (1988). In der politisch intendierten Biographie von PETER GRUPP zu Harry Graf Kessler (München 1995) wird diese Thematik leider nicht berücksichtigt.

9 HARRY GRAF KESSLER, Tagebuch eines Weltmannes, bearbeitet von Gerhard Schuster und Margot Pehle, Marbach a. N. 1988, S. 401f. Es muß davon ausgegangen werden, daß in den bisher unveröffentlichten Tagebüchern Kesslers weitere Ausführungen zum "Deutschen Tag" in Weimar enthalten sind.

10 Vgl. u.a.: HARRY GRAF KESSLER, Frick über Deutschland. In: Generalanzeiger für Dortmund und für das gesamte rheinisch-westfälische Industriegebiet, 21.12.1930, Nr. 353.

11 HARRY GRAF KESSLER, Tagebücher 1918-1937, hg. v. W. Pfeiffer-Belli, Frankfurt a.M. 1981, 15. September 1930, S. 678.

12 JOHN HEARTFIELD, Leben und Werk, dargest. v. seinem Bruder Wieland Herzfelde, Dresden 1976, 59ff; vgl. auch: HARRY GRAF KESSLER, Tagebücher 1918-1937, a.a.O., S. 718.

13 Vgl. HARRY GRAF KESSLER, Tagebücher, Weimar, 24. Januar 1902. Aus: Nachlaß Kessler, Deutsches Literaturarchiv Marbach a. N. (nachfolgend: DLA), vgl. R. MÜLLER-KRUMBACH, 1969, S. 15f.

14 BURKHARD STENZEL, Harry Graf Kessler, a.a.O., S. 82f.

15 DERS., Harry Graf Kessler und die Weimarer Reformen von 1902 bis 1906, a.a.O., S. 504ff.

16 ROSWITHA WOLLKOPF, Das Nietzsche-Archiv, a.a.O., S. 132.

17 Berichte des königlich-preußischen Gesandten Felix Müller, zit. nach: HARRY GRAF KESSLER. Tagebuch eines Weltmannes, a.a.O., S. 198.

18 BURKHARD STENZEL, Harry Graf Kessler, a.a.O., S. 83.

19 DETLEV J. K. PEUKERT, Die Weimarer Republik. Krisenjahre der klassischen Moderne, Frankfurt a.M. 1987, S. 268.

20 HARRY GRAF KESSLER, Tagebücher, Eintragung vom 9. Juni 1918, DLA, vgl. H. LENGAUER, 1991, S. 24.

21 DERS., Tagebücher, Eintragung vom 17. August 1918, DLA, vgl. H. LENGAUER, a.a.O., S. 24.

22 Deutscher Schillerbund zur Gründung und Erhaltung jährlicher Nationalfestspiele für die deutsche Jugend am Weimarischen Hoftheater, hg. v. Deutschen Schillerbund (1909), S. 2. – Seit 1937 fanden die *"Nationalfestspiele"* als nationalsozialistische *"Jugendfestspiele"* der HJ unter Schirmherrschaft von Reichsjugendführer Baldur von Schirach im Weimarer Nationaltheater statt. Vgl.: MICHAEL WORTMANN, Baldur von Schirach. Hitlers Jugendführer, Köln/Wien 1982, S. 151-154; THOMAS NEUMANN, Völkisch-nationale Hebbelrezeption. Adolf Bartels und die Weimarer Nationalfestspiele, Univ. Diss., Kiel 1996.

23 Deutschvölkischer Schutz- und Trutzbund, Ortsgruppe Weimar an Stadtpolizeipräsidium Weimar, 4. Mai 1921, stellvertretender Gruppenrat, Ernst Alberti (Pfarrer Oberweimar). In: Stadtarchiv Weimar, Sign. 4-41-1, Bl. 8 (nachfolg.: StAW).

24 BURKHARD STENZEL, Zur Literaturpolitik im "Dritten Reich". Weimar und die "Woche des deutschen Buches". Vortrag vom 13. April 1996 im Rahmen eines Seminars der Gedenkstätte Buchenwald und der Friedrich-Ebert-Stiftung aus Anlaß des 51. Jahrestages der Befreiung des KZ Buchenwald (erscheint 1997 im Göttinger Wallstein-Verlag).

25 DERS., Harry Graf Kessler, a.a.O., S. 110.

26 HARRY GRAF KESSLER, Tagebuch eines Weltmannes, a.a.O., S. 101.

27 Zit. nach: DAVID MARC HOFFMANN, Zur Geschichte des Nietzsche-Archivs. Chronik, Studien und Dokumente, Berlin/New York 1991, S. 112.

28 KARINA LOOS, Das "Gauforum" in Weimar. Vom bewußtlosen Umgang mit nationalsozialistischer Geschichte, in: Nationalsozialismus in Thüringen, hg. v. Detlev Heiden u. Gunther Mai, Wien/Köln/Weimar 1995, S. 333-349.

29 HGK/GS Bd. 2, S. 285.

30 HGK/GS Bd. 2, S. 288.

31 BURKHARD STENZEL, Harry Graf Kessler, a.a.O., S. 144f.

32 JOHANNES R. BECHER, Gedichte für ein Volk. Leipzig 1919, S. 34. (Das "Erste Buch — Eroberung" trägt die Widmung: *"Gedichte an Harry Graf Kessler. Jena. Sommer 1917".*)

33 HARRY GRAF KESSLER, Dekadenz oder Aufstieg? Nur aus Dekadenz kommt Aufstieg!, in: Acht Uhr Abendblatt vom 24. Dezember 1928.

34 HGK/GS Bd. 2, S. 293.

35 Vgl. HARRY GRAF KESSLER, Tagebücher von 1918-1937, a.a.O., Eintragungen v. 04.06.-16.07.1930, S. 661-676.
36 HGK/GS Bd. 2, S. 293.
37 HARRY COMTE KESSLER, Walther Rathenau. Traduit de l' allemand par Denise van Moppés. Préface de Gabriel Marcel. Paris, 1933. — In Deutschland wurde die Rathenau-Biographie auf die *"Verbotslisten"* des Kampfbundes für deutsche Kultur gesetzt. Vgl.: BA Abt. Potsdam, Säuberungslisten des deutschen Schrifttums (KdfK) 1934, R 56 V/72, Bl. 66.
38 HGK/GS Bd. 2, S. 294.
39 HARRY GRAF KESSLER, Gesichter und Zeiten. Erinnerungen Frankfurt a.M. 1935. Neuabdruck, in: HGK/GS Bd. 1.
40 Vgl. RUDOLF ALEXANDER SCHRÖDER, [zu Harry Graf Kessler], in: Imprimatur, 1931, S. 93; zit. nach: Rudolf Borchardt/Alfred Walter Heymel/Rudolf Alexander Schröder, Katalog bearbeitet v. Reinhard Tgahrt, Werner Volke, Eva Dambacher, Hildegard Dilke (= Marbacher Katalog Nr. 29), Marbach a. N. 1978, S. 295.

„Die Zukunft der Goethe-Gesellschaft erfüllt mich mit Sorge."[1] Anmerkungen zur Diskussion um die Nachfolge Gustav Roethes

THOMAS NEUMANN

> Kein Zweifel, der Kredit, den die Geschichte der bürgerlichen
> Republik heute noch gewährt, [...] beruht auf dem noch aufrecht-
> erhaltenen Glauben, daß die Demokratie, was ihre zur Macht
> drängenden Feinde zu können vorgeben, *auch kann*, nämlich
> eben diese Führung ins Neue und Zukünftige zu übernehmen.
> Nicht indem es sich nur festlich mit ihnen brüstet, erweist das
> Bürgertum sich seiner großen Söhne wert.[2]
>
> THOMAS MANN

Der Germanist Gustav Roethe starb am 17. September 1926. Vier Jahre zuvor war er zum Präsidenten der 1885 in Weimar gegründeten Goethe-Gesellschaft gewählt worden. Neben seinem organisatorischen Engagement – besonders nach den finanziellen Schwierigkeiten von 1923 – prägte vor allem seine Persönlichkeit maßgeblich den Stil dieser literarischen Gesellschaft in den zwanziger Jahren.

Roethe (geb. 1859) hatte 1881 bei Friedrich Zarncke promoviert, habi-litierte sich fünf Jahre später in Göttingen, wo er 1890 Ordinarius wurde. 1902 folgte er einem Ruf nach Berlin. Ein Schwerpunkt seiner Arbeit war die Wissenschaftsorganisation – nicht die einzige Gemeinsamkeit, die ihn mit Julius Petersen, seinem Nachfolger im Präsidentschaftsamt der Goethe-Gesellschaft, verband. Roethe repräsentierte mit seinen Anschauungen zwar nicht die Meinung aller Mitglieder der Goethe-Gesellschaft, stand aber auch nicht in Opposition zum geistigen Klima der Gesellschaft, da er erklärter Monarchist und Gegner der Weimarer Republik war.

Besonders markant trat die in den zwanziger Jahren dominierende ideolo-gische Ausrichtung der Goethe-Gesellschaft, repräsentiert durch ihren ersten Vorsitzenden, in den Themen der Festvorträge auf den jährlichen Hauptver-sammlungen hervor; etwa in Eduard Sprangers Festvortrag *Goethe und die Metamorphose des Menschen* im Jahre 1924 oder nach Roethes Präsident-schaft in Max Wundts Vortrag *Goethes Gestalt im Wandel deutscher Weltanschauung*.[3] In einer Rede vom 28. August 1924 formulierte Roethe sein Bekenntnis:

„Wenn die Goethe-Gesellschaft den 200. Geburtstag unseres größten
Dichters und Weisen begehen darf, möge es dann anders aussehen in
Deutschland, ein hellerer Himmel unserem Volke leuchten! möge dann
vor allem wieder der aufwärts ringende Geist durch unser Volk gehen,
der der Erlösung und Zukunft sicher ist, weil er immer strebend sich
bemüht! Dazu braucht's den Willen der Selbsterfüllung, den stolzen
Mut und die treue Arbeit, die uns Goethe vorbildlich zeigt. »Mache dir
selber Bahn!« Die Bahn, die uns Goethe weist, das ist deutsche Bahn.
Goethe, wir grüßen Dich, wir danken Dir, Du unser Freund, unser
Held, unser Führer!"[4]

Die Dominanz Roethes sollte noch einige Zeit über seine Präsidentschaft
und seinen Tod hinaus fortwirken. Als Roethe 1926 starb, waren der
Germanist Victor Michels aus Jena und Wolfgang von Oettingen Vizeprä-
sidenten der Gesellschaft; die Jahresbilanz des Berichtsjahres 1924/25 im
11. Band des *Jahrbuches der Goethe-Gesellschaft* verzeichnet als weitere
Vorstandsmitglieder Martin Donndorf (Weimar), Oberbürgermeister a. D.,
Hans Bodmer (Zürich), Otto von Güntter (Stuttgart), Otto Heuer, Direktor
des Frankfurter Goethe-Museums (Frankfurt am Main), Ricarda Huch
(München), Anton Kippenberg (Leipzig), Friedrich Lienhard (Weimar),
Wilhelm Freiherr von Pechmann (München), Hans Wahl, Direktor des
Goethe-Nationalmuseums (Weimar), und Julius Wahle, Leiter des Goethe-
und Schiller-Archivs (Weimar).[5]
    Nach § 5 der Satzung wurde der Vorstand der Goethe-Gesellschaft von
der Generalversammlung auf drei Jahre gewählt:

„Scheidet ein Vorstandsmitglied vor Ablauf der Zeit, auf welche es
gewählt worden, aus, so ergänzt sich der Vorstand durch Cooption bis
zur nächsten Generalversammlung, welche letztere auf den Rest der
dreijährigen Wahlperiode eine Ergänzungswahl vornimmt."[6]

Satzungsgemäß hatte man die Möglichkeit eines direkten Wahlverfahrens
verworfen; der Präsident wurde durch und aus den Reihen des Vorstandes
ernannt, was die Chancen von unliebsamen Kandidaten für das Amt – die
des öfteren von der Berliner Ortsgruppe vorgeschlagen wurden – minimierte.
Der Vorstand hatte innerhalb dieses Verfahrens Selbstergänzungsrecht, d.h.,
daß beim Ausscheiden eines Vorstandsmitgliedes der verbleibende Vorstand
über die Neubesetzungen entschied, die dann auf den Hauptversammlungen
bestätigt wurden. Maßgeblich für die Ämterbesetzung innerhalb der

Gesellschaft war damit das Recht, Kandidaten für die Wahl in den Vorstand vorzuschlagen.

Nach dem Ersten Weltkrieg war der Druck der Ortsgruppen auf die Weimarer Literaturgesellschaft gewachsen.[7] Diese bestanden zunehmend auf mehr Selbständigkeit und verstanden sich als von Weimar unabhängige Goethe-Gesellschaften – eine Entwicklung, die 1927 zu einer Satzungsänderung führen sollte, die den einzelnen Ortsgruppen erweiterte Vorschlagsrechte für die Vorstandswahlen einräumen sollte;[8] 1926 aber waren diese Diskussionen noch nicht soweit fortgeschritten, daß den personellen Vorstellungen der Weimarer ein realisierbarer Gegenvorschlag hätte entgegengesetzt werden können.

Als Anfang der zwanziger Jahre die Berufungsverhandlungen für einen neuen Präsidenten der Goethe-Gesellschaft anstanden – der dann nach Bürklins Tod Gustav Roethe wurde –, war der Leiter des Leipziger Insel-Verlages Anton Kippenberg schon maßgeblich an den Verhandlungen im Vorfeld beteiligt gewesen. Kippenberg war langjähriges Mitglied der Goethe-Gesellschaft, hatte durch seine Tätigkeit als Verlagsleiter und durch den Aufbau seiner Goethesammlung enge Bindungen an die Goethe-Philologie und wäre nach Roethes Tod ein möglicher Nachfolger für das Präsidentenamt gewesen.

Anton Kippenberg war 1896 in den Leipziger Verlag von Wilhelm Engelmann eingetreten. Nebenberuflich studierte er in Leipzig und promovierte 1901 bei Albert Köster über *Die Sage vom Herzog von Luxemburg*. Nachdem Kippenberg von Alfred Walter Heymel die Leitung des Insel-Verlages angetragen worden war – den er seit 1906 allein leitete –, realisierte er dort ein neues Konzept von Dünndruckklassikerausgaben und von Editionen der Goetheschen Werke.[9]

Einer der Editoren dieser Klassikerausgaben war Julius Petersen, mit dem Kippenberg eine Bekanntschaft verband, die bis in ihre gemeinsame Studienzeit zurückreichte, und von der ein umfangreicher Briefwechsel Zeugnis gibt.[10] Die vakante Präsidentschaft der Goethe-Gesellschaft wird allerdings in den Briefen des Jahres 1926 nicht thematisiert. Einen ersten Hinweis auf den Tod Roethes findet man dort in einem Brief Petersens vom 19. Februar 1927:

> „Eine andere Frage betrifft den Nachlass Roethes. Einen Band deutsche Reden werde ich im Anschluss an die Gedächtnisrede die ich dir

zu übersenden mir erlaube, bei Quelle und Meyer herausgegeben. Als ein zweiter Band liessen sich Goethe-Schriften zusammenstellen."[11]

Kippenberg antwortete ihm zwei Tage später:

„Lieber Petersen!
Deine Roethe-Gedenkrede hat mir gestern den Sonntagmorgen auf das freundlichste verschönt, und ich danke Dir herzlich dafür, dass Du sie mir sandtest. Die Rede ist in jeder Beziehung vorzüglich, und es ist Dir gelungen, das so widerspruchsvolle Bild Roethes klar und rein hervorleuchten zu lassen.
Ich ersehe aus Deinem Briefe, dass Du Anfang März nach Portugal gehst, und so scheint es mir fraglich, ob Du an der kleinen Vorstands-sitzung der Goethe-Gesellschaft, die demnächst bei mir stattfindet, teilnehmen wirst."[12]

Aus dem Schreiben Kippenbergs geht hervor, das Petersen schon in den Vorstand der Goethe-Gesellschaft berufen worden war. Dieser Berufung gingen unterschiedliche Diskussionen zwischen den Vorstandsmitgliedern voraus. In den Handakten des Vizepräsidenten Victor Michels findet man einen kurz nach dem Tode Roethes verfaßten Brief des Weimarer Vor-standsmitgliedes Martin Donndorf, in dem dieser auf einen wahrscheinlich unklar formulierten Brief des Vizepräsidenten einging und konstatierte, daß es sich bei den angedeuteten Problemen wohl „um die *Nachfolge* Roethes in der Präsidentschaft [handeln würde]?! In unserem hiesigen Kreise hat sich niemand in dieser Hinsicht bisher irgendwie betätigt, oder geäussert, Weimar ist also auch unschuldig."[13]

Michels beschäftigte sich zu diesem Zeitpunkt schon mit der Neubesetzung des Amtes des 1. Vorsitzenden, das er interimistisch verwaltete.
Victor Michels (1866–1929) hatte in Berlin, Heidelberg und Leipzig stu-diert, bevor er bei Friedrich Zarncke 1889 mit einer Arbeit *Zum Wechsel des Nominalgeschlechts im Deutschen* promovierte. Er war mit dem Berliner Kreis um Scherer und Erich Schmidt verbunden und habilitierte sich 1892 in Göttingen bei Moritz Heyne (1837–1906) und Gustav Roethe. 1895 erhielt er ein Ordinariat für Deutsche Philologie in Jena als Nachfolger Friedrich Kluges (1856–1926). Der wissenschaftliche Wert seiner mittel-hochdeutschen Forschungen ist immer noch unbestritten. Innerhalb der

Goethe-Philologie hatte er sich einen Namen als Herausgeber der Prosa-Iphigenie (1897) und des Tasso (1904) gemacht.

In die Diskussionen um die Neubesetzung der Führungsposition der Goethe-Gesellschaft waren vor allem Michels, Donndorf, Heuer und Kippenberg involviert. Den Namen des neuen Präsidenten brachte Anton Kippenberg ins Gespräch: „In erster Linie habe auch ich natürlich an Petersen gedacht; er ist gewiss unter den leider wenigen, die in Betracht kommen, der geeignetste Kandidat."[14] Zweifel hegte Kippenberg nur in bezug auf Petersens Durchsetzungsvermögen der Berliner Ortsgruppe gegenüber, die bei der Besetzung neuer Ämter immer als Opposition zur Weimarer »Ortsgruppe« auftrat. Besonders nach dem Tode Roethes wurde ein »Aufstand« befürchtet. Kippenberg schrieb weiter:

> „Es kann für mich keinem Zweifel unterliegen, dass die Berliner Gruppe nunmehr im nächsten Frühjahr zum Hauptangriff übergehen wird, dass ihre Anhänger in grosser Anzahl in Weimar sein und vielleicht das Wahlergebnis nicht in unserem Sinne beeinflussen und die Statutenänderung hinsichtlich der Präsidentenwahl nunmehr durchsetzen werden."[15]

Diese Befürchtungen wurden auch von dem Vizepräsidenten geteilt, der sich darüber mit dem Vorstandsmitglied und Mitglied des Geschäftsführenden Ausschusses Martin Donndorf verständigte.

In diesem geistigen Klima empfand man Thomas Mann – die ganzen zwanziger Jahre hindurch – als latente Bedrohung. Für den Weimarer Vorstand war er ein personifiziertes Feindbild und die Möglichkeit seiner Vorstandsmitgliedschaft war eine unerträgliche Vorstellung. Zu weit wichen die Anschauungen Thomas Manns – besonders nach seinem republikanischen Bekenntnis in der Rede *Von deutscher Republik* (1922) – von den Anschauungen der meisten Vorstandsmitglieder der Goethe-Gesellschaft ab.

Michels glaubte, daß die Berliner Ortsgruppe einen Gegenkandidaten – nämlich Thomas Mann – zu Petersen aufstellen würde:

> „[...] die uns drohende Gefahr sehe ich darin, dass sie inzwischen einen anderen Präsidenten aushecken, sagen wir etwa Thomas Mann. Dann werden sie sich eben auf diesen Kandidaten versteifen und zu Petersen als Vorstandsmitglied *nicht* 'ja' sagen, sondern ihn ablehnen, oder, was mir wahrscheinlicher ist, [...] sagen: wenn wir Petersen schlucken, müsst ihr entgegenkommen und Thomas Mann (oder wer es nun ist) schlucken".[16]

Anfang Oktober 1926 war die Entscheidung für den neuen Präsidenten noch nicht gefallen, der »'engere' Kreis« hatte noch nicht entschieden. Am 12. Oktober antwortete Petersen der Goethe-Gesellschaft, daß er den angebotenen Platz im Vorstand der Gesellschaft dankend annehmen würde.

In einem Brief des Vorstandsmitgliedes Otto Heuer schätzte dieser die Strategie Michels als richtiges Gegenmittel zu den Berliner Bestrebungen ein: „Sie haben glücklicherweise diese so seltene, richtige Taktik. Die Ergän-zungswahl ist ein vorzügliches Mittel jedem Einmischungsversuch den Riegel vorzuschieben."[17]

Nach der im Hintergrund gefallenen Entscheidung über Petersens Wahl in den Vorstand konnte dieser am 19. Oktober Michels mitteilen:

> „Sehr verehrter Kollege,
> Für die fröhliche Mitteilung der auf mich gefallenen Wahl zum Vorstandsmitglied der Goethegesellschaft sage ich Ihnen meinen besten Dank, so wie ich dem gesamten Vorstand für das erbrachte Vertrauen, das er in mich gesetzt hat, großen Dank schulde, den ich durch treue Mitarbeit an den großen Aufgaben der Gesellschaft abzutragen bemüht sein will."[18]

Zusammen mit Julius Petersen wurde auf den zweiten vakanten Sitz im Vorstand Eduard Spranger berufen. Der »Senator für Wissenschaft, Kunst u. Volksbildung« schrieb Michels anläßlich der Ernennung der beiden neuen Vorstandsmitglieder:

> „Sehr geehrter Herr Geheimrat [Michels]! Mit Freuden gebe ich meine Zustimmung zu der Wahl der Herren Professoren Petersen und Spranger zu Mitgliedern des Vorstandes der Goethe-Gesellschaft."[19]

Eduard Spranger reagierte wie Petersen in seinem Dankesschreiben an die Goethe-Gesellschaft.[20] Er wandte sich mit seinem Brief auch an Michels:

> „Hochgeehrter Herr Kollege!
> die Wahl in den Vorstand der Goethegesellschaft, von der Sie mir gütigst Nachricht gegeben haben, bedeutet für mich eine besondere Ehre. Es ist wohl begreiflich, wenn ich gegenüber dem Namen, den die Gesellschaft trägt, und in Gedanken an die Männer, die ihren Vorstand bilden, jüngst ein starkes Gefühl einer Unzulänglichkeit habe, das nicht nur auf einer mir bescheidenen Goethekenntnis beruht. Wenn ich trotzdem wage, die Wahl anzunehmen, so geschieht es mit dem Entschluß, das mir entgegengebrachte Vertrauen allmählich zu verdienen und nach besten Kräften im Dienst der Gesellschaft tätig zu sein."

Diese zustimmenden Reaktionen auf eine Berufung in den Vorstand der Weimarer Literaturgesellschaft waren nicht weiter verwunderlich, waren diese Ämter doch mit einem erheblichen gesellschaftlichen Prestige verbunden.

Die Berliner Ortsgruppe stand den Weimarer Aktivitäten jedoch skeptisch gegenüber. Ihr Vorsitzender Flodoard Freiherr von Biedermann wandte sich besorgt an den Vizepräsidenten in Weimar:

„Hochverehrter Herr Geheimrat!
Über die letzte Vorstandswahl in Weimar haben in der Presse Mitteilungen gestanden, die dahin mißverstanden werden konnten und vielfach, wie ich aus persönlichen Berührungen weiß auch mißverstanden worden sind, als ob Prof. Petersen zum Präsidenten gewählt worden sei. Nun finde ich in einer illustrierten Zeitungsbeilage auch Petersens Porträt mit der Unterschrift:»Wurde als Nachfolger des verstorbenen Professors Gustav Roethe zum Präsidenten der Goethe-Gesellschaft ernannt« Ist dies schon deshalb irrtümlich, als selbstverständlich P.[etersen] ehe er dem Vorstande angehörte, nicht zum Präsidenten gewählt werden konnte, so ist das für ihn auch peinlich, als wir seine Wahl zu diesem Posten gar nicht in Betracht gezogen haben, vielmehr Einstimmigkeit darüber herrschte, daß wir Spranger das Präsidium übertragen wollten, nachdem er in den Vorstand eingetreten.
Ich weiß nicht wie diese irreführende Notiz in die Presse gekommen ist. Ein Berichterstatter stürzte, als ich neulich das Schillerhaus verließ, auf mich zu, um Auskunft über unsere Entschlüsse zu erlangen. Ich lehnte dies ab und verwies ihn an Donndorf. Ob und in welcher Form dieser eine Mitteilung an einen Pressevertreter gegeben hat, weiß ich natürlich nicht. Jedenfalls wird es für künftige Fälle gut sein, wenn wünschenswerte Mitteilungen an die Presse im Vorstand festgestellt werden."[21]

Ohne daß es einen konkreten Beleg dafür gibt, könnte man hinter der Plazierung der Nachricht über Petersens vorzeitige Übernahme des Präsidiums eine gezielte Informationspolitik vermuten – dies ist aber nicht belegbar. Interessant ist jedoch der Hinweis Biedermanns, das in einer Sitzung Spranger für das Präsidentschaftsamt ausgewählt worden war.

Die Ernennung Petersens und Sprangers wurde in der überregionalen Presse zur Kenntnis genommen – deren Reaktion war dem neuen Vorstandsmitglied Petersen allerdings sehr unangenehm. Er schrieb Anfang November an Michels:

„Sehr verehrter Herr Kollege,
Es ist mir äußerst unangenehm, daß viele Blätter die Nachricht gebracht haben, ich sei zum Präsidenten der Goethe-Gesellschaft gewählt. Ich kann der Wurzel nicht beikommen, u[nd] es würde auch
nichts helfen. Statt die Welt nun durch ein Dementi nochmals von mir
reden zu machen, würde ich es für besser halten die schne[ll] eintre-
tende Vergessenheit wirken zu lassen, u[nd] alle Stellen, die die falsche Meldung gebracht haben, zu erreichen, würde mir zudem unmöglich sein. Sollte die Goethe-Gesellschaft dementieren wollen so
würde ich dafür natürlich sehr dankbar sein. Auf jeden Fall bitte ich
Sie, versichert zu sein, daß ich an der Falschmeldung ganz unschuldig
bin."[22]

In der Mitte des Monats November war noch keine Entscheidung gefallen.
Man taktierte von Weimar aus, um den Einfluß der Berliner Ortsgruppe,
dessen Vorsitzender Biedermann auch in den Vorstand gewählt worden war,
möglichst gering zu halten. Die treibende Kraft des Berliner »Widerstandes«
war Biedermann und man wollte ihm wohl durch die Wahl in den Vorstand
einen Teil seines kritischen Potentials nehmen.[23]

Einen Monat später hatte man die Präsidiumsfrage immer noch nicht ge-
klärt. Donndorf erklärte über den Zustand sein Mißbehagen und schrieb an
Michels:

„Es ist überhaupt kein Vergnügen, Geschäftsführer der G.G. zu sein,
namentlich wenn immer noch politisch gefärbte Intermezzi kommen. –
Kippenberg tippte gestern auch die Frage der Präsidentenwahl kurz an;
er selbst komme unter keinen Umständen in Betracht. Er ist nach meiner bestimmten Empfindung nach wie vor für Petersen, obwohl er ihn
für ein wenig weich hält."[24]

Petersen war um den Jahreswechsel 1926/27 schon an den Aktivitäten der
Goethe-Gesellschaft beteiligt. Der für die Hauptversammlung 1927 angekündigte Vortrag von Max Wundt über *Goethes Gestalt im Wandel deutscher Weltanschauung* hatte ein negatives Presseecho zur Folge[25] – Petersen
sah sich zu einer Stellungnahme genötigt. Auch Michels formuliert auf eine
Anfrage Eduard Scheidemantels seinen Standpunkt zu dem »problematischen« Redner:

„Die Verantwortung [für die Einladung zu dem Vortrag] trage in erster
Linie *ich*, und ich bin auch bereit jedem mit mir ernsthaft Diskutieren-
den gegenüber meine Handlungsweise zu vertreten: nicht aber gegen

die Berliner Revolverjournalisten: die können mir den Buckel herun-
terrutschen."[26]

Diese Stellungnahme ist für die »inhaltliche Dimension« der Auseinandersetzungen fast als paradigmatisch zu bezeichnen. Auf der sachlichen Ebene
wurde nicht das Gespräch und die Diskussion gesucht, sondern auf
vorhandenen Positionen insistiert.

Der Informationsaustausch der Vorstandsmitglieder ging von einem vorhandenen, aber nicht weiter benannten stillschweigenden Konsens aus.
Neben den Diskussionen zum Wundt-Vortrag befinden sich auch die Unter-
lagen zu den Vorbereitungen der Hauptversammlung 1927 in den Akten der
Goethe-Gesellschaft. Auf der Tagung sollten im Juni die neu ernannten
Vorstandsmitglieder und der neue Präsident vorgestellt werden. Zwischen-
zeitlich hatte sich der Vorstand auf Julius Petersen als Ersten Vorsitzenden
geeinigt.

Im *13. Jahrbuch der Goethe-Gesellschaft* findet man im Jahresbericht
den von Auseinandersetzungen begleiteten Vorgang der Präsidentschafts-
wahl als bloße Mitteilung an die Mitglieder zusammengefaßt:

> „Auf die durch Gustav Roethes Tod und Otto Heuers Ausscheiden
> freigewordenen Vorstandssitze hat der Vorstand die Herren Prof. Ju-
> lius Petersen und Prof. Eduard Spranger, beide in Berlin, berufen; die
> Hauptversammlung wählt die beiden Herren in den Vorstand für den
> Rest der Wahlperiode."[27]

Auf der Hauptversammlung am 11. Juni stellte sich der neue Präsident vor:

> „Sodann [nach der festlichen Einleitung] stellte sich Herr Prof. Dr. Ju-
> lius Petersen der Versammlung als der vom Vorstand gewählte neue
> Präsident vor; er verheißt, sein Amt zu führen in voller Anerkennung
> der bewährten Überlieferungen, in denen die Gesellschaft wurzelt,
> aber auch in gewissenhafter Würdigung der bedeutsamen Fragen der
> Gegenwart."[28]

Mit Petersen hatte man einen Präsidenten gewonnen, der seit 1920 ein be-
gehrtes Berliner Ordinariat innehatte, Mitglied beider Preußischer Akade-
mien war und sich in verschiedenen anderen Literaturgesellschaften aktiv
betätigte:

> „[...] ausgewiesen durch wissenschaftliche Arbeit, wissenschaftsorga-
> nisatorisches Geschick und scheinbar unermüdliche Energien, saß er

bald in Positionen, die ihn auch über akademische Kreise hinaus bekannt machten und ihm weitreichenden Einfluß sicherten."[29]

Julius Petersen war als Präsident für die schwierige Aufgabe der Vermittlung zwischen verschiedenen Fraktionen prädestiniert. Schon zu Beginn seiner Präsidentschaft wurde er vor die Aufgabe gestellt, zwischen den Parteien zu vermitteln und die Wogen zu glätten, als vehemente Reaktionen auf die Rede am 10. Juni 1927 auf der Hauptversammlung der Goethe-Gesellschaft von Victor Michels[30] folgten – die aufgrund des mangelnden diplomatischen Geschickes des Vizepräsidenten zu einem unerfreulichen Ausgang für die Goethe-Gesellschaft hätten führen können.[31]

Die bereits erwähnte, geradezu paradigmatische Ablehnung der Kandidatur Thomas Manns als Vorstandsmitglied der Goethe-Gesellschaft war Ausdruck einer generellen Aversion gegenüber liberalen Tendenzen; dieses ein Vorgang, der sich in regelmäßigen Abständen, mehr oder minder heftig, von Anfang der zwanziger Jahre bis 1932 des öfteren wiederholen sollte.

Dabei wurde nicht die fachliche Qualifikation Thomas Manns in Frage gestellt, war er doch durch zahlreiche Studien ein ausgewiesener Goethe-Kenner;[32] auch die persönliche Achtung zwischen Kollegen wurde ihm vom Präsidenten der Goethe-Gesellschaft nicht verwehrt, so wie auch Thomas Mann Julius Petersen seine Reverenz erwies.[33]

Die generelle Ablehnung Manns durch die Mitglieder der Goethe-Gesellschaft spiegelt sich in den Berichten von den jährlichen Hauptversammlungen wider. Für die Vorstandswahl 1922 enthielt die Liste der vorgeschlagenen Kandidaten u. a. Ernst Troeltsch und Thomas Mann; beide wurden nicht in den Vorstand gewählt.[34] 1926 waren die Bedenken bezüglich einer Aufnahme Manns in den Vorstand ebenso vorhanden wie 1929. Nachdem 1927/28 Satzungsänderungen durchgesetzt worden waren, brachte die Ortsgruppe Berlin einen eigenen Wahlvorschlag ein: drei Listen mit den zukünftigen Vorstandsmitgliedern lagen zur Abstimmung vor. „Auf Vorschlag des Präsidenten Petersen hin wird von einer Diskussion über die vorgeschlagenen Persönlichkeiten abgesehen."[35] Die gemeinsame Wahlliste der Ortsgruppen Weimar und Hamburg wurde mit einer knappen Mehrheit angenommen; Thomas Manns Mitgliedschaft im Vorstand konnte verhindert werden. Ähnliches sollte sich auch 1932 abspielen und ebenso zu einer erfolgreichen Abwehr demokratischer und republikanischer Kräfte führen – allerdings war zu diesem Zeitpunkt der öffentliche und politische Druck wesentlich größer als Mitte der zwanziger Jahre, wo eine Geste der

Liberalität einen Gegenakzent zu antidemokratischen Entwicklungen hätte setzen können. In den zwanziger Jahren – bis in die dreißiger Jahre hinein – konnten sich »moderne« Geistesströmungen innerhalb der Goethe-Gesellschaft nicht durchsetzen.

Die geistige Grundhaltung der Goethe-Gesellschaft der zwanziger und dreißiger Jahre hat Karl Robert Mandelkow in einem Aufsatz von 1993 charakterisiert:

> „Ausgenommen von [...] [der] Negation der eigenen Zeit bleibt bis 1918 die politische Opposition gegen das Kaiserreich und die Führungsrolle Preußens in diesem Staat. Die Goethe-Gesellschaft wurde vielmehr zu einem wichtigen ideologischen Faktor der konfliktfreien Synthese von Berlin und Weimar, wie die immer wieder beschworene Einheitsformel lautet."[36]

Aber trotz dieses latenten antidemokratischen Geistes in der Goethe-Gesellschaft ist es vielleicht angebracht, das für Gerhart Hauptmann gedachte Wort Thomas Manns für die Goethe-Gesellschaft zur Maxime zu erheben und nicht undifferenziert Historiographie zu simplifizieren:

> „I do not consider it appropriate to pass summary judgment upon Gerhart Hauptmann's apostasy from a liberal democrat to National Socialism. Yet he represents one type of attitude towards political events."[37]

Anmerkungen

1 Anton Kippenberg an Victor Michels, 27.9.1926. Zitiert aus den Akten der
  Goethe-Gesellschaft (nachfolgend: AdGG), Goethe- und Schiller-Archiv
  (nachfolgend: GSA) 149/593. [Aktentitel:] »Privatakten des Vizepräsidenten
  Geheimrat Professor Dr. Victor Michels, Jena. 1921 bis 1928.« Weiteres,
  sich aber überschneidendes Material in der Akte: »Handakten Dr. Donndorf
  1927-1929«. AdGG, GSA 149/351. Für die Publikationsgenehmigung der
  Briefe von Kippenberg und Petersen danke ich dem Goethe- und Schiller-
  Archiv in Weimar.
  Die dieser Untersuchung zugrundegelegten Akten werden zur Zeit (August
  1996) archivisch bearbeitet und sind noch nicht vollständig erschlossen und
  verzeichnet. Insofern versteht sich dieser Beitrag als ein vorläufiger
  Zwischenbericht, der nur auf das bisher zugängliche Material zurückgreifen
  kann. Es zeichnet sich aber ab, das noch weitere aufschlußreiche Materialien
  (etwa über den Ausschluß jüdischer Mitglieder aus der Goethe-Gesellschaft)
  in dem noch zu bearbeitenden Aktenmaterial zu Tage kommen werden.
2 THOMAS MANN, Goethe als Repräsentant des bürgerlichen Zeitalters. [Rede
  zum hundertsten Todestag Goethes, gehalten am 18. März 1932 in der
  Preußischen Akademie der Künste, Berlin], in: DERS., Leiden und Größe der
  Meister. Gesammelte Werke in Einzelbänden, Bd. 8, Frankfurt am Main
  1982, S. 145–180, S. 180.
3 EDUARD SPRANGER, Goethe und die Metamorphose des Menschen. Festvortrag, gehalten am 14. Juni 1924, in: Jahrbuch der Goethe-Gesellschaft 10
  (1924), S. 217-238; MAX WUNDT, Goethes Gestalt im Wandel deutscher
  Weltanschauung. Festvortrag, gehalten am 11. Juni 1927, in: Jahrbuch der
  Goethe-Gesellschaft 13 (1927), S. 347–383.
4 GUSTAV ROETHE, Goethe. Zum 28. August 1924, in: Jahrbuch der Goethe-
  Gesellschaft 11 (1925), S. 1–29, S. 29.
5 Vgl. 40. Jahresbericht (Berichtsjahr 1924/25), in: Jahrbuch der Goethe-
  Gesellschaft 11 (1925), S. 359–384, S. 361.
6 [Satzung der Goethe-Gesellschaft], in: Goethe-Jahrbuch 7 (1886), [Anhang],
  S. 6.
7 Vgl. KARL HEINZ HAHN, Die Goethe-Gesellschaft in Weimar. Geschichte
  und Gegenwart. (Tradition und Gegenwart. Weimarer Schriften, Heft 34),
  Weimar 1989, S. 38f. Man vergleiche dazu die Jahresberichte der Goethe-
  Gesellschaft im Jahrbuch der Goethe-Gesellschaft nach 1918.
8 AdGG, GSA 149/361, 149/593.
9 Heinz Sarkowski (Hg.), Der Insel-Verlag. Eine Bibliographie, 1899–1969.
  Frankfurt a. M. 1970. Dort die Nummern: 544, 555–557, 698, 1020, 1156,
  1231–1233, 1469, 1693, 2003, 2062, 2066. Vgl. zu den Editionen Petersens
  im Insel-Verlag auch: PETRA BODEN u. BERNHARD FISCHER, Der Germanist
  Julius Petersen (1878–1941). Bibliographie, systematisches Nachlaßverzeichnis und Dokumentation, Marbach am Neckar 1994. Dort die
  Nummern 366, 372, 376, 378–381, 385.

10 GSA Bestand Leipzig/Insel-Verlag. Das Archiv des Insel-Verlages enthält mehrere hundert Briefe, die zwischen Anton Kippenberg und Julius Petersen gewechselt wurden. Diese Korrespondenz ist nicht in dem Bestandsverzeichnis Julius Petersen nachgewiesen. Vgl. BODEN u. FISCHER, a.a.O., S. 50.

11 Julius Petersen an Anton Kippenberg, 19.11.1927. GSA 50/144.

12 Anton Kippenberg an Julius Petersen, 21.2.1927. GSA 50/144.

13 AdGG, GSA 149/593.

14 AdGG, GSA 149/593.

15 AdGG, GSA 149/593.

16 AdGG, GSA 149/593.

17 Otto Heuer an Victor Michels, 13.10.1926. AdGG, GSA 149/593.

18 Julius Petersen an die Goethe-Gesellschaft, 19.10.1926. AdGG, GSA 149/593.

19 AdGG, GSA 149/593.

20 Eduard Spranger war von Wolfgang von Oettingen empfohlen worden. AdGG, GSA 149/593.

21 Flodoard von Biedermann an Victor Michels, 30.10.1926. AdGG, GSA 149/-593.

22 Julius Petersen an Victor Michels, 3.11.1926. AdGG, GSA 149/593.

23 Otto Heuer an Victor Michels, 10.11.1926.AdGG, GSA 149/593.

24 Martin Donndorf an Victor Michels, 19.12.1926. AdGG, GSA 149/593.

25 Vgl. [Anonym], Der Festredner der Goethe-Gesellschaft. In: Berliner Tageblatt Nr. 597. 18.12.1926. Dort: „Professor Max Wundt ist schon seit Jahren in der völkischen und rechtsradikalen Richtung an den deutschen Universitäten der politische Exponent. [...] Seine philosophischen Grundgedanken wurzeln in der Behauptung, daß die Staaten an der Demokratie zugrunde gehen und die Parteien ein Unheil für Volk und Staat bedeuten und daß die Rettung in der Diktatur der großen Männer zu suchen ist."

26 Victor Michels an Eduard Scheidemantel, 23.12.1926. AdGG, GSA 149/593.

27 VICTOR MICHELS u. MAX HECKER, Hauptversammlung der Goethe-Gesellschaft Juni 1927, in: Jahrbuch der Goethe-Gesellschaft 13 (1927), S. 397–399, S. 398.

28 Ebd., S. 399.

29 BODEN u. FISCHER, a.a.O., S. 24.

30 Victor Michels, Gustav Roethe. Rede zu seinem Gedächtnis gehalten auf der Hauptversammlung der Goethe-Gesellschaft am 10. Juni 1927, in: Jahrbuch der Goethe-Gesellschaft 13 (1927), S. V–XXIV.

31 Vgl. HAHN, a.a.O., S. 40ff.

32 THOMAS MANN, Goethe und Tolstoi. [1921]; DERS., Goethe als Repräsentant des bürgerlichen Zeitalters, [Rede zum hundertsten Todestag Goethes, gehalten am 18. März 1932 in der Preußischen Akademie der Künste, Berlin]; DERS., Goethe's Laufbahn als Schriftsteller [1932]; DERS., Zu Goethe's ›Wahlverwandschaften‹ [1925]. Alle Aufsätze in: DERS., Leiden und Größe der Meister, Gesammelte Werke in Einzelbänden, Bd. 8, Frankfurt a. M. 1982.

33 Vgl. die Briefe zwischen Julius Petersen und Thomas Mann. BODEN u. FI-
SCHER, a.a.O., S. 231. Dort die Nummer 1295: 4 Briefe und eine Karte. Vgl.
zum Inhalt auch: HANS BÜRGIN u. HANS-OTTO MAYER, Die Briefe Thomas
Manns. Regesten und Register. Bd. 1: Die Briefe von 1889 bis 1933. Bd. 2:
Die Briefe von 1934 bis 1943. Frankfurt a. M. 1976–1980. Dort die Regesten
28/98, 29/5, 29/75, 30/12 und im zweiten Band die Nummer 35/176.

34 Vgl. 37. Jahresbericht (Berichtsjahr 1921/22), in: Jahrbuch der Goethe-
Gesellschaft 9 (1922), S. 313–336, S. 323.

35 Vgl. 44. Jahresbericht (Berichtsjahr 1928/29), in: Jahrbuch der Goethe-
Gesellschaft 15 (1929), S. 307–329, S. 326f.

36 KARL ROBERT MANDELKOW, Die Goethe-Gesellschaft Weimar als literatur-
wissenschaftliche Institution, in: Cristof König u. Eberhard Lämmert (Hg.),
Literaturwissenschaft und Geistesgeschichte 1910 bis 1925, Frankfurt a. M.
1993, S. 340–355, S. 347f.

37 THOMAS MANN, Literature and Hitler, in: DERS., Die Forderung des Tages,
Gesammelte Werke in Einzelbänden, Bd. 20, Frankfurt am Main 1986, S.
293–298, S. 295. [Rückübersetzung von Peter de Mendelssohn:] „Ich halte es
nicht für passend, ein summarisches Urteil über Gerhart Hauptmanns Ab-
trünnigkeit vom liberalen Demokraten zum Nationalsozialismus zu fällen.
Aber er repräsentiert immerhin einen Haltungstyp gegenüber politischen
Ereignissen." (S. 300)

Rückzugsgefechte: Die Dichter im Nachkrieg

ALEXANDER HONOLD

„Nach einem unglücklichen Krieg müssen Komödien geschrieben werden", zitiert Hugo von Hofmannsthal 1921 eine Bemerkung des Novalis. Die Begründung, die er für diesen Ratschlag entwickelt, ist keineswegs vom Zynismus erhabener Weltverachtung getränkt, eher schon von einem fast postmodernen Verflüssigen fester Standpunkte und Grenzlinien. Denn die Komödie ist für ihn nicht nur ein effektvolles Gegengift zum heroischen oder tragischen Pathos der Kriegsverlautbarungen (dem sprichwörtlichen „Ernst der Lage"), sie befördert auf verträglich-heitere Weise auch die Einsicht in jene verstörende Erfahrung der Geschichte als eines unauflösbar kontingenten und ambivalenten Geschehens, eine Erfahrung, die Hofmannsthal, mit dem Titel dieses Essays, schlicht „die Ironie der Dinge" nennt. Wie sich aber zeigen wird, ist es gerade diese „Ironie der Dinge", in der der „Ernst der Lage" zu seinem Ausdruck kommt. Hofmannsthal wörtlich:

> „Das Element der Komödie ist die Ironie, und in der Tat ist nichts ge-
> eigneter als ein Krieg, der unglücklich ausgeht, uns die Ironie deutlich
> zu machen, die über allen Dingen dieser Erde waltet."[1]

Die Komödie, so Hofmannsthal weiter,

> „setzt ihre Individuen in ein tausendfach verhäkeltes Verhältnis zur
> Welt [...]. Ganz so verfährt der Krieg, der über uns alle gekommen ist,
> und dem wir bis heute nicht entkommen sind [...]. Er setzt alles in ein
> Verhältnis zu allem, das Heroische zum Mechanischen, das Patheti-
> sche zum Finanziellen, und so fort ohne Ende."

Soweit zunächst diese Stimme aus dem Jahre 1921; fürs erste scheint mir daran zweierlei bemerkenswert und wohl auch verallgemeinerungsfähig.

Erstens, eine Feststellung, die sicherlich nicht ganz überraschend kommt: Die zwanziger Jahre sind eine Nachkriegszeit, d.h. sie werden, und das gilt auch noch für das Ende des Jahrzehnts, von den Zeitgenossen stets vor dem Hintergrund des Ersten Weltkriegs gesehen. Und zweitens: Diese Zuord-nung als Nachkriegszeit hat etwas zu tun mit dem Bedürfnis nach Zusam-menhang, nach Synthese, nach zusammenfassender Deutung der immer disparater werdenden gesellschaftlichen Teilbereiche. Dieser Zusammenhang kann, so Hofmannsthals Sicht der Dinge, nur mehr ein negativer sein; die Gleichzeitigkeit von Heroik und Mechanik erzeugt nicht nur Komik, sie ist objektive Ironie. Der Krieg ist dabei ein Extremfall nur, ein besonders krasses Exerzitium für jene Diskrepanz-Erfahrungen, mit denen die Moderne Einzug hält, insofern ist er auch ein geradezu sich aufdrängendes Untersuchungsmaterial für einen Prozeß, den die selbst darin Verwickelten anders als an diesem Extrem gar nicht beobachten und beschreiben könnten.

Symptomatische Lektüren

Für die Literaturwissenschaft ist der Erste Weltkrieg bislang vorwiegend dort zum Thema geworden, wo er in der Literatur selbst als Thema exponiert war: einmal in der kriegsbegeisterten Mobilmachungslyrik vom Spätsommer 1914, an der sich auch renommierte Dichter wie Hauptmann, Rilke oder Hesse beteiligt hatten[2], und zum zweiten in den Kriegs- und Antikriegsromanen der Weimarer Republik, die Ende der zwanziger Jahre ihre Hochkonjunktur erlebten[3]. Zugleich aber, und völlig unvermittelt mit diesen Kriegsbüchern, wird der Weltkrieg in literaturgeschichtlichen Darstellungen immer wieder als ein Bruch oder Einschnitt gehandelt, jenseits dessen bestimmte Wahrnehmungs- und Erfahrungsmuster ihre Bedeutung verlieren und auch die von ihnen getragenen literarischen Formen nicht mehr ungebrochen bedient werden können. Für diese symptomatische Lektüre, die das historische Faktum 1914 als eine kulturelle und auch poetologische Chiffre liest, geben die unmittelbar auf den Krieg bezogenen Texte allerdings eher wenig analytisches Material her, sehr wohl dagegen die Werke der sog. Höhenkammliteratur aus den zwanziger Jahren. Doch wenn wir dann beispielsweise bei Thomas Manns *Zauberberg* oder Musils *Mann ohne Eigenschaften* einhaken[4], die als zeitenthobene, einsame Gipfel auf diesem Höhenkamm verehrt werden, gilt es immer noch als Sakrileg, danach zu fragen, ob und wie ihre Schreibweise selbst durch den Krieg beeinflußt ist.

In meinen Untersuchungen zu deutschen und österreichischen Autoren der zwanziger Jahre, die ich mit den folgenden Ausführungen vorstellen möchte, geht es darum, eine textanalytische Lücke zu schließen: die Lücke zwischen den als Klartext behandelten, ganz direkten und expliziten Kriegsdarstellungen einerseits, und der Gepflogenheit andererseits, bei der Interpretation der großen Werke den Umbruch von 1914-18 lediglich als äußerliches Datum und Periodisierungskriterium in Betracht zu ziehen.

Vielleicht kann ich diese mittelbare Lektüreweise an dem eingangs zitierten Hofmannsthal-Satz konkretisieren. Ich interessiere mich, um sein Beispiel aufzugreifen, nicht so sehr für die Komödien selbst, die tatsächlich nach dem Krieg (oder auch über den Krieg) geschrieben wurden, sondern vielmehr dafür, wie durch den Krieg – wenn Hofmannsthals Beobachtung zutrifft – eine neue Aufmerksamkeit, oder eine günstige Atmosphäre unter anderem eben für das Komische entsteht, und wie umgekehrt sich der Schriftsteller auf seine genuine poetische Kompetenz besinnt, dieses Komische oder Ironische der Verhältnisse zu Tage zu fördern und auf den Begriff zu bringen. Doch vorderhand, so steht zu befürchten, werden wir bei der Spurensuche im Nachkrieg nur selten auf die der Ironie der Dinge angemessene Leichtigkeit zählen dürfen.

Bei Henri Bergson wird das Komische, im ersten Kapitel der Abhandlung *Über das Lachen*, erklärt als „Einwirkung des Mechanischen auf das Organische". Bei Ernst Jünger dagegen ist der Versuch, unter den Bedingungen des Stellungskrieges und der Materialschlacht noch den heroischen Einzelkampf eines Stoßtruppführers zu kämpfen, überhaupt nicht komisch; womöglich liegt gerade darin sein ästhetisches und zugleich moralisches Defizit. Doch illustrieren gerade Jüngers Kriegsbücher von der Westfront in ihrer Pose des heroischen Nihilismus recht deutlich die Erfahrungen der Diskrepanz, des Nicht-mehr-Zusammenpassens von tradierten kulturellen Deutungsmustern und dem technisch-materiellen Entwicklungsstand.

Die noch unter dem unmittelbaren Kriegseindruck entstandenen Aufzeichnungen Jüngers lassen sich lesen als ein Versuch, unter den Bedingungen des Stellungskrieges und der Materialschlacht noch die Erfahrungsmuster eines individuellen Kampferlebnisses zu behaupten (*In Stahlgewittern*) bzw. im Rückblick die Stimuli einer archaischen Duellsituation zu beschwören: „[..] stets kommt der Punkt, wo aus dem Weißen im Auge des Feindes der Rausch des roten Blutes flammt."[5] Doch bereits die Romanerzählung *Sturm* kündet, deutlicher als dies seine Tagebuchaufzeichnungen hatten wahrhaben wollen, von der Erosion heroischer Erlebnismuster durch Technik und Statistik:

„Der Kampf spielte in riesenhaften Ausmaßen, vor denen das Einzelschicksal verschwand. [...] Längst hatte der Präzisionsschuß des geschulten Schützen, das direkte Feuer der Geschütze und damit der Reiz des Duells dem Massenfeuer der Maschinengewehre und der geballten Artilleriegruppen weichen müssen. Die Entscheidung lief auf ein Rechenexempel hinaus: Wer eine bestimmte Anzahl von Quadratmetern mit der größeren Geschoßmenge überschütten konnte, hielt den Sieg in der Faust."[6]

Jünger verleiht hier dem Gefühl einer Entmächtigung des handelnden Subjekts Ausdruck, das über den unmittelbaren Kontext der Kriegswirklichkeit weit hinausreicht. Die Tatsache, daß die drei in die Rahmenhandlung von *Sturm* eingebetteten Binnen-Erzählungen nicht nur scheiternde Existenzentwürfe zum Thema haben, sondern auch als Erzählungen selbst allesamt scheitern und abbrechen, läßt die im deutschen Kontext traditionell enge Verbindung von bürgerlichen Individualitätskonzepten und biographischen Erzählmustern in ein kritisches Licht treten.[7] Jüngers Experimentieren mit der Novellenform, seine die Gattungsgrenzen überschreitende Prosa der zwanziger Jahre ist symptotisch dafür, daß mit der Erzählform zugleich ein bestimmtes Weltverhältnis bzw. dessen Darstellung in Frage steht.

Hierin berührt sich Jüngers literarische Praxis mit den politisch konträren literaturtheoretischen Diagnosen Walter Benjamins: Das Erzählen ist, ohne daß bereits etwas anderes an seine Stelle getreten wäre, als literarische Form in eine Schieflage zur gesellschaftlichen Situation des Industriezeitalters geraten. Erzählen lebt von anthropomorphen Wahrnehmungs- und Deutungsmustern (vgl. dagegen Jüngers Begriff des „Typus" im *Arbeiter*) und steht damit in Gegensatz zur sachlich-abstrakten Rationalität von Technik und Statistik. Benjamin fand die historische Begründung der Einsicht, „daß es mit der Kunst des Erzählens zu Ende geht"[8], wie er 1936 in seinem Aufsatz über Nikolai Lesskow feststellte, in dem durch den Ersten Weltkrieg markierten Bruch, durch den „nicht nur das Bild der äußern, sondern auch das Bild der sittlichen Welt über Nacht Veränderungen erlitten hat, die man niemals für möglich hielt".

Der Erzähler nach dem Kriege war nachhaltig jenen Erschütterungen ausgesetzt, deren feinsinniges Mitempfinden Hugo von Hofmannsthal in seiner Rede *Der Dichter und diese Zeit* 1906 noch als Privileg dichterischer Berufung gefeiert hatte: „Er gleicht dem Seismographen, den jedes Beben, und wäre es auf Tausende von Meilen, in Vibrationen versetzt."[9] Nun war das Beben in einem Ausmaß nahegerückt, das die ästhetische Haltung des distanzierten Wahrnehmens und Gestaltens unmöglich machte und selbst die unmittelbare Orientierung im Alltäglichen nicht unangetastet ließ. „Hatte man nicht bei Kriegsende bemerkt, daß die Leute verstummt aus dem Felde kamen? nicht reicher – ärmer an mitteilbarer Erfahrung"[10], so nochmals die Erinnerung Walter Benjamins.

Ungleichzeitigkeiten: Technik, Masse und Moral

Die im Weltkrieg erfahrene Entwertung des Individuellen läßt in zuvor ungeahnter Deutlichkeit die destruktiven Seiten des gesellschaftlichen Modernisierungsprozesses hervortreten. Auch dies wiederum hat Ernst Jünger in aller Schärfe, freilich auch mit geradezu feierlich gestimmtem Einverständnis, herauspräpariert in seinem militärgeschichtlichen Essay *Feuer und Bewegung*. Dort wird aus der Sicht des Kriegs-Praktikers darge- legt, wie aus der in den Vorkriegsjahrzehnten entstandenen Schere von technischem Fortschritt („Feuer") und nur sporadischer Erprobung im Kampfeinsatz („Bewegung") zu Beginn des Ersten Weltkriegs ein Ungleich- gewicht von Technik und Taktik hervorging. Was zunächst wie eine rein militärstrategische Erörterung erscheinen mag, wird von Jünger als eine Chiffre des gesellschaftlichen Umbruchprozesses insgesamt gedeutet – die Verarbeitung von Kriegserfahrungen als Bestandsaufnahme einer Zwischen- zeit:

> „Unter diesem Winkel gesehen, erscheint der Weltkrieg als ein riesen- haftes Fragment, zu dem jeder der neuen Industriestaaten seinen Bei- trag lieferte. Sein fragmentarischer Charakter beruht darin, daß die Technik wohl die überlieferten Formen des Krieges zerstören konnte, daß sie jedoch aus sich selbst heraus ein neues Bild des Krieges nur anzudeuten, nicht aber zu verwirklichen imstande war. In diesem Vor- gang spiegelt der Weltkrieg unser Leben überhaupt – auch hier ver- mochte der Geist, der hinter der Technik steht, die alten Bindungen zu zerstören, während er im Aufbau einer neuen, aus eigenen Mitteln le- benden Ordnung das Stadium des Experiments noch nicht verlassen hat."[11]

Die Gegenrede zum nämlichen Befund brachte schon während der Kriegs- jahre der polemisch kurz angebundene Karl Kraus zum Ausdruck, der seinerseits nicht müde wurde, die verharmlosende 'Kriegsduselei' aufs Vehementeste zu bekämpfen. „Wie führen wir Krieg?" fragte er 1917: „In- dem wir die alten Gefühle an die Technik wenden." Der Krieg als „technoromantisches Abenteuer" – hier ist Kraus eine Formulierung von un- schlagbarer Prägnanz gelungen – ließ die im wilhelminischen wie im habs- burgischen Kaiserreich angestaute Ungleichzeitigkeit manifest werden, in der industrielle Modernisierung und soziokulturelle Traditionsgebundenheit immer disparater und konfliktträchtiger koexistierten. In die aufgerissene Wunde der „Ungleichzeitigkeit des Gleichzeitigen", der Unvereinbarkeit

althergebrachter Formen des Fühlens und Erlebens mit einem durch
Stellungskrieg und Giftgas ins Unvorstellbare gesteigerten Vernichtungsge-
schehen, reibt Kraus das Salz seiner Militarismuskritik:

> „Die Unmittelbarkeit des Anschlusses einer neuzeitlichen Erfindung,
> wonach mit einem Griff die Vergiftung einer Front und weiter Land-
> striche hinter ihr möglich ist, an ein Spiel mittelalterlicher Formen; die
> Verwendung einer verblichenen Heraldik im Ausgang von Aktionen,
> in denen Chemie und Physiologie Schulter an Schulter gekämpft ha-
> ben – das ist es, was die Lebewesen rapider noch hinraffen wird als
> das Gift selbst."[12]

Viele Autoren der zwanziger Jahre verstanden, von Nietzsche her, den Krieg
als Katalysator des allgemeinen Prozesses einer Umwertung bzw. Entwertung tradierter Lebenswelten und ihrer sinnstiftenden Überwölbung – lange
vor dem von Jean-François Lyotard deklarierten Ende der „großen Erzählungen"[13].

In Hermann Brochs *Schlafwandlern*, in den Jahren um 1930 entstanden,
sind es die bekannten Exkurse über den „Zerfall der Werte", die den Gang
dieser großen Erzählung unterbrechen, und auch hier bringt die Erfahrung
des Krieges das Manifest-Werden von Diskrepanzen und Ungleichzeitigkei-
ten: „[...] die pathetische Geste einer gigantischen Todesbereitschaft endet in
einem Achselzucken", heißt es im ersten dieser Exkurse.

> „Eine Zeit, feige und wehleidiger denn jede vorhergegangene, ersäuft
> in Blut und Giftgasen, Völker von Bankbeamten und Profiteuren wer-
> fen sich in Stacheldrähte, eine wohlorganisierte Humanität verhindert
> nichts, sondern organisiert sich als Rotes Kreuz und zur Herstellung
> von Prothesen [...]"[14]

Was sich hier zu Wort meldet, ist ein ethischer Diskurs, der über das
Ende der Ethik räsoniert. Nun hat Broch seine *Schlafwandler*-Trilogie,
beginnend mit dem Jahr 1888, in zwei Sprüngen von je 15 Jahren um
wechselnde Protagonisten aufgebaut, die jeweils als Repräsentanten eines
Milieus und einer bestimmten Haltung exponiert werden: Pasenow oder die
Romantik, Esch oder die Anarchie, Huguenau oder die Sachlichkeit, letztere
dann im Jahre 1918 angesiedelt. Die Krise, in die Brochs Erzählen im letzten
Band durch das Räsonieren über den Zerfall der Werte gerät, läßt jedoch an
eine andere Triade denken, an Sören Kierkegaards Existenz-Stadien, die
vom Ästhetischen über das Ethische zum Religiösen führen. Was tun, wenn

das ethische Argument über den Zerfall der Werte sich nur noch als Fremdkörper, den Zerfall der Erzählung auslösend, bemerkbar machen kann? Der federführende Erzähler, wenn wir ihn nicht als narrative Konvention betrachten, sondern als Platzhalter für eine intellektuelle Option, könnte nun entweder zur Strategie der Ästhetisierung seine Zuflucht nehmen (ein Weg, den Hofmannsthal in den zwanziger Jahren einschlug, z. B. mit der Gründung der Salzburger Festspiele) oder eben sein Heil in der Religion suchen. Diese Richtung deutet sich in den *Schlafwandlern* am Ende an (Geschichte des Heilsarmeemädchens in Berlin) und wird dann noch konsequenter von Alfred Döblin in seiner Romantetralogie *November 1918* (entstanden 1937-1943) beschritten.

Das Problem aber ist, daß beide vermeintlichen Optionen – der Dichter, der die Ästhetisierung des Lebens propagiert, und der, der die Therapie einer religiösen Subjektivität empfiehlt – im Grunde ebenfalls nach der Gestalt des Ethikers gemodelt sind: nach dem, der stellvertretend und repräsentativ vorlebt und vorschreibt, was ohne ihn dem Kulturverfall preisgegeben wäre – nämlich *Maß und Wert*. (So der Titel des von Thomas Mann Ende der dreißiger Jahre veranstalteten Zeitschriftenprojekts, mit dem er seine antifaschistische Publizistik einleitete.) Aber diese Figur des Dichters als eines normativen Repräsentanten, welcher der *volonté generale* zu ihrem Ausdruck und überhaupt erst zu ihrer geistig-sittlichen Konstituierung verhilft, diese Dichter-Imago hat spätestens mit dem Ersten Weltkrieg ausgespielt. Und die aufgezählten vermeintlichen Optionen sind nichts anderes als Indizien jener Positionsverschiebung, die den Autoren selbst widerfährt und sie aus Dichtern zu Literaturproduzenten macht.

An dieser Stelle rufe ich jetzt noch einmal Hofmannsthals Betrachtung über die Ironie der Dinge in den Zeugenstand, da sie sich von der Krisendiagnose Hermann Brochs abhebt durch ihre reflexive, selbstkritische Pointe. Daß von Ironie die Rede ist, bedeutet, daß hier jemand auch seinen eigenen Status involviert sieht.

> „Zuerst, als der Krieg anfing", bemerkt Hofmannsthal, „wurde der Held vom Schanzarbeiter ironisiert, der, welcher aufrecht stehen bleiben und angreifen wollte, von dem, der eine Schaufel hatte und sich eingrub; zugleich wurde das Individuum bis zur Vernichtung seines Selbstgefühls ironisiert von der Masse."[15]

Und die Masse? Dieses formlose kämpfende Etwas also soll jenen diffusen Regungen und Absichten folgen, die man als „Geist der Nationen" zu verklären beliebte? Auch auf dieser Betrachtungsebene der Vielen, der anonym und uniform agierenden Subjekte waltet, so Hofmannsthal, die „Ironie des Kontrastes der großen ideellen Zusammenfassungen, die sie im Munde führten, gegenüber dem Wust von eigensinnigen Realitäten, mit denen sie zu ringen hatten."[16] Schließlich aber, wir sind nun in der Nachkriegszeit angekommen, nennt Hofmannsthal eine letzte und schwerste Zumutung an Ironie: daß durch Depression und Inflation „das Privilegium der geistigen Arbeit ganz geschwunden ist und ein Gymnasialdirektor ungefähr so bezahlt wird wie ein Markthelfer, ein Staatssekretär niedriger als ein Chauffeur."[17]

All die genannten Abschreibungsobjekte: Wert der geistigen Arbeit, Geist der Nation, Selbstgefühl des Individuums, betreffen auch den Sinnbestand und den Geltungsbereich des Dichtertums. Und ein letztes noch gibt Hofmannsthal seinen Zeit- und Schicksalsgenossen auf den Weg: „Daß es aber die Unterliegenden sind, denen diese ironische Macht des Geschehens aufgeht, ist ja ganz klar"; „für alle diese Dinge waren [und sind!] die Dichter empfindlich". „Wer an das bittere Ende einer Sache gelangt ist, dem fällt die Binde von den Augen".

Vom Dichter zum Literaturproduzenten

Mit jenem Umbruch, den Hofmannsthal als Ironisierung glossierte, schwand auch das traditionelle, mit hierarchischen oder gar metaphysischen Wertvorstellungen besetzte Bild des Dichters als Priester, Künder oder Meister. Stefan George, der in seiner charismatischen Wirkung vornehmlich auf die männlichen jungen Geister der Kriegsgeneration die mit religiösen Weihen ausgestattete Dichter-Imago wie kein anderer vorzuleben verstand, hat gleichwohl diesen Umschwung sehr deutlich gespürt, der, mit dem Kriegserlebnis als auslösendem Datum, auch seine eigene Vorbildfunktion des *poeta vates* bedrohte. Als er, der – trotz des Drängens seiner kriegsbegeisterten Jünger – sich in den Anfangsjahren des Weltkriegs nicht zum Tagesgeschehen geäußert hatte, sich schließlich mit dem Gedicht *Der Krieg* zu Wort meldete, lautete die ernüchternde Erkenntnis: „Der alte Gott der schlachten ist nicht mehr". Das bedeutete, daß die Kriegsmythen des Abenteuers, der individuellen Duellsituation mit einzuhaltenden Riten und einer zu erringenden magischen Trophäe, daß also der alte Krieg, den die Dichter seit klassischen Zeiten besungen hatten, in der Welt des Grabenkriegs und der Materialschlachten nicht mehr wiederzuerkennen war.

Gerade weil George, wie sonst höchstens noch Gerhart Hauptmann und später auf andere Weise Thomas Mann, in Deutschland als Figuration des Dichters schlechthin gelten konnte, brachte er den Veränderungen eine enorme Empfindlichkeit entgegen, vor allem aber dem darin sich abzeichnenden Habitus-Verlust des Poeten selbst:

> „Nie wird dem Seher dank; [...] Keiner der heute ruft und meint zu führen / Merkt wie er tastet im verhängnis, keiner / Erspäht ein blasses glühn vom morgenrot."[18]

Mit den altbewährten, defensiven Gesten der Stilisierung und Selbststilisierung antwortet George auf die neuen 'Gegenkräfte' der heraufziehenden Massengesellschaft, die er bereits in der allgemeinen chauvinistischen Mobilmachung am Werke sieht. Daß ihm auf ureigenem Gebiet – dem des *enthousiasmos*, der göttlichen Beseeltheit seiner dichterischen Sprache – in der Kriegs-'Begeisterung' ein die besten seiner Zöglinge in Bann schlagender, exoterischer Konkurrent erwuchs, zwingt den Dichter, in der Pose des verkannten, mißachteten Mahners und Warners zu verharren. Ein stilles Eingeständnis, daß er den Rang eines (wenn nicht *des*) geistigen Führers längst schon eingebüßt hat, von der Dynamik der geschichtlichen Ereignisse überrollt.

> „Der Dichter heisst im stillern gang der zeit / Beflügelt kind das holde träume tönt / Und schönheit bringt ins tätige getrieb. / Doch wenn aus übeln sich das wetter 'braut / Das schicksal pocht mit lauten hammerschlägen / Klingt er wie rauh metall und wird verhört. / Wenn alle blindheit schlug, er einzig seher / Enthüllt umsonst die nahe not."[19]

Mit dem Titel des Gedichts, dem diese Anfangszeilen entnommen sind, gibt George jenem kulturellen Zusammenhang, der hier von mir als symptomaler behauptet und entwickelt wurde, eine stehende Formel: *Der Dichter in Zeiten der Wirren*. Die altdeutsche »wirre« gehört zum selben Wortstamm wie das romanische »guerre« bzw. »guerra«; Georges Leitwort kennzeichnet demnach explizit die konkrete historisch-politische Konstellation, der wir bislang implizit auf der Spur waren: Der Dichter in Zeiten des Krieges! Ich füge dem Dichterwort folgende, in ihrer Einseitigkeit vielleicht literarhi-

storisch überzogene, aber auf die Kennzeichnung einer Tendenz bedachte,
betont prosaische Deutung hinzu.

Der Übergang von Dichtung zu Literatur, der ihre Verfertiger den alten
Nimbus kostet und ihnen statt dessen den neuen Radius publizistischer
Breitenwirkung verspricht, wird in entscheidender Weise durch die Ereignisse des Ersten Weltkriegs forciert. Er zwingt die Autoren, unter dem
Eindruck der alle gesellschaftlichen Bereiche erfassenden Mobilmachung,
zur Legitimation ihrer Privilegien durch den 'kriegsrelevanten' Einsatz ihrer
literarischen Deutungs- und Darstellungskompetenz. Dann aber geschieht
nach dem aus deutsch-österreichischer Sicht verlorenen Krieg etwas überaus
Merkwürdiges – gerade die Autoren, die während der Kriegsjahre auf ihre
unmittelbare gesellschaftliche Relevanz gepocht hatten, durch die Ereignisse
gleichsam herausgelockt aus dem Elfenbeinturm, können nun nicht mehr zurück in die alte Selbstverständlichkeit des autonomen Kunstgeheges, denn
diese Reservate des Geistes sind zerstört. Weniger unmittelbar, doch un-
gleich nachhaltiger ist eine zweite Konsequenz der Kriegserfahrung: die
Historisierung der eigenen ästhetischen Arbeitsprämissen durch den Wegfall
ihrer sozialen Geschäftsgrundlage.

Was aber an die Stelle des alten Dichterbildes tritt, gleichzeitig übrigens
mit einer Verschiebung von der Lyrik zur Prosa, die in der Publikumsgunst
wie auch in der ästhetischen Rangfolge zu beobachten ist: was also den
Dichter *sensu strictu* ablöst, ist – und hier paßt vielleicht Brochs Schlagwort
von der „Sachlichkeit" – der neutrale Sammelbegriff des Schriftstellers. Er
umfaßt ziemlich genau die in dem Kürzel PEN Versammelten, also „poets,
essayists, novelists". Ein späterer Indikator für diesen Umbruch ist der Streit
um die Benennung der 1926 gegründeten *Sektion für Dichtkunst* an der
Preußischen Akademie der Künste, in dem sich Thomas Mann dafür einsetzte, vergeblich jedoch, statt „Dichtung" den Begriff „Literatur" im
Schilde zu führen, um unter diesem Rubrum auch die Aufnahme essayi-
stischer und journalistischer Autoren zu ermöglichen.[20]

Thomas Mann selbst allerdings, und er ist mein letzter Fall in diesem
Panoptikum, gehörte vormals zu jenen, die dieser Entwicklung ein erbittertes
Rückzugsgefecht lieferten. Die *Betrachtungen eines Unpolitischen*, sein um-
fangreichster Versuch einer kulturgeschichtlich abgestützten Selbstanalyse,
sind die Rechtfertigungsschrift eines Künstlertums in der Tradition des 19.
Jahrhunderts, die nicht umhin kann, selbst an der Desavouierung dieses
Traditionsbildes mitzuwirken. Er vollzieht also ziemlich genau das, was man
heute gemeinhin „Dekonstruktion" nennt. Gerade als unzensierte Auffüh-

rung des grandiosen Selbstwiderspruchs, mit dem Thomas Mann die Rolle des Nationalautors eines „unliterarischen Landes"[21] beansprucht, werden die *Betrachtungen*, die als polemische Intervention im Bruderzwist ihr Ziel verfehlen und als Tribut an den Hurrapatriotismus der Stunde um Jahre zu spät erscheinen, zum Dokument einer künstlerischen Krise.

Schon mit *Tonio Kröger* und den ersten *Felix Krull*-Entwürfen, in der ersten Dekade nach der Jahrhundertwende, hatte er in immer neuen Konstellationen die Problematik der eigenen Dichter-Rolle als der einer gesellschaftlich nutzlosen, „illusionären Existenzform"[22] exponiert – und camoufliert: Je freimütiger die Fiktion das Wechselspiel von Selbsterhöhung und Selbstentblößung betrieb, um so mehr konnte dessen narzißtischautobiographischer Antrieb verborgen bleiben. Im Kriegsbuch nun ist der Romancier, „der nicht gewohnt ist, direkt und auf eigene Verantwortung zu reden"[23], zum Klartext gezwungen. Genau dies eröffnet ihm den Einblick in die Funktionsweise der prästabilierten Arbeitsteilung von Intimität und Publizität, deren spannungsvolle Verbindung er in der Vorrede der *Betrachtungen* mit dem prägnanten Wort von der „öffentlichen Einsamkeit"[24] selbst trefflich charakterisiert. Seine konventionalisierte Doppelrolle gestatte es dem Dichter, trotz der – im Literarischen – bedenkenlos praktizierten „Radikalität persönlicher Hingabe" seine „Würde als Privatperson" zu wahren.

Die 1918 gefundene Formel der „öffentlichen Einsamkeit" bestätigt demnach eine Spaltung und Rollendistanz, welche die energische Teilnahme an den Kriegsgeschicken der Nation gerade hatte überwinden sollen. Preis der ästhetischen Autonomie ist die soziale Isolation des Künstlers und der zunehmende Abstand zwischen Massenkultur und ästhetischer Avantgarde. Während der dreijährigen Arbeit an diesem „Schreib- und Schichtwerk" gewann Thomas Mann Einsicht in die Historizität des eigenen Stils und Habitus, jenen eines Sachwalters deutscher Art und Kunst. War die stilistische Anverwandlung des Aristokratisch-Elitären bis dahin nur Maskerade gewesen, so wird die sprachartistische Komponente dieses Rollenspiels nun für ihn als Anachronismus durchschaubar, als im Grunde parasitäre Wiederbelebung eines abgestorbenen Traditionsbestandes.

„Bin ich ein Dichter?"[25] fragt Thomas Mann in dem nach der Niederlage von 1918 entstandenen *Gesang vom Kindchen*, dem einzigen Versuch in dem ungeliebten Versmaß antiker Hexameter. Der Romancier, der gerade noch, halb kokettierend, den Roman als „keine recht deutsche Gattung"[26], sondern als romanisches, mithin letztlich 'feindliches' Genre abqualifiziert hatte, greift in dieser Situation des Nullpunkts zu den für ihn ungewohnten Mitteln des Lyrikers. Er tut dies augenscheinlich, um der Vorzüglichkeit des „Reimschmieds" Tribut zu zollen – und ihr zugleich auf immer zu entsagen.

> „Jener heißt Dichter, der andere Autor etwa, Stiliste / Oder Schriftstel-ler; und wahrlich, man schätzt sein Talent nicht geringer. / Nur eben Dichter nennt man ihn nicht."[27]

Er selber war und blieb eben ein Erzähler und, wie sein melancholisches Bekenntnis zum 19. Jahrhundert verriet, ein verspäteter noch dazu.

Der schließlich gefundene Ausweg aus dieser mißlichen Selbstanalyse ist denkbar einfach: Er begreift die literarische Parodie und das In-Spuren-Gehen (Kennwort: Goethe!) von nun an als unverwechselbares Markenzei-chen seiner notwendig unzeitgemäßen Schreibhaltung. Thomas Mann wird, nachdem es den Deutschen Dichter nicht mehr geben kann, zum Dichter-Darsteller – oder, wie er selbst es nennt: zum Repräsentanten, und zwar zum Repräsentanten *sans phrase*, ohne spezifizierenden Kontext oder Bezug-nahme auf ein repräsentiertes Objekt. Ein „Großschriftsteller", wie maliziös vermerkt wurde.[28] Dessen Formen der Selbstinszenierung sind, das stellten Thomas Manns allergrößte Buch- und Presseerfolge gerade in dem ach so kulturlosen Amerika eindrucksvoll unter Beweis, sogar verträglich mit dem Starkult der modernen Massenmedien. Das allerdings ist eine andere Ge-schichte; als sie möglich wurde, war der Boden der Weimarer Nach- bzw. in Wirklichkeit eben nur Zwischenkriegsära bereits endgültig verlassen und verloren.

Anmerkungen

1 HUGO VON HOFMANNSTHAL, Die Ironie der Dinge (1921), in: Reden und
   Aufsätze, hg. von Bernd Schoeller und Ingeborg Beyer-Ahlert in Beratung
   mit Rudolf Hirsch, Frankfurt am Main 1979, Bd. II, S. 138-141, hier: S. 138.
2 Vgl. JOSEPH VOGL, Kriegserfahrung und Literatur, in: Der Deutschunterricht,
   H. 5 (1983), S. 88-102.
3 Vgl. MARTIN TRAVERS, German Novels on the First World War and their
   Ideological Implications, 1918-1933, Stuttgart 1982; HERBERT BORNEBUSCH,
   Gegen-Erinnerung. Eine formsemantische Analyse des demokratischen
   Kriegsromans der Weimarer Republik, Diss. masch. Amsterdam 1984; HANS-
   HARALD MÜLLER, Der Krieg und die Schriftsteller. Der Kriegsroman der
   Weimarer Republik, Stuttgart 1986.
4 Zu ROBERT MUSILs Der Mann ohne Eigenschaften, als einem von der
   Kriegserfahrung geprägten Werk, das zugleich eine gesellschaftliche Deutung
   der Wiener Vorkriegssituation und ihrer Entwicklung zum Kriege zu
   entwerfen versucht, vgl. die Untersuchung des Verfassers: ALEXANDER
   HONOLD, Die Stadt und der Krieg. Raum- und Zeitkonstruktion in Robert
   Musils Roman Der Mann ohne Eigenschaften, München 1995; dort finden
   sich auch Hinweise auf parallele wie differente Darstellungsmuster in
   THOMAS MANNs Der Zauberberg.
5 ERNST JÜNGER, Der Kampf als inneres Erlebnis, in: Sämtliche Werke Bd. 7,
   Stuttgart 1980, S. 9-103, hier: S. 16.
6 DERS., Sturm, in: Sämtliche Werke Bd. 15, Stuttgart 1978, S. 9-74, hier: S.
   16.
7 Zu der spezifischen Prägung der deutschen Romantradition durch das Erzähl-
   muster des Bildungs- bzw. Entwicklungsromans und vor allem zu der Krise
   dieses Modells in der sozialen Welt der Moderne vgl. DIETRICH
   SCHEUNEMANN, Romankrise. Die Entstehungsgeschichte der modernen
   Romanpoetik in Deutschland, Heidelberg 1978.
8 WALTER BENJAMIN, Der Erzähler. Betrachtungen zum Werk Nikolai
   Lesskows (1936), in: Gesammelte Schriften, unter Mitw. von Theodor W.
   Adorno und Gershom Scholem hg. v. Rolf Tiedemann und Hermann
   Schweppenhäuser, Bd. II, Frankfurt a. M. 1977, S. 438-465, hier: S. 439.
9 HOFMANNSTHAL, Der Dichter und diese Zeit (1906), in: Reden und Aufsätze,
   a.a.O., Bd. I, S. 54-81, hier: S. 72.
10 WALTER BENJAMIN, Der Erzähler, a.a.O., S. 439.
11 ERNST JÜNGER, Feuer und Bewegung, in: Sämtliche Werke Bd. 7, Stuttgart
   1980, S. 105-117, hier: S. 116f.
12 KARL KRAUS, Das technoromantische Abenteuer, in: Die Fackel Jg. 20, Nr.
   474 - 483 (23.5.1918), S. 41-45, hier: S. 41.
13 JEAN-FRANÇOIS LYOTARD, Das postmoderne Wissen. Ein Bericht (1979), aus
   dem Französischen von Otto Pfersmann, Graz, Wien 1986; zum »Zerfall der
   großen Erzählungen«, übrigens unter Bezug auf Musils Roman Der Mann
   ohne Eigenschaften, vgl. ebd. S. 54.
14 HERMANN BROCH, Die Schlafwandler, Frankfurt am Main 1987, S. 418.

15 HUGO VON HOFMANNSTHAL, Ironie der Dinge, a.a.O., S. 138f.

16 Ebd., S. 139.

17 Ebd., S. 140.

18 STEFAN GEORGE: Der Krieg, in: Das neue Reich, Düsseldorf und München 1964, S. 27-34, hier: S. 29, 32.

19 DERS., Der Dichter in Zeiten der Wirren, in: Das neue Reich, S. 35-39, hier: S. 36.

20 Vgl. zu dieser Initiative INGE JENS, Dichter zwischen rechts und links. Die Geschichte der Sektion für Dichtkunst an der Preußischen Akademie der Künste, dargestellt nach den Dokumenten, Leipzig 1994, S. 123ff.

21 THOMAS MANN, Betrachtungen eines Unpolitischen (1918), in: Gesammelte Werke in 13 Bänden, Frankfurt a. M. 1974, Bd. XII, S. 7-589, hier: S. 49.

22 Vgl. HANS WYSLING, Narzißmus und illusionäre Existenzform. Zu den Bekenntnissen des Hochstaplers Felix Krull, Bern und München 1982.

23 THOMAS MANN, Betrachtungen eines Unpolitischen, a.a.O., S. 229.

24 Ebd., S. 16.

25 DERS., Gesang vom Kindchen (1919), in: Gesammelte Werke, Bd. VIII, S. 1068-1101, hier: S. 1068.

26 DERS., Betrachtungen, S. 70. „Ein deutscher Dichter zu sein, wie etwa Gerhart Hauptmann, [...] habe ich mir nie einzureden versucht", bekennt Thomas Mann an gleicher Stelle, und er läßt dem die schon oben auszugsweise angeführte Begründung folgen, selbst ein im Kern 'undeutsches' literarisches Handwerk zu verfolgen: „Diejenige Begabung, die sich aus synthetisch-plastischen und analytisch-kritischen Eigenschaften zusammensetzt und die Kunstform des Romans als die ihr gemäße ergreift, ist überhaupt nicht eigentlich deutsch" (ebd.). Und weiter, mit einer auf die offene Zukunft bezogenen Relativierung des Gesagten, die sich als prophetisch erweisen sollte: „[...] vorderhand ist es nicht vorstellbar, daß hierzulande – im 'unliterarischen Lande' – ein Schriftsteller, ein Prosaist und Romanschreiber im Bewußtsein der Nation zu repräsentativer Stellung aufsteige, wie der Poet, der reine Synthetiker, der Lyriker oder Dramatiker es vermag."

27 DERS., Gesang vom Kindchen, S. 1068.

28 Vgl. dazu vom Verfasser: ALEXANDER HONOLD, Der Großschriftsteller, Rückansicht. Zum Bilde Thomas Manns in der neueren Forschung, in: Zeitschrift für Germanistik, Neue Folge (1994) Nr. 2, S. 350-365.

Der Mythos des „Geistes von 1914" in der Weimarer Republik

JEFFREY VERHEY

I.

Der Schriftsteller Walter Flex schrieb 1916 in einem Brief an einen Freund:

> „Mein Glaube ist, daß der deutsche Geist im August 1914 und darüber hinaus eine Höhe erreicht hat, wie sie kein Volk vordem gesehen hat. Glücklich jeder, der auf diesem Gipfel gestanden und nicht wieder hinabzusteigen braucht. Die Nachgeborenen des eigenen und fremder Völker werden diese Flutmarke Gottes über sich sehen an den Ufern, an denen sie vorwärts schreiten."[1]

Walter Flex war nicht der einzige, der einen derart überschwenglichen, religiös getönten Wortschatz benutzte, um den Sinn des „Augusterlebnisses" zu deuten. Der Münchner Historiker Karl Alexander von Müller betrachtete das „Augusterlebnis" als ein „Gottesgeschenk", die Erinnerung daran als ein „heiliges Erbe".[2] Die feministische Politikerin und Journalistin Gertrud Bäumer schrieb, daß im August 1914 „die Schranken unseres Ich durchbrachen, unser Blut flutete zu dem Blut der anderen, wir fühlten uns eines Leibes werden in mystischer Vereinigung".[3] Dem Theologen Friedrich Niebergall schließlich kamen die Augusttage des Jahres 1914 vor „wie ein paar Tage Reich Gottes auf Erden".[4]

Solche Ausdrucksformen – und diese waren bei Intellektuellen eher die Regel als die Ausnahme – bauten eine „Aura" um die Erinnerung an den „Geist von 1914". Um diese Aura entwickelte sich schon im August 1914 ein Mythos, das besagte, daß durch das Augusterlebnis alle Deutschen ungeachtet ihrer politischen Differenzen, sozialen oder sonstigen Unterschiede Teil einer <u>deutschen</u> Gemeinschaft geworden seien. Unterstellt wurde mit dieser Deutung, eine heterogene Klassengesellschaft habe sich durch das nationale Erweckungserlebnis der Augusttage zur homogenen Volksgemeinschaft zusammengeschlossen.[5] Diese pathetische Deutung des Augusterlebnisses war eingebettet in eine zugleich k o l l e k t i v e wie t r a n s z e n d e n t a l e Narration.[6]

Während des Krieges zog jeder Versuch, das Gemeinschaftserlebnis als Mythos in Frage zu stellen, drakonische Strafen nach sich, wie der Chefredakteur des *Berliner Tageblattes*, Theodor Wolff, erleben mußte, nachdem er am 31. Juli 1916 geschrieben hatte:

> „Heute vor zwei Jahren wurde Deutschland 'in Kriegszustand erklärt'.
> [...] Das Volk empfing [diese Nachrichten] mit gepresstem Herzen,
> empfand sie in schlaflosen Nächten wie ein umklammerndes Riesen-
> gespenst".

Seine Zeitung wurde für zwei Wochen verboten.[7]

Als k o l l e k t i v e Narration, stand die gemeinschaftsbildende Kraft des Augusterlebnisses im Mittelpunkt der politischen Mythosbildung um den 'Geist von 1914', als soziale Unterschiede einebnende Verpflichtung auf gemeinsame Überzeugungen und Werte einer verschworenen Gemeinschaft. Diese Narration beanspruchte nicht nur plastisch darzustellen, wofür die deutschen Soldaten starben, sondern hob zugleich die Bedeutung des Glaubens selbst hervor. Die deutschen Siege im Ersten Weltkrieg erschienen als Folge einer besonderen „Begeisterung", einer Begeisterung, die einem „zum Glauben gewordenen Staatsgedanken" entsprungen sei.[8] Rudolf Borchardt sah darin „den Sieg des Glaubens über den Unglauben" schlechthin.[9] Und die *Kreuz-Zeitung* meinte,

> „nur glühende Begeisterung für die ewigen Aufgaben des Vaterlandes,
> nur unerschütterlicher Glaube an die hehre weltgeschichtliche
> Sendung des deutschen Volkes [...] kann solche Leistungen ermögli-
> chen".[10]

Für Gustav Stresemann ist es noch 1917 dieser „Geist ... gewesen, der die Minderzahl gegen die Mehrzahl zum Siege geführt hat".[11]

Gegen diese Legende von der Kriegsbegeisterung aller Deutschen muß daran festgehalten werden, daß 1914 vor allem das städtische Bürgertum (und hier insbesondere die bürgerliche Jugend) wirklich „kriegsbegeistert" war.[12] Für die meisten Deutschen war die tatsächlich erlebte Gemeinschaft zu Beginn des Krieges kein „Wir-Erlebnis" im Sinne einer echten persönlichen Verbundenheit, sondern eine Not- oder Solidaritätsgemeinschaft, die, wie der Soziologe Emil Lederer es ausdrückte, darin bestand, „daß alle gruppenbildenden Einflüsse suspendiert und alles Interesse, aller Wille und alle Taten auf ein Gemeinsames gerichtet werden".[13] Dieses Solidaritätsge-fühl hielt nicht an. Im weiteren Verlauf des Krieges verschlechterte sich nicht nur die Stimmung, auch die Wirklichkeit der Klassengegensätze wurde wieder wahrgenommen.14

Da die herrschende Elite den Glauben an die weltgeschichtliche Mission der 'deutschen Waffen' für möglicherweise kriegsentscheidend hielt, reagierte sie auf die sich verschlechternde Stimmung an der 'Heimatfront' mit dem Versuch, den guten, solidarischen, patriotischen „Geist von 1914" wiederzuerwecken, wie ein Aufklärungsoffizier 1917 erklärte:

> „Dieser Geist von 1914, der heute noch in unserem Heere lebendig ist, diesen mannhaften Geist der freudigen und freiwilligen Selbsthingabe des einzelnen für die Gesamtheit, des gläubigen und unerschütterlichen Vertrauens zu Führung und eigener Kraft [...] wiederzuerwecken, das ist die vornehmste Aufgabe unserer Kriegsaufklärung".15

So wurde ab 1916 der Mythos des „Geistes von 1914" immer stärker zum Inhalt der Kriegspropaganda.16

> „Wir haben dem übermächtigen Ansturm unserer Gegner mit Gottes Hilfe durch deutsche Kraft widerstanden, weil wir einig waren, weil jeder freudig alles tat. So muß es bleiben, bis zum letzten: 'nun danket alle Gott!'[...]"

– so verhieß Hindenburg 1917 auf Plakaten in ganz Deutschland.17 Im September 1918 plakatierte das Kriegs-Presse-Amt ebenfalls in ganz Deutschland ein Plakat mit einem Bild Hindenburgs und dem Slogan: „Erhalte den Geist von 1914". Die Erhaltung des „Geistes von 1914", d.h. die Erhaltung der Begeisterung, des Glaubens an Deutschland sollte den Krieg zu einem siegreichen Ende führen.18

II.

Mit der Niederlage Deutschlands brachen die propagandistischen Mythen des Krieges keineswegs. In der Weimarer Republik deuteten viele sogenannte „konservative Revolutionäre" den „Geist von 1914" im Gegenteil als den Anfang einer im Keim erstickten konservativen Revolution.

So schrieb Oswald Spengler 1920: Die „deutsche sozialistische Revolution fand 1914 statt."19 Vor allem die Nationalsozialisten interpretierten das Augusterlebnis als, um den *Völkischen Beobachter* zu zitieren, den

„Augenblick einer inneren Neuwerdung".[20] Es sei die konservative Aufgabe,
schrieb der Journalist Wilhelm Weiß 1928 im *Völkischen Beobachter*,
dieses Vermächtnis zu vollstrecken; im Geiste jenes Tages, der schon
einmal ein Volk, einen Willen, ein Ziel geschichtliches Ereignis werden ließ;
im Geiste des 2. August 1914.[21] Nachdem 1933 die „Revolution" stattgefunden hatte, schrieb der *Völkische Beobachter*: Im Nationalsozialismus
fand

> „der Geist der Augusttage 1914 [...] seine Erfüllung [...] Wir haben
> den Geist von 1914 zurückerobert, als die Grundlage unserer Zukunft,
> als den Anfang unseres neuen Wollens."[22]

Mit dieser Beschwörung des Mythos des „Geistes von 1914" verfolgten
die Konservativen zwei Ziele. Zunächst sollte der Mythos des „Geistes von
1914" als eine Erzählung ewiger geschichtlicher Wahrheiten die konservative Ideologie und deren Normen rechtfertigen und legitimieren. Nur ein
Mythos konnte, so erkannten viele 'konservative Revolutionäre', eine wirkliche Volksgemeinschaft zustande bringen:

> „Der rücksichtslose Klassenhaß muß überwunden werden. Dafür müs-
> sen aber alle noch verfügbaren Gemeinschaftskräfte aufgerufen wer-
> den [...] Dieser Kräftestrom muß aber organisiert und politisch geführt
> werden [...] Ein neuer Mythos muß verkündet werden, ein mitreißen-
> der Mythos vom 'kommenden' Volk, der umso wirksamer sein wird, je
> radikaler er sich dem rationalistischen Mythos der bürgerlichen Ge-
> sellschaft entgegensetzt".[23]

Zum zweiten sollte der Mythos eine mythische Rationalität an sich rechtfertigen und legitimieren. Denn die Volksgemeinschaft war nicht nur Ziel
konservativer Politik, sie war auch selbst ein Mittel. Das Ziel, Deutschland
mächtiger zu machen, glaubten konserative Revolutionäre nur durch eine
mythische Politik erreichen zu können, durch das Vertrauen auf die Wir-
kungsmacht eines nationalen Willens. Angesichts gegenläufiger Verhältnisse
konnte sich dieser Wille zum Glauben steigern. So schrieb der nationalsozialistische Dramatiker Hanns Johst 1928:

> „Die Not, die Verzweifelung, das Elend unseres Volkes braucht Hilfe
> [...] und Hilfe kommt letzten Endes [...] aus der Wiedergeburt einer
> Glaubensgemeinschaft [...] Nur der Glaube läßt die Welt als Ganzes
> ertragen, alle anderen Methoden geistiger Einsicht vermögen nur zu
> zertrümmern".[24]

Das konservative Interesse am Mythos galt weniger dem Inhalt von Mythen, als der von ihnen erwarteten kommunikativen, gemeinschaftsstiftenden Funktion.[25] Die Behauptung, daß die Welt Wille sei, dieses Wahrnehmungsmuster gewann einen Teil seiner Plausibilität nicht zuletzt dadurch, daß es während des Krieges von einem großen Teil der Bevölkerung – darunter von den meisten Intellektuellen – anerkannt wurde. Denn, wie Otto Baumgarten treffend beschrieb, war

> „[...] die vierjährige Durchführung dieses Krieges gegen eine Welt von Feinden [...] nur möglich vermöge einer Gewöhnung an eine idealistische, illusionistische Zurechtrückung der tatsächlichen Verhältnisse, Möglichkeiten und Wahrscheinlichkeiten".[26]

In dieser Argumentation spielte allerdings während der Weimarer Republik weniger der Mythos des „Geistes von 1914" selbst die entscheidende Rolle als seine Kehrseite, die Dolchstoßlegende: Deutschland hatte den Krieg verloren, weil die Heimatfront nicht „standhielt", weil der „Geist von 1914" nicht erhalten werden konnte.[27] So schrieben die *Süddeutschen Monatshefte*:

> „Es gibt einfache Gesetze des Geistes, deren tiefstes sogar ein Deutscher, Schopenhauer, zuerst ausgesprochen hat: daß der Wille die Welt ist. Wäre die Welt nicht Wille, so hätten wir den Krieg gewonnen und den Frieden gewonnen. [...] Wir gingen im Krieg von Sieg zu Sieg und unser Heer brach zusammen".[28]

Die Konsequenz aus diesem Interpretationsmuster zog der Führer des alldeutschen Verbands, Heinrich Claß, im Schlußsatz seiner 'Geschichte des Ersten Weltkrieges': „Erkennen ist viel, der Wille ist aber alles".[29]

III.

Die Bedeutung des Mythos für die Popularität der radikalen konservativen Ideologie während der Weimarer Republik ist von vielen Zeitgenossen erkannt worden.[30] Gegen die konservativen Mythen, die mythische Politik, die Betonung des Willens und des fanatischen Glaubens machten Anhänger der Weimarer Republik durchaus Front.[31]

Im Versuch, den Mythos des „Geistes von 1914" insbesondere seiner politischen Kehrseite 'die Dolchstoßlegende' mit der komplexen historischen

Faktizität zu konfrontieren, wurde sogar ein parlamentarischer Untersuchungsausschuß eingerichtet, der die historische Unwahrheit der Dolchstoßlegende ebenso wie die politischen Motive ihrer Verfasser aufzeigen sollte. Auch an umfangreicher Literatur zum Thema mangelte es nicht.[32] Zwar hätte man mehr tun können[33]: gegen den Mythos des „Geistes von 1914" selbst wurde z.B. kaum etwas unternommen oder veröffentlicht. Aber vielleicht hatten die Demokraten ja auch erkannt, daß diese Art der Entmythologisierung, die Entlarvung des Mythos als eine falsche Geschichte, wenig Aussicht auf Erfolg gehabt hätte, solange die Bedürfnisse und Sehnsüchte, die diese Mythen plausibel machten, nicht aus der Welt geschafft worden waren.[34] An die Dolchstoßlegende wurde weiter geglaubt, obwohl es eine starke Gegenkampagne gab, und obwohl sie die geschichtliche Wahrheit nicht adäquat beschrieb.

Auf einer philosophischen Ebene lagen Versuche, dem 'Geist von 1914' grundsätzlich zu begegnen. Liberale und Sozialdemokraten nahmen Stellung gegen die mythische Epistemologie, kämpften für den Rationalismus, gegen den lebensphilosophischen Angriff auf das Kausalitätsprinzip, gegen den Vorrang der Ausnahme. Otto Baumgarten z.B. warnte:

> „Fehlt der feste Boden der Wirklichkeit und die klare Perspektive möglichen oder wahrscheinlichen Erfolgs, so gerät das ganze Handeln und Verhalten in haltlose und ziellose Verworrenheit. Man [...] erlebt dann einen schmerzlichen Absturz in die unbarmherzige Welt der Tatsachen".[35]

In der Tat waren die konservativen Mythen weniger dadurch zu überwinden, daß man sie als falsche Geschichten aufzeigte, als durch eine kritische Einstellung zur Vergangenheit. In der Depression boten die Demokraten häufig nur eine dürre rationale Erklärung der Wirtschaftskrise. Es fehlte die Erkenntnis, daß es in einer krisenhaften Zeit durchaus „rational" sein kann, eine mythische Rationalität zu wählen, um Hoffnung zu schöpfen, wählten doch viele die konservativen Mythen weniger wegen ihrer Inhalte, als ihrer „Glaubenskraft" (Ernst Bloch) wegen, die sie sich von diesen Mythen versprachen. Viele Zeitgenossen hofften in dieser Zeit ohne wirkliche Aussicht auf die Lösung ihrer Probleme, durch einen starken Willen wieder ihres eigenen Schicksals Schmied zu werden: Glauben versetzt Berge.[36] Es war zu kurzsichtig, die Popularität dieser „Glaubenskraft" bloß als eine Frage der medialen Technik der Vermittlung zu verstehen, als eine Frage der Propaganda, wie es bei vielen Sozialdemokraten und Demokraten der Fall

war. Der Sozialdemokrat Alexander Schifrin z.B. deutete den nationalsozialistischen Wahlerfolg am 14. September 1930 als:

> „[...] Triumph der agitatorischen Schlagkraft und der politischen
> Technik.[...] Die Aufgaben der antifaschistischen Abwehr sind deshalb
> in erster Linie agitatorischer und propagandistischer Art, es ist ein
> Problem der Massenpsychologie, des Massenfaktors in der Politik. Die
> Eigenart der faschistischen Gefahr in Deutschland fordert von uns
> deshalb die Überprüfung der Methoden des Kampfes um die Massen,
> unserer gesamten politischen Technik auf ihre Schärfe und
> Wirksamkeit".[37]

Gewarnt wurde auch davor, in einer mythisch begründeten Volksgemeinschaft die Bürger als unmündig zu behandeln.[38] Den radikalen konservativen
Ideologen wurde vorgeworfen, daß ihre Gesellschaftsauffassung, ihr
Bewußtseins- und Verhaltensmodell nur Freiheit für die Führer, nicht aber
für die Gläubigen verspräche.

Eine weitere Möglichkeit, gegen die konservative Ideologie zu kämpfen,
hätte darin bestanden, das Feld der politischen Mythen selbst zu besetzen.
Zwar gab es vereinzelt solche Versuche, einen republikanischen Mythos
aufzubauen; auch Versuche, den „Geist von 1914" mit dem Geist der
Republik, dem Geist der Diskussion und des Kompromisses zu identifi-
zieren.[39] Thomas Mann etwa hat das in einem Brief an Karl Kerenyi am 14.
April 1941 angesprochen: „man muß dem intellektuellen Faschismus den
Mythos wegnehmen und ihn ins Humane umfunktionieren. Ich tue längst
nichts anderes mehr."[40] Die fehlende Popularität der demokratischen Idee in
der Weimarer Republik lag jedoch wohl weniger im fehlenden demokratischen Mythos selbst, als in der fehlenden Unfähigkeit der Demokraten, die
realen Bedürfnisse und Sehnsüchte der Menschen anzusprechen, die z. T.
sogar als Ausdruck einer unvernünftigen „Masse" verworfen wurden.
„Glaubenskraft" ist dem demokratischen System nicht konstitutiv fremd,
aber es braucht Demokraten, denen es nicht an Einfühlungsvermögen für die
wirklichen Nöte und Probleme der Massen fehlt, Demokraten, die fähig
sind, die Hoffnung auf eine bessere Welt in überzeugende politische Programme zu übersetzen.

Anmerkungen

1   Zitiert nach: BENNO SCHNEIDER und ULRICH HAACKE (Hg.), Das Buch vom
    Kriege, 1914-1918. Urkunden, Berichte, Briefe, Erinnerungen, Ebenhausen
    1933, S. 37.
2   KARL ALEXANDER VON MÜLLER, „Unser Wille", in: Süddeutsche
    Monatshefte (November 1914), S. 244.
3   GERTRUD BÄUMER, Frauenleben und Frauenarbeit, in: Max Schwarte (Hg.),
    Der Weltkrieg in seiner Einwirkung auf das deutsche Volk, Leipzig 1918, S.
    314.
4   Zitiert nach: OTTO BAUMGARTEN, Der sittliche Zustand des deutschen
    Volkes unter dem Einfluß des Krieges, in: DERS., ERICH FOERSTER, ARNOLD
    RADEMACHER und WILHELM FLITNER, Geistliche und sittliche Wirkungen
    des Krieges in Deutschland, Stuttgart 1927, S. 44.
5   So EMIL LEDERER, Zur Soziologie des Weltkrieges, in: DERS., Kapitalismus,
    Klassenstruktur und Probleme der Demokratie in Deutschland 1910-1940,
    Göttingen 1979 (zuerst: 1915), S. 120f. Vgl. zu diesem Mythos: JEFFREY
    VERHEY, The Myth of the Spirit of 1914 in Germany, 1914-1945, Diss.
    (Berkeley/Cal.) 1991.
6   Zu politischen Mythen, vgl. ERNST CASSIRER, Der Mythos des Staates.
    Philosophische Grundlagen politischen Verhaltens, Frankfurt am Main 1985
    (zuerst 1946); MANFRED FRANK, Der kommende Gott. Vorlesungen über die
    Neue Mythologie, Frankfurt am Main 1982; WILLIAM MCNEIL, The Care and
    Repair of Public Myth, in: Mythistory and other Essays, Chicago 1986, S.
    23f; LESZEK KOLAKOWSKI, Die Gegenwärtigkeit des Mythos, München
    1984; NORTHROP FRYE, The Mythical Approach to Creation, in: DERS., Myth
    and Metaphor. Selected Essays 1974-1988, Charlottesville 1990, S. 254;
    CHRISTOPHER FLOOD, Political Myth: A Theoretical Introduction, New York
    1994; ANDREAS DÖRNER, Politischer Mythos und symbolische Politik,
    Opladen 1995.
7   THEODOR WOLFF, in: Berliner Tageblatt Nr. 387 (31. Juli 1916), S. 1.
    Wiederabgedruckt in: DERS., Vollendete Tatsachen, Berlin 1918, S.119. Vgl.
    dazu: JEFFREY VERHEY, The Myth ... , S. 31f.
8   EDUARD SCHWARTZ, Das deutsche Selbstbewußtsein. Rede, gehalten in
    Lennep am 15. März 1915, gedruckt Straßburg 1915, S. 12.
9   RUDOLF BORCHARDT, Der Krieg und die deutsche Selbsteinkehr. Rede,
    öffentlich gehalten am 5. Dezember 1914 zu Heidelberg, gedruckt Heidelberg
    1915, S. 10f.
10 DR. R. VON DER BORGHT, „Vom deutschen Wesen", in: Kreuz-Zeitung Nr.
    195 (19. April 1917)
11 GUSTAV STRESEMANN, Deutsche Gegenwart und Zukunft. Vortrag gehalten
    in Stuttgart am 18. November 1917, Stuttgart 1917, S. 3f. Vgl. ferner:
    Buchholz, Glaube ist Kraft!, Stuttgart 1917; HOUSTON STEWART
    CHAMBERLAIN, Ideal und Macht, München 1916, JOHANNES KESSLER, Unser
    Glaube ist Sieg, Dresden 1915; GERTRUD PRELLWITZ, Durch welche Kräfte
    wird Deutschland siegen? Religiöse Vorträge, Jena 1914.

12 Vgl. dazu: MICHAEL STÖCKER, Augusterlebnis 1914 in Darmstadt. Legende
    und Wirklichkeit, Darmstadt 1994; WOLFGANG KRUSE, Krieg und nationale
    Integration. Eine Neuinterpretation des sozialdemokratischen Burgfriedens-
    schlusses 1914/15, Essen 1994; VOLKER ULLRICH, Die Hamburger Arbeiter-
    bewegung vom Vorabend des Ersten Weltkrieges bis zur Revolution
    1918/1919, Hamburg 1976, S. 11, DERS., Kriegsalltag. Hamburg im Ersten
    Weltkrieg, Köln 1982; FRIEDHELM BOLL, Massenbewegungen in Niedersach-
    sen 1906-1920. Eine sozialgeschichtliche Untersuchung zu den verschiedenen
    Entwicklungstypen, Braunschweig und Hannover, Bonn 1981, S. 151.
13 EMIL LEDERER, Zur Soziologie des Weltkrieges, a.a.O., S. 121.
14 Vgl. JÜRGEN KOCKA, Klassengesellschaft im Krieg – Deutsche Sozialge-
    schichte 1914-1918, Göttingen 1973; UTE DANIEL, Arbeiterfrauen in der
    Kriegsgesellschaft. Beruf, Familie und Politik im Ersten Weltkrieg, Göttingen
    1989.
15 Sein Vortrag befindet sich in: Stanford, Hoover Collection Archives, Moenk-
    moeller Sammlung, Kiste 3, Liste Nr. 833-837, S. 6.
16 Vgl. THEODOR WOLFF, Tagebücher 1914-1918, Hg. v. Bernd Sösemann,
    Boppard am Rhein 1984, Band 1, S. 469.
17 Zitiert nach: „Die Bitte Hindenburgs", in: Schwäbische Tagewacht (Stuttgart)
    Nr. 232 (4. Oktober 1917).
18 Vgl. CHAMBERLAIN, Ideal und Macht, a.a.O., S. 8: „die nüchternen Politiker
    unter uns, die sich viel auf ihre Objektivität, auf ihren Tatsachensinn
    einbilden, die Finanz über Strategie stellen und Kompromisse über
    Entscheidungen; sie töten die größte Kraft der Welt, die jeder
    Ziffernrechnung spottet und stets noch das Unmögliche möglich gemacht hat:
    die gewaltige Kraft des flammenden deutschen Idealismus, des
    Verwirklichers aller praktischen Gedanken Gottes".
19 OSWALD SPENGLER, Preußentum und Sozialismus, München 1932 (zuerst:
    1920), S. 12. Vgl. STEFAN BREUER, Anatomie der konservativen Revolution,
    Darmstadt 1993; KLAUS FRITZSCHE, Politische Romantik und Gegenre-
    volution. Fluchtwege in der Krise der bürgerlichen Gesellschaft: Das Beispiel
    des 'Tat'-Kreises, Frankfurt a. M. 1976; MARTIN GREIFENHAGEN, Das Di-
    lemma des Konservatismus in Deutschland, Frankfurt a. M. 1986; KURT
    SONTHEIMER, Antidemokratisches Denken in der Weimarer Republik. Die
    politischen Ideen des deutschen Nationalismus zwischen 1918 und 1933,
    München 1983.
20 WILHELM WEISS, „Zum 2. August", in: Völkischer Beobachter, Nr. 178 (2.
    August 1928), S. 1.
21 Ebd.
22 „Der 2. August 1914 – der Tag des großen Anfangs", in: Völkischer Beob-
    achter Nr. 217 (5. August 1934). Andere Beispiele: Am Abend des 30. Januar
    1933 sprach der preußische Innenminister Göring im Rundfunk: „während ich
    hier am Mikrophon stehe, drängen sich draußen vor den Fenstern der Reichs-
    kanzlei Hunderttausende von Menschen, eine Stimmung, wie sie nur mehr zu
    vergleichen ist mit jenem August 1914, da ebenfalls eine Nation
    aufgebrochen ist, alles, was sie besaß, zu verteidigen". Zitiert nach: „Pg.

Minister Goering und Dr. Goebbels im Rundfunk", in: Völkischer Beobachter, Nr. 32 (1. Februar 1933), S. 1. Und am 21. März 1933, dem „Tag von Potsdam", predigte der evangelische Generalsuperintendent Dr. Dibelius, zu dem Text: „ist Gott für uns..." Es ist derselbe Text, mit dem Generalsuperintendant Döring den Reichstag am 4. August 1914 eröffnet hatte. Der Völkische Beobachter schrieb dazu: „Der heutige Tag ist jenem Tage ähnlich, ein neuer Wille zu einem neuen deutschen Staat ist überall zu spüren. Noch sind wir kein einiges Volk... Aber der Wille ist da, weil Millionen wieder durchstoßen zu der Erkenntnis, daß wir Deutsche sind. So dürfen wir den Reichstag mit denselben Worten des Glaubens grüßen, wie den deutschen Reichstag am 4. August 1914". Zitiert nach: „Deutschland ist auferstanden! Der Tag von Potsdam, der Gründungstag des neuen Deutschen Reiches – Hindenburg an den Reichstag. Hier beginnt ein neuer Lebensabschnitt des deutschen Volkes", in: Völkischer Beobachter Nr. 81 (22. März 1933), S. 1.

23 WOLFGANG BROGEIL, Die Kategorie des Bundes im System der Soziologie, Gelnhausen 1936, S. 66. Wie auch MARTIN GREIFFENHAGEN angemerkt hat, in Das Dilemma des Konservatismus in Deutschland, a.a.O., S. 281: „Die Mythosbesessenheit der Konservativen Revolution trägt alle Zeichen einer Religion des Als-Ob". Vgl. THEODORE ZIOLKOWSKI, Der Hunger nach dem Mythos. Zur seelischen Gastronomie der Deutschen in den Zwanziger Jahren, in: Reinhold Grimm and Jost Hermand (Hg.), Die sogenannten Zwanziger Jahre, Bad Homburg 1970, S. 169-201; HANS SCHUMACHER, Mythisierende Tendenzen in der Literatur 1918-1933, in: Wolfgang Rothe (Hg.), Die deutsche Literatur in der Weimarer Republik, Stuttgart 1974, S. 281-303; ROLF GEISSLER, Dekadenz und Heroismus. Zeitroman und völkisch nationalsozialistische Literaturkritik, Stuttgart 1964, S. 130f.

24 HANNS JOHST, Von Glauben (1928), zitiert nach: MANFRED FRANK, Gott im Exil, Frankfurt a. M. 1988, S. 96.

25 Vgl. MANFRED FRANK, Brauchen wir eine 'neue Mythologie?', in: DERS., Kaltes Herz, Unendliche Fahrt, Neue Mythologie, Frankfurt a. M. 1989, S. 96; DERS., Gott im Exil, a.a.O., S. 129. Allgemein zur Gläubigkeit und Mythen: DERS., „Die Dichtung als 'Neue Mythologie'", in: Karl-Heinz Bohrer (Hg.), Mythos und Moderne: Begriff und Bild einer Rekonstruktion, Frankfurt a. M. 1983, S. 15f; DERS., Der Kommende Gott. a.a.O. und: KLAUS VONDUNG, „Propaganda oder Sinndeutung?", in: Ders., (Hg.), Kriegserlebnis. Der Erste Weltkrieg in der literarischen Gestaltung und symbolischen Deutung der Nationen, Göttingen 1980, S. 29. Vgl. ferner: HANNAH ARENDT, Elemente und Ursprünge totaler Herrschaft, Frankfurt a. M. 1955, sowie ERIC VOEGELIN, Die politischen Religionen, Stockholm 1939, S. 53: „der Mythos wird bewußt erzeugt, um Massen affektuell zu binden und in politisch wirksame Zustände der Heilserwartung zu versetzen".

26 OTTO BAUMGARTEN, „Der sittliche Zustand des deutschen Volkes unter dem Einfluß des Krieges", a.a.O., S. 13.

27 Zu der Rolle des „Geist von 1914" als Grundlage für die Dolchstoßlegende, vgl. JEFFREY VERHEY, Triumph of the Will: the Discourse on Propaganda

and Public Opinion in Germany after World War I, in: Bernd Hüppauf (Hg.), War, Violence and the Structure of Modernity, New York demnächst, sowie WILHELM PRESSEL, Die Kriegspredigt 1914-1918 in der evangelischen Kirche Deutschlands, Göttingen, 19), S. 22ff; 300ff; und FREIHERR HILLER v. GAERTRINGEN, 'Dolchstoß'-Diskussion und 'Dolchstoßlegende' im Wandel von vier Jahrzehnten, in: Waldemar Besson, Friedrich Frhr von Gätringen (Hg.), Geschichte und Gegenwartsbewußtsein, Göttingen 1963, S. 158.

28 „Rückblick", in: Süddeutsche Monatshefte 20 (1922/23), S. 318.

29 HEINRICH CLASS, Das deutsche Volk im Weltkrieg, Leipzig 1920, S. 302.

30 Vgl. WOLFRAM PYTA, Gegen Hitler und für die Republik. Die Auseinandersetzung der deutschen Sozialdemokratie mit der NSDAP in der Weimarer Republik, Düsseldorf 1989.

31 Vgl. zu Entmythologisierung vor allem: KARL JASPERS und RUDOLF BULTMANN, Die Frage der Entmythologisierung, München 1954, und HANS BLUMENBERG, To Bring Myth to an End, in: New German Critique 32 (Frühling/Sommer, 1984), S. 109-140.

32 Vgl. ROLF BARTHE, Der Zusammenbruch, Berlin 1931; HANS DELBRÜCK, Ludendorffs Selbstporträt, Berlin 1922; GEORG GOTHEIN, Warum verloren wir den Krieg?, Stuttgart 1920; KURT HEINIG, Die große Ausrede von der erdolchten Front, Berlin 1920; ADOLF KOESTER, Fort mit der Dolchstosslegende! Warum wir 1918 nicht weiterkämpfen konnten, Berlin 1922; ERICH KUTTNER, Der Sieg war zum Greifen nahe! Zeugnisse gegen die Lüge vom Dolchstoss und vom Landesverrat der Sozialdemokratie, Berlin 1924; OTTO LEHMANN-RUSSBÜLDT, Warum erfolgte der Zusammenbruch an der Westfront?, Berlin 1919; KARL VETTER, Der Zusammenbruch der Westfront. Ludendorff ist schuld. Die Anklage der Feldgrauen, Berlin 1919, sowie ULRICH HEINEMANN, Die verdrängte Niederlage. Politische Öffentlichkeit und Kriegsschuldfrage in der Weimarer Republik, Göttingen 1983.

33 So MARTIN HOBOHM, Untersuchungsausschuß und Dolchstoßlegende. Eine Flucht in die Öffentlichkeit, Berlin 1926; und HELMUT v. GERLACH, Die passive Regierung, in: Die Welt am Montag Nr. 25, (14.Juli 1919), S. 1-2.

34 Karl Vetter plante z.B. eine große Reihe gegen die Dolchstoßlegende: „Schriften zum deutschen Zusammenbruch 1918". Im Herbst 1922 lud er 50 der wichtigsten und bedeutendsten Autoren Deutschlands ein, gegen die Legende zu schreiben. Dann kam der Ruhrkrieg und die Inflation, und die öffentliche Meinung war seiner Meinung nach dann so stark gegen ein solches Anliegen, daß das einzige Buch aus dieser geplanten Reihe das von LUDWIG HERZ, Die Abdankung, Leipzig und Wien 1924, war.

35 OTTO BAUMGARTEN, Der sittliche Zustand des deutschen Volkes, a.a.O., S. 5.

36 Vgl. ERNST BLOCH, Erbschaft dieser Zeit, Frankfurt a. M. 1985 (zuerst: 1935), S. 68 u. 110; DERS., Gespräch über Ungleichzeitigkeit, Kursbuch 39 (April 1975), S. 5. Vgl. ferner MICHAEL SCHÄFER, Die „Rationalität" des Nationalsozialismus. Zur Kritik philosophischer Faschismustheorien am Beispiel der kritischen Theorie, Weinheim 1994, sowie HANS BLUMENBERG, Work on Myth, Cambridge 1985, S. 287.

37 Zitiert nach: WOLFRAM PYTA, Gegen Hitler und für die Republik, S. 468f.
   Ähnlich bei: S. TSCHACHOTIN, and CARLO MIERENDORF, Grundlagen und
   Formen politischer Propaganda, Magdeburg 1932; WILLI MÜNZENBERG, Pro-
   paganda als Waffe, Paris 1937.
38 Vgl. MANFRED FRANK, Gott im Exil, a.a.O., S. 105f.
39 Vgl. JEFFREY VERHEY, The Myth of the Spirit of 1914 in Germany, epilog.
   Vgl. ferner DIETER MAYER, Linksbürgerliches Denken. Untersuchungen zur
   Kunsttheorie, Gesellschaftsauffassung und Kulturpolitik in der Weimarer Re-
   publik (1919-1924), München 1981, S. 14; THOMAS CHILDERS, Languages of
   Liberalism. Liberal Political Discourse in the Weimar Republic, in: Konrad
   H. Jarausch and Larry Eugene Jones (Hg.), In Search of a Liberal Germany.
   Studies in the History of German Libralism from 1789 to the Present, New
   York 1990, S. 323f; FRANZ WALTER, Nationale Romantik und revolutionärer
   Mythos. Politik und Lebensweisen im frühen Weimarer Jungsozialismus,
   Berlin 1986.
40 In einem Brief an Karl Kerenyi, 14. November 1941, zitiert nach: MANFRED
   FRANK, Der Kommende Gott, S. 31.

Paul Plaut - Psychologe zwischen den Kriegen

BERND ULRICH

Innerhalb der politischen Kultur der Weimarer Republik nahm die Auseinandersetzung mit der Wahrnehmung und Darstellung des Ersten Weltkrieges eine zentrale Stellung ein. Gravierend zeigte sich dies bekanntlich in der literarischen Aufarbeitung des Krieges. Sie setzte zwar bereits während des Krieges und in den ersten Jahren der Republik ein. Ihren kulturpolitischen Höhepunkt erreichte sie indes erst mit der Veröffentlichung des Romans *Im Westen nichts Neues* und der um ihn entbrennenden Diskussionen.[1] Schon weniger öffentlichkeitswirksam, wenngleich geschichtspolitisch bedeutsam, vollzog sich die wissenschaftlich- und populärhistorische Erforschung des Weltkriegs in den zwanziger Jahren.[2] Kaum bekannt hingegen ist die erfahrungsgeschichtlich geprägte, auf ein interdisziplinäres Zusammengehen von Geschichte, Soziologie und Psychologie abzielende Beschäftigung von Psychologen mit jenem Krieg, der insgesamt auf die „Professionalisierung" ihres Faches so starke Auswirkungen hatte.[3]

Im Mittelpunkt der folgenden kleinen Skizze stehen Leben und Wirken Paul Plauts und seine Bemühungen, einer spezifischen Kriegspsychologie Kontur und Gestalt zu geben. Das schmälert seine Verdienste, immer gleichsam in der zweiten Reihe hinter den damals bekannten Psychologen, um die „Psychologie der Lüge" oder die der „produktiven Persönlichkeit" nicht. Allerdings hatten auch diese Studien teils bewußte, teils erst *ex post* erkenn-, immer aber unübersehbare Bezüge zum Krieg. Sie betrafen zum einen etwa die Bedeutung der Lüge im Dienste der Propaganda und zum anderen die Befragung „künstlerischer Persönlichkeiten" der Weimarer Republik, von denen eine große Zahl unmittelbar darauf in die Emigration getrieben oder mit einem Berufsverbot belegt werden sollte.

I.

Paul Plauts Neigung für die Psychologie entwickelte sich in jenen Jahren, da sie in ihrer ersten gesellschaftspolitischen Bewährungsprobe versagte. Plaut, Jahrgang 1894 und Sohn eines Professors am Orientalischen Seminar der Berliner Universität, meldete sich im Mai 1915 freiwillig und sein Philosophie- und Literaturstudium unterbrechend für einen Krieg, der neun Monate

zuvor nicht allein in Deutschland von Wissenschaftlern aller Fakultäten be-
geistert begrüßt worden war.[4] Anders als die Psychologen an der „Heimatfront", die sich mit der „Seele" und den „Nerven" der Soldaten
beschäftigten oder psychologische Methoden zur Entlarvung von Simulanten
ersannen[5], war Plaut dem Krieg an der Ost- wie Westfront als einfacher
Infanterist ausgesetzt.[6] Allen Widrigkeiten zum Trotz verfaßte er anfänglich
noch patriotisch gefärbte Gedichte, kleinere Prosastücke und Berichte, die
von den *Berliner Akademischen Nachrichten* und einigen Schützengraben-
zeitungen gedruckt wurden; sie entsprachen dem Geist der Zeit und dem
zumindest nach außen hin illustrierten Selbstverständnis eines akademischen
Kriegsfreiwilligen.[7] Immerhin verrieten seine Versuche als Autor ausgeprägte literarische Ambitionen. Nach dem Krieg sollten unter anderem sie
Anlaß sein für die erste Dissertation über die Romane Balzacs – noch bevor
Plaut 1927 zum Dr. med. promoviert wurde.

In den wenigen überlieferten Feldpostbriefen Plauts wird deutlich, daß die
in seiner kriegsliterarischen Produktion dokumentierte Identität mit dem
Kaiserreich keineswegs seinen alltagtäglichen Erfahrungen entsprach. „Ich
bin", so schrieb er im Oktober 1915 nach Berlin, „der einzige Jude in der
Kompagnie. Das wird Ihnen alles sagen".[8] Kurz darauf begann Plaut mit
Aufzeichnungen über sein Kriegserlebnis, die für sein früh entwickeltes
psychologisches Interesse sprechen. In einem Feldpostbrief kündigte er an:
„Ich möchte später einmal meine Erinnerungen niederschreiben."[9] Dazu ist
es nicht gekommen. Aber offenbar schon während des Krieges war Plaut in
Kontakt mit dem Arzt und Psychologen Otto Lipmann getreten. Lipmann –
zunächst Sekretär, dann ab 1917 Leiter des 1906 gegründeten *Instituts für
angewandte Psychologie und psychologische Sammelforschung* in Klein-
Glienicke bei Potsdam[10] – und vor allem der als erster Vertreter der angewandten Psychologie und Kinderforscher bekannt gewordene William
Stern[11] (Vater von Günther Anders), hatten zu Kriegsbeginn ein umfangrei-
ches Frageschema entwickelt. Mit ihm sollte eine breit angelegte Erhebung
unter ausziehenden Frontsoldaten angestellt werden. Nach recht ermutigen-
den Anfängen schritt die Zensur ein. Beanstandet wurden etwa die Antworten zum Frageblock „Verhalten gegenüber anderen Soldaten", insbesondere
das von Vorgesetzten gegenüber Untergebenen.[12]

Auf der Grundlage des bis zum Verbot der Befragung gesammelten Mate-
rials, eigener Aufzeichnungen, mutmaßlich während seiner Kommandierung
als Polizei-Unteroffizier in einem „Krieger-Nachmittagsheim" vorgenom-
mener Erhebungen unter Soldaten, der bis dahin vorliegenden kriegspsycho-

logischen Literatur und nicht zuletzt unter Verwendung von Feldpostbriefen, schrieb Plaut dann unmittelbar nach 1918 seine Studie zur „Psychographie des Kriegers".[13] Er glaubte, damit den Voraussetzungen zu genügen, die während des Krieges vor allem Kurt Lewin zu der Hoffnung veranlaßt hatten, daß „von den Berichten psychologisch geschulter Kriegsteilnehmer nach dem Krieg" viel zu erwarten sei.[14]

Als Methode bedeutete die „Psychographie" zunächst nichts weiter als die Nutzung mehr oder weniger umfangreicher Frageschemata, deren Beantwortung und Auswertung die Persönlichkeitsbeschreibung, ein Psychogramm, ergeben sollte. Dahinter stand das Ziel, ähnlich wie in der Medizin, auch für die angewandte Psychologie „eine regelrechte Kasuistik gut beobachteter Fälle" zu bekommen.[15] Auch wenn Plaut später die psychographische Methode kritisierte, weil sie durch die Formulierung der Fragen zwar einerseits auf die Verhaltensweisen des Soldaten in bestimmten Situationen und deren „Psychogenese" abziele, andererseits aber durch die Vorgabe der Fragen diese Situationen überhaupt erst „statuiert" würden[16], so bleiben die vorgelegten und in heute teils problematisch scheinender Diktion formulierten Ergebnisse doch wertvoll. Neben der differenzierten Darstellung und partiellen Demontierung der 'Kriegsbegeisterung', ist dabei insbesondere – im Kontext der in der Zwischenkriegszeit so intensiv wie mythisch rekonstruierten 'Frontgemeinschaft' – die Analyse der Kamerad-schaft von Interesse. Zwar konnten die zwischenmenschlichen Beziehungen namentlich in Momenten der Gefahr dem Diktat des Aufeinander-Angewie-senseins, einer quasi zeitweiligen, „beruflichen Solidarität" unterliegen; ansonsten aber gälte:

„Menschen, die heute zusammen im Trommelfeuer gelegen oder im gleichen Unterstand gewohnt haben, werden morgen voneinander getrennt: der eine fällt, der andere wird verwundet, der dritte scheidet vielleicht durch Krankheit aus, andere werden abkommandiert, usw.; so entstehen Lücken, die numerisch alsbald wieder ausgefüllt werden. [...] Tod und Verwundung wurde das tägliche Bild, täglich kamen und gingen sie, daß man oft kaum Zeit und Gelegenheit fand, sich mit Namen zu kennen, geschweige denn, daß man sich persönlich näher kommen konnte. So folgte notwendigerweise daraus, daß das Leben des einzelnen sich zum Eigenleben konzentrierte, daß man in erster Linie für sich selbst sorgte – jeder wurde sich selbst der nächste."[17]

Dieser Entwicklung hin zum, wie Plaut es nennt, „Nackt-Vitalen", entspra-chen in gewisser Weise auch die von ihm konstatierten Veränderungen, die an den Inhalten nicht durchweg aller, aber doch der meisten Feldpostbriefe ablesbar gewesen wären. Abgesehen von den „schlichten Soldaten", denen häufig „Worte des eigentlichen Erlebnisses" fehlten und jenen „Schreibgeübten", die „rekonstruktiv hinzuerlebten", beobachtet Plaut allgemein eine „Abstumpfung", wobei die „Sensibilität [...] einem immer stärker werdenden Bewußtwerden der Wirklichkeit in ihrer vollen Nacktheit" wich. Dies aber habe zu einer je nach Briefpartner variierenden, unterschiedlichen Offenheit der Schilderungen geführt.[18]

Das etwa aus den Waffenwirkungen resultierende Gefühl der Ohnmacht drohte, wie Plaut festhält, „zum Protest zu werden". Für ihn bleibt es ein „Mysterium", warum der „Streik nicht in einem freien Augenblick zum Ausbruch kam als flammender Protest, als Kampf gegen den Kampf" - ungeachtet der individuellen Verweigerungshaltungen, ungeachtet auch der „aus instinktiven Motiven wie Furcht und Angst vor Tod und Verwundung" desertierenden oder überlaufenden Soldaten.[19] Die einzig mögliche Erklärung liegt für Plaut in der wenngleich aufgeweichten, so doch nie ganz aufgehobenen Macht der Disziplin:

> „In ihr regelt sich das ganze militärische und aussermilitärische Leben, alle Bewußtseinsmomente stehen unter ihrem Zwange, ebenso wie auch das ganze Gefühlsleben durch sie ihren steten Akzent erhält."[20]

Die „Psychographie" als Untersuchungsmethode wurde schließlich durch eine auf die Dauer des Krieges begrenzte und nur auf Handlungs- und Gefühlsabläufe ausgerichtete „Situationspsychologie" ersetzt. Sie spielte die zentrale Rolle in Plauts Beitrag zu Abderhaldens *Handbuch der biologischen Arbeitsmethoden*.[21] In diesem von Anlage und Diktion her bemüht wissenschaftlichem Aufsatz definierte Plaut die Kriegspsychologie als ein „Grenzgebiet„ zwischen dem „Normalpsychologischem" und dem „Psychopathologischem", in dem die Soldaten als von bestimmten Kriegssituationen abhängiges „Kollektivum" zum Gegenstand werden.[22] Der temporäre Aspekt des hierbei ausgeübten Zwanges (zum Soldat-Sein) war von zweifacher Bedeutung: zum einen manifestierte sich in ihm die starke, nie ausgelöschte Beziehung zur „Friedenswelt", zum anderen hatte diese „Temporärität" Folgen für die „psychische Struktur" der großen Masse der Weltkriegssoldaten; die nämlich bestehe zum überwiegenden Teil aus „Individuen, die im Frieden militäruntauglich waren, nun aber durch die Notlage des

Augenblickes kriegstauglich wurden".[23] Die eigentlich mißglückte oder
doch nur durch Zwang stabilisierte Verwandlung von Zivilisten in Soldaten -
das war die von Plaut konstatierte Ausgangslage jeder Kriegspsychologie.
Für Plaut kann daher generell auch nicht die Masse der Soldaten „abnorm"
sein – selbst nicht in ihren kriegsneurotischen Ausprägungen[24] –, sondern
nur die „Situation, in die ein Kollektivum hineingestellt ist."[25] Aus dieser
grundsätzlichen Einschätzung resultiert nicht allein eine Absage an jegliche
Typologie von Soldaten – der Soldat „rechnet nicht mit Typen, sondern nur
mit Gelegenheiten", Gelegenheiten, zu überleben[26] –, sie implizierte auch
die strikte Nutzung von Ergebnissen psychologisch geschulter Beobachter
des Krieges und die von aktuellen schriftlichen Fixierungen der Erlebnisse in
Feldpostbriefen.

Plauts Untersuchungen zur Kriegspsychologie zeichneten sich durch das
Bemühen aus, möglichst nahe an die Realität und Praxis des Front-Alltags
und seiner individuell-psychischen 'Bewältigung' heranzukommen. Die dabei
gewonnenen Ergebnisse der Erhebungen und Beobachtungen verdankten
ihre Überzeugungskraft unter anderem der konsequenten, wenngleich immer
auch quellenkritischen Nutzung von Feldpostbriefen. Damit hatte Plaut
zugleich frühzeitig die Darstellungshierarchie traditioneller Kriegsgeschichte
durchbrochen, die aus der Sicht höherer Offiziere heraus geschrieben zu
werden pflegte. Sein Wunsch allerdings, mit diesem ersten Deutungsversuch
Historiker für die psychohistorische Aufarbeitung des Weltkriegserlebnisses
zu gewinnen, erfüllte sich ebensowenig wie die Hoffnung, eine
eigenständige Kriegspsychologie zu etablieren; sie sollte sich in ihrem
erfahrungsgeschichtlichen Zugriff scharf von der bloß psychotechnischen
Militärpsychologie abgrenzen, die sich mit wachsendem Einfluß der Rekrutierung und Selektierung neuer Soldaten widmete.

Es läßt sich nur spekulieren, welcher Verlauf und welche Auswirkungen für
die Überlieferung des Kriegserlebnisses in der Weimarer Republik zu konstatieren wären, wenn es zu einer von Plaut immer wieder geforderten
Zusammenarbeit zwischen einer authentischen Kriegspsychologie und einer
über ihr Selbstverständnis und Ziel demokratisch aufgeklärten (Kriegs-)
Geschichte gekommen wäre. Auch wenn die Hoffnung Plauts, die
„Geschichte und die mit ihr arbeitenden Psychologen" mögen den Krieg als
„objektive, historische Tat würdigen und begreifen", in ihrer Wortwahl
unglücklich scheint, so bleibt doch die damit ebenfalls zu Protokoll gegebene Einsicht, nach 1918 wäre das „Erlebnis des Krieges für den Deutschen

ein deutsches, für den Franzosen ein französisches, für alle ein nationales, subjektives Erlebnis" geblieben, so richtig wie für den weiteren Fortgang verhängnisvoll. Denn das kaum realisierte, einer demokratischen Zukunft verpflichtete Programm der Erforschung und 'Aufarbeitung' des Weltkrieges hinterließ ein Sinn-Vakuum, das nach der nationalsozialistischen Wende seine Sogwirkung voll entfalten konnte.

II.

Plauts Werdegang in der Weimarer Republik blieb, trotz seines zwischen 1922 und 1927 absolvierten Medizinstudiums in Berlin, eng mit der Psychologie verwoben. Zunächst war er für ein Jahr (1923) Assistent im *Institut für angewandte Psychologie*, um dann nach seiner Promotion Assistenzarzt an einigen Berliner Krankenhäusern und in der Nervenheilanstalt Wittenau zu werden. Durchaus in der Tradition des *Instituts für angewandte Psychologie* und der bereits vor seiner Gründung vor allem von Stern betriebenen Forschungen zur Aussagepsychologie und Zeugenbefragung, die einer Reform der Strafprozeßordnung dienen sollten, bildete sich Plaut zum Gutachter in Jugendstraf- und Sittlichkeitsverfahren weiter. In dieser Eigenschaft wurde er von Berliner und Potsdamer Gerichten angefordert. In einer Anfang der dreißiger Jahre gegründeten Praxis war er zudem psychotherapeutisch tätig, ohne einer der damals bekannten Schulen anzugehören.

Daneben entwickelte Plaut eine umfangreiche Rezensionstätigkeit kriegspsychologischer Studien, namentlich in der *Zeitschrift für angewandte Psychologie* und in der *Zeitschrift für Völkerpsychologie und Soziologie*. In ausführlichen Sammelbesprechungen griff er aber auch neue Ansätze aus den Sozial- und Geisteswissenschaften auf und analysierte sie vor allem im Hinblick auf ihre mögliche interdisziplinäre Anwendung. Besondere Beachtung fand dabei immer wieder das Verhältnis zwischen Individual- und Kollektivpsychologie. Von der einen zur anderen führte für Plaut kein einfacher und unmittelbarer Weg. Es handelte sich für ihn schlicht um eine Verwechslung, wenn die Summe einzelner, subjektiver Seelenvorgänge als das Ergebnis eines psychischen Vorgangs in der Kollektivseele gedeutet wurden. Dennoch plädierte Plaut für eine enge Zusammenarbeit mit der Soziologie. Individuelles Verhalten sollte psychologisch immer vor dem Hintergrund der jeweils relevanten gesellschaftlichen Umgebung und Gruppe untersucht werden, ohne es formelhaft darauf zu reduzieren.

Die große Bereitschaft zur Interdisziplinarität wurde in einem Sammelband zur Lüge deutlich, den Plaut zusammen mit Otto Lipmann 1927 edierte.[27] Mit Bezug auf die „Lügenpropaganda" aller beteiligten Staaten im Ersten Weltkrieg und zugespitzt auf die Gruppe der Politiker und Diplomaten analysierte Plaut in diesem Band unter anderem die „Lüge in der Politik". Hinter ihr stehe zumeist keine faßbare Person, „sondern der Staat als politische Körperschaft, die den Staat figuriert". Das eben mache es so schwer festzustellen, wo die bewußte Lüge und Fälschung beginnt. Doch ließe die Politik solche Doppelmoral nicht nur zu, sie kultiviere sie direkt. Die „Unpersönlichkeit der politischen Lüge" mache es in der Regel unmöglich, ihrer Vertreter habhaft zu werden, „da sie ja staatsrechtlich und moralisch völlig gedeckt zu sein scheinen".[28]

In der nicht allein für Plaut so kreativen Endphase der Weimarer Republik griff er auf die psychographische Methode der Befragung zurück, die er bereits für seine Untersuchungen zur Kriegspsychologie angewandt hatte. Während der Arbeit an einem Handbuchartikel über die *Prinzipien und Methoden der Kunstpsychologie* stieß er auf das Problem, eine psychologisch fundierte Definition der „künstlerischen Persönlichkeit" zu geben. Daraus entstand schließlich ein ganzes Buch, das 1929 unter dem Titel *Die Psychologie der produktiven Persönlichkeit* publiziert wurde. Vehement wandte sich Plaut gegen die Psychoanalyse und die experimentelle Psychologie. Er bezweifelte, daß all

> „diese mehr oder minder ausgesprochen biologisch gerichteten Psychologien imstande sind, nicht nur die Komplexhaftigkeit der menschlichen Persönlichkeit zu erfassen, geschweige denn die in ihr, d.h. in der Persönlichkeit, repräsentierte Gestalt, d.h. Einheit, Einmaligkeit und Einzigartigkeit zu erklären".[29]

Über 400 prominente Künstler und Wissenschaftler der Weimarer Republik wurden von Plaut zu den Bedingungen und Erfahrungen ihres „produktiven Schaffens" befragt; 163 umfangreiche Antworten gingen ein. Plaut war sich der Probleme dieser auf eine psychographische Erhebung gestützten Individualitätsforschung bewußt. Keinesfalls sollten aus den Antworten „irgendwelche statistischen Ergebnisse" gezogen werden. Vielmehr dienten sie, teils verwoben in den Text, teils geschlossen in einem Anhang abgedruckt, der Anschaulichkeit.[30] Damit liegt ein Material vor, das – Plaut ahnte es – „in seiner Art vielleicht einzigartig in der psychologischen Forschung dastehen dürfte". Nachträglich erscheint wie eine letzte Bilanz, was damals der Erforschung der Kreativität dienen sollte. Viele der Befragten – unter ihnen Heinrich und Thomas Mann, Albert Einstein, Wassily Kandinsky – werden wenig später emigrieren müssen.

Paul Plaut will auch nach dem 30. Januar 1933 im Land bleiben. Als dekorierter Frontkämpfer des Weltkriegs konnte er sich nicht vorstellen, im neuen, soldatischen Staat verfolgt zu werden. Vom Zentralnachweisamt des Potsdamer Reichsarchivs ließ er sich bestätigen, daß er nach „Ausführung vieler schneidiger Patrouillen am 8.XII.15" das Eiserne Kreuz II. Klasse erhalten hatte und wegen „Tapferkeit vorm Feind" vorzeitig zum Gefreiten befördert worden war.[31] Doch konnte dieser Beleg, den zu dieser Zeit tausende von jüdischen Veteranen einholen oder auf Druck der sie beschäftigenden Stellen einholen müssen, weder seine Entlassung als Arzt verhindern, noch ermöglichte er die Fortführung der Gutachtertätigkeit in Jugendstraf- und Sittlichkeitsprozessen. Es blieb eine kleine, unter harten Auflagen zu führende Arztpraxis. Und es blieb Paul Plauts Mutter: konnte man sie, die sich mit ihren 74 Jahren zu alt fühlte, um zu emigrieren, allein in Deutschland zurücklassen? Ihre Ermordung im Konzentrationslager Theresienstadt wird Paul Plaut als Schuld bis zum Ende seines Lebens begleiten.

Paul Plauts Frau Thekla erkannte klarer als ihr Mann die lebensbedrohende Entwicklung. Der weltzugewandten Frau gelang es bei einer Reise nach London – versehen mit den einschlägigen Studien ihres Mannes – für ihn eine Stellung zu organisieren. Anfang 1938 emigrierte Paul Plaut mit Frau und Tochter über Amsterdam nach London.[32] Am *Institute for the Scientific Treatment of Delinquency* widmete sich Plaut, neben der Forschungsarbeit, straffällig gewordenen Jugendlichen und Kindern, die er diagnostisch und therapeutisch betreute. Er ließ sich als Facharzt für Psychiatrie nieder und nahm ab 1948 auch seine Gutachtertätigkeit wieder auf. Seinem ersten großen Thema, der Kriegspsychologie, hat sich Plaut in den Jahren des Exils nicht mehr zugewandt. Als letzte Arbeit veröffentlichte er eine Studie über *Sexualstraftäter und ihre Persönlichkeit*. Nach Deutschland kehrte er nicht mehr zurück. Am 22. Januar 1960 ist Paul Plaut in London gestorben.

Diese Arbeit entstand im Rahmen eines von der Stiftung Volkswagenwerk geförderten Projektes.

Anmerkungen

1 Vgl. BÄRBEL SCHRADER, Der Fall Remarque. „Im Westen nichts Neues" –
   Eine Dokumentation, Leipzig 1992.
2 Vgl. ULRICH HEINEMANN, Die verdrängte Niederlage. Politische
   Öffentlichkeit und Kriegsschuldfrage in der Weimarer Republik, Göttingen
   1983.
3 „Der Einsatz der Psychologie im Ersten Weltkrieg bei den Ausleseunter-
   suchungen in Militär, Industrie und Schulen veränderte in den zwanziger
   Jahren [...] den Weg ihrer akademischen Institutionalisierung. Die sichtbarste
   Folge dieses Einsatzes war die Errichtung psychologischer oder
   psychotechnischer Professuren an sechs technischen Hochschulen zwischen
   1918 und 1927 sowie die Einrichtung eines weiteren Instituts und die
   Vergabe von Lehraufträgen im gleichen Zeitraum [...]." ULRICH GEUTER, Die
   Professionalisierung der deutschen Psychologie im Nationalsozialismus,
   Frankfurt a. M. 1988, S. 88.
4 Vgl. für die Psychologen: ERICH SCHEERER, Kämpfer des Wortes: Die
   Ideologie deutscher Psychologen im Ersten Weltkrieg und ihr Einfluß auf die
   Psychologie der Weimarer Zeit, in: PuG, Jg.1/Heft 3, 1989, S. 12-22.
5 Vgl. BERND ULRICH, Nerven und Krieg – Skizzierung einer Beziehung, in: B.
   Loewenstein (Hg.), Geschichte und Psychologie, S. 163-192.
6 Plaut wurde an der Ost- und Westfront eingesetzt, u.a. vor Verdun (1.–18.
   November 1916). Wegen schwerer Grippe einer Genesenden-Kompanie über-
   stellt, wurde er, zurück an der Westfront, im Januar 1917 verwundet. Im Sept.
   1917 kam die Ernennung zum Polizei-Unteroffizier im Krieger-Nachmittagsheim des Königl. Krankenhauses Berlin-Wilmersdorf. Zwischen Juni 1918
   und Anfang September 1918 nahm er an einem Ausbildungslehrgang für das
   Leichte MG in Elsenborn teil. Im Dezember 1915 zum Gefreiten befördert,
   schied er als Unteroffizier bei Kriegsende aus. Ermittelt nach dem Soldbuch
   Plauts, das sich im Privatbesitz von Paul Plauts Tochter, Claire Allen
   (Hastings), befindet. (Im folg.: Priv. Bes. C. Allen).
7 Plaut wird darüber hinaus regelmäßiger Beiträger der Kriegszeitung der 4.
   Armee. Im Januar 1917 dankt ihm die Schriftleitung für seine „treue Anhäng-
   lichkeit". Brief v. 16.1.1917/Priv. Bes. C. Allen.
8 Feldpostbrief v. 15. Oktober 1915/Priv. Bes. C. Allen. Ausführlich und genau
   werden in seinem ebenfalls erhaltenen Kriegstagebuch – in dem sich freilich
   gemeinhin nur sporadische Eintragungen finden – vor diesem Hintergrund
   Anlaß und Verlauf seiner Beförderungen und Auszeichnungen geschildert.
9 Plaut in einem Feldpostbrief v. 20. Oktober 1915/Priv. Bes. C. Allen.
10 Otto Lipmann (1880-1933/Berlin/Selbstmord), zwischen 1906 und 1933
   Sekretär und Leiter des Instituts für angewandte Psychologie der Gesellschaft
   für experimentelle Psychologie.
11 William Stern (1871-1938/New York), Professor der Philosophie und
   Direktor des Psychologischen Seminars in Breslau, 1906-1916 Leiter des
   Instituts für angewandte Psychologie, ab 1916 bis zur Emigration 1933
   Professor für Philosophie und Direktor des Psychologischen Seminars in

Hamburg (Mitbegründer der Universität), 1934-1938 Duke University/North
Carolina.

12 P. PLAUT, Psychographie des Kriegers, in: Beihefte zur Zeitschrift für angewandte Psychologie, hg. v. W. Stern, O. Lipmann, H. 21 (Beiträge zur
Psychologie des Krieges), Leipzig 1920, S. 1-123, Vorbemerkung u. S. 111-
118, S. 113-115. Das bis zum Verbot vorliegende und von Plaut genutzte
Material ist aller Wahrscheinlichkeit nach entweder 1933 bei der Plünderung
des in den zwanziger Jahren nach Leipzig umgezogenen Institutes durch
einen SA-Trupp vernichtet worden oder bei einem späteren Luftangriff
verbrannt. (Nach Auskunft von D. H. Schuster, Institut für Soziologie/TH
Aachen). Schriftliche Anfragen beim William-Stern-Archive/The Jewish
National & University Library – Jerusalem und bei der William-Stern-
Gesellschaft/Hamburg brachten kein greifbares Ergebnis, ob und wenn ja, wo
sich das Material der Umfrage befinden könnte.

13 Vgl. I. STAEUBLE, Psychologie im Dienst praktischer Kulturaufgaben. Zur
Realisierung von William Sterns Programm 1903-1933, in: A. Schorr, E. G.
Wehner (Hg.), Psychologiegeschichte heute, Göttingen u.a. 1990, S. 164-173.

14 KARL LEWIN, Rezension von Erich Everth, Von der Seele des Soldaten im
Felde, in: Zeitschrift. für angewandte Psychologie Nr. 12/1917, S. 161-164,
S. 162. Kurt Lewin (1890-1947) selbst hat im Jahr seiner Besprechung der
Everthschen Schrift einen kurzen Aufsatz zur „Kriegslandschaft" publiziert,
der ebenfalls in der Zeitschrift für angewandte Psychologie, Nr. 12/1917, S.
440-446 erschien und für Plauts Kriegspsychologie wichtig wurde. Bereits im
Kontext seiner späteren, vor allem im amerikanischen Exil (ab 1933)
durchgeführten Forschungen zu einer „Topologischen Psychologie", in der er
die strukturellen und dynamischen Probleme des „psychologischen
Lebensraumes" des Menschen, seines Verhaltens und seiner Umwelt
untersuchte (K. LEWIN, Grundzüge der topologischen Psychologie, hg. v. R.
Falk / F. Winnefeld, Stuttgart/Wien 1969), scheidet Lewin hier den
psychologischen   vom   geographischen   Raum.   „Kriegs-"   und
„Friedenslandschaft" sind die Schlüsselbegriffe seiner „Phänomenologie der
Landschaft". Wir haben es hier mit einer der wenigen Studien zu tun, in der
es schon während des Krieges gelingt, sich den Gewalt maximierenden und
'menschliche' Gefühle minimierenden Wirkungen des Krieges mit einer
originellen, psychologischen Methode zu nähern.

15 WILLIAM STERN, Die differentielle Psychologie in ihren methodischen
Grundlagen, Leipzig 1921 (1911), S. 71; vgl. a.: DERS., Über Aufgabe und
Anlage der Psychographie, in: Zeitschrift für angewandte Psychologie Nr.
3/1910, S. 166-190. Die schon aus der Vorkriegszeit bekannten (Massen-)
Erhebungen wurden im Krieg nicht allein vom Institut für angewandte
Psychologie – zumindest dem Plan nach – weitergeführt. Mit einem
bescheideneren Ansatz animierte Walter Ludwig als Instruktionsoffizier bei
einem Offiziersaspirantenlehrgang die Kursteilnehmer, ihre Erlebnisse in
kleinen schriftlichen Berichten wiederzugeben und ließ durch einen
befreundeten Lehrer an einer Verwundetenschule auch die dortigen Soldaten
Stellung nehmen zu dem Thema: „Beobachtung aus dem Felde, an was der

Soldat im Augenblick der höchsten Gefahr denkt, um die Furcht vor dem Tod zu überwinden." Die u.a. statistisch ausgewerteten Ergebnisse boten die Basis für seine Studie: Beiträge zur Psychologie der Furcht im Kriege, in: Beihefte zur Zeitschrift. für angewandte Psychologie, H. 21, S. 125-172, S. 130. Der österreichische Rittmeister und Arzt Stephan v. Máday begann seine Sammelforschungen während des Krieges mit einer „Kriegspsychologischen Umfrage" zum soldatischen „Zeitvertreib im Kriege". (Das Frageschema ist abgedruckt in: P. PLAUT, Prinzipien und Methoden der Kriegspsychologie, in: E. Abderhalden (Hg.), Handbuch der biologischen Arbeitsmethoden, Abt.VI, Teil C/I, Berlin, Wien 1928, S. 621-688, S. 686/687.) – Plaut weist auf den italienischen Arzt E. Ragazzoni hin, der unter französischen Verwundeten eine Umfrage über ihre Empfindungen im Augenblick ihrer Verletzung veranstaltete. PAUL PLAUT, Psychographie, a.a.O., S. 20.

16 Gemeint waren insbesondere die mit den Fragen verbundenen Antwortmög-lichkeiten, etwa: „Welches sind die Hauptquellen der sog. Kriegsbegeisterung (Vaterlandsliebe, Pflichtbewußtsein, Abenteuerlust, Freude am kriegerischen Handwerk als solchem usw.)?" P. PLAUT, Psychographie, a.a.O., S. 111 (Frage I.1.). Die Kritik lief darauf hinaus, daß die mit den Fragen formulierten möglichen Antworten eine Vorgabe darstellten, die eher Aufschluß über die Erwartungen der Forscher als über die Gefühle der Befragten gibt. Allerdings, so Plaut, sei das Schema „auf Grund der Sachlage", aufgrund einer zuvor theoretisch entwickelten Annäherung an die Gefühlslage der Soldaten konstruiert worden. Doch die daraus gewinnbare Psychogenese des Kriegserlebnisses sage mehr über die allgemein-typischen Voraussetzungen des Erlebnisses als über seinen während des Krieges geformten Gehalt. Vgl. P. PLAUT, Prinzipien und Methoden, S. 631f, S. 633.

17 PAUL PLAUT, Psychographie, S. 82. Der Befund wird ergänzt durch Auszüge aus dem Material des Instituts f.angew. Psychologie: „Jeder ist sich selbst der Nächste. [...] Der Egoismus ist im Kriege zu besonderer Blüte gelangt. [...] Der Kampf um die Quartiere kommt in seiner Heftigkeit oft gleich nach dem im Graben. [...] Völliges Aufgehen im Kameradschaftsverband, völliges Teilen aller Interessen gibt es nicht und ist auch nicht denkbar. [...] verwischt [...] nicht die Unterschiede des Charakters, Standes, der Erziehung und Bildung, die dem völligen Aufgehen in der Kameradschaft entgegenstehen. [...]" Ebd., S. 83/84. Das waren Einsichten, die die nicht allein in rechtsradikalen Zirkeln zur unhinterfragbaren Größe mutierte 'Frontgemeinschaft' widerlegten.

18 Ebd., S. 101ff.

19 Ebd., S. 90.

20 Ebd., S. 91.

21 PAUL PLAUT, Prinzipien und Methoden der Kriegspsychologie, in: E. Abderhalden (Hg.), Handbuch der biologischen Arbeitsmethoden, Abt.VI, Teil C/I, Berlin, Wien 1928, S. 621-688.

22 PAUL PLAUT, Prinzipien und Methoden, S. 622.

23 Ebd., S. 659ff.

24 Damit waren die über 600.000 deutschen Soldaten gemeint, die während ihres Fronteinsatzes schwerste psychische Schäden davon trugen. Ihre vor allem gegen Ende des Krieges praktizierte psychoanalytische Therapierung erlaubte es Plaut, einen neuerlichen, starken Angriff auf die Psychoanalyse zu unternehmen, die auch in dieser Frage wieder „dem Übel ihrer Grundtendenz, die hinlänglich bekannt ist", unterliege. Die Diagnose und Therapie der Neurotiker ginge nicht von der eigentlichen Kriegssituation aus, sondern suche ihre Ursachen letztlich im libidinös durchsetzten Unterbewußten, schließe dabei jedoch die zwangsweise Verankerung des Individuums im militärischen Kollektiv in ihrer Bedeutung völlig aus. „Wo es zu abnormen Reaktionen kommt, handelt es sich in Bezug auf das kollektive Verhalten um abnorme Affektionen, wie dies am evidentesten bei dem Phänomen der Panik in Erscheinung tritt. Auf dieses Phänomen kann beispielsweise [...] das Kriterium des 'Selbsterhaltungstriebes' im Sinne der Psychoanalyse" keine „Anwendung finden [...]". PLAUT, Prinzipien und Methoden, a.a.O., S. 669. Auch Freuds Analyse der Panik militärischer Formationen, die er in Massenpsychologie und Ich-Analyse (1921) unternimmt, findet keine Gnade vor Plauts Augen. Die hier als Ursache skizzierte, verlorengegangene libidinöse Bindung an den Führer wird ebenso als dem Zwangscharakter des militärischen Kollektivs nicht adäquate These verworfen wie Freuds allerdings auch aus der Rückschau sehr zweifelhafte Auffassung, der eigentliche 'Dolchstoß' in den Rücken des Heeres wäre die Kriegsneurose gewesen. P. PLAUT, Rezension S. Freud, Massenpsychologie und Ich-Analyse; A. SZIRTES, Zur Psychologie der öffentlichen Meinung, in: Zeitschrift. für angewandte Psychologie, Nr.223/1921. Vgl. S. FREUD, Massenpsychologie und Ich-Analyse. Die Zukunft einer Illusion, Frankfurt/M. 1974, S. 36ff, S. 50ff.

25 Ebd., S. 668. Für Plaut ist in diesem Kontext die Zusammenarbeit der Psychologie mit der Soziologie und Geschichtswissenschaft von großer Bedeutung. Ein Ziel, das für den Bereich der Kriegspsychologie nicht verwirklicht werden konnte.

26 P. PLAUT, Prinzipien und Methoden, S. 680. Allerdings hindert dies Plaut nicht, eine mutmaßlich potentieller Anwendung der Kriegspsychologie geschuldete Definition des 'tauglichen Soldaten' mit – in der „Vulgärsprache" – „'starken Nerven'" zu versuchen: als „tauglich erweist sich derjenige Soldat, der, weil er die Zwangsmäßigkeit der gegebenen Notwendigkeit erfaßt hat, bewußt jede Reaktion unterdrückt oder verdrängt, die innerhalb der Notwendigkeit als 'unzweckmäßig' gelten muß, ganz gleichgültig, ob ihm persönlich die ganze Situation als unzweckmäßig oder unsinnig erscheint." Insbesondere komme es darauf an, alle „Momente" auszuschalten, „die ihn diskollektiv belasten, etwa von der moralisch-ethischen Seite her usw." Dies aber könne nur gelingen, wenn sich der Einzelne als „Glied der kriegerischen Gruppe oder Masse fühlt." Ebd., S. 685.

27 O. Lipmann, P. Plaut (Hg.), Die Lüge in psychologischer, philosophischer, juristischer, pädagogischer, historischer, soziologischer, sprach- und literatur-

wissenschaftlicher und entwicklungsgeschichtlicher Betrachtung, Leipzig 1927.

28 Ebd., S. 435. Plauts Überlegungen zur Lüge in Politik, Wirtschaft und Gesellschaft berühren schon Problemfelder, die in der aktuellen Gerüchteforschung eine Rolle spielen. Vgl. J.-N. KAPFERER, Gerüchte. Das älteste Massenmedium der Welt, Leipzig 1996 (Paris 1987).

29 P. PLAUT, Die Psychologie der produktiven Persönlichkeit, Stuttgart 1929, S. 93. Während Plaut der experimentellen Psychologie und ihren im psychologischen Laboratorium angestellten Versuchen den Realitätssinn absprach, sei mit seinen Einwänden über die Psychoanalyse „keineswegs der Stab gebrochen, es soll damit nur betont werden, daß die Analyse nur eine Methode sein kann, nicht aber die letzte mit Allgemeingültigkeit." (Ebd.)

30 Die Antworten der angeschriebenen Künstler und Wissenschaftler liegen zusammen mit ein paar Stücken aus der Privatkorrespondenz Plauts in drei Boxen versammelt in der Wiener Library/London.

31 Bescheinigung Reichsarchiv, Priv. Bes. C. Allen.

32 Vgl. A. TRAMITZ, B. ULRICH, „Nur jetzt nach all den Jahren denke ich daran". - Eine Kunstlehrerin in England, in: W. Benz (Hg.), Das Exil der kleinen Leute. Alltagserfahrungen deutscher Juden in der Emigration, Frankfurt/M. 1994, S. 236-247.

Arbeit, Helden, Straßenkämpfe:
Krieg in Hugenbergs Medien

MARTIN RASS

„Wollten wir die Welt wirklich erfassen, müßte der Kopf so groß
sein wie sie!"

KLAUS HOFFER

„On est des machines à oublier. Les hommes, c'est des choses qui
pensent un peu, mais qui, surtout, oublient."

HENRI BARBUSSE

Ohne massenmediale Kommunikation verlören moderne Gesellschaften
ihren Zusammenhalt. Mit Luhmann gesprochen heißt dies:

> „Als faktischer Effekt [der] zirkulären Dauertätigkeit des Erzeugens
> und Interpretierens von Irritation durch zeitpunktgebundene Informati-
> on [...] entstehen die Welt- und Gesellschaftsbeschreibungen, an de-
> nen sich die moderne Gesellschaft innerhalb und außerhalb ihres Sy-
> stems der Massenmedien orientiert."[1]

Die Massenmedien schaffen dies auch, indem sie ihre Kommunikationen der
Konsenspflichtigkeit entbinden, was schon Musil unter der publizistischen
Erfindung des »Österreichischen Jahrs« vermerkt hatte: „Man konnte sich
darunter denken, was man wollte, es war ja nicht für die Ewigkeit, und das
griff ans Herz, man wußte nicht wie."[2] Man sollte, wenn es um kollektive
Halluzinationen – wie in der Mystifikation des Weltkrieges in der Hugenbergpresse – geht, ihren Beitrag zu einer Selbstvergewisserung der Gesellschaft nicht unterschätzen.[3] Wenn diese selten in sogenannten vernünftigen
Bahnen verläuft, gibt das zwar zu großen Befürchtungen Anlaß. Die Entlarvung dieser Mechanismen allein führt allerdings zu keiner Änderung, jene
bietet höchstens Anlaß zu neuen Widersprüchen, d.h. zu Anschluß-
kommunikationen.[4] Maurice Blanchot charakterisiert denn auch das übliche
Sprechen/Kommunizieren als Sätze, „die unaufhörlich entstehen und sich
anhäufen, die der Widerspruch nicht aufhält, sondern im Gegenteil provoziert und in schwindelerregende Höhen treibt".[5] So gehören auch die
Widersprüche in den Symbolisierungen der im folgenden beschriebenen
Auseinandersetzungen zum Funktionieren der Massenkommunikation (und
Kommunikation[6] überhaupt) notwendig dazu.

Damit ist aber auch angedeutet, daß die (massenmediale) Kommunikation keineswegs beliebig ist, selbst wenn ihr Ende offen bleibt. In den 20er und frühen 30er Jahren führen im Vergleich zu heute zusätzlich enge strukturelle Kopplungen zwischen den Massenmedien, dem politischen System, dem Wirtschaftssystem, als auch ihrem (Abonnenten-)Publikum zu einer weiteren Verschränkung der Kommunikationen. Eine direkte Steuerung kann nur über Kommunikationen (d.h. die Elemente des Systems) laufen. Diese unterliegen jedoch den Beobachtungskriterien der Massenmedien und erhalten dort erst ihre spezifische Ausformung.[7] Anders gesagt, das Funktionieren der Massenmedien läßt sich nicht auf externe Phänomene reduzieren.

Auf diesem Hintergrund sind die nun folgenden Überlegungen, die sich mit der Rezeption von Kriegsliteratur und den sich daraus ergebenden journalistischen Beurteilungen der politischen Situation der Weimarer Republik exemplarisch in der *Rheinisch-Westfälischen Zeitung (RWZ)* und dem *Tag* befassen, zu betrachten. Es handelt sich bei meinen Ausführungen nicht um eine empirisch repräsentative Untersuchung von Hugenbergs Medien. Vielmehr soll ausgeleuchtet werden, inwieweit ein bestimmter Teil der bürgerlichen Gesellschaft seine (ihm vermeintlich geraubte) Herrschaft empfindet. Die Haltung zum Krieg und zu deren Repräsentation in der *RWZ* und dem *Tag*, die als „Tribüne der rheinisch-westfälischen Schwerindustrie" und des „wilhelminisch–preußischen" Bildungsbürgertums gelten dürfen, kann darüber Aufschluß geben.

Zum Ende der Weimarer Republik gewinnt die Rückbesinnung auf den Frontkämpfer in den Straßenkämpfen wie in der zunehmenden Militarisierung der Gesellschaft an Schärfe. Nun stellt sich der Frontkämpfermythos in einem neuen Kontext, seine Funktion der Verleugnung der Niederlage verblaßt oder wird überlagert von der Verschiebung hin zu einem neuen Mythos (des Straßenkämpfers). Dieser bedarf kaum der Aktualisierung imaginärer[8] Weltkriegserfahrungen, aber der grundsätzlichen Opferbereitschaft um so mehr.

I.

Wie hängt nun die versuchte Überwindung des Kriegstraumas mit dem Kampf der alten Eliten gegen die Weimarer Republik zusammen?

Man kann sich wegen des Schocks, den die Materialschlachten des ersten

Weltkrieges nicht nur in der Nachkriegsgesellschaft der Weimarer Republik hinterlassen haben, vorstellen, daß eine positive Rekonstitution[9] des Kriegermythos, mit dessen Hilfe Sinn erzeugt werden, der sich aber gleichzeitig von den Weltkriegserfahrungen herleiten soll, nur imaginär möglich ist. Das hat Friedrich Kittler dazu veranlaßt, Jüngers 'Kampf als inneres Erlebnis' als den Prototyp einer kinematographischen Erfahrung zu betrachten.[10] Ohne seiner Identifikation von Krieg und Kino folgen zu müssen, kann man doch hier von einer spezifischen Wahrnehmungsproblematik ausgehen. Das heißt, mit dem Ersten Weltkrieg erhalten bestimmte diskursive Formationen einen neuen Index: Gräben, Wühlarbeit, Maulwürfe etc. werden direkt an die Weltkriegserfahrung angeschlossen.[11]

Andererseits kann das Trauma der Niederlage, der Revolution und des Versailler Vertrags im rechten Lager einer Wiederbelebung alter Werte Vorschub leisten, die als Kompensation einer als inakzeptabel erlebten Gegenwart funktioniert, also gerade die Mystifikation des Weltkriegs notwendig macht.

Die mediale Rezeption der Kriegsliteratur spielt dabei eine wichtige Rolle, zum einen, weil 1929 eine inflationäre Produktion von Kriegsbüchern einsetzt, zum anderen, weil in den Medien der symbolische Kampf um die adäquate Archivierung des Ersten Weltkrieges geführt wird und in dieser Zeit die Massenmedien sich noch im Glanz des literarischen Prestiges sonnen möchten. Über die diesbezüglichen Prioritäten der Sinnstiftung herrscht in *RWZ* und *Tag* keineswegs Einigkeit. Einmal wird die „pazifistische Entnervung" durch „neudeutsche Kriegsromane" thematisiert und eine „volksverbundene Kriegsdichtung" eingeklagt[12], zum andern eine affirmative Haltung zum Krieg als „elementarer Akt" verlangt[13], einerseits erinnerungswürdige, andererseits zukunftsweisende Erklärung des Krieges gesucht:

> „Hier weht wieder einmal die Luft aus sagenhafter Zeit, die Schiller und Kant hervorbringen konnte, auf deren Schultern das ganze 18. Jahrhundert ruhte [...] man spürt bis ins Mark, wie dünn, kalt und schneidend die Luft geworden ist, die vor hundert Jahren noch die Möglichkeit einer warmen romantischen Frühlingserweckung in sich barg."[14]

Biedermeieridyllik und Jüngers „heroischer Realismus" stehen sich aber nur scheinbar im Wege. Denn beide können sich über den kompensatorischen Wunsch nach Innerlichkeit und Volksverbundenheit verständigen.[15] Eine

scheinbar unmögliche „romantische Frühlingserweckung" und doch Wiederholung „sagenhafter Zeit", als auch das „teleskopische und mikroskopische
Inventar moderner Forschungsinstitute der Naturwissenschaft" bilden das
„Purgatorium", aus dem jetzt die „Kunstwerke" entstehen[16]. Jünger weiß
dies auch, wenn er z.B. der „eigenen, unverfälschten Stimme" des
„unbekannten Soldaten" Gehör verschaffen möchte. Denn das 500 Seiten
dicke Gemeinschaftswerk *Wir Kämpfer im Weltkrieg* sei ganz nach der
„Art, in der die Bedeutung geschichtlicher Entscheidungen dem Volke
wirklich zugänglich gemacht werden kann [und] wie sie auch in den Schulen
gehandhabt werden muß." Auch noch in der „prismatischen Zersplitterung"
drücke sich die Einheitlichkeit des „überpersönlichen Stils" aus, den „der
Krieg den Deutschen geschenkt" habe.[17] .

Im selben Schema verbleibend, gibt es Jünger zufolge nichts, „was
fruchtbarer und bildender als die Tatsache"[18] wäre. Was Tatsachen sind,
muß dabei offengehalten werden, wie die Leserbriefmeinungen zu Remarques *Im Westen nichts Neues* in der *RWZ* zeigen. Ein Artikel in der *RWZ* ist
dieser Frage gleich aus dem Wege gegangen und hat Remarque, den Repräsentanten des zu Ende gehenden „individualistischen Zeitalters", einfach für
überholt erklärt. Die Leser stellen sich allerdings eine Woche später die
Frage, ob Remarques Buch „ein treues Spiegelbild des Geistes der alten
Armee" ist, oder aber, ob seine „eigenen Erlebnisse" nicht hauptsächlich in
der Wiedergabe „uralter Militärwitze" bestehen, also ihrem Verständnis
nach in die Fiktion eingeordnet werden können[19]. So sieht sich der Redakteur gezwungen, in einer langen Einleitung der Briefrubrik noch einmal den
eine Woche zurückliegenden Artikel zum „Fronterlebnis" zu erklären, damit
die Leser sich „zurechtfinden" im „Chaos der Begriffe"[20]. Nur begreifen
weder er noch die anderen Journalisten sich als Förderer bzw. Produzenten
dieses Chaos, denn sie können je nach Bedarf unterscheiden zwischen
„internationalem Kollektivismus und Kollektivismus einer Nation",
zwischen „Gemeinsamkeit einer Klasse" und „Gemeinsamkeit einer Nation". Auch wissen sie, daß das „Individuum des individualistischen
Zeitalters" ausgedient hat, während das "Individuum als Führerpersönlichkeit" noch gebraucht wird.[21] Anders ausgedrückt, sie legen die Unterscheidungen so fest, wie sie diese in den alltäglichen Auseinandersetzungen mit
der gegnerischen Presse brauchen. Ein Beobachter dieser Vorgehensweise
kann das auf das eingangs erwähnte „zirkulären Erzeugen und Interpretieren
von Irritation" (Luhmann) der Massenmedien zurückführen.

Durch Ambivalenz wird die Rekonstitution des Frontkämpfermythos sozusagen erst möglich. Es gilt, die Interpretation so weit wie möglich offen zu halten und trotzdem zu verhindern – oder es zumindest über wandelbare Ausdeterminierung der verwandten Symbole zu versuchen –, daß sich störenden Konnotationen zu nahe kommen. Die schnelle Verfallszeit der massenmedialen Kommunikationen kommt diesem Umstand zuhilfe. Nicht vorhersehbare Leserreaktionen, sollten sie aufkommen, werden dem internen Informationsprozeß wieder zugeführt. Das belegt die erklärende Einleitung des Redakteurs zu den oben angesprochenen Leserbriefen. Dabei kann man davon ausgehen, daß die Belehrung vor allem von den unveröffentlichten Leserbriefen provoziert worden ist, die veröffentlichten scheinen diese nicht zu brauchen. Aus dem Zusammenspiel ergeben sich immer neue Versuche zu der vertrackten Sinnsuche in diesem „größten Weltereignis", dem „vollkommenen Zusammenbruch des Individualismus", dem „absoluten Bankrott des humanitären Denkens".[22] Da es auch um Sinnproduktion geht, vollzieht sich dieser Prozeß mit psychologischer Notwendigkeit. Nicht dem Wunsch nach Frieden soll Gehör geschenkt werden, den man zwar nach dem Elend des Weltkrieges und der Nachkriegszeit nicht ganz von der Hand weisen kann, aber als Zeichen von Schwäche stigmatisieren möchte. „Frieden" muß erst anders definiert werden, so wie es Hugenberg später in seiner Weihnachtsbotschaft von 1930 tun wird.[23] Die Formel *Nie wieder Krieg* ist jedoch das Äquivalent einer „Kapitulation vor dem Schmerz", „versuchter Ausmerzung des Tragischen", kurz der „faustischen Seele" und damit des „deutschen Schicksals". Das möchte der „Jünger-gestählte" Journalist der „hilflosen Skepsis Renns", der „vollkommenen Resignation Remarques" und anderen „Zivilisationsliteraten" überlassen, die nicht erkennen können, daß die Zukunft von „athletischen Seelen, wahren Ringern, die härtesten Widerstand leisten", bestimmt wird.[24] Es geht wie in so vielen zeitgenössischen Schriften um das Treffen einer Entscheidung. Jünger schrieb dazu:

> „Hier ist kein Raum für Begeisterung, und, ja das muß wohl gesagt werden, hier findet eine Arbeit statt, die fast bewußtlos geleistet wird und insofern einen tierischen Charakter hat."[25]

An anderer Stelle bezeichnet er Soldaten als „Vergeß-Maschinen"[26]. Aus Arbeit wird dann schnell „Schicksal", „überpersönliche Kraft", „notwendige Aufgabe" und „kraftvolle Bejahung"[27].

Die lebenden Helden stehen deshalb im Dienst der verstorbenen, was Hans Henning Grothe im *Geist von Sedan* beschwört: „Wir hatten nichts anderes zu tun, als die Mahnung von Sedan vorzuleben und nachzusterben."[28] Nicht weniger paradox Jünger selbst: „So lassen wir die Toten in uns leben, weil sie lebendiger sind als die Lebenden. Sie haben das Leben auf die mächtigste Weise bejaht, die Menschen zur Verfügung steht."[29]

Damit ist das Bestehende der Hinfälligkeit überantwortet. Aber die noch lebenden „Helden" haben nach viereinhalbjähriger Lehrzeit „von Knaben zu Männern, von Gefolgsleuten zu Führern" (Grothe) das Anrecht, „naturgemäß" den kommenden Eliten anzugehören. Dessen müssen sich Redakteure und Konsumenten von *RWZ* und *Tag* immer wieder versichern, zumal sie in der Regel einer Oberschicht angehören, die sich weder mit der Weimarer Republik anfreunden, noch mit ihr abfinden kann.

Nun ist bis zur Massenwirkung ein weiter Weg. Auf strategische Modifikationen in anderen Hugenberg-Medien, die das verdeutlichen könnten, kann im Rahmen dieses Ausführungen nur kurz eingegangen werden. Immerhin deutet der *Berliner Lokal-Anzeiger* (*BLA*) an, worin diese Unterschiede bestehen könnten, auch wenn statt des erhofften breiten Publikums in der Hauptsache Mittelschichten sich angesprochen fühlen.[30] Im Tenor macht sich die andere Zielgruppe darin bemerkbar, daß auf Jünger's Pathos verzichtet und nur die als notwendig erachteten Schlagwörter übernommen werden. Hier geht es um didaktische Verkürzung der im *Tag* bzw. *RWZ* großangelegten, oft ermüdenden Diskussion und eher um das Wiederholen einfacher Formeln (pazifistisch verseuchter Geist, Verteidigungskrieg, Erniedrigung, Sklaverei etc.). Leitartikel sind dagegen äußerst selten und wichtigen Ereignissen wie Gedenktagen vorbehalten. Können sich aber noch unter den Konsumenten von *Tag* und *RWZ* die Führungsschichten mit den ersehnten „Führerpersönlichkeiten" gemeint fühlen, ist es ein weitaus schwierigeres Unterfangen, Mittel- bzw. Unterschichten mit den beabsichtigten Zielen anzusprechen. In erster Linie appelliert man deshalb an ihre Gefolgschaft und ihren Ordnungsinn, die wohl besser beim Militär als bei der SPD aufgehoben sind.[31] Ebenso vermittelt Hussongs Horrorbild *Aus schicksalsschweren Tagen* – gemeint ist die Novemberrevolution und die verfassungsgebende Nationalversammlung – den Lesern ihre eigene Angst darüber, daß „Zucht, Arbeitsfreude, Sicherheit des Lebens, des Eigentums, jede gesellschaftliche Ordnung dahin"[32] sind. Es scheint durch, daß der gewollt „populäre" *BLA* nicht nur seine Redaktionslinie, sondern auch das anvisierte Publikum offenzuhalten versucht. Allerdings beinhaltet noch diese Streuung eine „dominante Bildlogik", die einem Teil des Publikums die symbolische Identifikation zumindest erschwert (z.B. „Eigentum").[33]

II.

Die symbolische Rekonstitution des Frontkämpfermythos findet ihre praktische Parallele in der zunehmenden Militarisierung der Gesellschaft. Die begeisterte Pflege des Uniformen- und Aufmarschkults quer durch alle politische Lager bestätigt dies und führt ihrerseits wieder zu Rückkopplungen in den Medien. So ist z.B. die *RWZ* voll von Artikeln und Fotos über Aufmärsche und Kundgebungen. Sie erscheinen wie eine objektive Bestätigung der militärischen Macht der „nationalen Opposition".[34] Das diskursive Säbelrasseln soll ebenso wie die Verkleidung der Niederlage des Krieges in wiederholten Verrat gegen den „ungebeugten Siegeswillen des deutschen Frontgeistes"[35] die Rückkehr des Verdrängten verhindern.

Nicht zuletzt der Umgang mit den früheren und jetzigen Gegnern zeugt davon. Exemplarisch können hier Frankreich – repräsentiert von Marschall Foch – und der Kommunismus genügen. Letzterer, das werden die Berichte über die Straßenkämpfe und die Prügelszenen im Parlament zeigen, wird vom *Tag* und der *RWZ* strategisch so weit gefaßt, daß darunter alle innenpolitischen Gegner subsummiert werden können.

Dem Marschall Foch, können zwar schwerlich seine soldatischen Qualitäten abgesprochen werden, ihm muß aber ein „starker Bundesgenosse" zur Seite gestellt werden. So endet eine Hommage an den „eisenharten Militär" zwangsläufig mit der inzwischen automatisierten Anklage gegen die Novemberrevolution, die dem „Marschall von Frankreich statt eines Kriegsendes ohne Sieger und Besiegte die bedingungslose Unterwerfung Deutschlands als Erfolg in den Schoß warf."[36] Unabhängig davon findet die *RWZ* durch einen Leserbriefschreiber im *BLA* einen Monat später Unterstützung, indem „der strategische Rückzug der Heeresleitung mit den dezimierten Beständen ein größeres Meisterwerk als der langsame Vormarsch der Entente-Heere unter ihrem Führer Marschall Foch" gewesen sei.[37] Der gewählte *Marschall Foch als Soldat. Einer gegen Zehn* führt zu einer sicherlich unbeabsichtigten Verschränkung. Denn der „Eine" ist nicht Foch, sondern das „dezimierte" deutsche Heer. David gegen Goliath und die schon angesprochenen ästhetischen Qualitäten des Krieges stehen hier Pate. Das eine gewisse Austauschbarkeit zwischen außenpolitischen und innenpolitischen Feinden besteht, legt schließlich die Aufmachung der Titelseite der *RWZ* vom 22.3.1929 nahe. Auf den Seiten wird erwähnt, daß die französische Kammer für das Begräbnis ihres Generals 300.000 F Kredit gewährt, während nur „300 Mk. Belohnung für die Auffindung der Schänder des Schlageter-

Denkmals" zur Verfügung stehen. Dabei mußten diese auch noch privat aufgebracht werden, da die Polizei „dazu keine Mittel" habe[38] Außer der optischen Verbindung ist auch die inhaltliche sofort gewährleistet. Durch das finanzielle Mißverhältnis wird die Minderbewertung des Soldatischen in der Republik dessen angemessener und ehrenhafter Behandlung in Frankreich gegenübergestellt, also Frankreich hier scheinbar positiv bewertet. Die alte Feindschaft wird aber über das unterstellte Hintergrundwissen wieder hergestellt, daß Schlageter während der Ruhrbesetzung von den Franzosen verurteilt, hingerichtet und im Anschluß daran von der Rechten als „nationaler Märtyrer im Ruhrkampf" gefeiert wurde.[39]

Die Problematische an dieser Beschäftigung mit den Franzosen besteht darin, daß das „welsche Element" „ausgemerzt" werden soll, aber dazu erst beschworen werden muß. Dieser Konflikt hängt auch damit zusammen, daß mit dem Zusammenbruch des christlichen Staatsmodells nun allen europäischen Nationen das antike Griechenland/Rom als Vorbild gilt, wenn man der These von Lacoue-Labarthe folgt. Demzufolge wird über Imitation Identität hergestellt wird. Für die deutsche Identitätsfindung ist von besonderer Bedeutung, daß alle zur Verfügung stehenden Modelle aus der Antike schon von anderen besetzt sind.[40] So kommt es zu der Suche nach „einem anderen Griechenland" (Lacoue-Labarthe), und dieser Funktionsmodus beherrscht nicht nur die hohe Philosophie, wie Lacoue-Labarthe und Nancy nachweisen, sondern auch die alltägliche Identitätssuche in der Presse. Im „Chaos der Begriffe" wird immer wieder nach dem Anderen gesucht. Die Auseinandersetzung mit Frankreich, die gleichfalls für den Konflikt zwischen „deutscher Seele" und „französischer Ratio", „Leben" und „Tod" steht, betrifft ebenfalls das eigene kulturelle Erbe. Da z.B. ein Goethe schon von der Gegenseite vereinnahmt wird, muß ein „anderer" gegen jenen „stark" gemacht werden:

> „Denn es gibt eine Jugend, die den »Olympier« zwar gern im alten Klassikersarg der Idealisten liegen läßt, aber einen a n d e r e n Goethe in diesen Jahren erst wiederentdeckte, der das aktuellste und brennendste unserer Zeit darstellt, den Begründer einer deutschen, wo nicht europäischen Denk- und Seelenwende, den Darleber und Weisen einer grundsätzlich neuen Religion und Menschenauffassung, den Entdecker der Vorrangstellung der Seele vor dem Geiste, den ehrfürchtigen Führer aus der Vaterreligion zum Bilde der Mütter."[41]

So kann Goethe eine innige Symbiose mit Klages und Bachofen eingehen, wenn er nur ein anderer ist. Fürnkäs führt für die heutigen Medienexperten an, daß diese äußerst lernfähig sind, wenn es darum geht, literarische Techniken in Kommunikationstechnologien umzuwandeln. Man kann das in diesem Fall daraufhin ausweiten, daß literarisches bzw. kulturelles und künstlerisches Prestige auf die Zeitung abstrahlen soll. So hat man, abgesehen vom oben schon festgestellten Einfluß Jüngers, bei einigen Journalisten von *RWZ* und *Tag* den Eindruck, daß sie den Schreibstil der George-Schule nachahmen möchten.

Wie schon bei der Kriegsliteratur kann man auch im Kontext der Straßenkämpfe von einer Zusammenarbeit zwischen denen, die dabei waren oder es gesehen haben, und denen, die daraus die Schlüsse ziehen sollen, reden. „Begriffsideologen" haben deshalb außer der Ideologiebildung auch die Selbstbeobachtung der Massenmedien zu bewältigen, während „Frontzeugen" das Material beschaffen sollen, das in den Redaktionen auf seinen „Informationswert" geprüft wird. Beide Rollen wurden und werden auch in Personalunion ausgeübt. Die „neue Front" ist Ende der zwanziger, Anfang der dreißiger Jahre die Straße, mit ihren Auseinandersetzungen zwischen Nationalsozialisten, Kommunisten und Polizei. Die Kriegsthematik ist zwar auch hier bestimmend, der direkte Rekurs auf den Frontkämpfermythos tritt allerdings in den Hintergrund. Deshalb, weil in *RWZ* und *Tag* die Straßenkämpfe nicht aus der Beteiligten-, sondern aus der Beobachterperspektive beschrieben werden, während der Frontkämpfermythos von einem „Ich war dabei"-Gestus bestimmt wird. Ob es in der nationalsozialistischen Presse zu einer anderen Schreibweise kommt, wäre in diesem Zusammenhang interessant zu untersuchen. Ähnlichkeiten dürften allerdings darin bestehen, daß der soldatische Geist nur ex negativo erscheinen kann, wenn es sich um die „kommunistische Gefahr" handelt. Dazu zwei Beispiele mit hoher symbolischer Bedeutung, der 1. Mai 1929 und die zunehmenden Prügelszenen im Reichstag.

Im Vorfeld des 1. Mai werden in Berlin die beiden wichtigsten U-Bahnhöfe, Potsdamer Platz und Alexanderplatz, geschlossen. Denn die „Kommunisten" benutzten „den Untergrundverkehr [...], um unbemerkt ganz plötzlich an den verkehrsreichen Plätzen aufzutauchen."[42] Diese „Maulwurfsarbeit" wird auch den Pazifisten vorgeworfen.[43] Aber auch auf den Dächern sind die „Kommunisten" zu Hause, die sie „ungehindert [...] besetzen konnten, ohne daß Polizeistreifen etwas zu bemerken imstande waren."[44] Da die Auseinandersetzungen sich in der Regel nachts abspielen, werden die „Kommunisten" zu fast unsichtbaren Gegnern. Man ist damit an die Grabenkämpfe im Weltkrieg erinnert, wo der Feind ebenfalls unsichtbar blieb. Wie eine Armee im (Bürger-)Krieg muß die Polizei „systematisch" vorgehen und sich „jedes Haus einzeln" vornehmen und „nach Waffen und verdächtigen Personen" untersuchen.[45] Der Journalist will „mehrere 10000 Schuß in Neukölln und im Wedding" gezählt haben und schließt daher auf eine „Zentralstelle", die für „taktische Anweisungen" und für „frische Waffen und Munition" sorgt, während der Leitartikler tags darauf als Waffen hauptsächlich „Pflastersteine, Blumentöpfe und anderes noch edleres Hausgerät" ausmacht. Werden vielleicht deshalb „in erster Linie gänzlich unbeteiligte Personen von Polizeikugeln getroffen, und zwar [...] zwei Hausfrauen, die sich beim Reinemachen an den Fenstern zu tun machten", und eine andere, die sich über „den Stand des Gefechtes informieren" wollte? Seit Theweleits Männerphantasien[46] weiß man, daß den „kommunistischen Flintenweibern" nicht zu trauen ist. Auch der "Frontberichterstatter„ hat welche gesehen, „die offen lange Messer in der Hand trugen". Doch etwaige Widersprüche werden nicht nur aus den oben schon erwähnten Gründen in Kauf genommen, sondern auch um eine Doppelstrategie, sowohl gegen die „infamen Kommunisten" als auch gegen die vermeintlich zu laxe preußische Polizei anzuwenden. „Karabiner- und Maschinengewehrfeuer" gegen die „kleinen Unruhen" sind nicht genug, die „Krawalle müssen mit eiserner Hand unterdrückt, [...] jegliche Unruhe im Keim erstickt" werden. Gleichzeitig können auch die Parteizentrale der KPD und die peußische Regierung (unter SPD-Führung) ins Visier genommen werden.

Auch das Parlament wird spätestens 1932 von der Gewalt der Straße eingeholt. Prügelszenen zwischen Kommunisten und Nationalsozialisten werden wiederum aus der Beobachterperspektive von *RWZ* und *Tag* kommentiert. Ein Leitartikel in der *RWZ* und einer im *Tag*, obwohl zeitlich sechs Monate auseinander, können als komplementär betrachtet werden. In ersterem geht es um die „heuchlerische Entrüstung über eine ehrliche Prügelei", die Tyll (Inkognito des Journalisten) bei den Verteidigern des Parlaments aufdecken möchte.[47] Die Behauptung über das „Ende des Vernunftzeitalters" und der „Diskussion" wird wieder aufgenommen:

> „Heute fühlt jedes Kind, daß die Wahrheit jenseits der menschlichen Vernunft liegt [...] Den glücklichen Griff, die Maßnahme, die wirklich dem Volksganzen dient, gefunden zu haben, verdienen wir der schöpferischen Persönlichkeit."[48]

Dieser Dezisionismus erinnert nicht nur an Carl Schmitt und an die oben schon angedeutete paradoxale Identitätssuche der Deutschen, sondern auch an die bereits eingeklagten Qualitäten der Führerpersönlichkeit im Krieg. Der anschließende Abschnitt bestätigt dies:

> „Jeder Kampf ohne Zeremoniell ist Barbarei oder Balgerei. Dies gilt für die Massenvernichtung in der modernen Materialschlacht wie für den geistigen Kampf."[49]

Und gerade diejenigen, die sich jetzt über die Prügeleien aufregten, die zum „Kampf mit geistigen Waffen" zurückkehren möchten, hätten zum „Zerfall des Kampfzeremoniells, also der ritterlichen Formen" beigetragen und den „innerlich schon schwachen Ehrenkodex der Oberschicht" zerstört. Wo der Autor die „Ritterlichkeit" in der Materialschlacht ansiedelt, braucht nach der Popularität von Jüngers Kriegsbüchern nicht erläutert zu werden. Da der Reichstag faktisch seiner Macht beraubt ist, steht „der Liquidation einer sterbenden Welt" nichts mehr im Wege. Der Journalist im *Tag* ist sich dessen noch sicherer, da inzwischen nicht mehr nur geprügelt, sondern „wie in der Kaschemme mit Aschbechern, Tischbeinen, Lampen und anderen bewährten harten Gegenständen" geworfen wird.[50] Ganz behaglich ist ihm dabei allerdings nicht, denn so kurz vor der Erfüllung aller deutschnationaler Wünsche nach dem Ende des „verhaßten Systems", scheinen die Nationalsozialisten mit einer Mischung aus Gewalt und Taktik der endgültigen Machtübernahme näher als die Deutschnationalen.

III.

Nicht nur diese Parlamentsszenen belegen, daß die bisherige Arbeitsteilung (Wort/Tat) zwischen der nationalen Rechten und Nationalsozialisten die oft beschworene Einheit nicht mehr kitten kann. Dieser interne Konflikt hatte sich u.a. schon angedeutet in der Berichterstattung während der Tumulte um den Film „Im Westen nichts Neues" im Dezember 1930.[51] Hier waren die Sympathien z.B. der *RWZ* eindeutig auf Seiten der Nationalsozialisten, denn „die zahmen Proteste einiger bürgerlichen Parteien hätten den Innenminister nicht bei seinem Frühstück gestört [...]"[52], während der *Tag* noch in alter Manier, d.h. zuerst einmal alle verbalen Proteste gegen den „Hetzfilm" auflistete. Aber selbst dort war die Zustimmung für die Nationalsozialisten unverkennbar, da Goebbels deeskalierende Fähigkeiten zugute gehalten worden waren.[53]

Das Problem der obenangesprochenen fehlenden Massenbasis wird nun zusätzlich durch den internen Kampf um den Führungsanspruch verschärft. Dagegen spricht sowohl die Polysemie der Symbole als auch die Nähe der verwendeten Kampfbegriffe und Symbole im rechten Lager, die eine Abgrenzung gegnüber den Nationalsozialisten wenn überhaupt, dann nur auf der affirmativen Ebene durchführbar erscheinen läßt.

Dies wird ebenso deutlich bei der Darstellung der „Helden der Bewegung". Schlageter und auch Wessel, der eine „ein Opfer" der Franzosen, der andere eins der Kommunisten, werden sowohl von den Nationalsozialisten als auch von der nationalen Rechten als Märtyrer vereinnahmt. Es besteht aber ein fundamentaler Unterschied. Während die Nationalsozialisten sie als Parteimitglieder exklusiv in Anspruch nehmen, sie so als prominente „Opfer der Bewegung" hochstilisieren und ihnen damit eine starke Symbolkraft verleihen können, sind sie für die nationale Rechte eher Sinnbild des geeinten Kampfeswillens und nur einige unter vielen, wie die Artikel zur Einweihung des Schlageter-Denkmals in der *RWZ* deutlich machen. Max Schlenker fordert,

> „[das] Ehrenmal Schlageters und der anderern 141 Todesopfer des Ruhrkampfes [...] soll[e] nicht aufragen als drohendes Zeichen eines hemmungslosen Nationalismus, dem das Gedenken an die Gefallenen nur Mittel zum Zweck ist"[54].

Wenn er es dazu noch in die Reihe Tannenberg und Annaberg aufnehmen möchte, versucht er sich implizit gegen eine Vereinnahmung durch die Nationalsozialisten abzusetzen, sieht sich im Grunde aber den gleichen Schwierigkeiten gegenüber, die Hugenberg mit seiner Unterscheidung sozial/sozialistisch in der Abgrenzung zu Hitler verspürt.[55] Hitlers Bewegung konstituiert sich dagegen selbst als Mythos und kann sich so von der Vergangenheit frei machen, d.h. symbolisch als unverbrauchte Kraft darstellen. Der Verbalradikalismus der nationalen Rechte vermag dies anscheinend nicht. Trotz ständiger Hinweise auf das Ende eines Zeitalters und der Progagierung eines neuen, scheint ein merkwürdigerweise melancholischer Attentismus durch, dem es trotz aller gegenteiler Äußerungen wohl mehr um Restauration als um „Revolution" bzw „Aufbruch" geht.[56] Auch fehlt ihnen die Fokussierung auf einige wenige, aber um so bedeutungsstärkere Symbole, wie es die Nationalsozialisten z.B. mit Führer-, Opfer- und Heilsmythos vorführen. Hugenberg läßt sich zu spät als Führer feiern, nachdem dieser Titel bereits exklusiv mit Hitler in Verbindung gebracht wird. Wenn dies nicht geschehen soll, muß dem Wort „Führer" Hugenberg oder deutschnational hinzugefügt werden.[57] Und auch dann ist die Identifizierung nicht eindeutig, weil der gleiche Titel noch für Hindenburg stehen muß[58]. Selbst auf einer deutschnational dominierten Leserseite[59] sperrt man sich dagegen, bei dem Gedicht *Dem Führer* ohne explizite Zuschreibung Hugenberg zu verstehen. Damit ist aber das Führersymbol auf deutschnationaler Seite nicht tragbar.

Studnitz, Chef-Korrespondent im Scherl-Verlag, spricht folgerichtig vom „Sog der von Hitler und den Nationalsozialisten ausging"[60]. Er drückt damit auch die Rückkopplungen aus, die zwischen Journalisten und ihrem Publikum entstehen und denen sich auch die ersteren nicht gänzlich entziehen können. Abgesehen von dem damit ebenfalls unterstellten und entschuldigendem „Naturereignis Hitler" kann aber gezeigt werden, daß nicht einfach „Hitlers Sog" nachgegeben wurde, sondern durch distanzierteres Beobachten und Taktieren mehrere Optionen offengehalten wurden. Dem Hausherrn Hugenberg muß seine übliche Spalte für die wenig überraschende Neujahrsbotschaft zugestanden werden. Hugenberg meint mit einer Mischung aus Selbstsuggestion und zweideutiger Vorausschau:

> „Die Deutschnationale Volkspartei ist aus den Kämpfen des Jahres 1932 erfolgreich und gestärkt hervorgegangen. Ihre Ziele haben sich in immer weiteren Kreisen durchgesetzt. In steigendem Umfange stößt die Jugend zu ihren Kampftruppen. Ich grüße unsere alten bewährten Kämpfer, ich grüße unsere Jugend, die beide zum neuen Einsatz bereit sind. In das Jahr 1933 geht es unter dem Kampfruf: H e i l D e u t s c h l a n d ! "[61]

Chefredakteur Medem setzt dem, ebenfalls auf der Titelseite und völlig konform mit der deutschnationalen Ideologie, ein „Gott helfe den Deutschen!" hinzu, wohingegen er mit dem „volkich durchbluteten nationalen Staat", der noch zu „s c h a f f e n " sei, noch stärker zur nationalsozialistischen Option tendiert.[62] Damit erhält die Titelseite neben dem ambivalenten Hugenberg-Leitartikel einen fast eindeutigen Gegenakzent und zeigt gleichzeitig, daß Hugenberg nicht mehr „Herr im Haus" ist. Ein Artikel über gewalttätige Auseinandersetzungen zwischen Nationalsozialisten, Kommunisten und der Polizei am Silvesterabend auf der folgenden Seite hält in seiner auffallend nüchternen Schreibweise die Mitte ein, als ob die Auseinandersetzung zwischen Hugenberg und Hitler in den Redaktionsstuben niemanden betreffe.[63] Man kann darin erkennen, wiewiet der Betroffenheitsgestus, der in der Rezeption der Kriegsliteratur und überhaupt in der Auseinandersetzung mit dem Weltkrieg noch vorhanden war, innerhalb relativ kurzer Zeit einer distanzierteren Beobachtung gewichen ist, die auch eine Lösung von straffen Orientierungen hin zu mehr Autonomie bedeuten kann. Die anschließend einsetzende Gleichschaltung macht genauere Aussagen jedoch unmöglich. Hier jedenfalls scheint an der fast wortgetreuen Übernahme des Polizeiberichts deutlich zu werden, daß die Straßenkämpfe ihren „Informationswert" verloren haben. Was in früheren Berichten unweigerlich zur „Ausschmückung" geführt hatte, ist inzwischen wegen der Häufung solcher Meldungen in seinem „Nachrichtenwert" reduziert und damit seiner Wichtigkeit in den Massenmedien beraubt.[64] Benjamin versuchte fast zur gleichen Zeit, dieses Phänomen theoretisch zu erfassen: „Ihr [der Zeitung, M. R.] Inhalt: 'Stoff', der jeder anderen Organisationsform sich versagt als der, die ihm die Ungeduld des Lesers aufzwingt. Denn Ungeduld ist die Verfassung des Zeitungslesers."[65]

Wenn man diese Bemerkung auch für den heutigen Fernsehzuschauer deutet, ist damit nicht schon gesagt, welche Beziehung zwischen Medienkonsument und Medium besteht. Benjamin setzte noch optimistisch auf den „Konsumenten als Autor" (z.B. als Leserbrief- bzw. Artikelschreiber)[66]. Was er jedoch als Pression der Konsumenten sah, die sich sowohl positiv wie negativ, kreativ wie passiv verhalten können, muß man wohl heute als Zeitstruktur der massenmedialen Kommunikation überhaupt begreifen. Dann findet die „Ungeduld" der Leser im Zeitdruck der Zeitungsmacher ihre Entsprechung und die Sensation ihren Primat über die sogenannte Normalität.

Anmerkungen

1 NIKLAS LUHMANN, Die Realität der Massenmedien, Opladen 1995 [im folg.: Luhmann], S. 65.

2 ROBERT MUSIL, Der Mann ohne Eigenschaften, neu durchgesehene und verbesserte Fassung von Adolf Frisé, Hamburg² 1988, S. 139.

3 Vgl. WINFRIED SCHULZ, Massenmedien und Realität, in: Max Kaase, Winfried Schulz (Hg.), Massenkommunikation. Theorien, Methoden, Befunde, Opladen 1989 [im folg.: Schulz], S. 135-149, hier: S. 143.

4 Dies mußten z.B. alle vehementen Kritiker der Bildzeitung feststellen, bis hin zu Hans Magnus Enzensberger. Vgl. HANS MAGNUS ENZENSBERGER, Der Triumph der Bildzeitung oder die Katastrophe der Pressefreiheit, in: DERS., Mittelmaß und Wahn. Gesammelte Zerstreuungen, Frankfurt² 1991, S. 74-88 und auch LUHMANN.

5 „Combien nous sommes loin du foisonnement des phrases du discours ordinaire, phrases qui ne cessent de s'engendrer par un cumul que la contradiction n'arrête pas, mais au contraire provoque jusqu'à un au-delà vertigineux." MAURICE BLANCHOT, Michel Foucault tel que je l'imagine, Montpellier 1986, S. 26. Hier gedacht als Negativfolie zu Foucaults „énoncé".
Zu Foucault siehe: MICHEL FOUCAULT, L'archéologie du savoir, Paris 1969 (deutsch: Die Archäologie des Wissens, Frankfurt 1973.); DERS., L'ordre du discours, Paris 1971 (deutsch: Die Ordnung des Diskurses, München 1973); DERS., La volonté de savoir. Histoire de la sexualité I, Paris 1976 (deutsch: Sexualität und Wahrheit, Band 1: Der Wille zum Wissen, Frankfurt 1977).

6 Es wird hier auf Luhmanns Kommunikationsbegriff zurückgegriffen trotz einiger Bedenken gegenüber dessen quasi transzendentalem A priori. Vgl. z.B. NIKLAS LUHMANN, Soziale Systeme. Grundrisse einer allgemeinen Theorie, Frankfurt¹ 1984, bes. S. 191-241 u. DERS, Die Wissenschaft der Gesellschaft, Frankfurt 1990, S. 11-67.

7 Vgl. für den hier nur andeutbaren Theorieansatz LUHMANN, S. 17ff. Es soll also keineswegs bestritten werden, daß z.B. die Wirtschaft über Zeitungsaufkäufe, und die Politik über Propaganda versucht, in den Massen- medien Einfluß zu gewinnen. Propaganda ist aber wie alle Informationen in den Massenmedien einem bestimmten Abstumpfungsprozeß unterworfen und gibt für sich allein noch keinen „Nachrichtenwert" her. Vgl. auch SCHULZ, Massenmedien, mit Hinweis auf EINAR ÖSTGAARD, Factors Influencing the Flow of News, in: Journal of Peace Research 2, 1965, S.39-63 [im folg.: Östgaard] und JOHAN GALTUNG, Mari Holmboe Ruge, The Structure of foreign News. The Presentation of Congo, Cuba and Cyprus Crises in Four Norvegian Newspapers, in: Journal of Peace Research 2, 1965, S. 64-91 [im folg.: Galtung], letztere allerdings in medienapokalyptischer Sicht.

8 In der Diskussion wurde geäußert, daß man nicht so tun könne, als ob den Beschreibungen keine realen Ereignisse zugrunde lägen. Dies wird hier auch nicht behauptet, sondern die These ist, daß bei einer Beobachtung der massenmedialen Kommunikation die Beurteilung von deren Abbildcharakter ein nicht zu leistendes Verfahren ist. [Dasselbe trifft schon für die

Wahrnehmung an sich zu. Vgl. GERHARD ROTH, Das Gehirn und seine Wirklichkeit. Kognitive Neurobiologie und ihre philosophischen Konsequenzen, Frankfurt 1994. Ebenfalls grundsätzlich zum Verhältnis zwischen 'Sichtbarem' und '(Aus)Sagbarem' GILLES DELEUZE, Foucault, Paris 1986 (deutsch: Frankfurt 1987), S. 57, (im folg.: Deleuze] Die Kriterien wahr/falsch, sachlich/unsachlich können also nur ins Spiel gebracht werden, wenn es um die Selbstbeschreibung bzw. Selbstlegitimation der Massenmedien oder die Beobachtung anderer Beobachter der Massenmedien geht. S. SCHULZ, Massenmedien und LUHMANN, Realität. Vgl. auch BENNO WAGNER: „Zudem ist das, was lange Zeit Ideologie hieß und hier Interdiskurs heißen wird, […] ins Stadium der Selbstanalyse getreten." in: Ders., Im Dickicht der politischen Kultur, München 1992, S. 9 [im folg.: Wagner].

9   Rekonstitution heißt hier und im folgenden, daß schon Modelle in der Literatur und der Gesellschaft vorliegen, auf die zurückgegriffen werden kann. Vgl. z.B. für andere: Jüngers Kriegsliteratur oder Moeller van den Brucks Das dritte Reich bzw. soziale und politische Phänomene wie z.B. die „Ideen von 1914", den „Burgfrieden", fast eine ganze Generation von jungen heimkehrenden Soldaten, die weiter „Krieg" führen möchten, auf den „Endsieg" im Osten hoffen etc.

10 Vgl. auch Ernst Jünger: „Mit der geschärften Witterung des Großstädters durchschreite ich den Trubel, während das Hirn leicht und präzise die Überfülle wechselnder Bilder zerschrotet." ERNST JÜNGER, Der Kampf als inneres Erlebnis, Berlin [3] 1928, S. 68 [im folg.: Jünger].

11 Dies läßt sich nicht nur in der Presse, sondern auch in der Literatur beobachten. Dabei ist unwesentlich, ob von den Grabenkämpfen selbst, oder von deren Transfigurationen die Rede ist. Vgl. FRANZ KAFKA, Der Bau, in: Beschreibung eines Kampfes. Novellen, Skizzen, Aphorismen aus dem Nachlaß, GW hg. v. Max Brod, Frankfurt[3] 1946, S. 173-219 und WOLF KITTLERs Analyse in: Jochen Hörisch, Michael Wetzel (Hg.), Armaturen der Sinne. Literarische und technische Medien 1870-1920, München 1990, S. 289-309.

12 v. METZSCH, Der Krieg in Romanen, Tag, 7.3.1929.

13 ERNST JÜNGER, 'Wandlung im Kriegsbuch: Arnolt Bronnens Roman O.S.', Tag, 23.5.1929.

14 Dr. H. GÜRSCHING, Einkehr und Aufbruch/Ernst Jüngers Abenteuerliches Herz, Tag, 12.6.1929.

15 FRIEDRICH GEORG JÜNGER, De bello maximo/ Zur neuen Kriegsliteratur, in: Tag, 2.6.1929: „Eine heimatliche Kraft, ein volksliedhaftes Element quillt zwischen den Zeilen hervor." Vgl. auch JOSEF FÜRNKÄS, Ernst Jüngers „Abenteuerliches Herz. Erste Fassung"(1929) im Kontext des europäischen Surrealismus, in: Hans Harald Müller, Harro Segeberg (Hg.), Ernst Jünger im 20. Jahrhundert, München 1995, S. 65 f.

16 Dr. H. GÜRSCHING, a.a.O.

17 ERNST JÜNGER, Vom ersten bis zum letzten Schuß, Tag, 6.3.1929.

18 Ebd.

19 Das deutsche Fronterlebnis. Gedanken zu den Kriegsromanen von Renn und

Remarque, RWZ, 31.3.1929 und 'Briefe an die RWZ' RWZ, 7.4.1929.

20 Die Formulierung entleihe ich aus TYLL, Kollektivismus, in: Tag, 7.02.1931.

21 Das Deutsche Fronterlebnis... und Briefe..., a.a.O. Dieses Problem durchzieht auch schon die Evolutionismusdiskussion des 19. Jahrhunderts. Auf der einen Seite „blindes Fatum", um das Schicksal der Massen zu beschreiben, auf der anderen das „Geniedenken", um den (die) „Führer" zu retten. Vgl. für viele das von der Forschung als eins der Modelle des deutschen Rassismus verstandene Die Grundlagen des 19. Jahrhunderts von HOUSTON STEWART CHAMBERLAIN, 22. Aufl., ungekürzte Volksausgabe, München 1937, 2 Bände, bes. Bd. 1, S. 23ff., S. 28f. Die dort noch aufgeführten „anonymen Kräfte" geben im Anschluß nur noch das Dekor ab für das auf der vorderen Theaterbühne agierende Genie.

22 HERMANN MÖLLER, Der Weltkrieg im Spiegel der Gegenwartsliteratur, Tag, 9.4.1929. Dies gilt auch für die literarischen und philosophischen Texte. Vgl. für viele andere, da besonders umstritten, die Textgeschichte von Martin Heidegger, minutiös aufgearbeitet von DIETER THOMÄ, Die Zeit des Selbst und die Zeit. Zur Kritik der Textgeschichte Martin Heideggers 1910-1976, Frankfurt a. M.[1] 1990.

23 Friede all denen, die guten Willens sind!, Tag, 25.12.1930.

24 MÖLLER, a.a.O.

25 JÜNGER, S. 97. Vgl. auch „motorenhaft" (S. 102), „vor diesem motorischem Rhythmus aus Spannung und Tat" (S. 103). Das sollte dann auch im Gegensatz zur Begeisterung von 1914 das nüchterne Motto von 1939 werden. Dazu ausführlicher in diesem Band der Beitrag von JEFFREY VERHEY.

26 JÜNGER, S. 85.

27 S. HERMANN MÖLLER, und Kriegsromane, die große Mode, in RWZ, 9.3.1929.

28 Der Geist von Sedan – verleumdet und unsterblich, Tag, 2.9.1930.

29 Tote, die nicht sterben dürfen, Tag, 24.11.1929.

30 Vgl. KLAUS WERNECKE, PETER HELLER, Der vergessene Führer. Alfred Hugenberg, Hamburg 1982 [im folg.: Wernecke/ Heller], S. 109.

31 FRIEDRICH HUSSONG, Aus schicksalsschweren Tagen, in: BLA, 31.3.1929.

32 Ebd.

33 Wenn denn die Aufdeckung der „Widersprüche den Mechanismus stören könnte, was z.B. die polemisch-ironischen Plakate Heartfields versuchen. Es stellt sich nämlich immer die Frage, welche Symbollogik hauptsächlich vom Konsumenten erfaßt wird (z. B. Entrüstung gegen die SPD, gegen die soziale Ungerechtigkeit, Angst vor dem vermeintlichen Chaos etc.) und damit andere, auch widersprüchliche, überlagert. Vgl. WAGNER, S. 34, und JÜRGEN LINK, Die Struktur des Symbols in der Sprache des Journalismus. Zum Verhältis literarischer und pragmatischer Symbole, München 1978, S. 29, [im folg.: Link] unterscheiden auf der Produktionsebene „dominante" und „subdominante" Bildlogiken.

34 Zum Begriff der „nationalen Opposition" vgl. HEIDRUN HOLZBACH, Das System Hugenberg. Die Organisation bürgerlicher Sammlungspolitik vor dem Aufstieg der NSDAP, Stuttgart 1981, S. 136, [im folg.: Holzbach]. Fotos, die

wegen des hohen technischen Aufwands noch recht spärlich Eingang in die Presse finden, gelten um so mehr als Authentizitätsnachweis, anders als heute, wo Fotos wegen der vielfältigen unsichtbaren, aber ständig unterstellten Montagemöglichkeiten diesen Nachweis einzubüßen scheinen.

35 Briefe an die RWZ, 7.4.1929.

36 Marschall Foch†, RWZ, 21.3.1929.

37 Marschall Foch als Soldat. Einer gegen Zehn, BLA, 21.4.1929.

38 Wie die Franzosen ihren General ehren, und 300 Mk. Belohnung für die Auffindung der Schänder des Schlageter-Denkmals, RWZ, 22.3.1929.

39 HANS MOMMSEN, Die verspielte Freiheit. Der Weg der Republik von Weimar in den Untergang. 1918-33, Frankfurt, Berlin 1989, S. 143. Dieser Verehrung hat auch Heidegger in zwei Reden Tribut gezollt. Vgl. MARTIN HEIDEGGER, Schlageter (Rede vom 26.5.1933), in: Guido Schneeberger (Hg.), Nachlese zu Heidegger, Bern 1962, S. 47-49 und DERS., Der deutsche Student als Arbeiter (Referat der Ansprache zur Immatrikulation am 25.11.1933), a.a.O., S. 156-158.

40 „Le drame de l'Allemagne est aussi de subir cette imitation au second degré, et de se trouver obligée d'imiter cette imitation de l'Antique que la France ou l'Italie ne cessent pas d'exporter depuis deux siècles." PHILIPPE LACOUE-LABARTHE, JEAN-LUC NANCY, Le mythe nazi, La Tour d'Aigues, 1991, S. 38.

41 Goethepreis und Psychoanalyse, RWZ, 21.8.1930.

42 Der Berliner Verkehr wird gedrosselt, RWZ, 1.5.1929.

43 Maulwurfsarbeit. Die pazifistische Wühlarbeit bei den Abrüstungskonferenzen, RWZ, 28.11.1930. Vgl. die oben bereits angesprochene Grabenthematik als Echo auf den Ersten Weltkrieg. Ratten und Maulwürfe galten allerdings immer schon als positive wie negative Symbole der Subversion und müssen auch heute noch dazu herhalten. Vgl. LINK, Struktur, S. 108ff. und GÜNTER EICH, Die Maulwürfe, in: GW I, Frankfurt 1991, S. 305-426. Andererseits lehren uns auch die Arbeiten von Foucault, „qu'on peut dire une phrase ou formuler une proposition sans avoir toujours la même place dans l'énoncé correspondant, et sans reproduire les mêmes singularités." DELEUZE, a.a.O., Foucault, S. 20.

44 K.P.D. und Rotfrontkämpfer immer noch nicht verboten, RWZ, 3.5.1929.

45 Neue blutige Zusammenstöße, RWZ, 4.5.1929. Jünger stellt den gleichen Zusammenhang her: „Im März 1921 wohnte ich dem Zusammenstoß einer dreiköpfigen Maschinengewehrbedienung und einem Demonstrationszug von vielleicht 500 Teilnehmern bei, der eine Minute nach dem Feuerbefehl spurlos von der Bildfläche verschwunden war. [...] daß es genügt, die Masse auseinanderzublasen, während das Lumpenproletariat in seinen Schlupfwinkeln zur Vernichtung aufgesucht werden muß." ERNST JÜNGER, Blätter und Steine, Hamburg 1934, S. 183f.

46 KLAUS THEWELEIT, Männerphantasien 1+2, Frankfurt[4] 1986.

47 TYLL, Phantome. Eine Betrachtung zu den Prügelszenen, RWZ, 25.5.1932.

48 Ebd.

49 Ebd.

50 Radau (Aus dem Reichstag), Tag, 8.12.1932.

51 Endlich!, RWZ, 12.12.1930.

52 Wieder Hetzfilm-Tumulte in Berlin, Tag, 11,12,1930.

53 Der Sinn des Schlageter-National-Denkmals, RWZ, 23.5.1931.

54 „Für das neue nationale und soziale Deutschland" (Hugenberg) s. WERNECKE / HELLER, S. 186. Vgl. auch ebd., S. 178ff.

55 Holzbach zufolge hat sich Hugenberg „nie für die Wiedereinführung der Monarchie eingesetzt", blieb aber in „seinen Äußerungen über etwaige zukünftige Staatsformen zumeist vage". Zumindest ist in einem Brief an Wegener belegt, daß er gegen den „letzten deutschen Kaiser eine ausgesprochene Abneigung" hegte. Vgl. HOLZBACH, S. 167.

56 Tag, 31.7.1932.

57 Führer Hindenburg, Tag, 2.10.1932.

58 Tag, 17.4.1932.

59 Zit. n. WERNECKE / HELLER, S. 178.

60 Zu neuem Kampf für Deutschland, Tag, 1.1.1933.

61 Dienst an der Volksgemeinschaft, ebd.

62 Nächtliche Tumulte in Berlin, ebd.

63 Obwohl hier auch implizit das Versprechen mittransportiert wird, daß es in der Zukunft keine Kämpfe mehr geben wird. Vgl. dazu die Unterhaltungsseite 'Neujahr 2033' von Hans Dominik in der gleichen Ausgabe: Die Nationen sind zwar noch nicht abgeschafft, dafür lebt man auf der Venus und trinkt „synthetischen Schnaps", der von all seinen „schädlichen Bestandteile[n]" befreit ist. Aber trotzdem stellt sich sofort „gesteigertes Lebensgefühl, erhöhte Energie und innere Zufriedenheit" ein. Wenn dies zur „allgemeinen Glückseligkeit" nicht reicht, gibt es noch den chemischen „Zaubertrank" des „Hormonforschers Nolte": „Es würde keine Unzufriedenen, keine Staatsverneiner, keine politische Opposition mehr geben." Natürlich nimmt das niemand ernst, aber die Kompensationsfunktion solcher Geschichten scheint wohl unbetritten und steht spiegelbildlich zur politischen Berichterstattung.

64 WALTER BENJAMIN, Die Zeitung, in: GS, hg. v. Rolf Thiedemann und Hermann Schweppenhäuser, S. 628f. und ausführlicher in DERS., Der Autor als Produzent, ebd., S. 683-701, hier: S. 688.

65 Ebd.

Motorisierung der Seelen
Anmerkungen zu Arnolt Bronnens Konzeption der Mensch-Maschine-Symbiose*

ULRIKE BAUREITHEL

I.

Es gehört selbst schon zur Signatur der politischen Kultur der Weimarer Zeit, über eine satisfaktionsfähige Publizistik zu verfügen, die ihre Spuren bis in die Gegenwart hinterlassen hat. Verglichen mit den heutigen Bellizisten der Feuilletons, die es bei ihren Blitzkriegen mit dem medialen Unterhaltungswert realer Schlachten aufnehmen müssen und deshalb ihren „chirurgischen Schnitt" am liebsten an der ungefährlichen literarischen Leiche vornehmen[1], waren die zeitgenössischen Kollegen noch auf eine tatsächliche Duellsituation eingestellt. Obwohl schon damals die Herausforderungen mitunter wie Theaterzauber anmuten, hat so mancher Pulverrauch die folgenden Weltbrände überdauert und sich in die Nasen der Nachgeborenen eingerieben.

Einer der treffsicheren Schüsse zielte im Jahre 1929 auf Arnolt Bronnen, und er stammte aus der präzisen Feder Kurt Tucholskys, der den damals vielgespielten und skandalumwitterten Bühnenautor seinem Publikum als „faschistischen Kellner", als „Promenadenmischung wild gewordener Kaschuben", als einen „von allen guten Geistern verlassene[r] Patriotenclown", als „Konjunkturritter" und „Salonfaschist"[2] vorführte. Tucholskys Empörung galt bekanntlich dem im gleichen Jahr erschienenen Freikorpsroman *O.S.*, und wer sich mit der Rezeptionsgeschichte des Autors Bronnen befaßt, weiß, daß keine andere Provokation Bronnen über sein Leben hinaus so verfolgte wie dieser von Tucholsky geworfene Fehdehandschuh. In der bis in die achtziger Jahre hinein dominierenden Forschung – sei sie nun ideologiekritischer, sozialhistorischer oder psychoanalytischer Provenienz[3] – wurden die aus der Weimarer Zeit geretteten Invektive wiederholt gegen Bronnen geschleudert, als sei aus ihnen die Weltformel für den Niedergang der Weimarer Republik zusammenzusetzen.

Nun lassen sich gewiß plausible Gründe dafür anführen, warum sich in der Figur Bronnen eine bestimmte intellektuelle Mentalitätsstruktur der Weimarer Zeit verdichtet; und die umfangreiche Bronnen-Biographie

Friedbert Aspetsbergers[4] liefert zahlreiches Material, aus dem sich eine „faschistische Disposition" Bronnens rekonstruieren ließ. Problematisch bleibt die isolierte Sichtweise auf den „faschistischen Sonderfall" Bronnen allerdings, wenn er quasi als Paradigma für den „Sonderfall der deutschen Geschichte" rezipiert wird. Bronnen selbst hat sich der Verpflichtung auf einen solchen „Subjektkern" zeitlebens entzogen, am deutlichsten in seiner anläßlich der Übersiedelung in die DDR erschienenen Autobiographie *arnolt bronnen gibt zu protokoll*, deren „Maskeraden" schon die zeitgenössische, auf „Schuldkultur" gestimmte Kritik zum Kreuzzug wider den Konvertiten anstachelte. Frühe Spuren für Bronnens Absage an das bürgerliche Subjektkonzept lassen sich auch in den Stücken nachweisen: An Walter, dem Protagonisten im *Vatermord* zum Beispiel, der „niemandes Kind" sein will und ohne Vergangenheit agiert; oder an Occc in den *Rheinischen Rebellen*, ein aus der Bahn geworfener, identitätsloser Hochstapler, der von nirgendwoher kommt: Die Männer- (und übrigens auch Frauenfiguren!) „ohne Vergangenheit" stehen im Werk Bronnens Legion.

Man mag dies als „Bluff" und „Maskerade" des Autors abtun oder sich in psychologische Spekulationen flüchten. Der radikale Bruch mit der Tradition – auch mit der expressionistischen, aus der Bronnen ursprünglich stammt – kann aber auch als Inszenierung eines kollektiven intellektuellen Lebensgefühls verstanden werden, dem der Verfall der patriarchalen Valuta während des Ersten Weltkriegs vorausging und diesen in der Nachkriegszeit forcierte.
   „[...] es sind Menschen mit anderen Organen herangewachsen"[5], erklärt der knapp dreißigjährige Dramatiker 1925, und es wird zu zeigen sein, daß diese „neuen Organe" eher Maschinenteilen ähneln, denn der beseelten Materie, um die die zeitgenössische Kulturkritik bangte. Jedenfalls gehen die vorgeführten hybriden Diskurse der Dehumanisierung und Amoralität, verbunden mit Akten ritueller Reinigung, keineswegs nur auf das Konto der „Konservativen Revolution" und ihrer Adepten.[6] Vielleicht sollte man den stilisierten Künstler-Ingenieur Bronnen, seine „Philosophie des Knockouts" und die „Metaphysik des Teetrinkens"[7] für einen Augenblick ernstnehmen und die Qualifikation seines „neuen Gottes Technik" auf die Probe stellen.

Dabei geht es weniger um die Ebene der „Produktionsmittel" und Bronnens nie erloschene Faszination für die neuen Medien, denen er als Zeitungsschreiber, Hörfunkdramaturg und Fernsehpionier schon vor dem Zweiten Weltkrieg seinen Tribut zollte.[8] Im Mittelpunkt der folgenden Überlegungen steht vielmehr Bronnens Technikrezeption und, damit verbunden, seine Vorschläge für eine „Technisierung" der menschlichen „Seele". In Anschluß an Arnold Gehlens berühmt gewordene These, nach der der Trend der Technikentwicklung vom Organersatz hin zur Ersetzung des Organischen überhaupt[9] verlaufe, soll die Frage nach der Demarkationslinie zwischen Mensch und Maschine bzw. nach deren Durchlässigkeit untersucht werden. Die Fragestellung macht deutlich, daß es sich dabei um eine Denkfigur handelt, die zwar im Sinne ihrer Modernisierungseffekte den Nationalsozialismus betrifft, deren Reichweite aber weit über die faschistische Ära hinaus weist.

Mir geht es im folgenden kursorischen Durchgang durch Bronnens Frühwerk also nicht darum, die Entwicklung Bronnens zum zeitweiligen faschistischen Mitläufer zu skizzieren, sondern um die Analyse einer sich im Nationalsozialismus möglicherweise radikalisierenden, doch nicht erschöpfenden modernen Denkweise, für die Bronnen mit seinen Texten Pate steht.

II.

Bronnens 1956 erschienenes Reisebuch durch die DDR *Deutschland – kein Wintermärchen* endet mit einem sogenannten *Finale*, in dem es heißt:

> „Wir alle stehen in einer Zerreißprobe, heute und morgen. Wir verlangen den letzten Test vom Material, das Material verlangt ihn uns ab. Das ist kein Kreis, das ist eine Steigerung, auch in dem Maße, in dem wir selbst beansprucht werden; solange, bis wir die Todeszonen durchschritten haben. Aber wir werden sie durchschreiten."[10]

Nun gehört der „Materialtest" bekanntlich zu den wichtigsten Indikatoren in der ästhetischen Theoriebildung des Funktionalismus der zwanziger Jahre[11] und es ist gewiß kein Zufall, daß Bronnen diese Metapher im Hinblick auf seinen Glauben an das sozialistische Experiment aufgreift. In den behaviouristischen Diskurszusammenhang der zwanziger und frühen dreißiger Jahre zurückübersetzt, läßt sich der Test am Material jedoch ohne große Probleme als eine Veranstaltung interpretieren, bei der Menschen, wie schon die „auf die Folter gespannte Natur" Bacons, auf ihre verwendbaren „Materialeigenschaften" überprüft werden sollen, und zwar mit Vorliebe – und vorerst ohne tödlichen Ausgang – auf der Bühne. Wie dem „fleischfressenden Zeitalter"[12] in einer von „Seele" gereinigten Landschaft zu seinem Recht verholfen wird, demonstriert Bronnen in seinem Anfang der zwanziger Jahre konzipierten und 1924 uraufgeführten Stück *Anarchie in Sillian*[13]. Es führt vor, wie dem bedauernswerten Rückfall in den kreatürlichen Zustand der Leidenschaft mit der „Motorisierung der Seele" begegnet werden kann.

Die Figurenkonstellation des Stückes nimmt bereits die dualistische Anordnung von domestizierbarer Natur und unterwerfender Zivilisation vorweg: Dem Kraftwerk Sillian steht der Ingenieur Carrel vor, der der dritten Sache der Technik und dem unerschütterlichem Glauben an die Ventile auch emotionaler Kessel verpflichtet ist; neben ihm arbeiten der anarchistische Maschinist Grand und die suspendierte Sekretärin Vergan, die den Ingenieur liebt. Dem Kraftwerk und seinem Statthalter Carrel droht der Ausnahmezustand einmal durch die von Grand vertretenen streikenden Arbeitermassen, zum anderen durch die leidenschaftlichen Gefühle Vergans. So werden wir Zeuge, wie „der Kampf des Mannes gegen das Chaos beginnt"[14]. Carrell ist entschlossen, sich gegen die äußeren Anfechtungen zu wehren und den Kraftwerksbetrieb trotz Sabotage seines Maschinisten aufrecht zu erhalten; dazu jedoch muß er „nüchtern sein, klar sein, rein sein, unberührt sein"[15], das heißt für Carrel, sich gegen die Verlockungen Vergans zu immunisieren und sich als Herrscher über die wahren Feinde, die Dynamos, zu behaupten.[16] Anstelle der Sonne, sonst zentral für die Bronnensche Metaphorik, avanciert das elektrische Licht, das prompt ausfällt, als Carrel sich kurzzeitig den Verführungskünsten Vergans hingibt. Das Mißtrauen und die tiefe Verunsicherung gegenüber allem, was „Natur" sein könnte, prägen Carrels Reaktionen auf Vergans Avancen, denn: „Wer kann denn wissen, was das Natürliche ist."[17] In seiner Angst vor der Masse der Arbeiter und der Masse Frau entscheidet sich Carrel für den tödlichen Verrat an Vergan und Grand: „Zwei Mäuler wollen mich fressen, der Maschinist und die da: Ich spring heraus!"[18]

Der äußeren Denaturierung im Kraftwerk Sillian entspricht die innere Carrels: „Rein sein, stark sein, ungebrochen sein, Ziel geradeaus, keusch, streng, fromm sein"[19]; ein „Kämpfer gegen das Chaos" also, der, wie Monty Jacobs in einer Aufführungsbesprechung schreibt, „kein Chaos in sich [hat], kein Schicksal hinter sich."[20] Getrieben wird das Stück vom Dynamo der Angst Carrels vor dem „alten Teufel Welt", vor dem man nur kapitulieren kann oder ihn überbieten[21]: „Ihr seid alle vorbei, ich gehe weiter. Unzucht, Anarchie, Hölle, ich hab euch den Kragen gebrochen. Die Zeit des Nebels und der Verwirrung ist aus. Jetzt fangen wir an!"[22] Mit dieser Schlußapotheose, der der Mord an Vergan und Grand vorangeht, fügt sich Carrel als funktionstüchtiges Teilchen in den Gesamtmechanismus des Kraftwerks ein. Systemtheoretisch formuliert, werden die „Störungen" eliminiert und das System durch die Digitalisierung des Verhaltens wieder ins Gleichgewicht gebracht. Daß dies im vorliegenden Stück noch in der heroischen Pose männlicher Selbstermächtigung daherkommt, ist vorübergehender Natur, wie sich in den *Rheinischen Rebellen*[23] erweist.

Das fast zeitgleich mit der *Sillian*-Geschichte entstandene Stück greift auf die separatistische Bewegung im Rheinland zwischen 1919-24 zurück und dekliniert das zuvor geschilderte Problem auf dem Feld des Politischen. Ohne den Inhalt hier ausführlich referieren zu wollen, ist das Stück für den hier verhandelten Zusammenhang im Hinblick auf den Rollentausch und auf die radikale Verhaltensrationalisierung interessant. Die *Rheinischen Rebellen* können nämlich auch als die Abdankungsgeschichte eines Polit-Ingenieurs gelesen werden: Occc, das Haupt der Bewegung und Hochstapler aus dem geschichtslosen Raum, erweist sich, wie seine Kombattantin Pola bedauernd vermerkt, als „nicht kalt genug", um die Rebellion zu einem erfolgreichen Ende zu bringen. Ähnlich wie Carrel sieht er sich den Betörungen der „kalten" Gien, die für die nationalistische Bewegung steht, ausgeliefert. Gien dagegen verschmäht seine Liebe, in der er Vergessen sucht, sie will sein „Herz", die „dritte Sache" zerstören, und zwar in Gestalt Polas als einzigem Menschen, der noch an Occc glaubt.[24] Occc hingegen verfällt rettungslos der entsexualisierten Maschinenfrau Gien, die ihre Gefühle nach dem Code von richtig und falsch [für Deutschland] steuert.

Auf den nationalen Verweisungszusammenhang – das Stück entstand immerhin einige Jahre vor *O.S.*, das heißt vor der sogenannten nationalbolschewistischen „Wende" Bronnens – soll an dieser Stelle nicht eingegangen werden. Festzuhalten bleibt der Zweifel des Autors an der männlichen Selbstmächtigkeit, die er mit Carrel unter Beweis zu stellen suchte. Die auffällig häufig auftretenden „ursprungslosen Maschinenfrauen" in Bronnens Werk – etwa Barbara la Marr im gleichnamigen Roman oder Hiddie in der *Katalaunischen Schlacht* – sind nicht nur Ausdruck einer männlichen Angstphantasie, sondern verweisen auf die mögliche weibliche Überlegenheit, die Mensch-Maschine-Schnittstelle in sich zu integrieren.

III.

Zunächst aber führt Bronnen noch auf eine weitere Spur. 1927 veröffentlicht
der vielumworbene Zeitungsschreiber in der Zeitschrift *Sport und Bild* einen
Beitrag mit dem Titel Das *Wiederauftauchen der Mammute*[25]. Das erinnert
an Abenteuer aus der Urzeit, und tatsächlich knüpft der Essay an dieses
Genre an, diesmal aber verlagert in den Dschungel der Zivilisation. Statt
Urwälder im Ruhrgebiet stehen dort nun die Schlote der Hochöfen; statt
monumentaler Berge in den Alpen dirigieren nun die gläsernen Bauten der
Kraftwerke das Geschehen. Die „neue Tierwelt" Bronnens,– die „an
Drähten geführten kopf- und schwanzlosen Waggons", die gigantischen
Kräne, die „wie Dinosaurier" an den Flüssen stehen und „die Schiffe
beschnuppern" – präsentiert sich zunächst als organizistisch verbrämte und
damit beherrschbare Zivilisationsphantasie, wie sie in den zwanziger und
dreißiger Jahren starke Konjunktur hat. Schuldangst steigt im Ingenieur
Bronnen auf, als er beobachtet, wie sich die Schöpfungen des Menschen, die
neuen Mammute, selbständig machen, und sich „reiner, schneller und
zuverlässiger erweisen" – ja, als wer? Die Attribute führen zurück zu
unserem Helden Carrel und später Gien, deren „Reinheit" zu verstehen war
als Entschlackung von den „Störungen" menschlicher Unwägbarkeiten.
Unglaublich will Bronnen scheinen, daß die neuen Mammute Produkte aus
Menschenhand sind: „Diese Lebendigkeit hätten Menschen geschaffen?"
fragt er verblüfft und verkündet: „[...] die wahren Väter dieser Lebenwesen
[sind] die Maschinen."[26]

Wenn aber der Mensch als Schöpfer dieser „riesigen gepanzerten Urtiere"
ausscheidet und die Tiere „den Menschen verg[essen], dann kehrt sich auch
der Schöpfermythos in sein Gegenteil: „Heute ist eine neue Tierwelt entstanden, und der Mensch sitzt nur noch in ihrem Bauch."[27] Die technische
Selbsterzeugungsphantasie geht so weit, daß sie selbst den Menschen, der
schon, so meint Bronnen, wegen seines Schlafbedürfnisses jeder Maschine
konstitutionell unterlegen ist, „in ihren Bauch" einverleibt und – möglicherweise – neu gebiert. Als Maschinenmensch?

Zwei Jahre später präzisiert Bronnen diese Fragen in derselben Illustrierten[28]. Der als „Kurzgeschichte einer Form" ausgewiesene Beitrag *Triumph
des Motors* läßt an der deterministischen Selbstreferentialität der Technik
keinen Zweifel mehr:

„Mit den Maschinen [...] ging es wie mit den kleinen Kindern: man
hatte sie auf die Welt gesetzt, nun waren sie da, und es kam der Moment, wo sie, unerwartet, oft unerwünscht, ein eigenes Leben entfalte-
ten. Die Maschine wuchs."[29]

Die Zeugungs- und Geburtsmetaphorik, die zum festen Bestandteil aller
Ingenieursphantasien gehört, wird hier überlagert von der Furcht des
Zauberlehrlings, das von ihm geschaffene Produkt könne sich verselbstän-
digen und sich seiner Kontrolle entziehen.

Aber noch erscheint der nun vorherrschende Motor „gebändigt". Erst im
Rennwagen, so Bronnen, übernimmt „die rücksichtslose Herrschaft der
Maschine, die Diktatur":

„In diesem Golden Arrow ist der Mensch nur Nerv; und auch nur ein
Nerv von vielen. Sein Auge [...] ist ein Zielfernrohr, sein Hirn ist bereits unfähig, Richtung, gar Ende der Fahrt zu bestimmen; er steigt ein
in den Wagen und schießt sich selbst los."[30]

Carl Wege weist in einem Aufsatz über die Technosphäre der Neuen Sachlichkeit an dieser Textstelle richtig auf die „Integration leistungsschwacher
Humanpotentiale in ein selbständig operierendes Maschinen- und Waffensy-
stem" hin:[31] Mensch und Maschine würden in Bronnens Essay „mit gleicher
Elle, d.h. mit der Elle der Maschine gemessen, und der Mensch für 'zu
leicht' befunden" werden.[32] Die Einpassung des Menschen in technologi-
sche Großsysteme hat, wie zu sehen war, allerdings auch entlastenden
Effekt. Es werden ja nicht nur „leistungsschwache Humanpotentiale" in das
Maschinensystem eingebaut, sondern auch solche Fähigkeiten, die
ursprünglich den Menschen zum Menschen machten, nämlich geistige
Funktionen. Die Annährung im Mensch-Maschinen-Verhältnis erfolgt von
beiden Seiten: In der „Vermenschlichung" der Maschine und in der
„Maschinisierung" des Menschen.[33] Diesem zweiten Aspekt widmete
Bronnen seine besondere Aufmerksamkeit.

IV.

1929, also im selben Jahr wie der eben referierte Essay *Triumph des
Motors*, erschien wie erwähnt Bronnens inkriminierter Oberschlesienroman

O.S.[34], mit dem er sich endgültig aus der liberalen Landschaft der Weimarer Republik katapultierte. In ihm schickt er einen Protagonisten auf die experimentelle Laufbahn, der in vieler Hinsicht jenem „Automaton Spirituale" gleicht, die der radikale Kulturkritiker Theodor Lessing als eine entnaturalisierte und entsinnlichte „von Geist und Wille her durchzüchtete Leiblichkeit"[35] beschreibt.

Der ursprünglich kommunistische BEWAG-Monteur Krenek, dessen Verhältnis zur Technik, wie sich bereis in den ersten Seiten des Romans erweist, ein quasi „natürliches" ist[36], gerät durch Zufall in die oberschlesischen Kämpfe, die bei ihm einen Gesinnungswandel zum Nationalismus auslösen. Krenek ist der Prototyp eines mobilen, bindungs- und emotionslosen, schuldunfähigen und unkorrumpierbaren Automatengeistes. Er kam „losgelöst von der kollektiven Maschinerie der mühsam gezähmten Arbeiterheere, um sich einzufügen in die Blutlinien des zum Himmel strebenden Bodens."[37] „Du bist kein Mensch [...] Du bist eine Mauer", sagt Toinette zu ihm, und Krenek „lacht[.] stolz, wie belobt."[38] Neben dem emotionsgeladenen Freikorpsoffizier Bergerhoff wirkt er wie eine kühl kalkulierte und kalkulierende Kampfmaschine, er vertritt, wie Uwe Ketelsen nachweist, das „resistente Zeichen" der Gewalt, das den Hohlraum der Moderne füllt.[39]

Ähnliche Züge trägt auch der junge Thiel in Bronnens 1935 erschienenem Rundfunkroman *Kampf im Äther*[40], der gegenüber dem nationalistischen, aber technikfeindlichen Schwerk ein Kind der technischen Zeit ist:

> „Nicht mehr Erz, schon Stahl, doch nicht mehr als Stahl, geformt als Mensch, doch genormt als Kampf-Einheit, so konnte ein junger Arbeiter namens Thiel sich in die Schlacht wagen, die über den Wolken tobte."[41]

Thiel hat in der Logik des Romans nur die Alternative, sich als „Stahl-Stäubchen"[42] ins elektromagnetische Feld eines nationalisierten Rundfunks einzufügen oder unterzugehen wie sein Kompagnon Schwerk. Die männliche „Überlegenheit" Carrels ist in *O.S* übergegangen auf die deterministische Technik, „die ihre Kriegsbedingungen [diktiert]"[43]:

> „Die Technik, einst in ihrer Gewalt von wenigen erahnt, hatte diese wenigen längst überbrandet, überflutet. Wer aber schwimmen konnte,

mußte ihr neu begegnen, in neuer Form und mit neuen Kampf-Mitteln."[44]

So gebiert das Äther-Wunder die neuen Menschen „gereinigt, vom Alten befreit, denn sie müssen neu, völlig, völlig neu werden"[45]. Die Entschlakkung und Entseelung Thiels an der „Wehrfront des Äthers" ist so perfekt, daß er am Ende zum Feme-Mörder seiner einzigen Schwester wird. Sein neuer Gott Technik mißt nicht nach der Elle menschlicher Moral.

V.

Nun ist nicht die neue Technik, die den alten Gott substituiert, das spezifisch „Faschistische" an Bronnens Technikphantasien, und auch nicht die von ihm imaginierte Maschinisierung des Menschen als Teil eines sich selbststeuernden Systems; „faschistisch" ist die „Beseelung" des Technischen mit dem „Nationalen". Hier trifft sich Bronnen mit den Weimarer Technikphilosophen, die seit Ende der zwanziger Jahre die „Vergeheimnissung"[46] der Technik betrieben und den Ingenieur als neuen Gott der „Weltmaschine"[47] inthronisierten. Es war Carl Schmitt, der auf einer Tagung für kulturelle Zusammenarbeit in Barcelona gegenüber der dumpfen Kulturkritik darauf bestand, daß „die Religion der Technizität mit der Technik selbst [nicht] zu verwechseln" und das „grenzenlose 'Zurückweichen der Naturschranke'", die „grenzenlose Veränderungsmöglichkeiten des natürlichen Daseins der Menschen" (und man könnte hinzufügen: der Menschen selbst) ein kultureller Prozeß sei und nicht die Konsequenz einer „seelenlosen Technik".[48] Arnolt Bronnen hat sich auf seine Weise dieser Einsicht nicht versperrt, als er in *O.S.* schrieb:

> „Je mehr die Beherrschung der Welt ein technisches Problem werde, um so mehr müsse man das Technische auf das Technische beschränken. Der Geist brauche nichts als Klarheit und Reinheit."[49]

Das Problem ist nur, daß bei Bronnen der Mensch selbst begehrt, zum technischen Artefakt zu werden, klar, rein, störungsfrei. Und diese Vision ist keine genuin faschistische.

Anmerkungen

*   Ich danke dem Förderprogramm Frauenforschung des Berliner Senats für ein
    Stipendium, durch das dieser Aufsatz ermöglicht wurde.

1   Womit nicht die Gallionsfigur des deutsch-deutschen Literaturstreits von
    1990, Christa Wolf, totgesagt, sondern vielmehr angedeutet werden soll, daß
    mit dem Ende der DDR auch die DDR-Literatur ihre spezifische Funktion als
    gesellschaftlicher Seismograph eingebüßt hat.
2   KURT TUCHOLSKY, Ein besserer Herr, in: Gesammelte Werke Bd. 7, hg. v.
    Mary Gerold-Tucholsky und Fritz Raddatz, Reinbek 1975, S. 105-112.
3   Vgl. hierzu insbesondere MICHAEL SCHNEIDER, Der literarische Expressio-
    nismus zwischen Anarchismus und Präfaschismus, in: DERS, Die lange Wut
    zum langen Marsch, Hamburg 1975, S. 291-303; HORST DENKLER, Blut,
    Vagina und Nationalflagge. Über das Grundsätzliche am Sonderfall Arnolt
    Bronnen, in: Klaus Siebenhaar/Hermann Haarmann, Preis der Vernunft.
    Festschrift für Walter Huder, Berlin, Wien 1982, S. 103-119; MICHAEL
    TÖTEBERG, Nachwort zu Vatermord. Schauspiel in den Fassungen von 1915
    und 1922. München 1985, S. 211-19; URSULA MÜNCH, Weg und Werk
    Arnolt Bronnens. Wandlungen seines Denkens, Frankfurt, Bern, New York,
    Nancy, 1985.
4   FRIEDBERT ASPETSBERGER: >arnolt bronnen<. Biographie. Wien, Köln,
    Weimar, 1995.
5   ARNOLT BRONNEN, Über neue Dramatik (1925), in: Sabotage der Jugend.
    Kleine Arbeiten 1922-34. Hg. von Johann Holzner u.a., Innsbruck 1989, S.
    54-56, hier: S. 55.
6   Helmut Lethen hat dies beispielsweise in einer vergleichenden Lesart der
    „zwei Barbaren" Bertolt Brecht und Ernst Jünger gezeigt und dabei den
    „Habitus des 'kalten Blicks'" als eine von Moral gereinigte, ästhetische
    Inszenierung beschrieben. Vgl. HELMUT LETHEN, Zwei Barbaren. Über
    einige Denkmotive von Ernst Jünger und Bert Brecht, in: Anstöße 31 (1984),
    S. 17-28.
7   Bronnens zehn Finger (1926), in: Sabotage, S. 70.
8   Vgl. hierzu ausführlicher ULRIKE BAUREITHEL, „Das feste Land wird auf
    allen Gebieten verlassen", Arnolt Bronnen als Medienautor (1920-1942). In:
    Jörg Döring, Christian Jäger, Thomas Wegmann (Hg.), Verkehrsformen und
    Schreibverhältnisse. Medialer Wandel als Gegenstand und Bedingung von
    Literatur im 20. Jahrhundert, Opladen 1996.
9   Vgl. ARNOLD GEHLEN, Die Seele im technischen Zeitalter. Sozialpsychologi-
    sche Probleme im industriellen Zeitalter [1949], Hamburg 1957, S. 8.
10 ARNOLT BRONNEN, Deutschland – kein Wintermärchen. Eine Entdeckungs-
    fahrt durch die Deutsche Demokratische Republik, Berlin 1956, S. 176.
11 Vgl. KARIN HIRDINA, Pathos der Sachlichkeit. Funktionalismus und Fort-
    schritt ästhetischer Kultur, München 1981.
12 ARNOLT BRONNEN, [Epitaph 1923], in: Sabotage, S. 20.

13 DERS., Anarchie in Sillian [Druckfassung 1925], in: ARNOLT BRONNEN, Werke in 5 Bänden, hrsg. von Friedbert Aspetsberger, Klagenfurt 1988, Bd. 2, S. 7-103.

14 Ebd., Bd. 2, S. 31.

15 Ebd.

16 Vgl. ARNOLT BRONNEN, Rundfunkrede [zu: Anarchie in Sillian 1927], in: Sabotage, S. 82-86.

17 DERS., Anarchie, S. 51.

18 Ebd., S. 68.

19 Ebd., S. 96.

20 MONTY JACOBS in der Vossischen Zeitung v. 7.4.1924, in: Werke Bd. 2, S. 279.

21 Zum Motiv der Überbietung vgl. ERNST BLOCH, Die Angst des Ingenieurs [1929], in: DERS., Literarische Aufsätze. Frankfurt 1984, S. 347-58. Bezogen auf ein literarisches Verfahren, das hybride Figuren der Technik produziert vgl. HELMUT LETHEN, Freiheit von Angst. Über einen entlastenden Aspekt der Technik-Moden in den Jahrzehnten der historischen Avantgarde 1910-1930, in: Götz Großklaus, Eberhard Lämmert, Literatur in einer industriellen Kultur. Stuttgart 1989, S. 72-98; RALF GRÜTTEMEIER, Hybride Welten. Aspekte der Nieuwe Zakelijkheid in der niederländischen Literatur. Stuttgart 1995. Grüttemeier will im Unterschied zu Lethen, der die Überbietungsfigur als (letztlich gescheiterten) Versuch der Avantgarde zur „Synchronisation" interpretiert (vgl. S. 96ff.), aus der Tatsache der Hybridisierung „noch keine Verurteilung oder Begrüßung des Modernisierungsprozesses" (S.171) ableiten. Bedenkenswerter scheint mir, ob die „Hybris" nicht vielmehr in der narzißtischen Selbstthematisierung der nicht-technischen Intelligenz, die der dezisionistischen Geste für oder wider die Technik zugrundeliegt, erwächst.

22 BRONNEN, Anarchie, S. 103.

23 BRONNEN, Rheinische Rebellen. Berlin 1925. Der Text ist nicht in die Werkausgabe aufgenommen.

24 Vgl. ebd., S. 101.

25 BRONNEN, Das Wiederauftauchen der Mammute [1927], in: Sabotage, S. 140-42.

26 Ebd., S. 141.

27 Ebd.

28 DERS., Triumph des Motors. Kurzgeschichte einer Form, [1929], in: Sabotage, S. 134-37.

29 Ebd., S. 136.

30 Ebd., S. 137.

31 CARL WEGE, Gleisdreieck, Tank und Motor. Figuren und Denkfiguren aus der Technosphäre der Neuen Sachlichkeit, in: Deutsche Vierteljahrsschrift für Literaturwissenschaft und Geistesgeschichte 68 (1994) 2, S. 319.

32 Ebd.

33 Vgl. hierzu u.a.: Maschinen-Menschen, Menschen-Maschinen. Grundrisse einer sozialen Beziehung. Hrsg. von Arno Bammé u.a., Reinbek 1983. Es wird an anderem Ort zu zeigen sein, daß Bronnen sich über den Zusammenhang

von der „Digitalisierung" des menschlichen Körpers und dessen „Verschwinden" durchaus im klaren war; Bronnen nimmt in vielen seiner Texte in gewisser Hinsicht vorweg, was der Geschwindigkeitstheoretiker Paul Virilio Jahrzehnte später als „dromoskopische Revolution" beschreiben wird.

34 BRONNEN, O. S. Berlin 1929. (Neuausgabe Klagenfurt 1995).
35 THEODOR LESSING, Europa und Asien. Untergang der Erde am Geist. 5., völlig neu gearbeitete Auflage, Leipzig 1930, S. 235.
36 Vgl. Bronnen, O. S., S. 5.
37 Ebd., S.93.
38 Ebd., S. 233.
39 Vgl. UWE KETELSEN, Die Sucht nach dem „resistenten Zeichen". Zur Ästhetik der Gewalt in Arnolt Bronnens Roman O. S., in: Frauke Meyer-Gosau, Wolfgang Emmerich (Hg.), Gewalt, Faszination und Furcht. Leipzig 1994, S. 96-118, hier S. 110ff.
40 A. H. SCHELLE-NOETZEL (d.i. Arnolt Bronnen), Kampf im Äther oder die Unsichtbaren. Berlin 1935.
41 Ebd., S. 183.
42 Ebd., S. 385.
43 Ebd., S. 345.
44 Ebd., S. 183.
45 Ebd., S. 390.
46 EUGEN DIESEL, Grundsätzliches über die Bewertung der Technik, in: Deutsche Rundschau 222 (1930) 5, S. 149-54, hier: S. 153.
47 KURT WEGENER, Philosophie der Maschine, in: Die Tat 19 (1927) 1, S. 30-37, hier: S. 31.
48 CARL SCHMITT, Die europäische Kultur in Zwischenstadien der Neutralisierung, in: Europäische Revue, 5 (1929) 8, S. 517-30, hier: S. 528f.
49 ARNOLT BRONNEN, O. S., S. 329.

Physiognomischer Skeptizismus
Oswald Spenglers „Morphologie der Weltgeschichte" im Kontext zeitgenössischer Kunsttheorien

HANS-JÜRGEN BIENEFELD

Obwohl zu den Quellen von Oswald Spenglers Denken zahlreiche Einzeluntersuchungen vorliegen, ist die Beziehung dieses Autors zur Kunstgeschichte bisher nicht oder aus einer nur unzureichenden Perspektive erforscht worden.[1] Eine Untersuchung dieses Verhältnisses wäre jedoch für das Verständnis von Spenglers geschichtsphilosophischer Konzeption von nicht zu unterschätzender Bedeutung. Die Feststellung von L. Curtius, daß in den Erörterungen Spenglers zur Kunstgeschichte kein einziger Gedanke zu finden sei, der nicht schon in der modernen kunstgeschichtlichen Literatur aufzufinden wäre[2], ließe sich ohne weiteres dahingehend erweitern, daß diese Literatur auch das geschichtsphilosophische Konzept Spenglers wesentlich mitbestimmt hat. Mit dem Lesen des *Untergangs des Abendlandes* im Kontext der zeitgenössischen Kunstgeschichte ließe sich darüber hinaus zeigen, daß auch dieses scheinbar inkomparable Buch in der Tradition einer geistesgeschichtlichen Diskursformation steht, die aufgrund der hier gebotenen Kürze der Einfachheit halber mit einem Ausdruck von Jost Hermand als „formalanalytische Richtung" der Geisteswissenschaften bezeichnet werden soll.[3] Der Zusammenhang zwischen dieser Richtung und Spenglers geschichtsphilosophischem Entwurf soll im folgenden anhand einer Konfrontation einschlägiger Äußerungen aus dem *Untergang des Abendlandes* mit entsprechenden Positionen der zeitgenössischen Kunstgeschichte untermauert werden.

Am Ende des Kapitels über Buddhismus, Stoizismus und Sozialismus, also an einer Stelle, an der man es nicht ohne weiteres vermutet, macht Spengler eine kurze, aber aufschlußreiche Bemerkung über die Stellung der europäischen Philosophie angesichts des „Untergangs des Abendlandes". Nachdem das Geheimnis der Welt nacheinander als Erkenntnisproblem, als Wertproblem und als Formproblem thematisiert worden sei, bleibe der Philosophie am Ende ihrer Entwicklung nur noch die Möglichkeit eines „physiognomischen Skeptizismus", für den die klassischen Themen der Philosophie lediglich den „historischen Ausdruck einer Kultur" darstellten.[4] „Historischer Ausdruck einer Kultur", das scheint auf den ersten Blick nichtssagend und banal, dennoch ist in dem Begriff „Ausdruck" Spenglers gesamte Philosophie gewissermaßen *in nuce* zusammengefaßt und darüber hinaus noch eine bedeutende und einflußreiche Richtung des modernen europäischen Denkens angesprochen, nämlich die Richtung, für die nicht die Inhalte, die Aussagegehalte oder der Sinn kultureller Gebilde im Mittelpunkt der Analyse stehen, sondern deren Gestalt und Form.

Daß auch Spengler ein Vertreter dieses Denkens ist, drückt sich bereits im Begriff der „Morphologie" aus. Diesen auf das griechische Wort *morphe* (Form, Gestalt) zurückgehenden Begriff übernimmt Spengler von Goethe. Er bildet ihn jedoch im Sinne einer universellen Weltbetrachtung um, die sich auf alle Erscheinungen der Wirklichkeit erstreckt, wobei lediglich zwischen „Systematik" (Morphologie der Natur) und „Physiognomik" (Morphologie der Geschichte) unterschieden wird.[5] Grundlegend für das Verständnis des Begriffs der Physiognomik ist Spenglers Auffassung der äußeren Wirklichkeit als „Symbol", in dem sich jeweils eine spezifische „Kulturseele" manifestiert. Sichtbare Geschichte ist aus diesem Grund „Ausdruck, Zeichen, formgewordenes Seelentum".[6] Geschichtsmorphologie hat die Aufgabe, dem äußeren Bild der Weltgeschichte, welches sich dem ungeübten Blick als „Gewirr von anscheinend freiester Zufälligkeit" darstellt, die „Urformen" abzuringen, die allem Werden zugrunde liegen.[7] Physiognomik fragt somit nach der

> „[...] sozusagen metaphysischen Struktur der historischen Menschheit, die von den weithin sichtbaren populären geistig-politischen Bildern der Oberfläche wesentlich unabhängig ist".[8]

Diese Struktur, daran sei hier nur am Rande erinnert, ist bei Spengler einerseits eine organische Struktur, die analog zum Wachstum der Pflanzen und Lebewesen das Entstehen, Blühen und Vergehen aller Kulturkreise bestimmt und deren Endstadium immer die „Zivilisation" mit ihren Dekadenzerscheinungen bildet. Die Unterschiede der Kulturkreise sind durch eine jeweils eigene – nichtbiologische – Urgestalt bestimmt, von der die gesamte Geschichte dieses Kulturkreises ihren charakteristischen Habitus erhält.

Entscheidend ist, daß Spengler im Zusammenhang mit diesen Hervorbringungen einen universellen Stilbegriff einführt. Weil er ausnahmslos alle geschichtlichen Erscheinungen, darunter so verschiedene wie das ägyptische

Verwaltungssystem, das antike Münzwesen, die analytische Geometrie, den Scheck, den Suezkanal, den chinesischen Buchdruck, das preußische Heer und die römische Straßenbautechnik usw., als „Symbole" auffaßt, kann Spengler nicht nur zwischen der „kontrapunktischen Instrumentalmusik und dem wirtschaftlichen Kreditsystem" einen „tiefen Zusammenhang der Form" konstatieren[9], sondern auch von einem „religiösen, gelehrten, politischen, sozialen [und] wirtschaftlichen Stil" sprechen, durch den sich die Schicksalsidee einer jeden Kultur in den verschiedensten Bereichen veräußerlicht.[10] Kulturen sind damit „Organismen größten Stils"[11], eines Stils, der „im Dasein ganzer Kulturen den gesamten Lebensausdruck höherer Ordnungen" umfaßt.[12] Physiognomik – also die Morphologie der Geschichte – ist mithin „Formgeschichte"[13], „Strukturlehre der Geschichte"[14], sie hat es mit der „Formensprache der menschlichen Geschichte", mit „der Formensprache aller Kulturgebiete" – kurz mit den „Formproblemen des Historischen"[15] zu tun. Analog dazu besteht die Aufgabe der Naturwissenschaften am Ende des Abendlandes für Spengler darin, eine „Morphologie der exakten Wissenschaften" zu schreiben, die Physik, Chemie und Mathematik ebenfalls als Symbole auffaßt und „untersucht, wie alle Gesetze, Begriffe und Theorien als Formen innerlich zusammenhängen". Zum Beispiel warum die abendländischen Zahlen gerade in der uns bekannten „bildlichen Verkleidung" auftreten.[16]

Die soeben genannten Beispiele, die sich beliebig ergänzen ließen, sollten zeigen, wie Spengler an entscheidenden Stellen mit Begriffen operiert, die aus der Kunstgeschichte stammen. Neben dieser Terminologie kommt die unübersehbare Affinität Spenglers zur Kunstgeschichte vor allem in den zahlreichen kunstgeschichtlichen Erörterungen im *Untergang des Abendlandes* zum Ausdruck. Ähnlich wie beim Begriff der Morphologie werden jedoch die kunstgeschichtlichen Kategorien auf Gebiete angewendet, die mit dem eigentlichen Gegenstand dieser Wissenschaft nur noch wenig zu tun haben. So benutzt Spengler z.B. die Architektur nicht nur dazu, die für ihn wichtige Theorie der miteinander nicht kommensurablen Raumauffassungen der verschiedenen Kulturkreise zu veranschaulichen. In der Architektur versinnbildlichen sich für ihn auch die unterschiedlichen Zeitauffassungen, in denen – wie im Raumgefühl – die jeweilige „Schicksalsidee" der Kulturkreise zum Ausdruck kommt.[17]

Es sind für Spengler also die großen Künste und nicht die Mathematik oder das abstrakte Denken, die den Schlüssel für das Verständnis der Zeit liefern. Das ist einer der Gründe, warum man Spenglers Vorgehen mit einem modernen Ausdruck als Ästhetisierung der Wirklichkeit bezeichnen kann. Ästhetisierung bedeutet in letzter Konsequenz, daß den Formen eine Eigengesetzlichkeit zugesprochen wird, die allen inhaltlichen Bestimmungen vorgelagert ist und diese strukturiert.[18] Selbst wenn man die Polysemie der im *Untergang des Abendlandes* verwendeten Begriffe „Form" und „Stil" in Rechnung stellt, ist es gerade diese Autonomisierung der Form gegenüber den Inhalten, die Spengler konsequent durchführt, indem er alle Erscheinungen als Stilphänomene bestimmt. Das gilt für die Formen oder Symbole, welche die „Schicksalsidee" jeder Kultur selbst sind[19], ebenso wie für die „äußeren Formen"[20], die „Formelemente der Oberfläche"[21], in denen diese Idee erscheint. Romanik, Gotik, Renaissance, Barock, Rokoko usw. sind einerseits Stilepochen, die in allen Kulturkreisen analog auftauchen, jedoch durch das unterschiedliche Stilprinzip, das jedem Kulturkreis zugrunde liegt, eine individuelle, für den jeweiligen Kulturkreis charakteristische und einzigartige Ausprägung erfahren. Dabei materialisiert sich dieses Stilprinzip in allen „menschlichen Lebensäußerungen höherer Kulturen", d.h. sowohl in den großen Kunstwerken, den Gebrauchsgegenständen als auch im Tun, Denken, in der Haltung und der Gesinnung der einzelnen Menschen.[22] Jede Lebensauffassung eines „Kulturmenschen" läßt somit den „*Stil* [...] einer bestimmten Kultur" erkennen.[23] Andererseits sind alle Stile eines Kulturkreises durch dessen „Schicksalsidee" geprägt. Die „faustische Seele" des Abendlandes zum Beispiel prägt alle Lebensäußerungen dieses Kulturkreises, so daß Barock und Gotik schließlich als Stufen ein und desselben, nämlich des faustischen Stils, als „Jugend und Alter desselben Inbegriffs von Formen" erscheinen.[24] Auch die letzten Grundlagen der Kulturkreise sind mithin „Urform"[25], „Ursymbol"[26], „Stil der Seele"[27] usw. – mit einem Wort: „Urgestalt *der* Kultur [...], die allen *einzelnen* Kulturen als Formideal zugrunde liegt".[28]

Spenglers Grundgedanke besteht somit darin, daß jede individuelle Hervorbringung der menschlichen Geschichte und Kultur Ausdruck von Stilgesetzen ist. Ob individuelle Handlung, ob scheinbar spontane Hervorbringung eines Kunstwerkes, ob ganze Epochen, ob Kulturkreis – allen Erscheinungen der Weltgeschichte liegt ein Form- oder Stilprinzip zugrunde, das individuelle Ausprägungen nur in einem bestimmten Rahmen zuläßt und somit allen Hervorbringungen dieses Kulturkreises seinen „Stil" aufprägt, auch wenn innerhalb dieses Rahmens gewisse Spielräume existieren. Es ist z. B. Ausdruck der allen Kulturkreisen gemeinsamen organischen Prozeßstruktur, daß es beim Übergang der Kultur zur Zivilisation zu einer Revolution kommen wird. Daß sich diese Revolution im abendländischen Kulturkreis in der Form der Französischen Revolution materialisiert, ist dagegen „zufällig", d.h. nicht zwingend notwendig.[29] Dem entspricht, daß sich junge Völker, die an die Stelle der alten treten, etwa bei der Völkerwanderung, überlieferter Formen bedienen können – freilich ohne damit ihr eigenes Wesen auszudrücken, weshalb Spengler hier von Pseudomorphosen spricht.[30] Indem Spengler durchgängig die Formprinzipien weitgehend von konkreten inhaltlichen Bestimmung freizuhalten versucht, gelingt es ihm einerseits, den strengen Determinismus, der seiner Kulturkreislehre immanent ist, teilweise zu relativieren und der Vielfalt der historischen Erscheinungen gerecht zu werden. Zum anderen ist dieses Vorgehen für Spenglers politische Option unabdingbar, daß das Deutsche Reich, analog zum *Imperium Romanum* in der Endphase der Antike, zur bestimmenden Kraft der abendländischen Zivilisation werden soll. Eine solche Option ist nur möglich, weil es innerhalb des Stilprinzips der Kulturkreise Entscheidungsspielräume für die Inhalte gibt, in denen sich die Schicksalsidee realisiert. Der abendländische Mensch kann im Finalstadium seines Kulturkreises zwar ein großes Kunstwerk wie den *Faust* nicht mehr schreiben, aber er kann sich zwischen Marine, Technik oder Politik entscheiden, wie es an einer berühmten Stelle im *Untergang des Abendlandes* heißt.[31]

Die für Spengler charakteristische Konstellation von Politischem und Ästhetischem war ursächlich auch am Entstehen seines Hauptwerkes beteiligt. Nach eigenem Bekunden war es der Schock über die Ohnmacht des Deutschen Reiches während der Marokkokrise von 1911, die Spengler zur Konzeption und Niederschrift des *Untergangs des Abendlandes* veranlaßte, nachdem er sich vorher vor allem mit „kunstphilosophischen Fragen" beschäftigt hatte.[32] Diese Beschäftigung läßt sich bis in die Details seiner eigenen kunstgeschichtlichen Erörterungen verfolgen.[33]

Wie viel er darüber hinaus bei der Konzeption der universellen Kulturmorphologie den Kunsttheorien seiner Zeit verdankt, soll im folgenden anhand der Darstellung einiger Kernthesen der von Franz Wickhoff gegründeten sogenannten Wiener Schule der Kunstgeschichte deutlich werden.[34] An erster Stelle ist hier Alois Riegl zu nennen, dessen Einfluß auf Spengler

nicht zu unterschätzen ist. Daneben ist es vor allem der Nachfolger Riegls in
Wien, Max Dvorak, der den Ansatz Riegls in einer Art und Weise weiterentwickelt hat, die gewissermaßen eine der unerläßlichen Bedingungen für
Spenglers Konzeption bildet. Schließlich müssen noch Wilhelm Worringer
und Heinrich Wölfflin genannt werden, die zwar nicht der „Wiener Schule"
angehören, aber dennoch ähnliche Positionen wie diese Schule vertreten.
Wölfflins „Kunstgeschichtliche Grundbegriffe" weisen außerdem erstaunliche Analogien mit dem Geschichtsmodell Spenglers auf, obwohl die Rezeption Wölfflins durch Spengler, im Gegensatz zu den anderen Autoren, im
Untergang des Abendlandes nicht erwähnt wird. Alle genannten Autoren
sind Protagonisten eines seit 1885 stattfindenden Paradigmenwechsel in der
Kunstgeschichte, der, grob gesprochen, hauptsächlich in einem Bruch mit
drei traditionellen Essentials dieser Wissenschaft bestand. Und zwar
    (1) im Bruch mit der Kulturgeschichte, für die das „Klassische" den
unhintergehbaren Maßstab für Kunst bildete,
    (2) im Bruch mit einer individualisierenden, auf einzelne Künstlergenies
bezogenen Darstellung, und
    (3) im Bruch mit den klassischen ästhetischen Werturteilen „schön" und
„häßlich", die die Bewertung von Kunst von subjektiven Kriterien abhängig
machen.

Die hauptsächliche Folge dieses dreifachen Bruches war zunächst eine
erhebliche Ausweitung des traditionellen Gegenstandsbereiches der Kunstgeschichte. Bis dahin nicht als Kunst angesehene und als häßlich empfun-
dene Epochen wie die römische Spätantike oder der Barock wurden nunmehr Thema kunstwissenschaftlicher Untersuchungen. Desweiteren ver-
schwanden die Gattungsgrenzen zwischen „hoher" und angewandter Kunst.
Um den „Pulsschlag der Zeit" zu belauschen, wandte man sich von jetzt an
„den kleinen dekorativen Künsten, [...], den Linien, der Dekoration [und]
den Schriftzeichen" zu.[35] Nicht zuletzt konnten durch die Herauslösung der
Kunst aus der Gesamtkultur und durch den Verzicht auf wertende Urteile
einzelne Kunstepochen überhaupt erst als selbständige und gleichwertige
Untersuchungsgegenstände isoliert und dann entsprechend analysiert
werden.[36]

Der von Wilhelm Worringer gleich zu Beginn seines Buches *Formprobleme
der Gotik* formulierte Grundsatz, daß es das proton pseudos jeder Historie
sei, die vergangenen Dinge nicht von ihren eigenen, sondern von unseren

Voraussetzungen her aufzufassen und zu bewerten[37], kann sowohl als einer der zentralen Programmpunkte der neuen Kunstgeschichte wie auch – universalhistorisch erweitert – als ein grundlegendes Axiom des *Untergangs des Abendlandes* angesehen werden.[38] Für Spenglers geschichtsphilosophisches Programm ist daneben der von Riegl entwickelte Begriff des „Kunstwollens" von zentraler Bedeutung. An die Stelle traditioneller Erklärungen für das Entstehen von Kunst – Nachahmung, Materialbeschaffenheit und Technik –, die Riegl für nicht ausreichend hält, tritt die Vorstellung, eines sich durch bestimmte Epochen durchhaltenden Fortlebens und Weiterentwickelns weniger Kunstformen, sprich Stilgesetze. Ausgehend von der Beobachtung, daß das Akanthusornament seine Entstehung nicht der unmittelbaren Nachahmung der Akanthuspflanze verdanken kann – es gibt für Riegl keinen nachvollziehbaren Grund, warum man das „erstbeste Unkraut zum künstlerischen Motiv" erhoben haben soll[39] –, und durch intensive Ornamentforschung während seiner Tätigkeit in der Textilabteilung des Österreichischen Museums für Technik und Kunst, kommt Riegl zu dem Ergebnis, daß sich die wichtigsten Motive der griechischen, römischen und orientalischen Ornamentik in einer ununterbrochenen Entwicklungsreihe aus einigen wenigen Grundmotiven entwickelt haben.[40] In seinem Buch *Spätrömische Kunstindustrie* führt Riegl in einem ähnlichen Verfahren den Nachweis, daß die Kunst der Völkerwanderungszeit dieselben Stilmerkmale und Stilveränderungen aufweist wie die letzten Stilphasen der klassischen Kunst. Damit erscheint diese Kunst, die bisher als originäre Leistung der in das römische Weltreich eindringenden „barbarischen" Völker angesehen worden war, als Weiterbildung der bereits vorhandenen römischen Kunst.[41]

Indem Riegl auf diese Weise die Kunst von Konstantin und Justinian bis zu Karl d.Gr. zu einer entwicklungsgeschichtlichen Reihe zusammenschließt[42], demonstriert er zum ersten Mal das Verfahren, mit dem auch Spengler ein Jahrzehnt später den antiken Kulturkreis als eine organische Einheit auffassen wird. Spenglers Grundgedanke, daß sich in allen Lebensäußerungen des jeweiligen Kulturkreises eine einzige „Schicksalsidee" verwirklicht, entspricht darüber hinaus genau dem von Riegl ins Spiel gebrachten Begriff des „Kunstwollens", d.h. des in allen gleichzeitigen Kulturverhältnissen wirksamen „Gesamtwollens", das den „Stil" einer Epoche unabhängig von äußeren Bedingungen, wie Material, Vorlagen in der Natur usw. prägt.[43] Und die von Spengler formulierte Aufgabe der zukünftigen Wissenschaft, „in der Weltanschauung gotischen Stils die gleiche Sonderung der letzten Elemente vorzunehmen wie in der Ornamentik der Kathedralen und in der damaligen Malerei"[44], liest sich geradezu wie eine Paraphrase der von Riegl geforderten zukünftigen Kunstarchäologie, die in der Formgebung des kleinsten gebrauchswerklichen Gerätes dieselben leitenden Gesetze des jeweiligen Kunstwollens zu erkennen habe, die auch in der gleichzeitigen Skulptur und Malerei wirksam seien.[45] Die Nachfolger Riegls haben diesen Ansatz konsequent weiterentwickelt und zuletzt auch die Grenzen zwischen den einzelwissenschaftlichen Disziplinen eingeebnet. Spenglers These, daß alle Lebensäußerungen eines Zeitalters als Formen innerlich zusammenhängen, findet sich auch schon bei Max Dvořák, der bei seinem Vorhaben, Kunstgeschichte und Ideengeschichte zu verbinden, unter anderem Parallelen zwischen der Theologie der Gegenreformation, Cervantes und El Greco herausgearbeitet hat.[46]

Die Erweiterung des Gegenstandsbereichs der Kunstgeschichte, die Pluralisierung der Kunstepochen, die Einebnung der Disziplingrenzen ist nur durch die Wendung zu Problemen des Stils und der Form möglich, die sich ja schon in den Buchtiteln unübersehbar ankündigt. Es ist somit jene am Anfang unseres Jahrhundert „rasch anwachsende formalanalytische Richtung",[47] die Spengler die Möglichkeit eröffnet, seine universalhistorische Morphologie der Weltgeschichte zu schreiben. Als Tendenz lag diese Art der Geschichtsbetrachtung gewissermaßen in der Luft. In dem auch von Spengler rezipierten Buch *Formprobleme der Gotik* benutzt Wilhelm Worringer den von Riegl stammenden Begriff „Kunstwollen" dazu, um im Sinne einer „Stilpsychologie" die formalen Werte von Kunstwerken als präzisen Ausdruck „innerer Werte" verständlich zu machen, mithin den „Untergrund formbildender Energien" zu erforschen, der sich sowohl „im kleinsten Gewandzipfel wie in den Kathedralen der Gotik" manifestiert.[48] Von hier ist es nur noch ein kleiner Schritt zu der Auffassung, daß aus den Änderungen des Kunstwollens, die in den Stilvariationen zum Ausdruck kommen, Änderungen der seelisch-geistigen Konstitution der Menschheit überhaupt werden.[49] Alois Riegl hatte ja schon 1901 festgestellt, daß das „Kunstwollen" mit den „übrigen Hauptäußerungsformen des menschlichen Wollens während der gleichen Zeitperiode schlichtweg identisch" sei, und somit auch in der „Religion, Philosophie, Wissenschaft, Staat und Recht" zum Ausdruck komme[50]. Auf diese Weise gelangt Riegl zuletzt zum Konzept einer *Historischen Grammatik der bildenden Künste*, in der die wenigen Elemente,

„auf die sich alle Werke der bildenden Kunst ohne Ausnahme zurückführen lassen" systematisiert werden.[51]

Daß, um ein letztes Beispiel zu nennen, auch Spenglers Idee der „Gleichzeitigkeit" – nämlich die Vorstellung, daß es für jede historische Erscheinung eines Kulturkreises ein genau entsprechendes Gegenstück in allen anderen Kulturkreisen gibt[52] – gewissermaßen ideengeschichtliches Allgemeingut gewesen ist, soll durch einen abschließenden Blick auf Heinrich Wölfflins *Kunstgeschichtliche Grundbegriffe* gezeigt werden, dessen Rezeption durch Spengler nicht explizit belegt ist. Auch Wölfflin geht, wie die bereits genannten Kunsthistoriker der Wiener Schule, davon aus, daß dem künstlerischen Schaffen (optische) Schemata vorausgehen, welche die Ausführung aller Kunstwerke, von der Architektur bis zur darstellenden Kunst strukturieren. In den „Kunstgeschichtlichen Grundbegriff" soll daher nicht der „imitative Gehalt", sondern der „gestaltgebende Kern" eines Kunstwerkes bestimmt werden, d.h. das „Element", in dem die Schönheit eines Kunstwerks „Gestalt gewonnen hat"[53]. Auf diese Weise werde deutlich, daß die Kunst ihr „eigenes Wachstum und ihre eigene Struktur" besitze, nämlich das „heimliche innere Leben und Wachstum der Form"[54]. Dieses Wachstum verläuft wie ein „organischer Prozeß" mit Entwicklungsstufen, denen jeweils eine ganz bestimmte Form der Gestaltung entspricht. „Nicht alles ist zu allen Zeiten möglich. Das Sehen an sich" – d.h. die historisch vorgegebene Darstellungsform, die den formalen Rahmen darstellt, innerhalb dessen der Künstler seine Ideen verwirklichen kann – „hat seine Geschichte, und die Aufdeckung dieser ‚optischen Schichten' muß als die elementarste Aufgabe der Kunstgeschichte angesehen werden"[55]. Als formale Elemente treten die „optischen Schichten" auch bei Wölfflin „gleichzeitig" auf. Frühstufen, Hochstufen und Spätstufen sowohl des Barock als auch der Gotik und aller anderen Stilepochen zeigen an den entsprechenden Punkten ihrer Entwicklung die jeweils gleichen formalen Kennzeichen:

> „Es gibt eine Klassik und einen Barock nicht nur in der neueren Zeit und nicht nur in der antiken Baukunst, sondern auch auf einem so ganz fremdartigen Boden wie der Gotik"[56].

Hier schließt sich der Kreis zum *Untergang des Abendlandes*. Es ist meines Erachtens offensichtlich, daß Spenglers Konzeption der „Morphologie der

Weltgeschichte" entscheidend von Grundgedanken der Kunstgeschichte inspiriert worden ist, genauer von jenen Protagonisten des kunstgeschichtlichen Paradigmenwechsels, den man vor allem mit dem Namen der „Wiener Schule" verbindet. Einer der Grundgedanken dieser Richtung der Kunstgeschichte, daß allen menschlichen Hervorbringungen, die man unter dem Oberbegriff Kultur zusammenfassen kann, ein Prinzip zugrunde liegt, das den speziellen Ausformung dieser Hervorbringungen einen charakteristischen „Stil" aufprägt, über den man dann wiederum dieses „Prinzip" rekonstruieren und beschreiben kann, bildet auch die Grundlage für Spenglers Geschichtsphilosophie. Daß die *conditio sine qua non* für dieses Konzept, sowohl für die „Wiener" als auch für Spengler, die Universalisierung des kunsthistorischen Stilbegriffs ist, liegt auf der Hand. Massimo Zumbini hat mit Recht darauf hingewiesen, daß die Feststellung Willibald Sauerländers, Riegl habe die Geschichte zum Stilphänomen gemacht und damit zu einer „historischen Morphologie der Weltanschauungen" ästhetisiert, auch auf Spengler zutrifft[57]. Von einem bloßen Epigonentum Spenglers zu reden, wäre m.E. jedoch nicht angemessen. Auch wenn sie an dieser Stelle nur unzureichend untermauert werden konnte, soll am Abschluß dieser Arbeit die These stehen, daß sich ungefähr seit dem Ende des 19. Jahrhunderts, zunächst im Rahmen der deutschen Kunstgeschichte, ein Typus des historischen Denkens – wenn man so will, eine Diskursforma tion – herausgebildet hat, der in Spengler einen (vorläufigen) und eigen tümlichen Höhepunkt fand, aber für weitaus mehr Denker, als in diesem Rahmen behandelt werden konnten, kennzeichnend ist. Es wird weiteren Untersuchungen vorbehalten sein, diese These zu belegen.

Anmerkungen

1 Vgl. MASSIMO FERRARI ZUMBINI, Macht und Dekadenz. Der Streit um Spengler und die Frage nach den Quellen zum 'Untergang des Abendlandes', in: A. Demandt und J. Farrenkopf (Hg.), Der Fall Spengler. Eine kritische Bilanz, Wien 1994, S. 89f; MANFRED SCHRÖTER, Der Streit um Spengler. Kritik seiner Kritiker, München 1922, S. 48ff.
2 LUDWIG CURTIUS, Morphologie der antiken Kunst, in: LOGOS 1919/20, S. 197.
3 JOST HERMAND, Literaturwissenschaft und Kunstwissenschaft. Methodische Wechselbeziehungen seit 1900, Stuttgart 1972, S. 11.
4 OSWALD SPENGLER, Der Untergang des Abendlandes. Umrisse einer Morphologie der Weltgeschichte, Vollständige Ausgabe in einem Band, München 1963, S. 481.
5 Vgl. ebd., S. 135.
6 Ebd., S. 8.
7 Ebd., S. 139.
8 Ebd., S. 3.
9 Ebd., S. 8f.
10 Ebd., S. 169.
11 Ebd., S. 136.
12 Ebd., S. 146.
13 bd., S. 258.
14 Ebd., S. 147.
15 Ebd., S. 8.
16 Ebd., S. 549.
17 Vgl. ebd., S. 166ff.
18 Vgl. JOSEF FRÜCHTL, Die Wiedergeburt des Ästhetischen aus dem Geist des nachmeaphysischen Denkens, in: Information Philosophie Nr. 2 (1993), ARNOLD GEHLEN, Über kulturelle Kristallisation, in: DERS., Studien zur Anthropologie, Neuwied 1963, JAKOB TAUBES, Die Ästhetisierung der Wahrheit im Posthistoire, in: G. Althaus/I. Staeuble (Hg.), Streitbare Philosophie. Festschrift für M. V. BRENTANO, Berlin 1988, ALEXANDRE KOJEVE, Hegel. Kommentar zur Phänomenologie des Geistes, Frankfurt a. M. 1975.
19 Vgl. SPENGLER, S. 204, 206f.
20 Ebd., S. 192f.
21 Ebd., S. 617f.
22 Vgl. ebd., S. 146.
23 Ebd., S. 440.
24 Ebd., S. 265.
25 Ebd., S. 140.
26 Ebd., S. 226.
27 Ebd., S. 265.
28 Ebd., S. 141.
29 Vgl. ebd., S. 193.
30 Vgl. ebd., S. 618, 620ff.
31 Ebd., S. 57.

32 ANTON MIRKO KOKTANEK, Oswald Spengler in seiner Zeit, München 1968, S. 129.
33 Vgl. ZUMBINI, S. 90f.
34 Zur „Wiener Schule" vgl. WILLIAM M. JOHNSTON, Österreichische Kultur- und Geistesgeschichte. Gesellschaft und Ideen im Donauraum 1848 bis 1938, Wien 1972 [im folg.: Johnston], S. 161ff.
35 HEINRICH WÖLFFLIN, Prolegomena zu einer Psychologie der Architektur, in: ders., Kleine Schriften, Basel 1946, [im folg.: Prolegomena], S. 46.
36 Vgl. MAX DVORÁK, Gesammelte Aufsätze zur Kunstgeschichte (ed. J. Wilde und K. M. Svoboda), München 1929, S. 280ff. DERS., Kunstgeschichte als Geistesgeschichte. Studien zur abendländischen Kunstentwicklung, München 1924. WILLIAM M. JOHNSTON, Österreichische Kultur- und Geistesgeschichte. Gesellschaft und Ideen im Donauraum 1848 bis 1938, Wien 1972, S. 162. Willibald Sauerländer, Alois Riegl und die Entstehung der autonomen Kunstgeschichte am Fin de Siècle , in: R. Bauer, E. Heftrich u.a. (Hg.), Fin de Siècle. Zu Literatur und Kunst der Jahrhundertwende, Frankfurt am Main 1977, S. 162ff.
37 WILHELM WORRINGER, Formprobleme der Gotik, München 1911 [im folg.: Worringer], S. 1.
38 Vgl. OSWALD SPENGLER, Der Untergang des Abendlandes. Umrisse einer Morphologie der Weltgeschichte, München 1963 (Sonderausgabe in einem Band), S. 31ff.
39 ALOIS RIEGL, Stilfragen. Grundlegungen zu einer Geschichte der Ornamentik, Berlin 1923 [im folg.: Stilfragen], S.XV.
40 Vgl. ebd., S.47; DVORÁK, S.287f.
41 Vgl. ALOIS RIEGL, Spätrömische Kunstindustrie, Wien 19292 (ND Darmstadt 1992) [im folg.: Kunstindustrie]; DVORÁK, S.290.
42 DVORÁK, ebd., S.288.
43 Vgl. Kunstindustrie, S.218; DVORÁK, Aufsätze, S.287ff; W. KAMBARTEL, Artikel Kunstwollen in: Historisches Wörterbuch der Philosophie (ed. J. Ritter und K. Gründer), Bd. 4, Sp. 1463.
44 SPENGLER, S. 393.
45 Kunstindustrie, S.282.
46 Vgl. DVORÁK, Kunstgeschichte als Geistesgeschichte. Studien zur abendländischen Kunstentwicklung, München 1924 [im folg.: Geistesgeschichte], S.261-275, bes. S. 269ff, JOHNSTON, S.164.
47 HERMAND, S.11.
48 Formprobleme, S.5.
49 Ebd., S. 10.
50 Kunstindustrie, S. 401, vgl. ZUMBINI 92.
51 ALOIS RIEGL, Historische Grammatik der bildenden Künste. Aus dem Nachlaß herausgegeben von K. M. Svoboda und O. Pächt, Graz 1966, S. 22; vgl.auch S. 75-89; 209ff.
52 Vgl. SPENGLER, S. 151.

53 HEINRICH WÖLFFLIN, Kunstgeschichtliche Grundbegriffe. Das Problem der Stilentwicklung in der neueren Kunst, Dresden 1983, S. 18ff, 21; DERS., Das Erklären von Kunstwerken, Leipzig 1940, S. 32.
54 H. WÖLFFLIN, 1983, a.a.O., S. 18f.
55 A.a.O., S. 18.
56 A.a.O., S. 280.
57 Vgl. ZUMBINI, S. 92, SAUERLÄNDER, S. 136.

Die Frage als Leitfaden in Heideggers Denken

KAI HAUCKE

Für die Intellektuellen der Weimarer Zeit ist die Fragwürdigkeit zugleich Ausdruck ihrer Befindlichkeit, Zustand ihrer Welt als auch ein Ethos. Krieg, Revolution, ungewollte und ungewohnte Demokratie lassen Nietzsches Ausruf vom Tode Gottes zur Erfahrung einer ganzen Generation werden.[1] Mit dem Verlust einer höchsten Instanz erscheint alles relativ – moralische und politische Werte ebenso wie theoretische und philosophische Wahrheiten. Selbst die Rede vom Menschen, gar der Menschheit, erscheint als sinnlos oder zumindest alles andere als klar. „Keiner Zeit ist der Mensch so fragwürdig geworden wie der unsrigen" schreibt Heidegger mit Verweis auf Max Scheler.[2] Und Plessner spricht vom Menschen als der offenen Frage, vom homo absconditus.[3] Geschichtlichkeit, Endlichkeit, Seinsgebundenheit menschlicher Lebensformen erscheinen prägender als eine nurmehr abstrakte Gattungseinheit, die sich zwar biologisch oder religiös oder mit Berufung auf eine menschliche Natur bzw. Vernunft noch darstellen läßt, aber angesichts der Pluralisierungen unglaubwürdig wird. Die eigenen geschichtlichen Erfahrungen verharren nicht nur im Bereich bloß persönlicher Erlebnisse, sondern öffnen einen Raum für neue Fragen, fließen ein in die intellektuellen Produktionen – denn die Weimarer Zeit ist nicht allein durch Gewißheitsverlust gekennzeichnet, sondern zugleich durch ein scharfes Bewußtsein von diesem Verlust.

Heideggers Denken ist für seine Zeit exemplarisch, und sein Erfolg deutet darauf hin, daß seine Zeitgenossen in seinem anspruchsvollen Philosophieren ihre eigenen Erfahrungen wiedererkennen konnten. Mit Bedacht vermeidet Heidegger das Wort „Mensch" und wählt stattdessen den „neutraleren" Titel „'das Dasein'"[4], um der Belastung mit fragwürdigen Werten zu entgehen. Und in der ersten fundamentalen Bestimmung des Daseins: „*Das 'Wesen' des Daseins liegt in seiner Existenz*"[5] wird sogleich deutlich: der Mensch läßt sich nicht allgemein („Wesen") als Exemplar einer Gattung verstehen, ist nicht erklärbar durch Subsumtion unter eine allgemeine Regel. Daher ist Dasein weiterhin durch „Jemeinigkeit" charakterisiert, durch ein Selbstverständnis. Diese ersten Bestimmungen des Daseins durch Heidegger schließen die Idee einer Menschheit nicht aus: das Dasein kann sich je in seinen konkreten Möglichkeiten („Da") normativ einer Menschheit zugehörig verstehen, muß es aber nicht. Aber auch wenn

es sich als Teil einer Menschheit versteht, so ist die Idee einer verpflichten-
den allgemeinen Instanz eingebettet in ein Selbstverständnis, der Gat-
tungscharakter zurückgenommen und die Geltung dieser Idee eingeschränkt
auf je besondere Weisen dazusein.

Solche intellektuellen Vertiefungen der Fragwürdigkeit der Weimarer Zeit
erscheinen gefährlich. Denn die zwanziger Jahre sind für uns Heutigen nicht
nur als eine Periode enormer intellektueller Produktivität interessant,
sondern haben im Rückblick die Unheimlichkeit eines Telos. Das Ende der
ersten deutschen Demokratie, begrüßt und unterstützt von Intellektuellen
wie Heidegger, läßt den bewußt forcierten Abschied von der Idee der
Menschheit als eine kulturelle Vorbedingung für den Holocaust erscheinen.
Nur jene, die das eigene Selbstverständnis über die Menschheit stellen, die
die kulturellen, historischen und ethnischen Unterschiede für gewichtiger
halten als ein einigendes Band der Humanität, können ruhigen Gewissens
„Endlösungen" akzeptieren, erdenken und ausführen.[6] Die klare Logik
solcher Rückführung mag zwingend erscheinen. Aber gerade ihre Einfachheit läßt zweifeln, ob mit ihr das Unfaßbare von Auschwitz auch nur
gestreift wird. Und ihre Einfachheit reduziert zugleich die Komplexität
dessen, was in der Weimarer Zeit gedacht und erfahren wurde. Diese Logik
setzt als problemlos voraus, was gerade erst in die Fragwürdigkeit gerückt
war: entschieden den Standpunkt einer Menschheit einnehmen zu können.
Sie verlangt rückblickend von den Intellektuellen der zwanziger Jahre, die
eigenen Erfahrungen aufzugeben, sie einer theoretischen Vertiefung zu
entziehen. Sie negiert den Pluralismus als geschichtliches Faktum und
ebenso als eine kulturelle und intellektuelle Herausforderung: wie man ohne
eine letzte Instanz dennoch verantwortlich urteilen, denken und handeln
kann; wie eine Menschheit gedacht und praktiziert werden kann, deren
universaler Charakter nicht mehr durch eine christliche Überlieferung und
ihre Derivate gesichert ist.

Selbst Heideggers Bestimmungen des menschlichen Daseins schließen
eine solche „andere" Menschheit nicht aus. Neben dem Vorrang der
Existenz gegenüber dem Wesen und der daraus resultierenden Jemeinigkeit,
bestimmt er das menschliche Dasein als Seiendes, das sich vor bloß
vorhandenem Seienden durch die Möglichkeit des Fragens auszeichnet.
„Ausarbeitung der Seinsfrage besagt demnach: Durchsichtigmachen eines
Seienden – des fragenden – in seinem Sein".[7] Der Mensch ist nicht nur
fragwürdig geworden, sondern sich dessen auch bewußt als danach Fragen-
der. Mit dem Fragen ist das Dasein je schon befähigt über das bloße Selbst-

verständnis hinauszugehen, denn wir fragen, wenn wir etwas nicht wissen; aber fragen können wir nur, wenn wir schon etwas wissen von dem, was wir noch nicht wissen. Und auch wenn die Idee einer Menschheit angesichts der Erfahrungen von Endlichkeit nicht mehr als Gattung und universales Normativ anerkannt werden kann, so heißt dies doch nicht notwendig, sie der pluralen Beliebigkeit zu überantworten als eine Idee unter anderen, die für bestimmte Lebensformen relevant, für andere marginal, für wieder andere bedeutungslos ist.

Fragwürdigkeit, das Fragen, die Frage nach dem Sein sind zentrale Motive in Heideggers Denken bis in seine Spätphilosophie hinein, die verschiedene Sinnbezüge aufweisen. Fragwürdigkeit enthält das Moment einer Zeitdiagnostik und charakterisiert den Gewißheitsverlust. Aus solchen Situationen, die sich zunächst in Grundstimmungen wie Angst, Erschrecken, Staunen und Langeweile bekunden, erwachsen dann Fragen.[8] Diese Fragen sind würdige Fragen: sie fragen nicht nach diesem oder jenem, sondern gehen aus Stimmungen hervor, von denen unsere ganze Existenz betroffen wird. Es sind philosophische Fragen, die für Heidegger in der Frage nach dem Sein kulminieren. In der Fragwürdigkeit zeigt sich daher auch Heideggers Verständnis von Philosophie – sie entspringt aus ihr; und dergestalt begreift Heidegger Philosophieren als ein fragendes Denken, das allein aus dem Fragen seine Würde erhält.[9] Die Gründung der Philosophie in der Fragwürdigkeit gestimmter Situationen und die Würdigung des Philosophierens als fragendes Denken ermöglichen aber im Ansatz zugleich auch Kritik, wie denn auch im Begriff der Fragwürdigkeit ein pejoratives Moment mitschwingt. „Fragwürdig" ist dann nicht nur eine neutrale Beschreibung einer historischen Situation, sondern impliziert eine Wertung. Die Jemeinigkeit des Daseins verhindert nicht die Unterscheidung zwischen gelungenem und nicht gelungenem – Heidegger spricht von uneigentlichem und eigentlichem Dasein als Seinsmodi der Jemeinigkeit.[10] Aber nicht nur Zeitkritik ist in der Verwendung der Fragwürdigkeit enthalten, sondern ebenso Kritik der Philosophie, die Heidegger in „Sein und Zeit" Destruktion der Ontologie[11] nennt, später dann ab 1936 in den „Beiträgen zur Philosophie" Kritik der Metaphysik.[12] Philosophieren als fragendes Denken ist Infragestellen des aussagenden, vorstellenden, vergegenständlichenden Denkens. Die Frage als sprachliche Form hat für Heidegger demnach auch einen inhaltlichen Aspekt – einen Gehalt, den man als skeptische Zurückhaltung fassen kann. In dieser Aufzählung wird die Vieldeutigkeit wie auch der herausragende Rang des Fragens in Heideggers Denken sichtbar. Seinen Bezugspunkt findet dieses

Geflecht von Bedeutungen in der Frage nach dem Sein – genauer: in der Ausarbeitung der Frage nach dem Sinn des Seins, wie sie Heidegger in „Sein und Zeit" formuliert.[13]

Sprach Heideggers Bestimmung des Daseins als ein fragendes gegen jene einfache Logik, die in der Pluralisierung durch die Jemeinigkeit des Daseins eine Vorbedingung für den deutschen Nationalsozialismus sehen wollte, so steht das Fragen als denkerische Haltung erst recht im Gegensatz zu Formen totalitärer Herrschaft. Man könnte annehmen, daß jemand, der das Fragen favorisiert und jede schnelle Antwort vermeidet oder ihr mit Skepsis begegnet – man könnte annehmen, ein solcher Denker kann gar nicht in die Nähe totalitärer Weltanschauung geraten. Denn vordergründig sind totalitäre Ideologien dadurch gekennzeichnet, fraglose Antworten zu geben, die alles zu erklären beanspruchen. Antworten, die zwar aus Fragen entstanden sind, aber als letztgültige Lösung auftreten. Heidegger ist etwas zu Hitler eingefallen, sagt Hannah Arendt – etwas Intellektuelles und Philosophisches.[14] Aber wann und warum wird ein philosophischer Einfall zur Falle? Was ist einem fragenden Denker zu einer Bewegung eingefallen, die das Fragen ausschalten wollte? Welche Momente seines Denkens ermöglichen eine Verbindung dieses Gegensatzes? Wird das bloße Fragen, das alle Antworten verwirft, unkritisch gegenüber je bestimmten Antworten verantwortungslos? Oder sucht das große Fragen, das alles in seinen Wirbel zieht, zugleich die eine große Antwort? Oder gibt es in Heideggers Denken eine Antwort, eine vage Richtung zwar, aber deutlich genug um mit der nationalsozialistischen Bewegung zu kommunizieren? Die Beantwortung dieser Fragen ist eine Frage der Verantwortung. Sie kann nicht pauschal erfolgen, sondern bedarf einer genauen Interpretation des Heideggerschen Denkens. Daß eine verhängnisvolle Verbindung zwischen diesem Denken und dem Nationalsozialismus besteht, bedeutet jedoch nicht, daß diese sich zwangsläufig ergibt. Eine Auseinandersetzung mit Heidegger kann daher nicht vordergründig ideologiekritisch verfahren, wenn man ernst nimmt, daß ihm etwas *Philosophisches* zu Hitler eingefallen ist. Nicht von außen, sondern von innen her gilt es, seine Grundbegrifflichkeit zu befragen, sich auf sie einzulassen in ihrer z.T. verwirrenden Ambiguität, um Affinitäten aufzuspüren. Ein solches Vorgehen muß den Texten weitgehend folgen. Darin liegt das Risiko, sich in ihnen zu verlieren, aber ebenso der Vorzug, schnelle Vereinfachungen zu vermeiden. Ich werde *erstens* Heideggers Verwendungsweise von „Sein" diskutieren. Dabei wird sich ergeben, daß untergründig in diesem Grundbegriff eine Identifikation von Philosophie und

Dasein vollzogen wird, die es Heidegger später ermöglicht, das politische Geschehen unmittelbar als ein metaphysisches zu betrachten und sein politisches Engagement als Konsequenz des Philosophierens zu begreifen. In einem *zweiten* Schritt gehe ich dem daseinsanalytischen Ansatz nach und der in ihm gründenden Kritik des abendländischen Logozentrismus. Hier wird die These vertreten, daß Heidegger keine Ontologie betreibt, sondern vielmehr die ästhetische Konstitution menschlichen Daseins aufdeckt. Eine ästhetische Interpretation der Heideggerschen Erschlossenheit von Welt deutet die Fruchtbarkeit seiner Philosophie für ein anspruchsvolles Konzept von Pluralismus an. In einem ästhetischen Diskurs wird eine Kommunikation zwischen verschiedenen Kulturen und Lebenswelten möglich, die auf der Ebene von moralischen Werten oder kognitiven Standards, durch die je inkommensurablen Weisen in der Welt zu sein, blockiert ist. *Drittens* versuche ich zu zeigen, daß dieses ästhetische Potential des Heideggerschen Ansatzes in der Ausarbeitung der Daseinsanalytik verlorengeht durch eine verengte Auslegung der eigenen Bestimmungen. Kurz gefaßt: die ästhetische Dimension der Daseinsanalytik wird auf einen Ästhetizismus reduziert. Die Identifikation von Philosophie und Politik, die sich aus der Diskussion der Verwendungsweisen von „Sein" ergibt, wird damit konkreter zu einer Identifikation der eigenen Philosophie mit dem Nationalsozialismus, der nach Benjamin auf eine „Ästhetisierung des politischen Lebens" hinausläuft.

I. In Heideggers Philosophie behauptet der Terminus „Sein" eine prominente Stellung. Und es ist das ausgeprägte Selbstverständnis Heideggers, daß die Frage nach dem Sinn des Seins das Zentrum seiner Denkbewegungen ist. Nur: worauf dieser Terminus verweist, ist alles andere als klar, und Heidegger gibt auf den ersten Seiten von „Sein und Zeit" selbst Gründe dafür an: Sein gilt als der höchste Begriff, aber seine Allgemeinheit ist keine Gattungsallgemeinheit[15]; er ist daher nicht definierbar, sondern notwendig unbestimmt; und schließlich sei er der selbstverständlichste Begriff[16] – in der Philosophie längst nicht mehr der vornehme Gegenstand der ersten Philosophie, sondern „Tradition" geworden; im alltäglichen Verstehen des „ist" ein Vorverständnis, von dem wir in allem Verhalten und Verstehen Gebrauch machen, ohne explizit danach zu fragen. Wenn daher die Interpreten Schwierigkeiten mit dem Seinsbegriff haben, so liegt das in der Natur der Sache und Heidegger daraus einen Vorwurf zu machen, wäre Mißverstand, will er doch mit dem erneuten Fragen nach dem Sinn des Seins diesen Unklarheiten begegnen. Aber dennoch gibt es gute Gründe, Heidegger nach dem Sinn dessen zu befragen, wonach gefragt wird, denn das Fragen nach ihm setzt ein gewisses Vorverständnis voraus, wenngleich dieses nicht identisch mit der Beantwortung der Frage ist – nach Heidegger lautet die Antwort: Zeit.[17] Und ebenso kann zugestanden werden, daß im Prozeß des Fragens, der für Heidegger ein Suchen ist,[18] dieses Vorverständnis sich verschiebt. Daher erscheint es legitim und sinnvoll nach dem Sinn der Frage nach dem Sinn des Seins zu fragen. Oder anders: wie versteht Heidegger „Sein", wenn er sagt, daß wir immer schon ein Seinsverständnis haben?

Zunächst zeigt sich auf den ersten Seiten von „Sein und Zeit", aber auch in dem späteren Text der Vorlesung von 1935[19] eine Unentschiedenheit: der Terminus „Sein" wird einmal als philosophischer Begriff verwendet – eben als jene höchste und transzendentale und undefinierbare Allgemeinheit; zum anderen wird „Sein" als ein Wort angesprochen, wie es alltäglich gebraucht wird. Obgleich Heidegger diesen Unterschied inhaltlich nicht markiert, ist er doch formal einsichtig: Heidegger verwendet für „Sein" zunächst dann Anführungszeichen, wenn er die alltäglichen Verwendungsweisen dieses Terminus im Blick hat. Dieses formale Insistieren auf einen Unterschied verliert sich dann jedoch. Alltäglich, so unterstellt Heidegger, bedarf es eines Seinsverständnisses im Sinne des Verstehens des Wortes „Sein", um überhaupt etwas verstehen zu können. „Sein" als Wort hat demnach eine transzendentale Bedeutung, und Heideggers Rede von einem Faktum oder einer Tatsache legt nahe,[20] daß es sich um eine zumindest empirisch nachprüfbare These handelt. Zweitens geht er davon aus, daß so heterogen die Verwendungsweisen dieses Wortes auch sein mögen – Heidegger spricht von einem „Bedeutungsdunst"[21] –, sie verweisen auf einen einheitlichen Grundzug und bilden ein Ensemble.[22] Diese beiden Erläuterungen zeigen, daß Heidegger mit „Seinsverständnis" ein Phänomen zu fassen sucht, daß man als lebensweltliches Hintergrundwissen bezeichnen kann, das allem expliziten Verstehen vorausgeht und zugrunde liegt, und das einen holistischen Charakter besitzt, der sich nicht in einer einfach definitiven Bestimmung fassen ließe. Diese hermeneutische Auslegung von „Sein" erscheint nun zwar griffig, aber läßt mehrere Fragen unbeantwortet. Wenn „Sein" als lebensweltliches Hintergrundwissen übersetzt werden kann, wieso ist dann ein solches Vorverständnis ein *Seins*verständnis? Und daß diese Bezeichnung nicht zufällig und arbiträr ist für Heidegger, ergibt sich schon allein aus dem ontologischen Vokabular, das Heidegger gebraucht. Hier liegt es nahe, der empirisch anmutenden These, daß das Wort „Sein" zumindest innerhalb des sprachlichen Verstehens eine transzendentale Rolle spielt, nachzugehen. Demnach würde die Rede von einem *Seins*verständnis

auf sprachphilosophische Überlegungen Heideggers verweisen und könnte
daher mit sprachphilosophischen Mitteln auch aufgeklärt werden. Daß für
Heidegger eine Besinnung auf Sprache insbesondere auf das Wort „Sein"
relevant gewesen wäre, sprechen nur wenige Passagen, die eher randständig
und arabesk sind, aber kaum zentral.[23] Im Gegenteil: in „Sein und Zeit" wird
die Analyse der Sinngehalte des „ist" explizit in den Zusammenhang der
existenzialen Analytik des Daseins gestellt,[24] deren begriffliche Mittel man
als hermeneutisch, phänomenologisch oder auch fundamentalontologisch
bezeichnen kann, aber kaum als sprachphilosophisch. Aber trotz solcher
Einschränkungen bleibt dennoch, daß Heidegger – aus welchen Gründen
auch immer – dem Wort „Sein" eine transzendentale Bedeutung als Wort
innerhalb der *Sprache* zuschreibt. Und daher ist es legitim, dieser
Überzeugung auf sprachanalytischem Wege nachzugehen. Ernst Tugendhat
hat nachgewiesen, daß die Rückführung alles sprachlichen oder gar nicht-
sprachlichen Verstehens auf ein Verstehen des Wortes „Sein" nicht ohne
weiteres haltbar ist. Auch wenn Übersetzungen von Sätzen ohne „ist" in
welche mit einem solchen gelängen, dann nicht ohne künstliche Gewalt und
nicht ohne Verlust von wesentlichen Differenzen in der Sprache.[25]
Heideggers zweite, als Faktum vorgebrachte These, – daß die verschiedenen
Verwendungsweisen des Wortes „Sein" einen einheitlichen Bezugspunkt
haben –, ist hingegen sowohl historisch als auch logisch kaum haltbar. Das
Wort „sein" ist homonym, und d. h. „Sein" als veritatives Sein, als Prädikationsoperator (Kopula), als Identität und als Existenz weisen keinen semantischen Einklang auf.[26] Falls sich Heideggers Rede von einem Seinsverständnis derart auf Sprachphilosophie gestützt hätte, wäre sie somit
widerlegt. Die Stärke einer solchen Kritik ist sicher ihre Einfachheit und
Vorurteilslosigkeit. Einen Zugang zum Denken Heideggers ermöglicht sie
jedoch nicht, da man, wenn man Heidegger liest, seinem Selbstverständnis
wenigstens insoweit folgen muß, daß man die Rede von einem Seinsverständnis für sinnvoll hält. Auch wenn man dieser Kritik zustimmen muß,
bleibt doch für eine Interpretation offen, was Heideggers Motiv ist, nicht
hermeneutisch von einem Vorverständnis, sondern von einem Seinsverständnis zu sprechen. Unter der Voraussetzung, daß Heidegger kein Scharla-
tan ist, kann die sprachanalytische Widerlegung nicht als Schlußwort zu
Heidegger begriffen werden. Vielmehr fragt sich: Unter welchen Bedingungen kann trotz dieser Kritik sinnvoll von einer Besinnung auf die Verwendungsweisen des Wortes „Sein" gesprochen werden? Die Formulierung
„unter welchen Bedingungen" deutet darauf hin, daß die Frage nach dem

Sinn eines Wortes nur sinnvoll ist innerhalb bestimmter Kontexte. Für „natürliche" Sprachen und im alltäglichen Gebrauch läßt sich keine transzendentale Bedeutung des Wortes „Sein" aufweisen. Aber im Kontext eines bestimmten philosophischen Sprachspiels, das Heidegger „Metaphysik der Erkenntnis"[27] nennt, wird das „ist" in der Tat so verwendet, daß alles Verstehen (wenngleich reduziert auf Erkennen) von ihm abhängt, und daß zugleich die verschiedenen Gebrauchsweisen eine semantische Einheit bilden. Die Trennung von Subjekt und Objekt fungiert als ein evident gesetzter und selbstverständlich gewordener Ausgangspunkt für dieses Sprachspiel. Da Subjekt und Objekt durch diese Voraussetzung als zwei einander gleichgültige und selbständige Substanzen gedacht werden, ergibt sich das sogenannte Transzendenzproblem[28]: wie denn ein Subjekt über sich selbst hinausgehen kann und so ein Objekt zu erkennen vermag. Eine Vermittlung der zunächst als unmittelbar Gesetzten ist nötig, um die Möglichkeit von Erkenntnis begründen zu können, und diese Vermittlungsfunktion wird der Aussage übertragen. Da aufgrund der dualistischen Voraussetzung ein unmittelbarer Zugang zur Wahrheit verwehrt ist, wird die Aussage oder das Urteil zum Ort der Wahrheit. In ihrer paradigmatischen Form „S ist P" erweist sich die Aussage als in sich selbst vermittelte Vermittlungsform, in deren Mitte das „ist" zum Stehen kommt. Das „ist" in seiner spezifischen Form der Kopula wird damit zum Drehpunkt der Wahrheitsfrage. Durch die apophantische Synthesis wird einmal eine Überwindung des vorgängigen Dualismus von Denken und Sein erreicht (Heidegger spricht von einer transzendentalen oder ontologischen Synthesis[29]), und zum anderen eine jeweilige Korrespondenz zwischen einzelnem Gedanken (Vorstellungen) und einem Seienden hergestellt (veritative Synthesis[30]). Insoweit in einer Aussage Subjekttermini und Prädikattermini vermittelt werden, bedarf es ebenso einer prädikativen Synthesis[31], die aus einzelnen Vorstellungen Allgemeinbegriffe generiert, welche dann als Prädikatterme die Funktion von Regeln übernehmen, mit denen die Subjekte als Fälle erklärt werden können. Diese verschiedenen Formen der Synthesis entsprechen verschiedenen Verwendungsweisen des Wortes „sein". In der apophantischen Synthesis zeigt sich das „ist" als Prädikationsoperator; in der transzendentalen Synthesis wird in einem spezifischen Sinn die Existenz thematisiert, der sich nicht auf den logischen Existenzquantor beschränkt – daß es überhaupt etwas gibt (Daß-Sein[32]); in der prädikativen Synthesis ein Gebrauch der Identitätsfunktion; in der veritativen die Wahrheitsfunktion, und insofern hier Wahrheit korrespondenztheoretisch begriffen wird, gewinnt die veritative Verwendungsweise ihren Sinn auch aus der Identitäts-funktion.

Faktisch also erscheint das „ist" hier nur als Kopula; im Kontext der Theorie jedoch steht die Kopula für alle anderen Verwendungsweisen des Wortes „sein", die in der „natürlichen" Sprache unterschieden werden können – und zwar nicht nur „metaphorisch": es ist der Sinn dieses Wortes im Kontext dieser Theorie, und einen Sinn ohne Kontext lehnt auch ein sprachanalytisches Verfahren ab. In der Rekonstruktion dieses Modells wird sichtbar, inwiefern man zu Recht behaupten kann, Heidegger orientiere sich am Sinn des Wortes „Sein", und es wird verständlich aus dem Kontext dieser Theorie heraus, daß das Wort transzendentale Bedeutung gewinnt – d. h. alles Verstehen (wenn auch reduziert auf Erkennen) von ihm abhängt; und es wird ebenso klar, warum Heidegger von einem einheitlichen Zug, ei-nem semantischen Zusammenspiel der verschiedenen Verwendungsweisen ausgehen kann. Heideggers beanspruchte Fakten – daß es einen einheitli-chen Bezugspunkt der Verwendungsweisen des Wortes „sein" gibt, und daß alles Verstehen schon ein Verständnis dieses Wortes voraussetzt – erweisen sich weniger als empirische Tatbestände, denn als Folge einer bestimmten Theorie. Die Einheit als „Tatsache" ist in der funktionalen Ganzheit des Modells begründet, und die ausgezeichnete Rolle des Wortes „ist" folgt aus der paradigmatischen Form „S ist P", die dieses Modell veranschlagt.

Wenn nun derart die Rede von einem Seinsverständnis im Kontext dieses philosophischen Sprachspiels sinnvoll ist, fragt sich nun, unter welcher Voraussetzung Heidegger nicht nur von einem *philosophischen*, sondern von einem *alltäglichen* Seinsverständnis sprechen kann. Die anfängliche Beob-achtung, daß Heidegger gleichermaßen mit dem Terminus „Sein" sich auf einen philosophischen Begriff wie auch auf eine Alltäglichkeit bezieht, kehrt nun wieder, nur wird jetzt klar, daß diese Ambivalenz und die Rede von einem alltäglichen Seinsverständnis auf eine Hintergrundüberzeugung ver-weist: daß Philosophie und Dasein identisch sind. Formal gleichen sie sich darin, daß sowohl das philosophische Vorverständnis, daß für Heidegger an das „ist" geknüpft ist als auch das alltägliche Vorverständnis jeweils fraglos sind. Darüber hinaus aber koinzidieren sie auch inhaltlich, insofern das alltägliche Vorverständnis als ein Seinsverständnis betrachtet wird. Das alltägliche Seinsverständnis ist eine Alltagsmetaphysik, durchsetzt „von überlieferten Theorien und Meinungen über das Sein, so zwar, daß dabei diese Theorien als Quellen des herrschenden Verständnisses verborgen bleiben".[33] „Die Metaphysik ist *das Grundgeschehen im* und *als Dasein selbst*", heißt es dann 1929.[34] Diese Hintergrundthese von einer Identität zwischen Philosophie und Leben läßt sich als das verborgene Grundmotiv des Heideggerschen Denkens begreifen bis in seine Spätphilosophie hinein. Die sprachanalytische Kritik verfehlt daher Heidegger – nicht weil sie Unrecht hätte, sondern weil sie sich mit dieser Konzeption von Philosophie und Leben gar nicht auseinandersetzt. Aber nicht nur für die Frage nach der Einheit des Heideggerschen Gesamtwerkes, sondern ebenso zur Erklärung der Brüche seines Weges bietet diese Hintergrundüberzeugung einen Schlüssel. Die Identität von Philosophie und Dasein ist verschiedentlich auslegbar. Sie kann unter Dominanz der Philosophie gedacht werden, und dann erscheint das alltägliche Dasein als eine nur weniger deutlich artikulierte Metaphysik. Diese Auslegung ermöglicht zwar die sinnvolle Rede von einem alltäglichen Seinsverständnis, aber verhindert zugleich eine Kritik und Destruktion der Metaphysik, die Heidegger mit dem daseinsanalytischen Ansatz leisten will. Für weite Teile von „Sein und Zeit" wird daher eine andere Interpretation der Identität von Philosophie und Dasein maßgebend: nunmehr erscheint Metaphysik aus dem Dasein entsprungen und zugleich als eine verdeckende Auslegung des Daseins selbst. Dergestalt kann Heidegger dann zunächst vom Standpunkt der Alltäglichkeit des Daseins eine Metaphysikkritik fundieren. Mit dieser Auslegung der Identität von Philosophie und Dasein kann jedoch nicht mehr konsistent, sondern nur noch metaphorisch von einem alltäglichen Seinsverständnis gesprochen werden. Das Wort „Sein" spielt daher in der Daseinsanalytik keine zentrale Rolle mehr, sondern wird ersetzt durch die ausdrucksstarken Begriffe wie Stimmung, Geworfenheit, Entwurf, Verfallen usw. Aber wie auch immer Heidegger jene Identität deutet: ob nun als Reduktion des Daseins auf Philosophie oder umgekehrt: der Philosophie auf das Dasein – in Heideggers Denken ist damit eine Öffnung angelegt, die es ihm später ermöglicht hat, das politische Geschehen unmittelbar als ein politisches zu begreifen. Und insofern dieses Grundmotiv auch noch die Spätphilosophie untergründig dominiert, etwa in der Kritik der Technik, deren Wesen ebenfalls als Metaphysik bestimmt wird, bleibt ein Raum für die „Affäre Heidegger" bestehen.

II. Heideggers originärer Einsatz, der ihm eine Kritik der Metaphysik ermöglicht, findet sich nicht in der Formulierung der Seinsfrage und nicht in jener hintergründigen Parallelisierung von Dasein und Philosophie – beide sind gleichermaßen fragwürdig –, sondern im daseinsanalytischen Ansatz.[35] Durch die Orientierung am zunächst alltäglichen Dasein, kann Heidegger gegen das metaphysische Erkenntnismodell zweierlei geltend machen: 1.

Menschlichem Dasein ist immer schon Welt erschlossen und der Subjekt-Objekt-Dualismus ist ein Derivat einer ursprünglicheren Bindung des Dasein an Welt. Diese Erschlossenheit kennzeichnet Heidegger mit ästhetischen Begriffen: in der Stimmung und im Entwurf ist uns Welt je schon vertraut.[36] Die klassische Kantsche Dreiteilung der Philosophie erfährt damit eine Umkehrung: Erkennen und Wollen gründen in einer ästhetischen Dimension,[37] auch wenn Heideggers ontologische Sprache gerade das spezifisch Ästhetische seines Ansatzes verdeckt. Zweitens kann mit dieser Destruktion des cartesianischen Dualismus das Aussagenparadigma, der Logozentrismus kritisiert werden. Die Aussage ist für Heidegger ein Derivat der Erschlossenheit von Welt.[38] Die in ihr zusammenfließenden Synthesisformen setzen jene vorgängige Synthesis durch Stimmung und Entwurf je schon voraus, verdecken sie aber – und mehr noch: das innerweltlich Seiende, das dem Dasein aufgrund der Erschlossenheit begegnen kann, es angehen kann, wird verwandelt. Es erscheint nicht mehr in Form einer Bedeutsamkeit, nicht mehr als für das Dasein Zuhandenes, das geeignet oder ungeeignet sein kann,[39] sondern es wird zu Vorhandenem vergegenständlicht, dem vorhandene Eigenschaften prädiziert werden. In dieser Distanzierung von der ursprünglichen Erschlossenheit und der Transformation des Zu- in Vorhandenes liegt aber zugleich ein Gewinn für wissenschaftliche Erkenntnis.[40] Nur läßt sich der universale Anspruch, daß wir allein mittels des apophantischen Logos einen Zugang zum Seienden haben, nicht aufrechterhalten.[41] Mit der Rückführung der Aussage in die Erschlossenheit wird auch der logozentristische Wahrheitsbegriff fraglich – denn die Wahrheit einer Aussage wird ihr ebenfalls in Form einer Aussage zugesprochen und erscheint daher als eine vorhandene Beziehung zwischen Vorhandenen, zwischen Intellekt und Sache.[42] Daß ein Dasein aber überhaupt etwas entdecken kann, wie Heidegger den Sinn des Prädikates „wahr" auslegt,[43] gründet ebenfalls in einer vorgängigen Erschlossenheit von Welt,[44] die Heidegger demzufolge als die ursprüngliche Wahrheit bezeichnet – als ontologische Bedingung der Möglichkeit der Unterscheidung von wahr und falsch.[45] Aber die Erschlossenheit von Welt ist keineswegs indifferent, obgleich sie als Bedingung der Möglichkeit weder wahr noch falsch ist. Im Gegenteil: sie leitet unsere jeweiligen Entscheidungen von wahr und falsch, ohne daß man diese aus ihr ableiten könnte. Und zugleich öffnet die Erschlossenheit den Raum zwischen dem, was entschieden werden kann und dem, was unbestimmt ist für ein jeweiliges Dasein. Sie leitet nicht nur unsere Entscheidungen, sondern scheidet zugleich dasjenige, was mit der Wahrheitsdifferenz bewertet werden kann von demjenigen, was ihr entgeht. Die Erschlossenheit weist daher selbst einen evaluativen Charakter auf, der nicht als kognitiv, sondern nur als ästhetisch begriffen werden kann. Und sie ist als derart ästhetisch wertende, selbst einer ästhetischen Wertung zugänglich. Mit Heideggers Konzeption der Erschlossenheit von Welt wird daher die Frage nach der „Wahrheit" der jeweiligen transzendentalen Horizonte möglich. Der Ort der Wahrheit, den Heidegger in Stimmung und Entwurf sieht, könnte demnach in der Form eines ästhetischen Diskurses zugänglich werden. Die Verschiedenheit von Kulturen und Lebensformen verhindert so nicht per se eine Kommunikation zwischen ihnen und führt auch nicht zwangsläufig zur gewaltsamen Austragung von Konflikten. Ästhetisch können die je verschiedenen „Wahrheiten" anerkannt und für diskursive Bewertungen geöffnet werden, ohne die dogmatische und letztlich totalitäre Dominanz einer bestimmten und darin partikularen Erschlossenheit von Welt. Für das Verhältnis von Philosophie und Politik liegt hier eine Chance, ihre Heterogenität nicht einzuebnen durch eine Identifikation beider – sei es als Reduktion des Politischen auf das Philosophische oder umgekehrt: durch politische Instrumentalisierung der Philosophie. Und gleichfalls vermieden wird eine Verabsolutierung der Differenz, die den Philosophen freispricht von politischer Verantwortung und den Politiker des Denkens enthebt.

Heidegger kritisiert den apophantischen Logos jedoch noch in einer weiteren Hinsicht. Er gilt nicht nur als einziger Zugang und als Ort der Wahrheit, sondern ebenso als die einzig mögliche Weise, das Sein oder den transzendentalen Horizont zu bestimmen.[46] Hat nun die Aussageform in der Erkenntnis von Seiendem ihre beschränkte Gültigkeit, verliert sie ihr Recht endgültig bei der Behandlung transzendentaler Fragen. Denn hier vergegenständlicht sie kein Seiendes, sondern das Sein als transzendentalen Horizont, der aber seine Funktion als Horizont nur unvergegenständlicht erfüllen kann. Indem die Transzendentalphilosophie das Transzendentale in Aussagenform bestimmen will, verkehrt sie die Bedingungen der Möglichkeit von Verstehen zu einer Verunmöglichung von Verstehen.[47] Demgegenüber verweist Heidegger darauf, daß allein ein fragendes Denken eine solche Vergegenständlichung verhindern kann,[48] aber nicht allein das bloße Fragen, sondern ein Fragen, das aus fraglichen Stimmungen aufsteigt und sich in diesen Stimmung hält. In der Langeweile, in der Angst kommt das Dasein vor dem Seiendem im Ganzen, vor seiner eigenen Ganzheit zu stehen, ohne es vorzustellen, ohne vor dem transzendentalen Horizont zu stehen und ihn zu vergegenständlichen.[49] Auch hier zeigt sich Heideggers Denken als ästhetisches. Philosophisches Fragen kann nur gelingen, insoweit es gestimmtes ist. Der philosophische Begriff ist allererst Ergriffenheit.[50] Der Vorrang des Fragens und der Stimmung gegenüber dem Aussagen und der Bestimmung legt der Philosophie eine Zurückhaltung auf, die je eigenen Sichtweisen unkritisch auf andere zu übertragen oder gar als die allein gültigen zu behaupten.

Man kann etwas grob sagen, daß Heidegger trotz seines ontologischen Idioms eine fundamentale Entdeckung macht: die ästhetische Konstitution menschlichen Daseins und der ästhetische Charakter letzter Fragen. Aber so genial der Ansatz der Erschlossenheit ist, es bleibt offen, wie man in einer allgemeingültigen Weise über Stimmungen sich verständigen kann, wie man darüber hinaus je verschiedene Weisen von Welterschließung bewerten kann. Einen ästhetischen Diskurs, der Affekt und Diskursivität, Individuelles und Intersubjektives, Gefühl und Urteilskraft in einer subjektiven Allgemeinheit zu vermitteln vermag, kennt Heidegger nicht.[51] Die Ergriffenheit verharrt daher stets in der Nähe bloßer Launen, obgleich Heidegger den Grundstimmungen stets eine größere Strenge als jeder Logik anvertraute.[52] Die Stimmungen finden nicht den Weg zum ästhetischen Diskurs, sondern bleiben für Heidegger schweigsam. Das Schweigen begreift Heidegger in „Sein und Zeit" als einen Modus der Rede,[53] später gar als „Logik" der Philosophie,[54] und besteht damit auf einer rudimentären Form von Diskursivität, die aber ihr Potential nicht zu entfalten vermag. Aber es gibt noch ein anderes Schweigen Heideggers – oder ist es gar kein anderes? – Heideggers Schweigen über Auschwitz. „Offenbar ist dieses Schweigen nicht als eine Art der Rede zu deuten, die in dem, was sie 'zu verstehen gibt', großzügiger ist als die Unerschöpflichkeit des Geredes. Und auch nicht als Kargheit des Wortes, als Verschwiegenheit, wie sie in "Sein und Zeit„ gerühmt wird (164/165). Es handelt sich um das Schweigen eines Stummen, das nichts zu verstehen gibt. Ein bleiernes Schweigen.", schreibt Lyotard.[55] Warum dieses Schweigen? Und inwiefern läßt sich dieses Versagen aus dem Verfehlen eines ästhetischen Diskurses verstehen?

III. Heidegger ist zu Hitler etwas Philosophisches eingefallen. Wie Hegels Systemphilosophie tritt auch Heideggers Fundamentalontologie als Einheit von Logischem und Historischen, von Theorie und Praxis, Philosophie und Leben auf. Daß Philosophie immer auf ein Dasein verweist, daß sich in ihr ein Dasein ausspricht, daß Philosophie immer rückgebunden ist an eine Lebenswelt sind Voraussetzungen für ein philosophisches Engagement außerhalb der engen Zirkel des „reinen Geistes". Aber aus diesen Zusammenhängen folgt nicht, daß menschliches Dasein philosophisch und Philosophie eigentliches Dasein ist. Auch das intellektuelle Bedürfnis, die eigenen, auch sozialen, Grenzen zu überschreiten, ist nicht an sich problematisch, sondern das fehlende Bewußtsein, daß es sich dabei um Grenzen handelt. Die Identität von Philosophie und Dasein eröffnet den Raum für eine Reihe von Parallelisierungen – die Metaphysik erscheint als Gestalt des uneigentlichen, verfallenen Daseins; Heideggers eigene Philosophie korrespondiert mit dem eigentlichen Dasein, das den unverstellten Blick auf die Fundamente erlaubt und Destruktion und Kritik des uneigentlichen, metaphysischen Daseins ermöglicht. Mit dieser Voraussetzung kann für den Philosophen das politische Geschehen unmittelbar philosophische Bedeutung erlangen, und folgerichtig das eigene Engagement als Philosophieren mit anderen Mitteln erscheinen. Die konkrete Identifikation von liberaler Demokratie und Kommunismus mit dem uneigentlichen, und die Interpretation der nationalsozialistischen Bewegung als Ausdruck des eigentlichen Daseins[56] sind jedoch durch diese Vorentscheidung in Heideggers Grundbegrifflichkeit nicht betroffen. Daher konnte er auch später, ohne diese Voraussetzung aufzugeben, den Nationalsozialismus der anderen Seite zurechnen – als eine Gestalt neben vielen anderen, die die abendländische Seinsverlassenheit hervorbringt. Ein Irrtum, wie es Heidegger vorgekommen sein mag, der grundsätzlich an der Diagnose des Abendlandes nichts geändert hat. Ein Detailfehler gewissermaßen. Es gibt keinen Grund, an der Authentizität Heideggers zu zweifeln – weder in seinem Engagement für die Nazis noch in seiner Abkehr von ihnen. Nur: Authentizität ist kein moralisches, kein theoretisches und auch kein ästhetisches Kriterium. Die Identifikation von Philosophie und Dasein, Logischem und Historischem bleibt ein Grundzug seines Denkens, und hält damit die Möglichkeit von „Fehlinterpretationen" offen – zumal in seiner Philosophie unklar bleibt, nach welchen Maßstäben zwischen uneigentlich und eigentlich, seinsverlassen und seinshörig unterschieden werden kann.

In seinen Interpretationen von Angst und Langeweile gelingt es Heidegger, wichtige Voraussetzungen für verantwortliches Denken und Handeln zu explizieren, wenn er das Aufschließen von Möglichkeiten und die Erfahrung des eigenen Vermögens zu können, herausstellt. Denn verantwortlich können wir nur sein, wenn wir frei sind in dem zweifachen Sinne, daß wir einerseits die Wahl haben in einem Möglichkeitsraum von Bedingungen, und daß wir andererseits Chancen ergreifen können etwa in Form von Entscheidungen und Entschlüssen. Welche der eröffneten

Möglichkeiten aber angenommen werden sollen und welche nicht, darüber schweigt Heideggers Gewissen. Entscheidend ist der Modus, wie sie ergriffen werden – im schnellen Entschluß, der ohne Zögern alle Bedenken auslöscht. Die Fraglichkeit, wie sie in den Stimmungen der Angst und Langeweile aufscheint, und die ein fragendes Denken vorbereitet, wird zur blinden Selbstgewißheit.

Das Manko an Kriterien, die eine verantwortliche Entscheidung leiten könnten, wird durch Heideggers eingeschränkte Auslegung der Jemeinigkeit des Daseins ermöglicht. Zwar schließt die Bestimmung der Jemeinigkeit keineswegs einen intersubjektiven Bezug aus, ganz im Gegenteil: „im Seinsverständnis des Daseins liegt schon, weil sein Sein Mitsein ist, das Verständnis anderer".[57] Aber im Vergleich zur Behandlung des Besorgens bleibt die Betrachtung der Fürsorge marginal, und in der Interpretation des eigentlichen Daseins, insbesondere im Todeskapitel wird die eigentliche Jemeinigkeit individualistisch gefaßt – so, daß Besorgen und Fürsorge zwar allgemeine Bedingungen der Möglichkeit von Existenz überhaupt bleiben, aber versagen, „wenn es um das eigenste Seinkönnen geht".[58] Im schweigenden Ruf des Gewissens wird daher das Dasein als vereinzeltes angesprochen. Daß es als einzelnes angerufen wird, scheint klar: denn letztlich kann eine Entscheidung nur dann verantwortlich genannt werden, wenn sie als eigene getroffen wird. Daß aber das Dasein nur als vereinzeltes und entwerfendes angerufen wird, ist eine Radikalisierung dieses Sinns von Verantwortung, die zu einer Entleerung führt. Die Urteilskraft oder wie Heidegger sagt, der Entwurf, wird zur Willkür, dem Gegenteil von Verantwortung, wenn er nicht mehr geleitet ist von Regeln, die, folgt man Wittgenstein, gar nicht ohne intersubjektiven Bezug gedacht werden können.[59] Das Mitsein mit anderen als Moment der gestimmten Bindung an Welt verliert dann die Funktion als norm- oder wertgründende Instanz und damit auch als Regulativ der eigenen Urteile und Handlungen.

Die einseitige Auslegung der Jemeinigkeit des Daseins, die in Heideggers Konzeption des Gewissens deutlich hervortritt, ist keine notwendige Konsequenz, sondern ergibt sich aus einer einseitigen Interpretation des eigenen daseinsanalytischen Ansatzes. Die Gleichursprünglichkeit von Entwurf und Geworfenheit, Verstehen und Befindlichkeit wird in Heideggers Erläuterungen des eigentlichen Daseins durch die Favorisierung des Entwurfs zurückgenommen. Geleitet ist der Entwurf durch die Stimmung, in der uns zunächst in Form einer Vertrautheit Welt und innerweltlich Seiendes (einschließlich das Mitsein anderer) erschlossen ist. In der Stimmung findet der Entwurf Halt, ohne auf bloß faktische Bedingungen reduziert werden zu können. Für Heidegger scheint dieser Zusammenhang in der Grundstimmung der Angst zu zerbrechen, denn dieses Gefühl signalisiert uns das Versagen jener Vertrautheiten und sein Inhalt läßt sich verbalisieren in dem kurzen Ausruf: Kein Halt! Die Stimmung der Angst erscheint daher paradox als eine Befindlichkeit, die unbefindlich ist und eine freischwebende, erhabene Position eröffnet. Da das Verstehen (Entwurf) keinen Halt mehr findet und die ehemals vertraute Welt in Gleichgültigkeit versinkt,[60] kennt es kein Halten mehr. In welche Möglichkeiten sich das Dasein nunmehr auch entwirft, ist egal, da alles bedeutungslos geworden ist. Die Entscheidung für diese oder jene Möglichkeit des Daseins wird inhaltlich obsolet und zu einer Frage der Form. Heideggers Fundierung des Daseins in den ästhetischen Dimensionen wie Stimmung (Gefühl) und Entwurf (Urteilskraft, Kreativität) wird ästhetizistisch zurückgenommen. Für den freischwebenden Entwurf gelten nur noch stilistische Kriterien – entschlossen, furchtlos –, und diese verwandeln die Stimmung der Angst in die Laune einer Entscheidung. Auch der Sinn des tiefergelegten Wahrheitsbegriffes bleibt davon nicht unberührt. Die auf den Entwurf reduzierte Entschlossenheit als eigentliche Wahrheit des Daseins verstellt die im Ansatz gegebene Chance einer begründeten und darin verantwortlichen Entscheidung über die Wahrheit transzendentaler Horizonte. Die ästhetisch formulierbare Frage nach der Wahrheit der Horizonte geht durch ästhetizistische Kriterien verloren, so daß man Heideggers verengte Auslegung des eigenen existenzial-ontologischen Ansatzes als eine Reduktion der Ästhetik auf einen Ästhetizismus bezeichnen kann. In dieser Engführung wird die Wahrheit einer Entscheidung nicht mehr bemessen an ihrem Inhalt, auch nicht ästhetisch an ihrem Gehalt, sondern stilistisch: *wie* sie getroffen wird. In dem Maße, wie die Daseinsanalytik den subjektiven Geschmack zum Wahrheitskriterium erhebt, wird rückblickend die Geltung der Daseinsanalytik selbst fragwürdig. Sie erscheint als bloßer Erlebnisbericht, eines sich selbst als eigentlich verstehenden Daseins.

Aber bedeutet das Kein Halt! der Angst tatsächlich: Kein In-Halt? Vereinzelt die Angst derart, daß alles in Bedeutungslosigkeit versinkt, weil ein Dasein jede Bindung an Welt verloren hat? Daß ein Dasein sich ängstigen kann und möglicherweise „Kein Halt!" auszusprechen vermag, setzt voraus, daß ihm immer noch Welt erschlossen ist – und zwar nicht irgendeine Welt oder Welt als solche, sondern jene ihm vertraute Welt. Noch in ihrem Versagen ist sie das Maß, um überhaupt betroffen werden zu können, um von einem Versagen sprechen zu können, und alles Entwerfen in neu eröffnete Möglichkeiten kann nur in der Rückwendung auf sie der bloßen Willkür entgehen und verantwortlich sein. In der Angst oder auch der Langeweile entsteht ein ahnendes Bewußtsein, daß die vertraute Welt nicht die einzig mögliche Welt ist. Aber diese Kontingenzerfahrung löst nicht die Bindung an die eigene Welt und hinterläßt bloße Unverbindlichkeit. Sich ängstigend, ist ein Dasein über eine Welt schon hinaus. Diese, um mit Hegel zu sprechen, bestimmte Negation aber ist nicht leer, weil es die Negation eben einer bestimmten Welt ist[61] – aber sie besitzt für das betroffene Dasein noch keinen Inhalt, wie Hegel meinte, da das endliche Dasein nicht vermag, den Standpunkt des absoluten Geistes einzunehmen. Die bestimmte Negation, die sich in der Angst artikuliert, findet Halt nur in dem, was sie negiert und ist daher nicht jener Nihilismus, dem alles gleichgültig geworden ist. Was der mögliche neue Inhalt der bestimmten Negation ist, bleibt unbestimmt und kann nur im Diskurs mit anderen von bloßer Bedeutsamkeit zur artikulierten Bedeutung werden. Ein solcher Diskurs wäre ein ästhetischer Diskurs, in dem berechtigt unterstellt werden kann, daß das individuelle Gefühl der Angst, allgemein bedeutsam ist und von anderen, wären sie an gleicher Stelle, geteilt werden kann. Ein solcher Anspruch gründet in der Verbindlichkeit einer Welt, die ein Dasein mit anderen teilt. Da in der Angst diese Bindung an eine gemeinsame Welt erfahren wird in Gestalt eines drohenden Verlustes, geht dieses Gefühl all jene an, die mit in dieser Welt sind. Das in der Angst vereinzelte Dasein verliert im Entwerfen neuer Möglichkeiten seine einsame Willkür, wenn es diese Chance eines ästhetischen Diskurses ergreift. Sein Gefühl und seine kreativen Entwürfe gewinnen ein intersubjektives Korrektiv, so daß die Beschränkung des bloß Privaten und die Grenzen der vertrauten Welt sich wechselseitig aufzuheben vermögen.

„Es ist der existenzial-ontologische 'Ansatz'....“, schreibt Lyotard, „der in seiner intimsten Wendung Heidegger hartnäckig von der Frage abhält, die seine 'Affäre' heute aufwirft... Der Frage, die (nach Adorno) 'Auschwitz' heißt“.[62] In unserer Interpretation ergibt sich ein weniger scharfes Bild: nicht der Ansatz, sondern die Parallelisierung von Philosophie und Leben und eine verengte Interpretation der eigenen philosophisch erschlossenen Möglichkeiten, läßt Heideggers Denken in die Nähe des Nationalsozialismus kommen. Diese Konsequenzen sind weder im existenzial-ontologischen Ansatz vorgezeichnet noch treffen sie Heideggers Intentionen, der die Nähe seines Fragens zu Stimmungen stets mit einem allgemeinen Geltungsanspruch verbunden hat.[63] Aber sie haben es ihm ermöglicht, sich zeitweise der nationalsozialistischen Bewegung anzuschließen, deren Entschlossenheit nicht vor der Entscheidung für „Endlösungen" zurückschreckte.

Solch bündige Antworten auf letzte Fragen widersprechen dem Ansatz des Heideggerschen Denkens. Seine ästhetisch einsetzende Kritik der alten Transzendentalphilosophie zeigt sein Philosophieren auf der Suche nach Möglichkeiten, dennoch über letzte Fragen sprechen zu können, ohne daß sie zu bloß subjektiven und darin willkürlichen Antworten führen. Letzte Fragen betreffen unsere gestimmte Bindung an Welt und unseren bestimmenden Entwurf in die Welt. Es sind ästhetische Fragen. Mir scheint, daß Heideggers Philosophie keine Fundamentalontologie anstrebt, sondern auf eine Fundierung philosophischen Fragens in einer ästhetischen Dimension zielt. Über letzte Fragen kann man begründet nur in einer Diskursform reden, in der Gefühle und die Kreativität einzelner berechtigten Anspruch auf Allgemeinheit haben. Die Fragwürdigkeit des Menschen wird in solchen Diskursen nicht aufgehoben, und die eine Menschheit nicht wiederhergestellt. Die Idee einer Menschheit wird nur verschoben, wird zur Aufgabe, transzendentale Horizonte darzustellen und sie einer diskursiven Bewertung zugänglich zu machen. Solche Möglichkeiten aufzudecken, wäre ein Einsatz einer philosophischen Politik, in der das Bewußtsein der Grenze zwischen Politik und Philosophie die Voraussetzung für eine Kommunikation beider bildet.

Anmerkungen

1 FRIEDRICH NIETZSCHE, Also sprah Zarathustra, München 1958, S. 219/220.
2 MARTIN HEIDEGGER, Kant und das Problem der Metaphysik, Frankfurt a. M. 1991, im folg.; KM, S. 209.
3 HELMUTH PLESSNER, Die Aufgabe der Philosophischen Anthropologie, in: Gesammelte Schriften Bd. VII, Frankfurt a. M. 1983, S. 33-51, S. 39, S. 45.
4 MARTIN HEIDEGGER, Metaphysische Anfangsgründe der Logik im Ausgang von Leibnitz, GA Bd. 26, Frankfurt a. M. 1983, im folg.: MA, S. 171.
5 MARTIN HEIDEGGER, Sein und Zeit, Tübingen 1963, im folg.: SuZ, S. 42.
6 „Und welche Bilanz ist aus der Katastrophe zu ziehen, die in Auschwitz ihren Höhepunkt erreicht hat? ..., daß diese Katastrophe ... das Ergebnis der fortschreitenden Zerstörung des Allgemeinbegriffs Mensch ist. In Wahrheit übt sogar das illusorische, selbst noch das falsche und verlogene Allgemeine objektiv immer noch eine beschränkende Funktion gegen die Gewalt in ihrer brutalsten Form aus. [...] Aus diesem Grund mußte der Nazismus die Kategorie Universalität als solche liquidieren." Vgl. DOMENICO LOSURDO, Die Gemeinschaft, der Tod, das Abendland. Heidegger und die Kriegsideologie, Stuttgart/Weimar 1995, S. 225, vgl. auch S. 61-69.
7 M. HEIDEGGER, SuZ, S. 7.
8 Vgl. M. HEIDEGGER, Grundbegriffe der Metaphysik. Welt-Endlichkeit-Einsamkeit. GA Bd. 29/30, Frankfurt a. M. 1983, im folg.: GB, S. 9f
9 Vgl. M. HEIDEGGER, Beiträge zur Philosopphie. Vom Ereignis. GA Bd. 65, Frankfurt a. M. 1989, im folg.: BPh, S. 5, S. 10; vgl. M HEIDEGGER, Einführung in die Metaphysik, Tübingen 1987, im folg.: EM, S. 63.
10 M. HEIDEGGER, SuZ, S. 42f.
11 M. HEIDEGGER, SuZ, S. 19.
12 „Der Name Metaphysik wird hier unbedenklich zur Kennzeichnung der ganzen bisherigen Geschichte der Philosophie gebraucht. [...] Der Name soll sagen, daß das Denken des Seins das Seiende im Sinne des Anwesend-Vorhandenen zum Ausgang und Ziel nimmt. [...] Die 'Metaphysik' ist die uneingestandene Verlegenheit zum Seyn und der Grund der schließlichen Seinsverlassenheit des Seienden." Vgl. M. HEIDEGGER, BPh, S. 425.
13 M. HEIDEGGER, SuZ, S. 2.
14 Zur Person, Hannah Arendt im Gespräch mit Günther Gaus, Sendung des ZDF vom 28.10.1964.
15 M. HEIDEGGER, SuZ, S. 3.
16 Ebd., S. 4.
17 Ebd., S. 19.
18 Ebd., S. 5.
19 M. HEIDEGGER, EM.
20 Vgl. M. HEIDEGGER, SuZ, S. 5, EM, S, 62.
21 Vgl. M. HEIDEGGER, EM, S. 62.
22 Ebd., S. 69.
23 Vgl. ebd., S. 40-70.
24 M. Heidegger, SuZ, S. 160.

25 Vgl. ERNST TUGENDHAT, Heideggers Seinsfrage, in: DERS., Philosophische Aufsätze, Frankfurt a. M. 1992, S. 117.
26 Ebd., S. 120.
27 M. HEIDEGGER, SuZ, S. 59.
28 Ebd., S. 60; KM, S. 16.
29 DERS., KM, S. 42f.
30 DERS., KM, S. 29.
31 Ebd., S. 29.
32 Ebd., S. 43 u. S. 223f.
33 M. Heidegger, SuZ, S. 6.
34 MARTIN HEIDEGGER, Was ist Metaphysik?, Bonn 1929, S. 28, zit. nach HANS EBELING, Heidegger. Geschichte einer Täuschung, Würzburg 1990, S. 41. Vgl. DERS., KM, S. 231 u. S. 242.
35 M. HEIDEGGER, SuZ, S. 11.
36 Ebd., S 54, S. 57, S. 134, S. 145.
37 Ebd., S. 136.
38 Ebd., S. 158 u. 223.
39 Ebd., S. 83.
40 Ebd., S. 158.
41 Ebd., S 154.
42 Ebd., S. 225.
43 Ebd., S. 218.
44 Ebd., S. 220.
45 M. HEIDEGGER, SuZ, S. 226; GB, S. 447.
46 DERS. SuZ, S. 154.
47 Vgl. BPh, S. 466, S. 468, S. 472, S. 479; KM, S. 123.
48 Vgl. EM, S. 63; BPh, S. 4, S. 457, S. 473f.
49 Vgl. GB, S. 410.
50 Ebd., S. 10.
51 Vgl. IMMANUEL KANT, Kritik der Urteilskraft, Leipzig 1878, S. 54 A B C 18-19, S. 62 A B C 28-30; JENS KULENKAMPFF, Kants Logik des ästhetischen Urteils, Frankfurt a. M. 1994, S. 94 u. S. 117f.
52 M. HEIDEGGER, SuZ, S. 57 u. S. 138; EM, S. 94.
53 DERS., SuZ, S. 273.
54 DERS., BPh, S. 78.
55 JEAN-FRANCOIS LYOTARD, Heidegger und „die Juden", Wien 1988, S. 65.
56 Vgl. M. HEIDEGGER, EM, S. 28f; BPh, S. 24, S. 40, S. 53.
57 M. HEIDEGGER, SuZ, S. 123.
58 Ebd., S. 263.
59 Vgl. LUDWIG WITTGENSTEIN, Philosophische Untersuchungen, Leipzig 1990, S. 205 §199.
60 M. HEIDEGGER, SuZ, S. 186.
61 GEORG W. F. HEGEL, Wissenschaft der Logik, 1. Teil, 1. Buch, Werke in 20 Bd., Bd. 5, Frankfurt a. M. 1986, S. 49.
62 JEAN-FRANCOIS LYOTARD, Heidegger und „die Juden", a.a.O., S. 87.
63 M. HEIDEGGER, EM, S. 94; SuZ, S. 138.

Die Leere zwischen Sein und Sinn: Helmuth Plessners Heidegger-Kritik in „Macht und menschliche Natur" (1931)

HANS-PETER KRÜGER

Zwischen Martin Heideggers und Helmuth Plessners Philosophien besteht schon von ihrer generationsweise geteilten Herkunft her eine begrenzte lebensphilosophisch-phänomenologische Gemeinsamkeit, über die hinausgehend Plessners Philosophieren im Medium der Öffnung anthropologischer Fragen selten, sofern denn überhaupt, als eine Alternative zu Heidegger aufgenommen wird.[1] Eine Ausnahme stellen hier in der neueren Literatur nur Gerhard Arlt, der in seiner Einführung in Plessners Werk alle wichtigen Aspekte der Plessnerschen Heidegger-Kritik erwähnt hat[2], und Wolfgang Eßbach dar, der Plessners „anthropologische Außenpolitik" als eine Alternative zu beiden Grundvarianten „anthropologischer Innenpolitik", zu Arnold Gehlens kompensatorischer Anthropologie als auch zu Heideggers Existentialphilosophie, versteht, ohne diesen Gedanken in einem Vergleich mit Heidegger auszuführen.[3] In einem neueren philosophiehistorischen Überblick „Von Husserl zu Heidegger" werden immerhin auch Georg Mischs phänomenologische Lebensphilosophie und Plessners philosophische Anthropologie als zeitgenössische Kritiken Heideggers behandelt, aber ohne diese Kritik systematisch zu entfalten. Als Gesamtbewegung gilt noch immer wie selbstverständlich eben die von Husserl zu Heidegger, die sich wohl erst noch mit der von Charles S. Peirce zu John Dewey wird messen lassen müssen.[4]

Im Hinblick auf die politische Philosophie der Weimarer Republik hat Joachim Fischer überzeugend Plessners Sonderstellung in der deutschsprachigen Diskussion herausgearbeitet. Plessner richtete in seinem Essay „Macht und menschliche Natur" aus dem kritischen Jahr 1931 einen eindringlichen Appell an das deutsche Bürgertum, die nationalstaatlich souveräne Entscheidung für das Europäertum *nicht* abzugeben, für ein Europäertum, „das im Zurücktreten von seiner Monopolisierung der Menschlichkeit das Fremde zu seiner Selbstbestimmung nach eigner Willkür entbindet und mit ihm in einer neu errungenen Sphäre von Freiheit auf gleichem Niveau das fair play beginnt."[5] Plessners Politisierung des sich für unpolitisch haltenden deutschen Geisteslebens „sollte Diltheys Hermeneutik aus der Passivität der Erlebenseinstellung, der Organizität von Kultur, herausholen und umgekehrt sollte der hermeneutische Bezug auf den konkreten europäischen Kulturhorizont (Carl: HPK) Schmitts Begriff des Politischen aus seiner dezisionistischen Handlungsbeliebigkeit lösen. Kultur durch den Menschen als schöpferische Macht war genuin immer schon Zivilisation als politischer Kampf um diese Schöpfung: auch das Bild vom Menschen als 'offene Frage' der gegenwärtigen europäischen Kultur war eine schöpferische und durch Teilhabe an der 'Öffentlichkeit' politisch zu sichernde Leistung im erneuten Beantworten von neuen und unvorhersehbaren Situationen."[6]

Für Heidegger bestand in seinem Buch *Sein und Zeit* (1927) die Spezifik seiner Philosophie in der Stellung der Frage nach dem Sinn von Sein. Diese Frage nennt Heidegger „die Fundamentalfrage der Philosophie überhaupt" und „das Kardinalproblem"[7]. Die von ihm angekündigte Beantwortung der Frage als Zeit durchläuft - dem angenommenen ontisch-ontologischen Vorrang des Daseins gemäß[8] - eine Existentialanalyse, die für Heidegger den Status der „Fundamentalontologie" hat, nämlich in dem anders als geläufig hermeneutischen Sinne „der Ausarbeitung der Bedingungen der Möglichkeit jeder ontologischen Untersuchung".[9] Es geht Heidegger um „nicht beliebige und zufällige, sondern wesenhafte Strukturen ..., die in jeder Seinsart des faktischen Daseins sich als seinsbestimmende durchhalten" und „die vorbereitende Hebung des Seins dieses Seienden" ermöglichen.[10] Am Dasein sei eine „Fundamentalstruktur" freizulegen, eine „ursprünglich und ständig ganze Struktur", durch deren Analyse der existentiale Sinn, d. h. das Sein des Daseins als „die Sorge", angezeigt werden könne.[11] Heidegger sieht seine Aufgabe darin, „die *am Leitfaden der Seinsfrage* sich vollziehende *Destruktion* des überlieferten Bestandes der antiken Ontologie auf die ursprünglichen Erfahrungen"[12] zu leisten. Nun soll aber diese Destruktion gerade nicht den negativen Sinn der Abschüttelung der ontologischen Tradition haben, sondern eine „positive Absicht"[13] verfolgen, eben die Existentialanalyse als Fundamentalontologie zu fassen.

Das Merkwürdige an Heidegger besteht wohl darin, daß er die existentiale Sinnfrage als die fundamentalontologische Seinsfrage versteht und umgekehrt die fundamentalontologische Seinsfrage als die existentiale Sinnfrage. Der Sinn von Sein wird zunächst transzendental auf das Sein von Sinn zurückgeführt. Diese Art, da zu sein, nennt Heideger Dasein.[14] Dieses Dasein zeichne sich aber ontisch dadurch aus, daß es sich in seinem Sein schon immer selbst verstehe. „Seinsverständnis ist selbst eine Seinsbestimmtheit des Daseins. Die ontische Auszeichnung des Daseins liegt darin, daß es ontologisch *ist*."[15] Dieser ontologische Charakter des Daseins wird später als der existentiale Sinn, es selbst oder nicht es selbst zu sein, gefaßt. Wie immer nun die einzelnen Durchführungen bei Heidegger noch ausfallen mögen, was anderenorts auch positiv zu besprechen wäre: Will man ihn bei seinem transzendentalen Anspruch ernst nehmen, könnte man sagen: Er versucht, Seinssinn auf das Sinnsein des Daseins und dieses Sinnsein (als eine ontisch-existentielle Frage) wieder auf den ontologisch-existentialen Seinssinn[16] zurückzuführen bzw. in umgekehrter Richtung als Ermöglichung zu fassen.

Demnach interessiert er sich für die Wiederholung von Seinssinn als Sinnsein und von Sinnsein als Seinssinn. Dies nennt er das Offenbare, welches sich an ihm selbst zeige, also für Heidegger ein *Phänomen* ist.[17] Was von der phänomenologischen Einheit des Sinnseins als Seinssinn und des Seinssinnes als Sinnsein abweicht, ermöglicht Heidegger die Redeweise vom Verdeckten, Verschütteten, Verborgenen, Verfallenen etc. Die phänomenologische Einheit von Sinn und Sein im Offenbaren erhält schließlich eine ursprungsphilosophische Deutung, die die defizienten Modi des Verfallenseins als ein historisches Dazwischen auszulegen gestattet, was im Namen des Sinnes von Sein gegen die Tradition zunächst den Anspruch auf Verwirklichung existentialen Selbstseins und um 1933 den gemeinschaftsexistentialen Anspruch auf Revolution vorbereitet. Heidegger faßt sein Philosophieverständnis wie folgt zusammen: „Philosophie ist universale phänomenologische Ontologie, ausgehend von der Hermeneutik des Daseins, die als Analytik der *Existenz* das Ende des Leitfadens alles philosophischen Fragens dort festgemacht hat, woraus es entspringt und wohin es zurückschlägt."[18]

Wenn dies die phänomenologische Methode bei Heidegger ist, an dem beurteilt alles andere einen „defizienten Seinsmodus" hat, dann fragt man sich, warum überhaupt dieses Selbstverständnis selbstverständlich werden mußte, nämlich Sinn als Sein und Sein als Sinn zu verstehen. In der europäischen Philosophietradition macht gerade und erst die Differenz zwischen Sinn und Sein Sinn: Was ontologisch die Bestimmung von Seiendem ermöglicht, wobei dieses bestimmt Seiende sich gerade dem je meinigen existentialen Sinn widersetzen kann, kann nicht seinerseits mit existentialem Sinn zusammenfallen. Oder wir haben dann den Sinn der Differenz zwischen Ontologischem und Existentialem, d. h. unsere Selbstbegrenzung erübrigt, was wenigstens latent auf die grenzenlose Selbstermächtigung hinausliefe, die je meinige Existentialität wie in der Phantasie eines Ohnmächtigen als die universale Fundamentalontologie zu behaupten. Existentialität privilegiert ihren Sinn durch ihr Verhältnis zum Sein im Unterschied zu Seiendem. Plessners gleichsam „ärztlicher Blick" auf die soziokulturelle Problemlage in modernen Gesellschaften radikalisiert demgegenüber Hegels Einsicht in die Notwendigkeit von Entfremdung zwischen Sein und Sinn zur Unaufhebbarkeit dieser Entfremdung.[19] Um sich nicht von vornherein lächerlich zu machen oder nur Mitleid für seine Fragestellung zu ernten, versucht Heidegger von Anfang an, durch Bezugnahme auf Autoritäten aufzutrumpfen.[20]

Heidegger führt selbst, allerdings unter dem rhetorischen Titel der „Vorurteile"[21], gewichtige philosophische Argumentationen von Aristoteles und Kant dafür an, daß die Frage nach dem Sein überhaupt, geschieden von dem zu bestimmenden Seienden, sinnlos wird. Auch der umgekehrte Fall ist bedenkenswert, daß nämlich die Frage nach existentialem Sinn als den Bedingungen der Ansprechbarkeit je meiner freien Selbstbindung einen keineswegs ontologischen Sinn haben muß. Dieser Zusammenfall setzte u. a. voraus, daß die ganze Differenz zwischen Privatem und Öffentlichem aufgegeben werden müßte.[22] Wenn Sinn und Sein wie eben im Ineffabilen individueller Eigenart, in der ontisch-ontologischen Zweideutigkeit der Individualität, wie Plessner seine Hauptthese seit den GG ausdrückt[23], gerade auseinanderfallen, gilt der ganze Hebel von Heideggers Konstruktion nicht. Es leuchtet dann folgendes nicht ein: „Die Seinsfrage ist dann aber nichts anderes als die Radikalisierung einer zum Dasein selbst gehörigen wesenhaften Seinstendenz, des vorontologischen Seinsverständnisses."[24]

Das Problem des geschichtlichen Sinn- und Selbstverständnisses war in der Diltheyschen Lebensphilosophie gerade nicht im Sinne einer Fundamentalontologie verstanden worden, die dann - ähnlich wie die *Kritik der reinen Vernunft* gegenüber den *Naturwissenschaften* - Geisteswissenschaften dem Ideal der messenden Wissenschaft gemäß konstitutiv (nicht nur regulativ) orientieren soll. Zumindest in der Fassung der Diltheyschen Philosophie, die Misch ihr gab, ging es nicht um einen Nachfahren des Musters der *Kritik der reinen Vernunft*, wie diese vor allem im Neukantianismus gehandhabt und noch von Heidegger in SuZ im Sinne der Transzendentalanalyse als Fundamentalontologie[25] imitiert wurde. Heidegger selbst kommt im § 77 von SuZ auf Dilthey und Misch zu sprechen, nicht ohne zu erwähnen, daß seine Auseinanderlegung des Problems der Geschichte „aus der Aneignung der Arbeit Diltheys erwachsen"[26] sei. Allerdings folgt Heidegger nicht Misch, während Plessner bereits in seinem Hauptwerk „Stufen des Organischen und der Mensch" (1928) ausdrücklich Mischs Dilthey-Interpretation würdigte und daraus die Konsequenz der „Konstituierung der Hermeneutik als philosophische Anthropologie, Durchführung der Anthropologie auf Grund einer Philosophie des lebendigen Daseins"[27] zog. Misch hat dann demonstrativ in Plessners *Philosophischem Anzeiger* Heideggers Vereinnahmung von Dilthey für das Programm von SuZ 1929/30 unter dem Titel der Artikelserie „Lebensphilosophie und Phänomenologie" widersprochen[28] Daran knüpft wieder Plessner in seinem Essay MmN unmittelbar an. Es geht also um einen schon jahrelang zwischen einerseits Heidegger und andererseits Misch und Plessner geführten Streit über die problemgeschichtlich und systematisch nötige Weichenstellung zu nichts geringerem als der „Neuschöpfung der Philosophie"[29]

Plessner sieht sich nicht weniger als Heidegger zunächst Dilthey verpflichtet, woraus Plessner aber gerade andere Konsequenzen zieht als Heideggers Variante einer neuerlichen und in sich differenzierungsfähigen Einheit von Sinnsein und Seinssinn im sich selbst offenbarenden Phänomen. Plessner schreibt in „Macht und menschliche Natur": „Unter Berufung auf Dilthey hat in unserer Zeit Heidegger eine solche Existentialanalyse des menschlichen Daseins in Angriff genommen. Aber die von ihm wie selbstverständlich behandelte Einstellung dieser Analyse auf eine Ontologie als der Lehre vom Sinn des Seins nimmt das Sich-als-Sein-Verstehen der Existenz zur Voraussetzung. Gerade von Dilthey aus hat Misch widersprochen."[30] Warum auch sollte sich die Existenz als Sein statt als Seiendes, nämlich näher als Lebendes, in der Ermöglichung seiner existentialen Selbstfindung verstehen? - Plessner hatte schon im Vorwort zu seinen StO (1928) Heideggers Grundsatz nicht anerkannt, „daß der Untersuchung außermenschlichen Seins eine Existentialanalytik des Menschen notwendig vorhergehen müsse. Diese Idee zeigt ihn (Heidegger: HPK) noch im Banne jener alten Tradition (die sich in den verschiedensten Formen des Subjektivismus niedergeschlagen hat), wonach der philosophisch Fragende sich selbst existentiell der Nächste und darum der sich im Blick auf das Erfragte Liegende ist. Wir verteidigen im Gegensatz dazu die These - die der Sinn unseres naturphilosophischen Ansatzes ist -, daß sich der Mensch in seinem Sein dadurch auszeichnet, sich weder der Nächste noch der Fernste zu sein, durch eben diese Exzentrizität seiner Lebensform sich selber als Element in einem Meer des Seins vorzufinden und damit trotz des nichtseinsmäßigen Charakters seiner Existenz in eine Reihe mit allen Dingen dieser Welt zu gehören."[31]

Plessner teilt mit der Lebensphilosophie die Frage danach, wie sich menschliches Dasein schon immer selbst versteht, nämlich laut Dilthey zwischen
Ausdruck und *Erleben*, d. h. in derjenigen Differenz, die *Sinnverstehen* ermöglicht. Die Frage ist dann aber die Frage nach dem Sinn von Seiendem,
besser: von Lebendem - im weitesten Umfange von Ausdrückbarem und
Erlebbarem verstanden, das sich in dieser Differenz schon immer selbst zu
verstehen gibt. Es handelt sich gerade nicht um die Frage nach dem Sinn von
Sein überhaupt,

a) weil Seiendes, z. B. ein ästhetisches oder historisches Ereignis, gerade
in einem nicht-ontologischen Sinn, also nicht zur gattungsmäßigen
Wesensbestimmung einschließlich des Ausschlusses unwesentlicher
Eigenschaften, die anders Seienden zukommen, Sinn machen kann und

b) da umgekehrt der ontologische Zugriff auf das Sein überhaupt gerade
sinnlos, weil die Grenzen von menschlichen Wesen in einer transzendentalen
Dialektik des Scheins (Kant) überschreitend wird. Aus Plessners lebensphi-
losophischer Sicht, in der es gerade um den Eigensinn der *Individuation* gegenüber der *Subsumtion* unter gattungsmäßige Wesensbestimmungen und
gegenüber des damit verbundenen dualistischen *Ausschlusses* anderer Eigenschaften geht, führt die Übertragung der Ontologie auf Sinn schlechthin in
die Leere von Sinn.

Heidegger stellt aber ausgerechnet diese Frage nach dem Sinn von Sein,
nicht die nach dem historischen Sinn von Seiendem, darunter insbesondere
nicht die Frage nach dem Grenzfall von Lebendem, das sich schon immer
selbst ausdrücken muß, um sich verstehen zu können und insofern des
Historischen bedürftig wird. Heidegger suggeriert Sinn genau da, wo
Ontologie sinnlos wird, da Geschichte eintritt, und er suggeriert Sinnlosig-
keit genau da, wo Ontologie Sinn machen könnte, nämlich bezogen auf
Seiendes, auch auf den Menschen als Lebewesen. Demgegenüber schreibt
Heidegger: „*Sein ist das transcendens schlechthin*. Die Transzendenz des
Seins des Daseins ist eine ausgezeichnete, sofern in ihr die Möglichkeit und
Notwendigkeit der radikalsten *Individuation* liegt."[32] Wenn das Dasein nicht
sich selbst individuiert, dann wird es auch durch keine Transzendenz des
Seins seines Daseins individuiert werden.

Statt mit Heidegger in alter Tradition „das *Wesen des* Daseins diesseits
und vor aller Individuation" zu fassen, d. h. *ohne* Kants Autonomie-Problem
der freien Selbstnahme und *ohne* die europäisch-historische Selbsterfahrung
des Daseins „in seiner gewordenen Individuation", fordert Plessner anderes:
„Indem die Entscheidung über das Wesen des Menschen nicht ohne seine

konkrete Mitwirkung, also in keiner neutralen Definition einer neutralen Struktur gesucht werden kann, sondern nur in seiner Geschichte"[33], sei dieses Historische nicht wieder zu ontologisieren, sondern umgekehrt die Ermöglichung von Ontologien aus dem Historischen heraus zu begreifen. Sofern die zur Beantwortung der Frage nach dem Wesen des Menschen historische Entscheidung ausstehe, steht er in einer Relation der Unbestimmtheit zu sich selbst. „In dieser Relation der Unbestimmtheit zu sich faßt sich der Mensch als Macht und entdeckt sich für sein Leben, theoretisch und praktisch, als offene Frage."[34] Die historische Beantwortung dieser Machtfrage versteht Plessner als geschichtlich bedingt und Geschichte bedingend.[35] Um das darin enthaltene existentielle Entscheidungsmoment begreifen zu können, sei Individuation in einem doppelten Sinne von Individualisierung zu verstehen.

Wozu Heidegger die Transzendenz braucht, dies liegt für Plessner schon im natürlichen und kulturellen Lebensaspekt des Daseins als dem Anderssein seines existentiellen Selbstseins. Individualisierung im doppelten Sinne, sei es der unteilbaren Einheit oder sei es der Unersetzbarkeit und Unvertretbarkeit eines Wesens, ist für Plessner der Prozeß der Relationierung von Anderssein und Selbstsein dank einem Grenzverhältnis, das Lebewesen zu sich in ihrem Lebenskreis schon immer haben. Demnach erhält die spezifisch existentialistische Selbstbefragung, die zur Entscheidung führt, erst dadurch den ihr eigentümlichen Sinn, daß sie medial durch zwei anders vermittelte Selbstverhältnisse fundiert wird. Einerseits individuieren Lebewesen „nach Graden der Verwandtschaft" durch organismische Selbstorganisation (eines „äquipotentiellen Systems"), die funktional ihrem Lebenskreis (J. von Uexküll) entspreche. Andererseits individualisieren wir uns in den und gegen die Wir-Rollen der Kulturgemeinschaft, die die Vertretbarkeit und Ersetzbarkeit der Einzelnen für die Gemeinschaft sichern, weshalb diese Einzelnen zu ihrer Individualisierung der gesellschaftlichen Öffentlichkeit als des Realisierungsmodus des Menschen bedürfen.[36]

Heideggers Mühe zur Einführung einer kleingeschriebenen transzendenz, die nicht mehr fraglos als Antwort dienen soll, sondern in der Schwebe der Frage gehalten wird, wiegt nur schwer Heideggers Angst vor dem durch Plessner thematisierten natürlichen und gesellschaftlichen Anderssein des existentiellen Selbstseins auf. Plessners Rückgang auf das natürliche und gesellschaftliche Selbstsein im Unterschied zum existentiellen Selbstsein hat nicht den Anspruch einer vollständigen Erklärung (Ableitung bzw. Bestimmung) der Änderung des Selbstseins, sondern der bestimmteren Stellung des

Problems der Unbestimmtheit zu sich, der unvorhersehbaren, „d. h. nur geschichtlich erfahrbaren Änderung seines (des Menschen: HPK) Selbst und
seiner (des Menschen: HPK) Selbstauffassung".[37] Statt zur „Bodenlosigkeit
der sog. Existenz" vorzudringen und „den ganzen Rahmen" neuzeitlicher
Philosophie, d. h. die „These vom ontologisch-gnoseologischen Vorrang des
Subjekts", durch das Medium lebendigen Daseins in Frage zu stellen,
bemühe sich Heidegger nur innerhalb dieser Tradition[38] um eine in sich
differenzierungsfähige Einheit zwischen Existentialem und Ontologischem,
ohne den Vorrang des subjektiven Selbstseins aufzugeben, das nun wie
natürlich respektive selbstverständlich als existentiales gelte[39]. Bar seiner
natürlichen und gesellschaftlichen Daseinsdimensionen bleibe bei Heidegger
innerhalb des traditionellen Rahmens übrig „die Konzeption eines von
Umwelt und Mitwelt abgedrängten und auf sich zurückgeworfenen Subjekts
und korrelativ dazu einer auf Sicherung der Realität ihrer Gegenstände
bedachten Erkenntnis", also auch nur eine in „Geschichtsverläufen er-
rungene" Konzeption.[40]

Heidegger sucht - gleichsam wie ein Zauberer - jenen Punkt, an welchem
das traditionell tiefste Existentialverständnis als die sich traditionell höchste
ontologische Bestimmbarkeit „entspringen" kann und an welchem
umgekehrt die traditionell höchste ontologische Bestimmbarkeit in das
traditionell tiefste Existentialverständnis „zurückschlagen" kann, wohin er
aber nur „unterwegs" sei[41]. Fiele das Tiefere mit dem Höheren und das
Höhere[42] mit dem Tieferen zusammen, könnte sich also der Existentialismus
gleichsam als der Szientismus selbst und der Szientismus gleichsam als der
Existentialismus selbst vorkommen, bliebe nach dieser Einheit von Höherem
und Tieferem nur noch eine fraglose Oberfläche. Diese aber könnte als
solche nicht mehr gesehen werden, fehlte doch die Perspektive von
außerhalb dieser nivellierten Grenze, eben eine bei Plessner „exzentrische"
Position, von der aus die Selbstbeobachtung dieser Oberfläche als Grenze
noch möglich wäre. Käme die szientistische Aufrüstung der tiefsten Seele in
der existentialistischen Annahme des Szientismus an, entstünde ein kurz-
schlüssiges Zentrum der grenzenlosen Selbstermächtigung, das von keiner
Position mehr außerhalb dieses Zentrums begrenzt werden dürfte.

Immerhin, so Plessner in seinem Vorwort zur zweiten Auflage der StO
(1964), wiederhole Heidegger nicht Schopenhauers „ungeheuerlichen Anspruch einer Weltdeutung", den „Sinn von Sein" für den „Sinn des Seins" zu
halten, insofern denn Heidegger die ontologische Differenz zwischen Sein
und Seiendem beachte. „Der Theomorphie des Menschen im Sinne Schelers

entspricht die Ontomorphie in Heideggers Sinn."[43] Falle nun noch Heideggers zweite falsche Voraussetzung, daß die „Seinsweise des körpergebundenen Lebens nur privativ", also vom *existierenden* Dasein her, „zugänglich sei", entstehe das eigentliche Problem, „ob nämlich 'Existenz' von 'Leben' nicht nur abhebbar, sondern abtrennbar sei und inwieweit Leben Existenz fundiere."[44] Während für Plessner auch die von Heidegger in „Sein und Zeit" behandelten Phänomene der Stimmung, Sorge und Angst gerade geeignet sind, „die Verklammerung der Existenz mit etwas Anderem" anzuzeigen („denn nur leibhaftes Wesen kann gestimmt sein und sich ängstigen. Engel haben keine Angst. Stimmung und Angst unterworfen sind sogar Tiere"), beharre Heidegger auf einer abgetrennten und daher „freischwebenden Existenzdimension", weshalb „kein Weg von Heidegger zur philosophischen Anthropologie, vor der Kehre nicht und nach der Kehre nicht", führe.[45]

Die Frage nach der Einheit verschieden Seiender, also für Heidegger nach dem Sein der Seienden, kann schon inner-europäisch als Analogie von Seiendem zu Seiendem innerhalb dieser dazwischen (medial) seienden Seiendheit gedacht werden, ohne daß sich bei Aristoteles oder Dilthey das Sein überhaupt auch nur fragehalber zum Fundamentum der Seienden verfestigt. Es bleibt, wie der spätere Wittgenstein sagt, eine Familienähnlichkeit, oder wie schon Hegel wußte: das Allgemeine im Sinne der an ein Medium gebundenen Gemeinschaft mit Anderen, nicht im Sinne des Ausschlusses von Anderem.[46] Die Seinsfrage kann auch im Sinne Kants gerade als die Grenzbestimmung der reinen Vernunft begriffen werden, die zu überschreiten erkenntnismäßig keinen Sinn macht, weil die bloße Selbstanwendung der Vernunft keine Erfahrung mehr von anders Seiendem ermöglicht.

Statt wie Heidegger die „Geschichte in die Vergangenheit und in die Zukunft hinein einem außergeschichtlichen Schema der Geschichtlichkeit"[47] zu unterwerfen, denkt Plessner Kants Kritik der reinen und Diltheys Kritik der historischen Vernunft zusammen: „Theoretisch definitiv ist die Wesensbestimmung des Menschen als Macht oder als eine offene Frage nur insoweit, als sie die Regel gibt, eine inhaltliche oder formale theoretische Fixierung als ... *fernzuhalten*, ... Zugleich ist diese Bestimmung theoretisch richtig (im Kantschen Sinne sogar konstitutiv), weil sie den Menschen in seiner Macht zu sich und über sich, von der er allein durch Taten Zeugnis ablegen kann, trifft. Man darf nur nicht dabei übersehen, daß ihm in dieser Wesensaussage das Kriterium für die Richtigkeit der Aussage selbst *über-*

antwortet ist."[48] Heideggers Berufung auf die Autorität von Aristoteles und Kant[49] hätte erst Sinn gemacht, wenn er die Frage nach dem Sein von Seiendem als die Grenzfrage der Ontologie eingeführt hätte und den Sinn von Sein diesseits der Grenze als das Ende der Möglichkeit von gattungsmäßigen Wesensbestimmungen, die bei Grenzüberschreitung allein noch den Sinn familienähnlicher Metaphorik oder eines *Widerstreits* im Sinne Lyotards annehmen können.

Ich halte J.-F. Lyotards Philosophie des *Widerstreits*[50] für die beste Heidegger immanente Ersetzung der Frage von Heidegger nach dem Sinn von Sein durch das Sein von Sinn. An die Stelle von Heideggers Suggestion einer in sich differenzierungsfähigen Einheit zwischen Seinssinn und Sinnsein tritt bei Lyotard die Heterogenität der füreinander inkommensurablen Diskursarten, eine Heterogenität, mit der sich, insofern überhaupt, in der Form eines *Widerstreits* umgehen läßt. Sinn macht dann der Widerstreit, nicht das Sein des Seienden, dessen Sinn wieder im Sich-als Sein-Verstehen liegen soll, welches den Widerstreit gerade in der sinn-suggestiven Verlängerung einer ontologischen Frage ins Absolute hinein verbirgt. Heidegger selbst scheint in seiner Kehre oder in seinen Kehren nach *Sein und Zeit* zwar noch nicht den Widerstreit entdeckt, wohl aber bemerkt zu haben, daß sich die Sinnfrage nach dem Sein allein metaphorisch in sich verlaufenden Familienähnlichkeiten behandeln läßt. Es gilt dann eben nicht mehr, was Heidegger aber behauptet „Jede Erschließung von Sein als des transzendens ist transzendentale Erkenntnis."[51] Transzendentale Erkenntnis erschließt die Ermöglichung gemeinsamer Erfahrung von anders als transzendental Seiendem. Heideggers transcendens soll demgegenüber die Überschreitung der sich individuierenden Erschließung existentiellen Selbstseins zu universaler Fundamentalontologie ermöglichen.

Heidegger läßt seinen in „Sein und Zeit" noch transzendentalen Anspruch später fallen, wenn man Gadamer folgen darf.[52] Die Verselbständigung des Seinssinnes vom Sinn der Seienden läßt sich nur metaphorisch behaupten, wie schon Hegel an Hölderlin gelernt hatte. Plessner setzte bei Daseienden als Lebenden an, eben in jenem „mittleren" Bereich des Lebendigen[53], in dem sich der Bruch der kosmologischen Einheit von Mikro- und Makro-Kosmos ereignet hat, wo aber auch, obgleich dort das onto-theologische Band zerrissen liegt, die cartesianschen Dualismen am unangemessensten wirken, weil Lebendiges weder einfach der Immanenz des Bewußtseins noch einfach der Ausdehnung von Materiellem folgt, gleichwohl aber geistig Seiendes leiblich ermöglicht.

Auch umgekehrt leuchtet der Weg von der ontologischen Seinsfrage zur phänomenologischen Sinnfrage nur unter bestimmten Bedingungen ein, wie etwa der, daß es zwischen beiden einen quasi kosmologischen Zusammenhang gibt. Die ontologische Frage nach der Gattungs- und Artbestimmung von Seiendem ist unmittelbar sinnvoll, nicht aber mehr die Frage nach dem Sinn von Sein überhaupt, soweit es Gattungs- und Artbestimmungen von Seiendem übersteigt. Deshalb hat selbst Hegel, was Heidegger gleich in § 1 von SuZ kritisiert, das Sein als den Grenzbegriff aller möglichen Kopula-Verbindungen das Unmittelbare und das Unbestimmte genannt, das nur auf dem Wege der Negation - nämlich durch die Differenz zwischen Meinen und Sagen - vermittelt und bestimmt werden kann.[54] Für die Frage nach dem Sinn von Sein überhaupt ergäbe sich erst wieder Sinn, wenn man, wie in Teilen der christlichen Tradition den - von Hegel als „Erbauung" kritisierten - religösen Sinn unterstellt, daß durch allerallgemeinste Gattungsbestimmung zur allmächtigen, allwissenden und allgütigen Substanz aufzusteigen sei, um glaubend an ihr teilhaben zu können. Wie desorientierend eine derartige Konfusion von Sinn und Sein im Absoluten sein kann, kennt man auch in praktischer Hinsicht aus der Tradition der innerchristlichen Kritik von Th. v. Aquino und Nikolaus v. Cues bis Blaise Pascal. An deren Geist knüpft Kant an, wenn er das Ding an sich für die unerkennbare Grenze hält, diesseits derer zu praktischem Behufe eine Selbstbindung der Freiheit erfolgen müsse, aber nicht jenseits von dieser Grenze.

Heidegger sucht den Sinn von Sein genau da, wo er verloren gegangen ist. Das kosmologische Band ist zerrissen. Darum weiß er zwar, aber er hält dieses Wissen nicht aus. Der Atheismus ist, wie längst Hegel wußte, noch immer durch seine Negation des Theismus an letzteren gebunden. Das wirkliche Heidentum verstand sich aus keiner Negation des christlichen Abendlandes. Wer konvertiert, den holt seine Herkunft, die er gerade fliehen wollte, wieder ein. Das neue alte Selbst erlangt so nie die spontane Fülle des wirklichen Heidentums. Es ist nur Wiederholung seiner selbst, Wiederholung auch noch in der Gebärde radikaler Destruktion. Außerhalb der europäischen Geistesgeschichte, ohne deren Negation, ergibt auch der Nihilismus keinen Sinn, weil er nichts zu negieren hätte. Er bliebe ein Sturm im Wasserglas. Hegel, der schon als junger Mann mit Pascals „Gott ist tot" vertraut wurde, setzte daher auf den sich *vollbringenden Skeptizismus*[55], und Plessner nimmt diese Wendung der Skepsis wider die Skepsis auf, führt sie aber skeptischer als Hegel durch, ohne Hegels zeithistorische Rehabilitierung des Protestantismus.[56]

Plessner folgt Mischs Interpretation von Diltheys Lebensphilosophie: „Den Primat hat das Prinzip der offenen Frage oder das Leben selbst."[57] Die Lebensphilosophie setzt in diesem Sinne die Befreiung von absolutistischen Selbstanmaßungen und Selbstüberforderungen, wie sie in der Übernahme der Rolle Gottes entstehen, fort. Plessner erweitert und transformiert den Respekt vor der Unergründlichkeit Gottes, vor dem *deus absconditus*, zum Respekt vor der Unergründlichkeit des menschlichen Wesens, vor dem *homo absconditus*. Die Verneinung der absoluten Bestimmung hält die Frage nach dem menschlichen Wesen gerade offen, wodurch die Freiheit zur geschichtlichen Selbstbestimmung dieses Wesens von neuem ermöglicht und zum Problem wird. *Plessner pluralisiert und historisiert die transzendentale Frage.* Der „schöpferische Verzicht" auf die eigene „Vormachtstellung des europäischen Wert- und Kategoriensystems", der auch den souveränen Respekt vor der eigenen Unergründlichkeit zur Darstellung bringt, wird zur Bedingung der Ermöglichung von Objektivität, Universalität und neuer Selbstentdeckung.[58] Die in unserer Kulturtradition existentialistisch gesehen *tieferen* und ontologisch gesehen *höheren* Formalbegriffe, wie auch der nach dem menschlichen Wesen, werden nicht in ängstlicher Sorge um die Behauptung des je meinigen Selbstes gebraucht, um anderes abzuwerten, sondern werden, wie Plessner schreibt, als Mittel oder Medium benützt, um uns andere Selbstverständnisse durch Vergleichbarkeit zu eröffnen.[59]

Heideggers Existentialanalyse leide noch an dem Mißverständnis, das lebensphilosophische Prinzip der Rückführung auf Leben für eine transzendentale Erklärung aus der Hermeneutik der „natürlichen Bewußtseinshaltung", dem schon immer Selbstverständlichen, heraus zu halten. Aber auch diese „Vorgabeoperation" könne ihrerseits nochmals historisiert werden.[60] Die Existentialanalyse leide an einer methodischen Apriorität, die nicht „in der Zirkulation zwischen Erfahrung und dem, was sie möglich macht", in der „Relation zwischen Apriori und Aposteriori", in Bewegung bleibt[61], sondern durch ihren Umschlag in Fundamentalontologie der eigenen Kultur eine Vorzugsstellung einräumt: „Indem sich ihr durch die methodische Anweisung das Eigentliche des Daseins als die Daseinheit (Menschheit) präsentiert, die allererst den Menschen zum Menschen macht, wird die Menschheit im Menschen zum Wesen des Menschen. Die Bedingungen der Möglichkeit, Existenz als Existenz anzusprechen, *haben zugleich* den Sinn, Bedingungen der 'Möglichkeit' zu sein, Existenz als Existenz zu führen. Eine Vorzugsstellung der Kultur, in der diese Möglichkeit faktisch (oder nur möglicherweise faktisch) ist, vor anderen Kulturen, welche diese Möglichkeit von sich aus nicht haben, ist damit gegeben.‟[62] Stattdessen orientiert Plessner auf ein Wechselspiel zwischen transzendentalen Fragen nach der Ermöglichung menschlichen Lebens und den kulturell variierenden Antworten auf diese Fragen im Geschichtsprozeß, der „wie die Weltgeschichte als das Weltgericht begriffen sein soll, das keinen seiner Urteilssprüche *ohne Revisionsmöglichkeit* fällt.‟[63] Plessner verknüpft apriorische und aposteriorische Bestimmungsversuche des menschlichen Wesens, so daß sie sich gegenseitig in Frage stellen können, statt absolutistisch in einer „Feststellung‟ (F. Nietzsche) dieses Wesens festzulaufen. Demgegenüber könne Heidegger nur in der Perspektive der „Innerlichkeit‟ stehen, nicht wie die Lebensphilosophie, die innerhalb ihrer Perspektive auch außerhalb dieser stehe.[64]

Wenn wir uns, so Plessner, nach dem Muster kopernikanischer Revolutionen durchschaut haben als Subjekte, die sich selbst täuschen und an Objekte verlieren können, dann könnten wir - eingedenk dieses kontingenten Charakters unserer Selbstsetzungen - so souverän sein, uns dem Anderssein unserer selbst zu öffnen. Wenn Plessner von der „wertedemokratischen Gleichstellung aller Kulturen in ihrer Rückbeziehung auf einen schöpferischen Lebensgrund‟[65] spricht, so nicht, weil er ein Vorurteil für den Westen hat oder dem protestantischen Bekenntnis-Spiel folgt, ein guter Mensch sein zu wollen, sondern weil er diese Gleichstellung für die Konsequenz aller an Kant anschließenden Kant-Überwindungen bis Dilthey in unserer eigenen Kultur hält. Das Selbstverständnis durch vereinheitlichende Sinnbestimmung als Seinsbestimmung und damit auch durch dualistischen Ausschluß des Anderen ist *selbst*, und zwar zugleich in der eigenen Kulturtradition, fraglich geworden. Wende man die kopernikanischen Revolutionen nur auf sich selbst an, beginne die Souveränität diesseits der als ontologische Selbstsetzungen durchschauten subsumtiven Einheiten oder dualistischen Ausschlüsse von Andersseienden.

Plessner interpretiert Nietzsches „größte Selbstlosigkeit‟ aus dem „Willen zur Macht‟ als das Problem, die „säkularisierte Vergottung des Menschen, die in der christlichen Überzeugung von der Menschwerdung Gottes vielleicht ihr Ur- und Gegenbild hat‟[66], einer „letzten Selbstrelativierung‟ zu überantworten. Diese denkt er nach dem Muster der Außenpolitik eines gesellschaftlichen, insofern neuen Liberalismus, der von füreinander „souveränen‟[67] Staaten ausgeht, nicht nach dem Muster der Innenpolitik einer gemeinschaftsideologischen Praktik, wie dies die „großen Weltanschauungsparteien‟ versuchten.[68]

Die „souveräne Form zu philosophieren" beginne in dem Aushalten der Ambivalenz des *Kompositums Mensch*, in dem *Auch* und *Und* der Perspektiven und ihrer Aspekte schon innerhalb unserer eigenen Kultur.[69] Ob Historismus oder Soziologismus, ob Biologismus oder Idealismus, ob Nietzsche oder Marx, es gebe - schon innerdeutsch gesehen - keine Gedankenströmung, die nicht meine, Kant mit Kant übertroffen, das wahre Transzendentale entdeckt, die letzte Rückführung bewerkstelligt zu haben. Das Ergebnis sei offenbar eine innere Pluralisierung der transzendentalen Frage, und Plessner sieht seine Aufgabe darin, die deutsche Geistesgeschichte immanent anderen Traditionen zu öffnen, statt an dieser lächerlichen Rhetorik der radikalsten Überwindung aller Überwindungen teilzunehmen. In der Moderne, vor allem ihrer deutschen Variante, hält sich das „Man" selber für revolutionär. Plessner ist zurecht von Fischer der Außenpolitiker unter den deutschen Philosophen genannt worden[70], d. h. derjenige, der nicht andere Kulturen der eigenen Innenpolitik unterwerfen will, die hinter jeder Proklamierung von Revolution steckt. Plessner ist derjenige, der die Konsequenz der eigenen inneren Pluralisierung denkt, im Sinne des Respekts anderer Daseinsarten als einer Ermöglichungsbedingung dafür, selbst zu sein auf andere (souveräne) Weise, also als Selbstrespekt vor der eigenen Zukunft, die nicht der eigenen Vergangenheit geopfert werden muß. Souveräner Selbstrespekt ist nicht Selbstbehauptung gegen andere, die ja auch das Anderssein eigenen Selbstseins betrifft, sondern Ermöglichung des Wechsels zwischen den Perspektiven der Nähe und Ferne, distanzierter Nähe und weder der Nähe noch der Ferne, d. h. in einem offenen Spektrum möglicher Perspektiven. „Als exzentrische Position des In sich - Über sich ist er das Andere seiner selbst: Mensch, sich weder der Nächste noch der Fernste - und auch der Nächste mit seinen ihm einheimischen Weisen, auch der Fernste, das letzte Rätsel der Welt."[71] Plessners Nietzsche-Interpretation als den Weg des sich *vollbringenden Skeptizismus* war lange vor Heideggers Rückwendung auf Nietzsche und bleibt die Alternative zur Konzeption von Sein und Zeit.[72]

Das Absolute ist nicht das Jenseits des Historischen, nicht das Unbedingte, Unbestimmte und Unendliche, sondern das historisch Unbedingte, historisch Unbestimmte und historisch Unendliche, das die historische Bedingung, die historische Individuation und die historische Bestimmung ermöglicht. Ein Selbstverständnis, das sich spontan, oder wie Plessner transformiert, „zentrisch" für absolut hält, wird durch transzendentale, oder wie Plessner sagt, exzentrische Befragung nach seiner Ermöglichung als ein historisch Bedingtes, Endliches und Bestimmtes aufgewiesen. Durch diese Historisierung wird die Frage nach dem Wesen des Menschen zur erneuten Beantwortung frei, mit der dann erneut entsprechend verfahren wird.

Methodisch erfordert ein derartiges Verfahren „von Individuation zu Individuation"[73] ein Minimum an Perspektivendifferenz, eben ein Äquivalent für Diltheys Differenz zwischen Ausdruck und Erleben, das Plessner seit den „Stufen des Organischen" als den methodischen Doppelaspekt zweier Aktivitätsrichtungen (von innen nach außen und umgekehrt[74]) entfaltet als den menschenspezifischen Wechsel zwischen zentrischer und exzentrischer Positionalität ausgearbeitet hatte.[75] Lebewesen verhalten sich insofern zentrisch, als sie spontan aus ihrem Körperleib heraus und in diesen hinein agieren, d. h. ohne Reflexion auf diesen den Körperleib als das existentielle Zentrum ihrer Verhaltenskoordinierung betätigen. Lebewesen verhalten sich insofern exzentrisch, als sie von einer Position aus, die selbst außerhalb des Zentrums Körperleib liegt, dieses Zentrum als eine Differenz behandeln können, nämlich als die Differenz zwischen Leibsein und Körperhaben. Mit dieser Differenz ist die Spannung zwischen zwei Aktivitätsrichtungen gemeint, die organisch ermöglicht und soziokulturell zu Haltungen ausbalanciert werden. Der Selbstcharakter menschlichen Daseins hat damit bei Plessner diese Grenzfunktion, zwischen den exzentrierenden und den rezentrierenden Aktivitätsrichtungen zu vermitteln, d. h. Erfahrung im weitesten Sinne zu ermöglichen. Plessner denkt die wechselseitige Ermöglichung des Natur-, Sozial- und Kulturwesens Mensch.

Der methodische Doppelaspekt an Perspektivendifferenz soll einerseits Tautologien oder Paradoxien vermeiden, wie sie im Sinne der Kantschen transzendentalen Dialektik eintreten, d. h. wenn sich die Vernunft auf sich selbst anwendet, statt das Selbstsein anders Seiendem auszusetzen. Es klingt wie eine Radikalisierung von Hegels Geistauffassung, daß nämlich Geist im Anderssein bei sich selbst bleibe, wenn Plessner gegen Heideggers Perspektiven der Innerlichkeit schreibt: „Mensch-Sein ist das Andere seiner selbst Sein."[76] Der methodische Doppelaspekt beugt andererseits seiner Gerinnung zum ontologischen Dualismus dadurch vor, daß sich die differenten Positionen auf einen Wechsel einlassen, eben auf eine Exzentrierung der zentrischen Position oder auf eine Rezentrierung des Exzentrums. Dadurch prozessieren Ambivalenzen, die nur unter historisch fragwürdigen Blockierungen des Positionswechsels zu ontologischen Dualismen auswachsen. Ob nun die Sinnbestimmung durch die Subsumtion unter eine Einheit erfolgt oder ob sie durch dualistischen Ausschluß erfolgt, beide Arten solchen

Selbstseins halten das Anderssein des Selbstseins nicht aus. Es ist zweit-
rangig, ob der Geist die Materie subsumiert oder die Materie den Geist, oder
wie immer sonst das vorherrschende Selbstverständnis artikuliert wird.
Subsumiert wird allemal Ausgeschlossenes, wodurch sich das Selbst
ausschließt und eine Möglichkeit seiner selbst sich subsumiert. Das neuzeit-
liche, absoluter Sicherheit bedürftige Selbst ist gleichsam ein hochgerüstetes,
das mit seiner eigenen Rüstung bis zur Unkenntlichkeit verwächst und erst
entsichert werden muß, was nicht anders als durch „Selbstentsicherung" zu
erreichen ist, sei es durch Spielformen der Ambivalenz, sei es durch
Grenzsituationen des Weinens und Lachens, in denen die eingeübte Selbstbeherrschung verloren geht.[77]

Plessner sieht in Heideggers Philosophie die Aufkündigung des lebensphilosophischen Prinzips der offenen Frage durch die fundamentalontologische
Verabsolutierung eines historischen und existentialen Selbstverständnisses.
Dadurch bleibe Heidegger der alten naturrechtlichen Bewußtseinshaltung
verhaftet, das eigene existentielle Selbstverständnis für das natürliche
Bewußtsein zu halten - eine für Plessner ironische Verkehrung des Existentialismus in den Positivismus und damit in den Primat der Anthropologie
über Philosophie und Politik. *Plessner hält der Konzeption von Sein und
Zeit Carl Schmitt vor, um diese Verkehrung des Existentialismus in den
Positivismus, um diesen Umschlag des tiefsten deutschen Existential-We-
sens in die für Oberfläche gehaltene westliche Demokratie mit ihren naturrechtlichen und positivistischen Selbstsetzungen, vorzuführen – eine Mei-
sterleistung an Diplomatie im damaligen innerdeutschen Richtungsstreit!*[78]
Auf Heideggers Umweg lasse sich auch, wenngleich erst durch andere
natürliche Selbstverständnisse, nämlich die der „positivistisch gebildeten
Demokratien des Westens", bei Schmitts Problem der Souveränität, der
Rechtssetzung und bei der heutigen Aufgabe, daß sich Politik „zivilisiert",
ankommen, wenn nämlich der in Heideggers SuZ demonstrierte „politische
Indifferentismus des Geistes" überwunden werde, der „den durch das
Luthertum tragisch erzeugten Riß zwischen einer privaten Sphäre des Heils
der Seele und einer öffentlichen Sphäre der Gewalt säkularisiert".[79] Es sei
aber längst möglich, eine wissende Haltung „des auf die Bodenlosigkeit des
Wirklichen gewagten Wissens" einzunehmen.[80] Die lebensphilosophische
Fundierung sei keine Fundamentierung durch eine Fundamentalontologie,
sondern eine Fundierung im Sinne der medialen Vermittlung.[81] Plessner
empfiehlt, diese ganze Rhetorik der einen in sich selbst kreisenden und
dadurch schon immer sich selbst privilegierenden Perspektive, sie sei

existentialistisch oder materialistisch oder sonstwie beschaffen, „endlich einmal ad acta zu legen", diese unendliche Kette „wahrer Fundierungen" unter der Annahme einer quasi natürlichen Rangordnung.[82] Das Selbst rüstet sich in SuZ aus Angst im Vorlaufen zu Tode ein und gerät in seinem Versuch erneuter Selbstbeherrschung in eine Art von panisch leerer Entschlossenheit.

Plessner lernt aus Heideggers Darstellung eine andere Lektion, als sie Heidegger beabsichtigt hatte: „Gerade in seiner Relativität einer christlich-griechischen Konzeption begriffen, kommt am Menschen als dem Zurechnungssubjekt seiner Welt das andere seiner selbst, das Gegenteil davon, die Unzurechnungsfähigkeit zum Vorschein; beginnt an der Geschichte das menschliche Leben, welches das Mächtige ist, auf seine Ohnmacht hin durchscheinend zu werden."[83] Man dürfe aber dieser Einsicht „nicht die Form einer Fundierung geben, als ob das Ohnmächtige das Mächtige trüge oder gar aus sich hervorgehen ließe; dann wäre ja das Prinzip der Unentscheidbarkeit (von Prinzipiellem im Prinzipiellen: HPK) preisgegeben und ein Primat der (ontologischen) Philosophie anerkannt." Plessner schreibt weiter: „Keines von beiden ist das Frühere. Sie setzen einander nicht mit und rufen einander nicht logisch hervor. Sie tragen einander nicht und gehen nicht ontisch auseinander hervor. Sie sind nicht ein und dasselbe, nur von zwei Seiten aus gesehen. Zwischen ihnen klafft Leere. Ihre Verbindung ist Undverbindung und Auchverbindung. So als das Andere seiner selbst *auch* er selbst ist der Mensch ein Ding, ein Körper, ein Seiender unter Seienden, ... Er ist auch das, worin er sich nicht selbst ist, und er ist es in keinem äußerlicheren und geringeren und nachgeordneteren Sinne."[84]

In dem, was hier Plessner als Leere anspricht, in der Hoffnung, in dieser doch noch eine Undverbindung gewinnen zu können, eröffnet sich das, was Lyotard später den *Widerstreit* zwischen den einander heterogenen Diskursarten nennen wird. Plessner setzt gegen Heideggers Versuch, Phänomenologie und Ontologie, Sinn und Sein ineinander zu überführen, fort: „Exzentrische Positionalität als Durchgegebenheit in das Andere seiner Selbst ... ist die offene Einheit der Verschränkung des hermeneutischen in den ontisch-ontologischen Aspekt: der Möglichkeit, den Menschen zu verstehen, und der Möglichkeit, ihn zu erklären, *ohne* die Grenzen der Verständlichkeit mit den Grenzen der Erklärbarkeit zu Deckung bringen zu können."[85] Nur dadurch, daß sich beide Grenzen nicht decken, bleibt die Frage nach der Einheit von Seinssinn und Sinnsein offen. Statt wie Heidegger mit seiner Frage nach einer nochmaligen Einheitsidee der Transzendenz in die Suggestion der Schließbarkeit dieser Frage zu geraten, fragt Plessner nach der Verstehen ermöglichenden Differenz von Positionen respektive Perspektiven.

Die hier letzte Pointe Plessners betrifft nicht nur seine schon erwähnte Pluralisierung und Historisierung der transzendentalen Frage, aus der das Problem der Souveränität und damit eines neuen Liberalismus entstand, sondern seine Erweiterung der traditionell transzendentalen Frage zu der Frage nach der Verunmöglichung menschlichen Sinnverstehens. Der Selbstverlust bis zur Selbstzerstörung menschlichen Daseins beginnt für Plessner genau da, wo Heidegger meint, die privatime Bestimmbarkeit personaler Existenzführung in etwas anderem verbergen zu können, nämlich darin, die phänomenologische Sinnfrage auf das Sein zu richten, um sie rückwirkend in dem Anspruch einer Fundamentalontologie beantworten zu können. Dieses Können, auch eine Möglichkeit des ins biotische Nichts gestellten Lebewesens Mensch, ist sein Abschluß, die Schließung der Frage nach ihm selbst als einem Anderen. Die Schließung der Frage ermöglicht, was Plessner die Phänomene der „Unmenschlichkeit" nennt, eben die Verunmöglichung menschlichen Daseins.

Genau dies hat Heidegger an Mischs Dilthey-Interpretation nicht begriffen. Heidegger versteht nicht, daß der transzendentale Rückschluß aus dem Historischen auf das Geschichtliche, in dem letztlich Zeit schematisch wie Sein gedacht wird, seinerseits im Zeichen der Unergründlichkeit des menschlichen Wesens zum *historisch* Absoluten negiert werden muß, um geschichtlich erneut menschliche Freiheit als existentiale Selbstbindung ermöglichen zu können. Heidegger gesteht zwar in dem problemgeschichtlich äußerst wichtigen § 77 von SuZ ein, daß die von ihm „vollzogene Auseinanderlegung des Problems der Geschichte ... aus der Aneignung der Arbeit Diltheys erwachsen" und durch die Thesen des Grafen York „bestätigt und zugleich gefestigt" worden sei.[86] Aber Mischs bahnbrechende Dilthey-Interpretation wird in einer Anmerkung von Heidegger ad acta gelegt.[87] Stattdessen endet der Paragraph mit der demutsvollen Versicherung, „den Geist des Grafen York zu pflegen, um dem Werke Diltheys zu dienen."[88]

Nachdem Heidegger die vom Grafen York gestellte Aufgabe einer Herausarbeitung der „generischen Differenz zwischen Ontischem und Historischem" seitenlang zitiert hat, geht Heidegger zu seinem Programm von SuZ über. Wo Misch zur Bodenlosigkeit des Absoluten vorgedrungen war, redet Heidegger wieder von dem *„fundamentalen Ziel* der 'Lebensphilosophie'"[89], das natürlich aus Heideggers Sicht – wir kennen dies aus seiner Behandlung

von Aristoteles und Kant – „einer *grundsätzlichen* Radikalisierung" bedarf.
Und worin soll diese bestehen? Nun, man kennt dies aus Schellings Früh-
schriften und Hölderlins „Urtheil und Seyn", jetzt ca. 130 Jahre später wiederholt, als ob Hölderlin nicht daran zerbrochen wäre und es nie einen
Hegel, geschweige Nietzsche, gegeben hätte. Ontisches und Historisches
seien in eine „*ursprünglichere* Einheit der möglichen Vergleichshinsicht und
Unterscheidbarkeit" zu bringen: „Die Idee des Seins umgreift 'Ontisches'
und 'Historisches'. *Sie* ist es, die sich muß generisch differenzieren lassen."[90]
Wohlgemerkt: Heideggers „und" ist nicht die Leere zwischen Sinn und Sein,
sondern eine Idee, in der sich aus dem Sinn von Sein und dem Sein von
Sinn, eben aus dem Existential-Ontologischen und aus dem Ontologisch-
Existentialen, Ontisches und Historisches ausdifferenzieren lassen können
sollen, worin dann Heidegger das Historische - im Zeit-Schema der Geschichtlichkeit transzendental verdoppelt - auch sich selbst verbirgt.

Anmerkungen

1   Vgl. HANS-PETER KRÜGER, Angst vor der Selbstentsicherung. Zum gegenwärtigen Streit um Helmuth Plessners philosophische Anthropologie (im folg.: Angst), in: Deutsche Zeitschrift für Philosophie, Berlin 44 (1996) 2, S. 271-300.

2   Vgl. GERHARD ARLT, Anthropologie und Politik. Ein Schlüssel zum Werk Helmuth Plessners, München 1996, insbesondere S. 112-116.

3   Vgl. WOLFGANG ESSBACH, Der Mittelpunkt außerhalb. Helmuth Plessners philosophische Anthropologie, in: Der Prozeß der Geistesgeschichte, hg. v. G. Dux / Ulrich Wenzel, Frankfurt a. M. 1994, S. 16f.

4   Vgl. KURT WUCHTERL, Bausteine zu einer Geschichte der Philosophie des 20. Jahrhunderts. Von Husserl zu Heidegger: eine Auswahl, Bern 1995, S. 249-252, 310-322.

5   HELMUTH PLESSNER, Macht und menschliche Natur. Ein Versuch der Anthropologie der geschichtlichen Weltansicht (im folg. im Text: MmN), in: DERS., Gesammelte Schriften V, Frankfurt a. M., 1981, S. 228.

6   JOACHIM FISCHER, Plessner und die politische Philosophie der zwanziger Jahre (im folg.: Plessner), in: Politisches Denken. Jahrbuch 1992, hg. v. V. Gerhardt / H. Ottmann / M. P. Thompson, Stuttgart 1993, S. 70.

7   MARTIN HEIDEGGER, Sein und Zeit (im folg. im Text SuZ), Tübingen 1987, § 7, S. 27 und 37.

8   DERS., SuZ, § 4, S. 13f.

9   DERS., SuZ, § 7, S. 37.

10 DERS., SuZ, § 5, S. 17.

11 DERS., SuZ, S. 41.

12 DERS., SuZ, § 6, S. 22.

13 DERS., SuZ, § 6, S. 23.

14 DERS., SuZ, § 4, S. 11.

15 DERS., SuZ, S. 12.

16 DERS., SuZ, § 4, S. 12.

17 DERS., SuZ, § 7, S. 31.

18 DERS., SuZ, § 7, S. 38.

19 Vgl. HELMUTH PLESSNER, Grenzen der Gemeinschaft. Eine Kritik des sozialen Radikalismus (1924, im folg.: GG), in: H. PLESSNER: Gesammelte Schriften V, Frankfurt a. M. 1981, S. 28, 70ff. Unter dem Gesichtspunkt von MICHEL FOUCAULTs Rekonstruktion des „ärztlichen Blickes" ließe sich Plessner mit BERTOLT BRECHT vergleichen. Vgl. zu letzterem HANS-PETER KRÜGER, Postmodernes beim jungen Brecht?, in: H.-P. KRÜGER: Demission der Helden, Berlin 1992, S. 123ff.

20 Heidegger ist schwer vom Gestus der Selbstbehauptung, wie er zuweilen Unterprivilegierten kompensatorisch in ihrem Aufstiegskampf eignet, geprägt. Um Selbsterhaltung geht es nicht erst in seiner Rektoratsrede von 1933. Vgl. zu dem dadurch „seltsamen Kontrast" bei Heidegger GÜNTER FIGAL, Heidegger zur Einführung, Hamburg 1992, S. 137. Hans Ebeling spricht in seiner Analyse des § 59 in SuZ von einem „schlechthin 'anarchischen' Quasi-

Handeln" eines „augenblicklich jeweilig zu 'allem' und 'nichts' entschlossenen Selbstbehauptungsquantums ohne Sinn und Verstand für das, was 'ein Gewissen haben' meint", und verweist zum „Kleinbürgeraufstand des Philosophen" zurecht auf HUGO OTT, Martin Heidegger. Unterwegs zu seiner Biographie, Frankfurt a. M. 1988. HANS EBELING, Martin Heidegger. Philosophie und Ideologie, Reinbek bei Hamburg 1991, S. 36 und 12.

21 MARTIN HEIDEGGER, SuZ, §1, S. 3f.
22 Vgl. H. PLESSNER, GG, S. 55, S. 95ff.
23 Vgl. H. PLESSNER, GG, S. 62ff, S. 79ff, S. 92.
24 M. HEIDEGGER, SuZ, §4, S. 15.
25 DERS., SuZ, §6, S. 23f., S.26.
26 Ebd., S. 397.
27 H. PLESSNER, Die Stufen des Organischen und der Mensch. Einleitung in die philosophishe Anthropologie (im folg.: StO) Berlin 1975, S. 31.
28 Diese Folge von Aufsätzen, die Safranski albernerweise als Rezension bezeichnet, erschien auch als ein bis heute unterschätztes, mehr als 320 Seiten starkes Buch von GEORG MISCH, Lebensphilosophie und Phänomenologie. Eine Auseinandersetzung der Dilthey'schen Richtung mit Heidegger und Husserl, Bonn 1930.
29 H. PLESSNER, StO, S. 30.
30 H. PLESSNER, MmN, S. 210.
31 H. PLESSNER, StO, S. Vf.
32 M.HEIDEGGER, SuZ, §7, S. 38.
33 H. PLESSNER, MmN, S. 187.
34 DERS., MmN, S. 188.
35 DERS., MmN, S. 190.
36 Vgl. StO, S. 136f, 195, 232, 343. Ebenda S. 345 verweist Plessner hinsichtlich der öffentlichen Gesellschaftsformen im Unterschied zu den Gemeinschaftsformen auf seine GG von 1924. Vgl. H. PLESSNER, GG. S. 60ff, 92 ff.
37 H. PLESSNER, MmN, S. 229.
38 DERS., MmN, S. 206, S. 207f, S. 209, S. 162.
39 DERS., MmN, S. 210, S. 214.
40 DERS., MmN, S. 208.
41 M. HEIDEGGER, SuZ, §83, S. 436f.
42 DERS., SuZ, §7, S. 38.
43 H.PLESSNER, STO, S. XF.
44 Ebd., S. XIII.
45 Ebd., S. X.
46 Vgl. GEORG W. F. HEGEL, Phänomenologie des Geistes (im folg.: PhG), Berlin 1971, S. 91-101.
47 H. PLESSNER, MmN, S. 190f.
48 DERS., MmN, S. 191.
49 M. HEIDEGGER, SuZ, S. 3, S. 10f.

50 Vgl. zusammenfassend zu Lyotards Philosophie H.-P. KRÜGER, Perspektivenwechsel, Berlin 1993. Zweiter Teil, 2. Kapitel. Vgl. von JEAN-FRANCOIS LYOTARD, Heidegger und „die Juden", Wien 1988, S. 63-110.

51 Vgl. M. HEIDEGGER, SuZ, §7.

52 Obgleich Gadamer die Legende vom alternativlosen Heidegger nach dem zweiten Weltkrieg inauguriert und vertreten hat, vermerkte er immerhin schon in dem Heidegger-Abschnitt seines Hauptwerks von 1960: „Als Heidegger seine transzendentalphilosophische Selbstauffassung von 'Sein und Zeit' zu revidieren unternahm, mußte ihm folgerichtigerweise das Problem des Lebens neu in den Blick kommen. So hat er im Humanismus-Brief von dem Abgrund gesprochen, der zwischen Mensch und Tier klafft. Kein Zweifel, daß Heideggers eigene transzendentale Grundlegung der Fundamentalontologie in der Analytik des Daseins eine positive Entfaltung der Seinsart des Lebens noch nicht gestattete." HANS-GEORG GADAMER, Wahrheit und Methode, Grundzüge einer philosophischen Hermeneutik (im folg.: WuM), Tübingen 1960, S. 249. - Wo hätte denn Heidegger wenigstens in seinem Spätwerk die Seinsart des Lebens positiv entfaltet? - Dies ging gerade durch die Annahme des Dualismus, den Plessner in seinen StO längst überwunden hatte, nicht. Vgl. ebenda S. 420f, wo Plessner undifferenziert und falsch für Gadamers hermeneutische Ontologie vereinnahmt wird.

53 H. PLESSNER, Die Aufgabe der Philosophischen Anthropologie (1937, im folg.: Aufg.), in: H. PLESSNER, Gesammelte Schriften VII, Frankfurt am Main 1983, S. 36. Vgl. schon StO, S. 70, wo es heißt, „das es die 'belebten' Dinge der Welt sind, die nicht nur dem Sein angehören, sondern auch das Sein in irgendeinem Sinne als Welt haben, mit ihm und gegen es leben."

54 Vgl. PhG, S. 82-87.

55 Ebd., S. 67.

56 Vgl. MmN, S. 205. DERS., Aufg., S. 41, 46. Plessners relativ späte Hegel-Kenntnis ist insbesondere durch Josef König vermittelt, auf dessen Buch Der Begriff der Intuition, Halle 1926, Plessner auch dankend verweist, weil darin Verschränkung gedacht ist. Vgl. H. Plessner, StO, S. VI, 154.

57 H. PLESSNER, MmN, S. 202.

58 DERS., MmN, S. 158, S. 164, S. 185f, S. 201.

59 DERS., MmN, S. 159, S. 186, S. 221.

60 DERS., MmN, S. 213f.

61 DERS., MmN, S. 174, S. 213f.

62 DERS., MmN, S. 159.

63 DERS., MmN, S. 232.

64 DERS., MmN, S. 209, S. 222ff.

65 DERS., MmN, S. 186.

66 DERS., MmN, S. 149f.

67 Vgl. DERS., MmN, S. 141-143, S. 231f.

68 DERS., MmN, S. 139.

69 DERS., MmN, S. 227f.

70 Vgl. J. FISCHER, Plessner, S. 53-77.

71 H. PLESSNER, MmN, S. 230.

72 Gadamer hat Nietzsche als eine spätere Alternative von Heidegger angemerkt, nicht aber Plessners frühere Nietzsche-Interpretation. H.-G. GADAMER, WuM, S. 262.

73 H. PLESSNER, MmN, S. 186.

74 DERS., StO, S. 9-107.

75 Vgl. DERS., StO, S. 289-309.

76 H. PLESSNER, MmN, S. 225.

77 Vgl. H. PLESSNER, Lachen und Weinen. Eine Untersuchung der Grenzen menschlichen Verhaltens (geschrieben Mitte der 30er Jahre im Groninger Exil, holländ. 1940 und dt. 1941 in der Schweiz erschienen), in: H. Plessner, Gesammelte Schriften VII, Frankfurt a. M. 1982, insbesondere S. 359-384.

78 Autoren, die keinen Humor haben, mit Plessner weder lachen noch weinen können zum deutschen Geisteswesen, werden demgegenüber versucht sein, ironische Passagen von Plessner bierernst zu nehmen. R. Kramme hat diese Humorlosigkeit als These von der Komplementarität zwischen Schmitt und Plessner elaboriert. Vgl. RÜDIGER KRAMME, HELMUTH PLESSNER und CARL SCHMITT. Eine historische Fallstudie zum Verhältnis von Anthropologie und Politik in der deutschen Philosophie der zwanziger Jahre, Berlin 1989. Vgl. auch H.-P. KRÜGER, Angst, S. 272ff. DERS.: Philosophische Anthropologie. Ein Plädoyer für die erneute Lektüre Helmuth Plessners, in: CACHACA. Fragmente zur Geschichte von Poesie und Imagination, hg. v. BERNHARD J. DOTZLER und HELMAR SCHRAMM, Berlin 1996, S. 25-29.

79 Vgl., H. PLESSNER, MmN, S. 168, S. 200, S. 233, S. 234.

80 Ebd., S. 214.

81 Ebd., S. 232.

82 Ebd., S. 214.

83 Ebd., S. 224f.

84 Ebd., S. 225f.

85 Ebd., S. 231.

86 M. HEIDEGGER, SuZ, S. 397.

87 Ebd., S. 399.

88 Ebd., S. 404.

89 Ebd., S. 403.

90 Ebd., S. 403.

Grenzen der Gesellschaft und Grenzen der Gemeinschaft
Zur philosophischen Anthropologie bei Ferdinand Tönnies und Helmuth Plessner

MANFRED GANGL

I.

Die wertende Gegenüberstellung von 'Gemeinschaft und Gesellschaft' geht auf das gleichnamige Buch von Ferdinand Tönnies aus dem Jahre 1887 zurück. Bis zur zweiten Auflage 1912 war es nahezu unbeachtet geblieben, um dann während der Weimarer Republik eine ungeheure Verbreitung und Popularität zu finden. Hans Freyer bescheinigte der 'Gemeinschaft und Gesellschaft' eine so allgemeine Wirkung auf die gesamte zeitgenössische Sozialwissenschaft, daß sie beinahe anonym und unterirdisch vor sich gegangen sei.[1]

Dennoch wird erst im Nachweis der innertheoretischen Voraussetzungen und Aporien der Tönniesschen Grundkategorien verständlich, warum sie selbst zur Ideologisierung des Gemeinschaftskonzepts während der Weimarer Republik beitragen konnten[2] und woraus sich das allgemeine Schlagwort 'Gemeinschaft' auch dort speiste, wo es sich nicht explizit auf Tönnies berief. Die unterschiedlichsten politischen und sozialen Kräfte konnten sich gleichermaßen auf ihn beziehen. Wenn eine der Grundbedingungen für den ideologischen Gebrauch von Begriffen in ihrer relativen Unbestimmtheit liegt und eine weitere in der Möglichkeit, sie gegen ihre antithetischen Gegenbegriffe auszuspielen, so erfüllte die Begriffsdichotomie 'Gemeinschaft-Gesellschaft' diese Aufgabe ebenso hervorragend[3] wie die für die antimodernistischen Diskurse der Weimarer Republik so bekannten und wirksamen Antithesen Kultur-Zivilisation, organisch-mechanisch, Volk-Masse, Statik-Dynamik usw., mit denen sie sich z.T. direkt deckte.[4]

Die ideologische Einvernahmung seiner Kategorien verdeckte freilich, daß Tönnies selbst – und lange vor Max Weber – die Unumgänglichkeit der Auflösung traditionaler Strukturen und die Unumkehrbarkeit des modernen gesellschaftlichen Rationalisierungsprozesses behauptet hatte. Kulturkritisch hielt er jedoch an der theoretisch begründeten Hoffnung fest, daß der Siegeszug der technischen Zivilisation in der totalen Durchrationalisierung der Welt an den gemeinschaftlichen Grundbedürfnissen der Menschen seine Schranke finde.

Helmuth Plessner, damals einer der wenigen zeitgenössischen Kritiker der Gemeinschaftsideologie, wählte den scheinbar entgegengesetzten Ausgangs-punkt: In einer immanent verfahrenden Kritik war es ihm darum zu tun, die 'Grenzen der Gemeinschaft' (so sein Buchtitel 1924) aufzuzeigen. Er ging zunächst von der Breitenwirkung des Begriffs während der Weimarer Republik aus: „Das Idol dieses Zeitalters ist die Gemeinschaft. Wie zum Ausgleich für die Härte und Schalheit unseres Lebens hat die Idee alle Süße bis zur Süßlichkeit, alle Zartheit bis zur Kraftlosigkeit, alle Nachgiebigkeit bis zur Würdelosigkeit in sich verdichtet. [...] Maßlose Erkaltung der menschlichen Beziehungen durch maschinelle, geschäftliche, politische Abstraktionen bedingt maßlosen Gegenentwurf im Ideal einer glühenden, in allen ihren Trägern überquellenden Gemeinschaft. Der Rechenhaftigkeit, der brutalen Geschäftemacherei entspricht im Gegenbild die Seligkeit besin-nungslosen Sichverschenkens, der mißtrauischen Zerklüftung in gepanzerte Staaten der Weltbund der Völker zur Wahrung ewigen Friedens."[5]

Plessner macht sich gegen den Zeitgeist zum Anwalt der gesellschaftli-chen Modernisierung, ohne jedoch die Motive der Gemeinschaftsideologie gering zu schätzen oder ihre Funktion und ihre sozialen Träger politisch vorschnell zuzuordnen. Zum einen diene der Gemeinschaftsmythos nur noch der beliebigen Legitimationsbeschaffung: „Marschiert heute die Diktatur, in Rußland den Privatbesitz enteignend, in Italien und Spanien ihn schützend, so wagt sie es doch nur aus dem Gemeinschaftsethos heraus, das ihr, ob bolschewistisch oder faszistisch, als Unterstützung ihrer Macht immer willkommen ist."[6]

Die ideologische Funktion des Gemeinschaftskonzepts liege gerade darin, daß es die alten politischen und sozialen Widersprüche verdecke und in eine neue gemeinsame Front einzureihen in der Lage sei: „Eine gewaltige Opposition gegen alles, was moderne Gesellschaft bedeutet: Stadt, Maschi-nentum, Industrialismus des ganzen Geistes, eint heute die einander Widerstrebenden vom feudalen Gutsbesitzer bis zum Fabrikarbeiter."[7] Auch die, die aufgrund ihrer sozialen Lage der gesellschaftlichen Ordnung objektiv verpflichtet seien, stellten sich ideologisch gegen sie.[8]

Es war diese mächtige Welle der politisch radikalisierten Gemeinschafts-ideologie, der sich Plesser damals mit seiner Kritik entgegenstemmte und die doch zugleich als Grundlegung seiner eigenen philosophischen Anthropolo-gie[9] konzipiert war. Tönnies wird dabei schonend behandelt, und dieser gab seinerseits in seiner damaligen, eher wohlwollenden Rezension von

Plessners Schrift lediglich seiner Verwunderung über den ambitionierten theoretischen Aufwand ironisch Ausdruck.[10]

Über dreißig Jahre später kommt Plessner auf diesen Punkt zurück. Seine Schrift habe „ihre Absicht einer Ideologiekritik am Gemeinschaftsradikalismus unmittelbar mit einer, in der Fassung noch unzureichenden anthropologischen Theorie verknüpft [...]."[11] Dennoch beansprucht er auch noch nachträglich, daß er schon damals „hinter der gefährlichen Ausspielbarkeit der beiden Sozialkategorien [von Tönnies, M.G.] gegeneinander das spezifisch anthropologische Problem erkannt (hat), welches das bloße Einteilungsinteresse der reinen Soziologie verdeckt."[12]

Als die Breitenwirkung der Tönniesschen Kategorien einsetzte, bemächtigten sich „sehr bald außertheoretische Tendenzen einer aufgewühlten Zeit der Antithese und machten aus dem Buch eine Apologie der Gemeinschaft gegen die vergesellschaftenden Tendenzen von Staat und Wirtschaft."[13] Auch wenn Plessner Tönnies nachträglich gegen die ideologische Einvernahmung während der Weimarer Republik in Schutz nimmt[14] – so hatte freilich dessen Ausgangsbasis, besonders die antithetische Struktur seiner Grundbegriffe daran ebenso Anteil wie die implizite Wertung, die der anthropologischen Fundierung in einer Willenstheorie zu verdanken ist und die in der damaligen bis heutigen Rezeption weitgehend unbeachtet blieb.[15] „Die eingehende Prägung [seiner Antithese, M.G.] bot sich nicht nur als bequemes Einteilungsschema einer Systematik entbehrenden Wissenschaft an, sondern als eine Art Gegenideologie der industriellen Gesellschaft. Eine derart doppelte Verwendbarkeit war jedoch der wissenschaftlichen Verarbeitung von Tönnies' Entdeckung, besser vielleicht gesagt: *anthropologischem Versuch* [H. v. mir, M.G.], wiederum hinderlich. Denn sie gerade lenkte von der Einsicht in diesen ihren wesentlichen Charakter ab."[16]

II.

In der Vorrede zur 2. Auflage von *Gemeinschaft und Gesellschaft* hatte Tönnies zur Entstehung seiner Grundkategorien zwar selbst bemerkt: „Ich fand den großen Sinn des rationalen Naturrechts darin, daß es die bis dahin überwiegend theologisch aufgefaßten Wesenheiten *anthropologisch* (H. v. mir, M.G.) zu verstehen unternahm, die scheinbar übersinnlichen Gestalten als Gebilde menschlichen Denkens und Wollens erklärte."[17] In seiner Schrift blieben diese Voraussetzungen aber eher implizit.[18] Daß Tönnies jedoch in der Tat in seiner Willenstheorie, die seiner Gemeinschaft-Gesellschafts-Konzeption zugrundeliegt, von anthropologischen Reflektionen zum rationalen Naturrecht ausgegangen war und welche Rolle dabei der historischen Rechtsschule zukommt, läßt sich in seinen frühen Hobbes-Studien[19] deutlicher nachspüren.

In der Behandlung der Hobbesschen Anthropologie[20] kritisierte er Hobbes dahingehend, daß „der Begriff des willkürlichen Menschen"[21] bei ihm verabsolutiert zu werden drohe. „Wo dieser oder irgend ein Begriff des Menschen für *absolut* gehalten wird, da gibt es keine historische *Veränderung der menschlichen Natur*, also keine Entwicklung durch *Kultur*."[22] In Hobbes' Begründung des rationalen Naturrechts, in dem die Menschen nur aus gegenseitiger Furcht den Naturzustand verlassen und sich souveräner Herrschaft fügen, wären es konsequenterweise die Triebe und Affekte, die die staatliche Einheit zuwege brächten oder aber verhinderten. „So entsteht das große Paradoxon: die gegenseitige Furcht der Menschen vor einander vereinigt dieselben Menschen zur Gemeinschaft mit einander."[23] Andererseits geht das Bestreben von Hobbes dahin, den politischen Zustand rational zu begründen, durch Vernunft zu konstituieren, so daß daher der Übergang vom Naturzustand in den Gesellschaftszustand „*gedacht* werden müsse als aus vernünftiger Einsicht und aus bewußten Verträgen jedes einzelnen mit allen übrigen hervorgehend."[24]

Tönnies versucht hiermit bei Hobbes eine dort nicht systematisch weiterentwickelte Dimension der Geschichte ausfindig zu machen, die seiner letztlich ahistorischen rationalen Naturrechtskonstruktion geopfert wurde. Allen empirisch und historisch orientierten Erfahrungsbereichen sowie der wissenschaftlichen Entwicklung selbst liege eine Entwicklungsdimension zugrunde, die der ahistorischen und rein begrifflichen Konstruktion widerspreche. „In Erfahrung und empirischen Folgerungen, in reinen und angewandten Wissenschaften, nimmt Hobbes, obgleich er das *Wesen des Menschen als unveränderlich* [H.v.mir, M.G.] gegeben ansieht, eine fortschreitende Entwicklung der *Menschheit* als möglich und wirklich an."[25] Analog habe er von der historischen Sprachentwicklung eine genaue Vorstellung und halte doch für die Wortbildungen an einer willentlichen Zeichensetzung fest. Den Begriff 'Wesenwille', den Tönnies selbst als einen seiner beiden Grundbegriffe in seine soziologische Theorie eingeführt und dem zweckrationalen 'Willkürwillen' (bzw. später: 'Kürwillen') entgegengestellt hatte, entwickelt Tönnies an einem bei Hobbes sonst wenig beachtetem „Punkte, an dem die rationalistische Ansicht [...] und die historisch-genetische scharf zusammenstoßen."[26] Der strategische Sinn von Tönnies' Hobbes-Kritik liegt darin, die spätere Position der historischen Rechtsschule gegenüber dem rationalen Naturrecht als Widerspruch bei Hobbes selbst aufzuzeigen. „Er [Hobbes] spricht freilich immer von zwei Arten der Entwicklung des Staates: der einen durch Macht und Gewalt oder patriarchalische Autorität; eine andere Art ist aber diejenige, auf die seine eigentliche Theorie sich bezieht. Die Erörterung der ersten bedeutet sozusagen die *vorweggenommene Konzeption der historischen Schule* [H. v. mir, M.G.] und der Romantik."[27]

Nach dem Begründer der historischen Rechtsschule, Carl Friedrich von Savigny, „bringt nicht jedes Zeitalter für sich und willkürlich seine Welt hervor, sondern tut dies in unauflöslicher Gemeinschaft mit der ganzen Vergangenheit."[28] Das Gewohnheitsrecht als 'natürliches Recht' bilde daher die Grundlage allen positiven Rechts. Rechtsquelle sei nicht mehr die Vernunft, sondern seien wie die Sprache, Religion und Sitte die der abstrakten Vernunft vorgelagerten 'stillwirkenden Kräfte' des Volkes.[29] Vor jeglicher positiven Fixierung lebe es wie die Sprache im Bewußtsein des Volkes; deren 'symbolische Handlungen' stellten daher die 'eigentliche Grammatik des Rechts' dar.

Tönnies findet bereits bei Savigny seine Begriffsoppositionen von Gemeinschaft und Gesellschaft bzw. von Wesenwillen und Willkür vor,[30] und „die wichtige Erkenntnis, daß es nur verschiedene Ausdrücke sozialen Wollens sind, die in Gewohnheitsrecht und in heiligen Rechten, wie in freier, planmäßiger und an wissenschaftliche Theorien angelehnter Gesetzgebung [sich] niederschlagen."[31] Im Unterschied zu Savigny, der in seinem Kampf gegen Naturrechtstheorien auch für moderne Gesellschaften das positive Recht und die Gesetzgebung ausschließlich im Gewohnheitsrecht fundiert sehen wollte, sieht Tönnies die moderne Gesellschaft gerade am reinsten durch das rationale Naturrecht bestimmt. Er trennt damit anthropologisch, historisch und systematisch den Geltungsbereich von Sitte und Recht. Wenn die Anerkennung des sozialen Gebildes durch Vertrag und Gesetz erfolgt, gewinnt das rationale Naturrecht Geltung, wenn sie hingegen durch Gewohnheit und Sitte erfolgt, scheinen sich die Annahmen der historischen Rechtsschule zu bestätigen.[32]

III.

Gegen das rationale Naturrecht und insbesondere gegen Hobbes gerichtet führt Tönnies auf diese Weise für den Naturzustand anthropologisch eine weitere und alternative Willensdisposition ein, das den Menschen eigene Integrations- und Solidaritätsbedürfnis. „Der Mensch ist zur Bejahung des Menschen und also zur Verbindung mit ihm von Natur 'geneigt': nicht bloß durch 'Instinkte' [...], sondern auch durch 'edlere' Gefühle und ein vernünftiges Bewußtsein."[33] Genauer gesagt hat Tönnies diese Dimension in gewisser Weise als nicht weiterverfolgte Konsequenz aus Hobbes selbst zu entwickeln versucht. So heißt es beispielsweise in seiner frühen Hobbes-Interpretation: „Wenn Hobbes die Grundsätze seiner Doktrin festhalten will - daß alle Handlungen aus Affekten hervorgehen; und daß alle Affekte als Modifikationen, sei es der Begierde nach einer Sache oder des Widerstrebens gegen eine Sache, anzusehen seien [...], so müßte er nun die Möglichkeit eines besonderen Affektes zugeben, welcher als Liebe zur Gemeinschaft oder doch als Abneigung [...] sich darstellen würde."[34] Um aber seine rein rationale, begriffliche Konstruktion zu retten, werde „im Begriffe des Menschen von allem abgesehen, was sie auf natürliche und ursprüngliche Weise verbinden mag, also von Banden der Familie, der Freundschaft usw., von allen sozialen Instinkten."[35] In der rationalen Konstruktion sind die Einzelwillen isoliert gedacht, egoistisch und den anderen gegenüber feindlich, *homo homini lupus*. Erst wenn ihr vereinigter Wille an einen Souverän übertragen wird, dessen Wille anerkannt und befolgt wird, konstituiert sich staatlicher Gesamtwille, sein rechtliches Gewaltmonopol und ein von ihm garantierter Friedenszustand.[36] Hobbes habe den „antagonistischen Charakter dieser 'entfesselten' modernen Gesellschaft" begrifflich antizipiert und die reale Tendenz der „Auflösung aller gemeinschaftlichen Verhältnisse und Verbände in Individuen"[37] als historisch schon abgeschlossen angesehen. Daher fehle „bei Hobbes [...] nur die *eine* klare Erkenntnis: daß im Sinne des Rechts, außer der staatlichen Zwangsgewalt [...] *andere Potenzen kollektiven Willens* wirksam sein können und tatsächlich [...] wirksam *sind*."[38]

Was hier als Defizit bei Hobbes aufgezeigt wird, ist die daraus gewonnene alternative gemeinschaftliche Naturrechtskonzeption, die Tönnies der gesellschaftlichen entgegensetzt. So hieß es in der Vorstudie zu seinem späteren Buch *Gemeinschaft und Gesellschaft* aus den Jahren 1880-81 schon als Gedankenexperiment: Man denke sich einen Zustand, in dem der feindselige Wille allein herrsche. „Dies wäre der berühmte Zustand des Krieges Aller gegen Alle, jeder würde jedes anderen Feind sein.[...] Aber die freundliche Tendenz des Willens ist auch eine Tatsache, und Ursache vieler Tatsachen. Im Gegensatz kann man sich daher, gleichfalls des Begriffes halber, einen Zustand denken, in welchem diese Neigung, alle Mitmenschen, die einem bekannt wären, durch Leistungen zu fördern, unumschränkte Geltung hätte. Dies wäre der Zustand des ewigen Friedens im höchsten Sinne: jeder würde jedes anderen Freund sein [...]."[39] Fünfzig Jahre später formuliert er es analog und wieder in Auseinandersetzung mit Hobbes: „Man kann im Gegensatz zum gesellschaftlichen oder rationalistischen Naturrecht die Idee eines gemeinschaftlichen Naturrechts darzustellen unternehmen [...] (und) die Voraussetzung machen, daß die Menschen [...] von Natur einander freundlich gesinnt seien: nicht Krieg aller gegen alle, sondern der Friede aller mit allen sei der natürliche Zustand."[40]

Wenn in dem einen Fall der Gesellschaftszustand aus dem Nutzenkalkül wohlverstandener Interessen und gegenseitigem Vertrag erwachse, so im anderen aus Neigung, Verständnis und Gewohnheit innerhalb naturwüchsig entwickelter und historisch eingespielter Lebensformen. Der Unterschied im naturrechtlichen Ausgangspunkt ist nur derjenige, ob „der Mensch von Natur ein *soziales Wesen* sei" oder ob er, „von Natur egoistisch, also unsozial, auschließlich durch Vernunft, durch sein wohlverstandenes Interesse, sozial *werde*."[41] Diente in der Tradition der Naturrechtslehre diese je unterschiedlich angenommene Natur des Menschen für die Konstruktion einer optimistischen oder pessimistischen Variante des Naturrechts,[42] so versucht Tönnies, hieraus die Unterscheidung für seine Sozialformen zu gewinnen, wobei er jedoch daran festhält, „daß diese beiden entgegengesetzten Thesen nebeneinander bestehen, daß jede in ihrem Gebiete richtig und anwendbar ist, daß sie einander ergänzen. Die eine liegt dem Begriffe Gemeinschaft, die andere dem Begriffe Gesellschaft zugrunde."[43]

Die unterschiedlichen Willensdispositionen, mit denen die Handlungssubjekte in ihren Willensakten die sozialen Regeln anerkennen und sich ihnen unterwerfen, versuchte Tönnies auf diese Weise in einer einheitlichen anthropologischen Willenstheorie zu entwickeln. Erfolgt die Anerkennung aufgrund gewohnheitsmäßigen und traditionalen Verhaltens, liegt ihr der gemeinschaftliche 'Wesenwille' zugrunde – erfolgt sie aufgrund zweckrationalen Kalküls und Interessenabwägung, liegt ihr der gesellschaftliche 'Kürwillen' zugrunde. Der 'Wesenwille' fundiere somit die 'Gemeinschaft',

der 'Kürwille' die 'Gesellschaft'. Dennoch kann nach Tönnies die Gesellschaft der Gemeinschaft nie völlig entbehren. Eine völlige Durchrationalisierung der Gesellschaft stieße an die anthropologische Grenze des menschlichen Wesens.

Hatte Tönnies ursprünglich seine verschiedenen Willensformen als Kon-
stituenten verschiedener historischer Sozialformen angelegt, so wollte er
nach der 2. Auflage von *Gemeinschaft und Gesellschaft* seine Grundbegriffe
nur noch als solche der reinen Soziologie verstanden wissen. Damit wären
sie lediglich, wie Max Weber sie rezipiert hat, ahistorische Vergesellschaf-
tungsformen, die zudem von ihrer anthropologischen Basis gelöst[44] werden:
„'Vergemeinschaftung' soll eine soziale Beziehung heißen, wenn und soweit
die Einstellung des sozialen Handelns [...] auf subjektiv gefühlter [...]
Zusammengehörigkeit der Beteiligten beruht."[45] 'Vergesellschaftung'
hingegen soll „eine soziale Beziehung heißen, wenn und soweit die Einstellung des sozialen Handelns auf rational [...] motiviertem Interessenausgleich
oder auf ebenso motivierter Interessenverbindung beruht."[46]

IV.

Helmuth Plessner ging in seiner Gemeinschaftskritik noch einen Schritt
weiter. Dort war nur noch von der Unmöglichkeit die Rede, reine Gemeinschaftsformen auszubilden und der anthropologischen Notwendigkeit, daß
der Mensch auf beide Sozialformen gleichzeitig angewiesen wäre. „In uns
selbst liegen neben den gemeinschaftsverlangenden und gemeinschaftsstüt-
zenden die gesellschaftsverlangenden, distanzierenden Mächte des Leibes
nicht weniger wie der Seele, in jeder Sozialbeziehung wartet die eine, wenn
noch die andere gilt, auf ihre Erweckung."[47] Tönnies zitierte diese Stelle in
seiner Rezension zustimmend und sah hierin den Grundgedanken der
Plessnerschen Kritik am besten ausgedrückt. Und dennoch gibt es mehr
Unterschiede als Gemeinsamkeiten zwischen beiden Konzeptionen von
Anthropologie.

Plessner wendet sich in seiner Kritik gegen eine Anthropologie, die in
ihrer typisch deutschen, protestantischen Ausprägung des Dualismus von
Geist und Leben, Seele und Leib, Bewußtsein und Körper dem „Zwiespalt
von seelisch-intellektuell motiviertem Pazifismus und von der Macht der
Tatsachen aufgedrungenem Interessenegoismus"[48] zugearbeitet habe. Das
habe zu der idealistischen Konzeption einer dualistischen Lehre von der

menschlichen Natur geführt, in dem das Geistige als das Höhere und Edlere gegenüber der minderwertigeren Wirklichkeit als bloßem Zwang und Notwendigkeit ausgespielt werde. Dazu geht er in seiner Philosophie des Psychischen davon aus, daß die Psyche immer einen unbegrenzten offenen Horizont hat, den sie gleichwohl zur individualen Konstitution begrenzen muß. Nachdem das Psychische sich jeder inhaltlichen Festlegung entzieht und dennoch auf Festlegung angewiesen ist, Werden und Sein, Potentialität und Aktualität in einem ist, ergeben sich „aus dieser ontologischen Zweideutigkeit [...] mit eherner Notwendigkeit die beiden Grundkräfte seelischen Lebens: der Drang nach Offenbarung, die Geltungsbedürftigkeit, und der Drang nach Verhaltung, die Schamhaftigkeit."[49] Es ist somit die seelische Konstitution des Menschen selbst, die Gesellschaft fordert, nicht etwa die Gesellschaft, die die Individuen ihren Zwängen und Notwendigkeiten unterwirft.

In den *Stufen des Organischen*[50] von 1928 kommt Plessner nochmals auf diesen Grundgedanken zurück. Die „Zweideutigkeit, die den Menschen zwischen dem Drang nach Offenbarung und Geltung und dem Drang nach Verhaltenheit hin und her reißt"[51], sei der Ausbildung solidarischer Formen geschuldet, denen gegenüber der einzelne sich überhaupt erst als Individuum abheben könne. „Diese Zweideutigkeit ist eines der Grundmotive sozialer Organisation. Denn von Natur, aus seinem Wesen kann der Mensch kein klares Verhältnis zu seinem Mitmenschen finden. Er muß klare Verhältnisse schaffen. Ohne Festlegung einer Ordnung, ohne Vergewaltigung des Lebens führt er kein Leben. [...] Wenn dem Menschen selbst eine rein gemeinschaftliche Lebensform (wieder in weiterem Sinne als bei Tönnies) erträglich schiene, so könnte er sie nicht verwirklichen."[52]

Beabsichtigt war – vor aller politischen Kritik – „die Formulierung eines Wesengesetzes sozialer Realisierung"[53], wobei Plessner hofft, daß mit der weiteren Ausarbeitung der philosophischen Anthropologie „der Sinn für den rein theoretischen Charakter dieser Kritik des sozialen Radikalismus geschärft werden (wird), welche die *'Öffentlichkeit' als Realisierungsmodus* des Menschen nachweisen will."[54]

Alle Bestimmungselemente der Öffentlichkeit – Distanz, Takt, Rollenspiel, rationales Kalkül usw. – sind von daher kein defizienter Modus und Verlust eines Ursprünglicheren, sondern Bedingungen der seelischen Konstitution des Menschen. Die Maske, das Verstellen, die Rolle, die Künstlichkeit, die Verdrängung, sind nicht nur natürliches Erfordernis, sondern Bedingung der Kulturentwicklung. Dies „verlangt Vernunft nicht nur nach außen, sondern ebensosehr nach innen, fordert die Niederhaltung und womöglich die Vernichtung des inneren Feindes. Rückhaltlosigkeit vor sich wird praktisches Erfordernis, Disziplin, Technik in der Behandlung der eigenen Seele bildet eine wesentliche Grundlage unserer äußeren Erfolge."[55]

Plessners Eloge auf die „kalte, dünne Luft" der Vernunft und der politischen Diplomatie[56] kontrastiert deutlich mit dem hellen Entsetzen eines Tönnies, der die historische Herausbildung des modernen Individuums Revue passieren läßt und sich das Resultat vergegenwärtigt: „ – *der abstrakte Mensch*, die künstlichste, regelmäßigste, raffinierteste aller Maschinen ist konstruiert und erfunden, und ist anzuschauen wie ein Gespenst in nüchterner, heller Tages-Wahrheit."[57] Wo Plessner die Künstlichkeit, das Unpersönliche, die Distanz und die Masken[58] preist, kann Tönnies nur den Verlust der Ursprünglichkeit des Individuums sehen: „ein angenommenes (affektiertes) und zur Schau getragenes 'Wesen', eine gespielte 'Rolle'."[59]

Die 1931 veröffentlichte Schrift *Macht und menschliche Natur* stellt Plessner in die Reihe seiner bisherigen Vorarbeiten um dann fortzufahren: „Was ich dann in der Abhandlung 'Grenzen der Gemeinschaft' versucht habe, nämlich eine anthropologische Begründung der politisch-diplomatischen Konstante im menschlichen Gesamtverhalten zu geben und 'Das Politische' als eine mit dem übrigens nicht bloß auf Staat oder Verbandsinteressen bezogenen Leben notwendig erzeugte Brechungsform der Lebensbeziehungen zu erweisen, soll in dieser neuen Schrift sein philosophisches Fundament erhalten."[60] Der Bezug auf 'Das Politische' im Sinne von Carl Schmitt ist eindeutig[61] und wird auf derselben Seite explizit gemacht: „Denn wir suchen die Frage zu lösen, ob die politische Sphäre als solche, die mit der urwüchsigen Lebensbeziehung von Freund und Feind gegeben ist (C.Schmitt), zur Bestimmung des Menschen oder nur zu seiner zufälligen, seinem Wesen äußerlichen physischen Daseinslage gehört."[62]

V.

Carl Schmitt hatte seinerseits in der 2. Auflage seiner Schrift *Der Begriff des Politischen* die Rezeption seiner Kategorien durch Plessner wohlwollend zur Kenntnis genommen. „H. Plessner, der als erster moderner Philosoph (in seinem Buch: Macht und menschliche Natur, Berlin 1931) eine politische Anthropologie großen Stils gewagt hat, sagt mit Recht, daß es keine Philosophie und keine Anthropologie gibt, die nicht politisch relevant wäre."[63]

Politisch im Sinne Schmitts bedeutete, daß das Politische die gesamte Gesellschaft totalisierend erfaßt und kein neutrales Gebiet bestehen läßt. Dies
schätzte er entsprechend an Plessners Theorie: „Er hat insbesondere erkannt,
daß Philosophie und Anthropologie, als spezifisch aufs Ganze gehendes
Wissen, sich nicht, wie irgendein Fachwissen auf bestimmten 'Gebieten',
gegen 'irrationale' Lebensentscheidungen neutralisieren können."[64] Schon in
Plessners *Grenzen der Gemeinschaft* hatte es mit Berufung auf Schmitt
geheißen: „Entscheidung muß sein. [...] Führung muß sein, und diese
Führung [...] wird zwangsläufig Inhaber der höchsten Gewalt, wird
Souverän. [...] Sie wird die 'Stelle', welche über den Ausnahmezustand
entscheidet (Schmitt-Dorotic), wenn die Ordnung Rechtsgültigkeit und nicht
bloßen Notverordnungscharakter erhalten soll. Sie wird infolgedessen wegen
dieser Ordnung der Punkt, bis zu dem die Rationalisierung des sozialen
Lebens nicht mehr hindringt und in welchem die ursprünglichen, irrationalen
Entscheidungen der lebendigen Einzelpersönlichkeit wieder ausschlagge-
bende Kraft gewinnen."[65]

Für Schmitt wurde Plessners Anthropologie aber auch deshalb wichtig,
weil er in dessen Zurückweisung einer natürlich gegebenen Solidarität der
Menschen und einer freundlich gesinnten Menschennatur die Bestätigung für
die Zugrundelegung eines negativen Menschenbildes sah, die für seine
Begriffskonstruktion des Politischen zentral war. Denn da „die Sphäre des
Politischen letzten Endes von der realen Möglichkeit des Feindes bestimmt
wird, können politische Vorstellungen und Gedankengänge nicht gut einen
anthroplogischen 'Optimismus' zum Ausgangspunkt nehmen."[66] In dem
Maße, in dem der „Glaube an das radikal Gute der menschlichen Natur"[67]
zurückgewiesen werden kann, wird der Staat verstärkt und gewinnt das
Politische für Schmitt seine ihm gemäße Dimension.

„Für Plessner ist der Mensch 'ein primär Abstand nehmendes Wesen', das
in seinem Wesen unbestimmt, unergründlich und 'offene Frage' bleibt. In die
primitive Sprache jener naiven, mit der Unterscheidung 'Böse' und 'Gut' arbeitenden politischen Anthropologie übersetzt, dürfte Plessners dynamisches
'Offenbleiben' mit seiner wagnisbereiten Wirklichkeits- und Sachnähe, schon
wegen seiner positiven Beziehung zu Gefahr und zum Gefährlichen, dem
'Bösen' näher sein als dem Guten."[68] Gegen die Humanitätsideale eines
politischen Liberalismus und Vorstellungen einer prästabilierten Harmonie
der wirtschaftlichen Kräfte im ökonomischen Liberalismus gerichtet, gegen
diskutierende Öffentlichkeit und friedlichen Interessenausgleich, gegen
durchgängige gesellschaftliche Rationalisierung und parlamentarische

Entscheidungsfindung bedurfte er eines dissoziierenden Moments, das den autoritären Eingriff von oben zuallererst zu legitimieren vermochte. „Das theologische Grunddogma von der Sündhaftigkeit der Welt und der Menschen führt [...] ebenso wie die Unterscheidung Freund und Feind zu einer Einteilung der Menschen, zu einer *'Abstandnahme'* [H. v. mir, M.G.], und macht den unterschiedslosen Optimismus eines durchgängigen Menschenbegriffes unmöglich."[69]

Schmitt schätzt Hobbes vor allem seiner anthropologischen Bestimmung der 'bösen' Menschennatur wegen. „Bei Hobbes, einem großen und wahrhaft systematischen Denker, sind daher die 'pessimistische' Auffassung des Menschen, ferner seine richtige Erkenntnis, daß gerade die auf beiden Seiten vorhandene Überzeugung des Wahren, Guten und Gerechten die schlimmsten Feindschaften bewirkt, endlich das 'Bellum' Aller gegen Alle: nicht Ausgeburten einer furchtsamen und verstörten Phantasie, aber auch nicht nur als Philosophie einer auf der freien 'Konkurrenz' sich aufbauenden bürgerlichen Gesellschaft (Tönnies), sondern als die elementaren Voraussetzungen eines spezifisch politischen Gedankensystems zu verstehen."[70] Die Kritik an Tönnies zielt wohl darauf, die anthropologische Basis der Hobbesschen Theorie im ökonomischen Begriff der 'Konkurrenz' nicht wieder einzuebnen und zu entpolitisieren, wie er es dem Liberalismus vorwirft: „So wird der politische Begriff des Kampfes im liberalen Denken auf der wirtschaftlichen Seite zur Konkurrenz, auf der anderen, 'geistigen' zur Diskussion; [...] Der Staat wird zur *Gesellschaft* [H. v. mir, M.G.]."[71] Obwohl Carl Schmitt völlig von der anthropologischen Grundlegung der Willenstheorie bei Tönnies abstrahiert, scheint er doch die Differenzen gespürt zu haben, die ihn - bei aller sonstigen Wertschätzung - gerade hierauf bezogen von Tönnies trennten. In der Tat war dessen Konstruktion eines gemeinschaftlichen Naturrechts ebensowenig mit Schmitt vereinbar, wie die anthropologisch-psychologische Begründung der die Gemeinschaft und Gesellschaft jeweils konstituierenden Willensformen.

VI.

Max Scheler, der gemeinhin als der eigentliche Begründer der philosophischen Anthropologie gilt, charakterisierte Tönnies' Werk *Gemeinschaft und Gesellschaft* gegenüber seiner eigenen geschichtsphilosophisch-anthropologischen Interpretation *Ressentiment im Aufbau der Moralen* (1912/15)[72] als „das Grundbuch der deutschen Soziologie".[73] Das darf freilich nicht darüber hinwegtäuschen, daß er Tönnies für die Ausbildung seiner eigenen Theorie viel zu verdanken hatte. Seine Abhandlungen zur Theorie der Sympathiegefühle und zur Moral bauten jeweils auf Tönnies' Gemeinschaft-Gesellschaft-Antinomie auf. Im Sieg der 'Gesellschaft' über 'Gemeinschaft' sieht er entsprechend den „*Sieg des Ressentiment in der Moral*".[74] Dies bleibt ein Pyrrhussieg insofern, als 'Gesellschaft' als Derivat der Gemeinschaft gedeutet wird. „Faktisch ist die 'Gesellschaft' so wenig der Oberbegriff zu den 'Gemeinschaften', die durch Blut, Tradition, Geschichtlichkeit des Lebens geeint sind - daß vielmehr alle 'Gesellschaft' nur der *Rest*, der *Abfall* ist, der sich bei den inneren *Zersetzungsprozessen* der Gemeinschaften ergibt."[75]

Unwillkürlich werden die 'Gemeinschaft' und deren Werte idealisiert, - eine Tendenz, die schon bei Tönnies vorherrschte: „Unter der Herrschaft des Solidaritätsprinzips fühlt und weiß jeder die Gemeinschaft als *Ganzes* sich innewohnend und fühlt sein Blut als Teil des in ihr kreisenden Blutes, seine Werte als Bestandteile der im Geiste der Gemeinschaft gegenwärtigen Werte. Mitfühlen und Mitwollen *tragen* hier die Gesamtwerte; das Individuum ist Organ der Gemeinschaft und zugleich ihr Repräsentant, und ihre Ehre ist seine Ehre."[76] Was als implizite Wertung bei Tönnies schon vorlag und wogegen Tönnies als Theoretiker der Gesellschaft vergebens anzuschreiben schien, wird nun mit allen politisch problematischen Implikationen explizit: „Die Erhaltung der Gesundheit der Rasse und in ihr der Gruppen im Maße ihrer vitalen Tüchtigkeit und ihrer vital wertvollen, 'edlen' Eigenschaften und Kräfte ist ein *Selbstwert* gegenüber ihren nützlichen Leistungen und verdient den Vorzug, auch wo eine Verlangsamung der industriellen Entwicklung damit verknüpft ist."[77]

War dies zur geistigen Kriegsvorbereitung des Ersten Weltkrieges geschrieben, so findet sich bei Plessner in einer nicht minder kritischen Zeitlage ein spätes Echo darauf, wenn er die Politik als selbstmächtige Gestaltung menschlicher Macht und entschlossener Haltung preist: „Eine Haltung von politischer Entschlossenheit, welche die Abhängigkeit ihrer selbst von der Sprache und ihrer Weltgeltung, [...] von der ganzen Lage ihres Volkes, das in *seiner* Vergangenheit bluthafte Affinität besitzt, ständig im Auge behält und darum entschlossen ist, das Dasein ihrer Nation im geistig-werktätigen, im wirtschaftlichen, im boden- und siedlungspolitischen Vorgriff mit allen geeigneten Mitteln zu verteidigen."[78]

Selbst wenn man von diesen problematischen Politisierungen absehen möchte, bleibt auch bei Tönnies wie für die philosophische Anthropologie insgesamt ein nicht zu lösendes Dilemma bestehen.[79] Ließe sich mit Tönnies instrumentelle Rationalität als die der modernen, kapitalistischen Gesellschaft adäquate Denk- und Verhaltensform interpretieren, so müßte in einer ursprünglicheren, umfassenderen Vernunft Zweckrationalität noch als 'natürlich' eingebunden angenommen werden. Thema wäre dann die moderne 'Entfremdung' des Menschen. Dieser Deutung gibt Tönnies durchaus Raum: „Die Kürwillensformen bedeuten eine Entzweiung des Menschen als Kürwillens-Subjektes; wenn auch der Zwecksetzende und Lust-Empfangende die eigentlich agierende Hälfte ist. Denn jede kann begrifflich personifiziert werden, und so stehen sie einander antagonistisch gegenüber. Ich gebe [...] Stücke meiner Freiheit oder meiner Lust-Elemente dahin - aber an mich selber; ich empfange meine Lust - aber von mir selber. Das Verhältnis gewinnt erst einen Inhalt, wenn dieser alter Ego nicht mehr Ego, sondern ein wirklich *Anderer* ist, der wirklich *seine* Mittel im Ausschluß und Gegensatz gegen die meinen hat."[80] Ein zweckrationales Verhalten wird damit zum zweckrationalen Verhältnis. Umgekehrt kann die Gemeinschaft als objektives Gebilde subjektiv für den einzelnen auch wieder zur 'Gesellschaft' werden: „So kann auch der Egoist [...] die Gemeinschaft, der er angehört, lediglich als Mittel für seine Zwecke schätzen und ausnutzen; eben dadurch wird sie *für ihn* zur Gesellschaft."[81]

Damit wird allenfalls deutlich, daß die Handlungsmotivationen der Menschen verschieden sind, daß es Egoisten und Altruisten gibt oder gar beide Handlungsdispositionen in ein und derselben Person vorhanden sind. Weshalb eine bestimmte Handlungsrationalität sich zur Rationalität einer ganzen gesellschaftlichen Funktionsweise verdichten kann und warum Gemeinschaft sich *für alle* auflösen und zur Gesellschaft werden muß, wird damit nicht klar. Es zeigt nur, daß philosophische Anthropologie, unabhängig davon, ob sie die Geschichte als die Auslegung einheitlichen menschlichen Wesens zu deuten versucht oder in jeder historischen Epoche neue evolutive Seiten des menschlichen Wesens aufzuspüren vermeint, genötigt ist, in die Analyse der historisch jeweils gegebenen Lebenszusammenhänge vorzustoßen, um das individuelle Handeln der Menschen daraus zu verstehen – wenn sie sich nicht auf die metaphysische Sinnverklärung gesellschaftlicher Verhältnisse oder die politische Sinndeutung anthropologischer Bestimmungen beschränken will.

Anmerkungen

1   Vgl. HANS FREYER, Soziologie als Wirklichkeitswissenschaft. Logische Grundlegung des Systems der Soziologie, Leipzig / Berlin 1930, S. 187.

2   Vgl. hierzu meinen Beitrag „Communauté contre société. Apories de la sociologie allemande entre les deux guerres mondiales", in: Gérard Raulet / Jean-Marie Vaysse (dir.), Communauté et modernité, Paris, L'Harmattan, 1995, p. 200-217.

3   Carl Schmitt, der etwas von scharfen Begriffsunterscheidungen verstand und politische Begriffe immer als polemische, antithetische Begriffe konzipiert wissen wollte, hatte die Tönniessche Antithetik nicht nur in seiner Begriffsbestimmung des Politischen entsprechend benutzt, sondern auch später noch auf ihre exemplarische Bedeutung hingewiesen; vgl. CARL SCHMITT, Der Begriff des Politischen (1927), Text von 1932 mit einem Vorwort und drei Corollarien, unveränderter Nachdruck der 1963 erschienenen Auflage, Berlin 1987, S. 45ff.

4   Vgl. hierzu MANFRED GANGL / GÉRARD RAULET (Hg.): Intellektuellendiskurse der Weimarer Republik. Zur politischen Kultur einer Gemengelage, Frankfurt / New York / Paris 1994.

5   HELMUTH PLESSNER, Grenzen der Gemeinschaft. Eine Kritik des sozialen Radikalismus, Bonn 1924, S. 26 (aufgenommen in: DERS., Gesammelte Schriften, hg. v. Günter Dux u.a., Frankfurt 1981, Bd. V, S. 7-133).

6   Ebd., S. 40.

7   Ebd., S. 39.

8   Vgl. für die Techniker u. Ingenieure: ebd., S. 35, die Mittelschichten: S. 39, die Arbeiterschicht: S. 32.

9   Vgl. zum Überblick JÜRGEN HABERMAS, „Philosophische Anthroplogie" (Lexikonartikel) (1958), aufgenommen in: DERS., Kultur und Kritik. Verstreute Aufsätze, Frankfurt/M. 1973, S. 89-111; und zu seiner sprachtheoretisch motivierten Kritik an Plessner: „Aus einem Brief an Helmuth Plessner" (1972), ebd., S. 232-235.

10   Vgl. FERDINAND TÖNNIES, „Besprechung von Helmuth Plessner, Die Grenzen der Gemeinschaft, Berlin 1922", in: Kölner Vierteljahresheft für Soziologie 5. Jg., H. 1/2, 1926, S. 456-458; hier: S. 458.

11   HELMUTH PLESSNER, „Nachwort zu Tönnies", in: Kölner Zeitschrift für Soziologie, 7. Jg., 1955, S. 343.

12   Ebd., S. 343. Der Zusammenhang zwischen philosophischer Anthropologie und Soziologie ist oft übersehen worden. Vgl. zu dieser Problemperspektive KARL-SIEGBERT REHBERG, „Philosophische Anthropologie und die 'Soziologisierung' des Wissens vom Menschen. Einige Zusammenhänge zwischen einer philosophischen Denktradition und der Soziologie in Deutschland", in: M. Rainer Lepsius (Hg.), Soziologie in Deutschland und Österreich 1918-1945, Kölner Zeitschrift für Soziologie und Sozialpsychologie, Sonderheft 23, 1991, S. 160-198.

13   H. PLESSNER, „Nachwort zu Tönnies", a.a.O., S. 341.

14   „Die Umdeutung seiner Begriffe zu Parolen hat mit seinem Werk nichts oder nur sehr indirekt zu schaffen." (Ebd., S. 344.)

15   Dennoch knüpften viele zeitgenössische Arbeiten, die für die Ausbildung der philosophischen Anthropologie entscheidend werden sollten, unmittelbar an Tönnies an, so z.B. THEODOR LITT, Individuum und Gesellschaft. Grundfragen der sozialen Theorie und Ethik, Leipzig / Berlin 1919, Helmuth Plessner und Max Scheler (mit den weiter unten genannten Arbeiten).

16 H. PLESSNER, „Nachwort zu Tönnies", a.a.O., S. 341f.

17 FERDINAND TÖNNIES, „Gemeinschaft und Gesellschaft. Grundbegriffe der reinen Soziologie, Vorrede zur 2. Auflage" (1912), in: DERS., Soziologische Studien und Kritiken, Bd. 1, Jena 1925, S. 53. Weiterhin heißt es darin: „Denn ich war von *Hobbes* ausgegangen, dessen Biographie und Philosophie ich 1877-1882 emsig meine Arbeit widmete." (Ebd., S. 51.)

18 Vgl. dazu ausführlicher meinen Beitrag „Zwischen Historismus und Rationalismus. Zur Soziologie von Ferdinand Tönnies", in: Wolfgang Bialas / Gérard Raulet (Hg.), Die Historismusdebatte in der Weimarer Republik, Schriftenreihe zur politischen Kultur der Weimarer Repubik Bd.2, Frankfurt u.a. (i.E.).

19 Vgl. insbes. FERDINAND TÖNNIES, „Anmerkungen über die Philosophie des Hobbes" (1879-81), in: DERS., Studien zur Philosophie und Gesellschaftslehre im 17. Jahrhundert, hg. v. E.G. Jacoby, Stuttgart 1975, S. 171-240 und DERS., Thomas Hobbes. Leben und Lehre (1896), Neudruck der 3. vermehrten Aufl. 1925, eingel. u. hg. v. Karl-Heinz Ilting, Stuttgart 1971.

20 F. TÖNNIES, Thomas Hobbes (1896), a.a.O., 6. Kap., S. 153-195.

21 Ebd., S. 190.

22 Ebd.

23 F. TÖNNIES, „Anmerkungen über die Philosophie des Hobbes" (1879-81), a.a.O., S. 216.

24 Ebd., S. 225. In der Tat geht die gesamte Argumentation der Tönniesschen „Anmerkungen" zur politischen Philosophie von Hobbes mit dem Nachweis der verschiedenen Fassungen von Elements of Law (1640), De Cive (1642/47) und Leviathan (1651/68) dahin, diesen Prozeß detailliert nachzuzeichnen; vgl. die spätere Darstellung der Staatslehre in seiner Hobbes-Monographie: „Deutlich geht auch aus dieser Entwicklung hervor, wie der abstrakt rationale Charakter der Theorie im eigenen Bewußtsein ihres Urhebers sich vollendet hat." (F. TÖNNIES, Thomas Hobbes (1896), a.a.O., S. 244).

25 F. TÖNNIES, Thomas Hobbes (1896), a.a.O., S. 192.

26 Ebd., S. 189.

27 FERDINAND TÖNNIES, „Die Lehre von der Urversammlung" (1930), in: DERS., Studien zur Philosophie und Gesellschaftslehre, a.a.O., S. 331-351, hier: S. 343.

28 CARL FRIEDRICH VON SAVIGNY, Grundgedanken der Historischen Rechtsschule, [Auszüge aus seinen Schriften], hg. v. E. Wolf, Frankfurt 1944, S. 15 [Auszug aus seinem programmatischen Einleitungsaufsatz zu der von ihm 1815 gegründeten Zeitschrift für geschichtliche Rechtwissenschaft].

29 Vgl. ebd., S. 7 [Auszug aus: Vom Beruf unserer Zeit für Gesetzgebung und Rechtswissenschaft (1814); vollständig abgedruckt in: Hans Hattenhauer (Hg.), Thibaut und Savigny. Ihre programmatischen Schriften, München 1973, Zitat: S. 105.

30 Darauf hat bereits Karl Mannheim in seiner Habilitationsschrift im Rahmen seiner Analyse der historischen Rechtsschule hingewiesen, vgl. KARL MANNHEIM, Konservativismus. Ein Beitrag zur Soziologie des Wissens (1925/27), hg. v. D. Kettler, V. Meja u. N. Stehr, Frankfurt/M. 1984, S. 265, Anm. 247.

31 FERDINAND TÖNNIES, „Das Wesen der Soziologie" (1901), a.a.O., S. 359.

32 Er verstrickt sich damit freilich in Aporien, die ich meinem Beitrag „Zwischen Historismus und Rationalismus. Zur Soziologie von Ferdinand Tönnies", a.a.O. näher aufzuzeigen versucht habe.

33 F. TÖNNIES, „Das Wesen der Soziologie" (1901), a.a.O., S. 351f.

34 F. TÖNNIES, „Anmerkungen über die Philosophie des Hobbes" (1879/81), a.a.O., S. 233.

35 F. TÖNNIES, Thomas Hobbes (1896), a.a.O., S. 20* (Es handelt sich hier um eine Passage über das Naturrecht, die aus den letzten Auflagen herausgenommen worden war und in der Einleitung des Herausgebers wieder abgedruckt ist.)

36 Max Horkheimer formulierte den Widerspruch bei Hobbes analog: „Die egoistischen Triebe gelten ihm [Hobbes, M.G.] als ebenso ausschließlich und unwandelbar wie mechanische Grundkräfte der Materie. Der Einzelne ist seinem Wesen nach völlig isoliert und hat bloß sein eigenes Wohl im Auge. Die Gesellschaft beruht nur darauf, daß jeder durch die Tatsache seiner Existenz im Staate stillschweigend einen Vertrag abschließt und anerkennt, durch den er sich jeder individuellen Macht und Willkür ein für allemal begibt. Trotz seiner Selbstsucht soll das Individuum somit die Fähigkeit besitzen, Versprechen zu halten." (MAX HORKHEIMER, „Bemerkungen zur philosophischen Anthropologie", in: Zeitschrift für Sozialforschung, Jg. IV, 1935, H. 1, S. 12.)

37 F. TÖNNIES, Thomas Hobbes (1896), a.a.O., S. 206.

38 Ebd., S. 204.

39 F. TÖNNIES, „Gemeinschaft und Gesellschaft. (Theorem der Kultur-Philosophie), Einleitung" (1880/1), in: DERS., Soziologische Studien und Kritiken, Bd. 1, Jena 1925, S. 20.

40 FERDINAND TÖNNIES, Einführung in die Soziologie, Stuttgart 1931, S. 217.

41 F. TÖNNIES, „Das Wesen der Soziologie" (1901), a.a.O., S. 353.

42 Vgl. zum Überblick über die verschiedenen Naturrechtstheorien FRANZ NEUMANN, „Typen des Naturrechts" (1940), in: DERS., Wirtschaft, Staat, Demokratie. Aufsätze 1930-1954, hg. v. A. Söllner, Frankfurt/M. 1978, S. 223-254.

43 F. TÖNNIES, „Das Wesen der Soziologie" (1901), a.a.O., S. 353.

44 Dennoch läßt sich auch bei Weber im Verhältnis des handelnden Menschen zur Welt eine anthroplogische Dimension nachweisen; vgl. FRIEDRICH H. TENBRUCK, „Das Werk Max Webers", in: KZSS, Jg. 27, H. 4., 1975, S. 663-702, bes. S. 685ff.

45 MAX WEBER, Soziologische Grundbegriffe, 5. Aufl. Tübingen 1981, S. 69.

46 MAX WEBER, Wirtschaft und Gesellschaft, hg. v. Johannes Winckelmann, Tübingen 1985, S. 21.

47 HELMUTH PLESSNER, Grenzen der Gemeinschaft (1924), a.a.O., S. 105.

48 Ebd., S. 22f.

49 Ebd., S. 58.

50 HELMUTH PLESSNER, Die Stufen des Organischen und der Mensch (1928), in: DERS., Gesammelte Schriften, hg. v. Günter Dux u.a., Frankfurt 1981, Bd. IV.

51 Ebd., S. 422.

52 Ebd., S. 422f.

53 Ebd., S. 423.

54 Ebd., S. 423, Anm.

55 H. PLESSNER, Grenzen der Gemeinschaft (1924), a.a.O., S. 61.

56 Ebd., S. 48/95.

57 F. TÖNNIES, Gemeinschaft und Gesellschaft, a.a.O., S. 208.

58 Vgl. H. PLESSNER, Grenzen der Gemeinschaft (1924), a.a.O., S. 37f.

59 F. TÖNNIES, Gemeinschaft und Gesellschaft, a.a.O., S. 134.

60 H. PLESSNER, Macht und menschliche Natur. Ein Versuch zur Anthropologie
    der geschichtlichen Weltansicht (1931), in: DERS., Gesammelte Schriften, hg.
    v. Günter Dux u.a., Frankfurt 1981, Bd. V, S. 143.
61 Vgl. RÜDIGER KRAMME, Helmuth Plessner und Carl Schmitt. Eine Fallstudie
    zum Verhältnis zwischen Anthropologie und Politik in der deutschen Philoso-
    phie der zwanziger Jahre, Berlin 1989. Vgl. dazu die kritische Besprechung
    von AXEL HONNETH in: KZSS, 43. Jg., März 1991, S. 155-158.
62 H. PLESSNER, Macht und menschliche Natur (1931), a.a.O., S. 143.
63 C. SCHMITT, Der Begriff des Politischen (1927), a.a.O., S. 60; vgl. H. PLESS-
    NER, Macht und menschliche Natur, a.a.O., S. 135-234.
64 C. SCHMITT, Der Begriff des Politischen (1927), a.a.O., S. 60.
65 H. PLESSNER, Grenzen der Gemeinschaft (1924), a.a.O., S. 106.
66 C. SCHMITT, Der Begriff des Politischen (1927), a.a.O., S. 64.
67 Ebd., S. 61.
68 Ebd., S. 60.
69 Ebd., S. 64.
70 Ebd., S. 64f.
71 Ebd., S. 70f.
72 MAX SCHELER, „Das Ressentiment im Aufbau der Moralen" (1912/15), in:
    DERS., Gesammelte Werke, Bd. 3: Vom Umsturz der Werte, hg. v. Maria
    Scheler, Bern 1955, S. 33-147.
73 MAX SCHELER, „Die deutsche Philosophie der Gegenwart" (1922), in: DERS.,
    Gesammelte Werke, Bd. 7, hg. v. Manfred S. Frings, Bern / München, S. 324.
74 M. SCHELER, „Das Ressentiment im Aufbau der Moralen" (1912/15), a.a.O.,
    S. 141.
75 Ebd., S. 140.
76 Ebd.
77 Ebd., S. 146.
78 H. PLESSNER, Macht und menschliche Natur (1931), a.a.O., S. 219.
79 Vgl. zum letzteren Aspekt die nach wie vor treffende Analyse Horkheimers:
    „Bemerkungen zur philosophischen Anthropologie", a.a.O.
80 F. TÖNNIES, Gemeinschaft und Gesellschaft, a.a.O., S. 131.
81 F. TÖNNIES, „Zweck und Mittel im sozialen Leben„ (1923), in: DERS., Sozio-
    logische Studien und KritikenBd. 3, Jena, 1929, S. 17.

Zur Diskussion historiographischer Methoden in den „Preußischen Jahrbüchern" (1919 - 1935)

HILDEGARD CHÂTELLIER

In umfassenden Untersuchungen haben Joachim Streisand und Georg G. Iggers, Hans Schleier, Bernd Faulenbach und Horst Walter Blanke – um hier nur einige wichtige Namen zu nennen – die Geschichtswissenschaft der Weimarer Republik vorgestellt.[1] Dabei sind die historisch-politischen Positionen der damaligen Vertreter der Disziplin, der historiographiegeschichtliche Kontext und seine methodologischen Implikationen, institutionelle Aspekte des Fachbereichs sowie eine Reihe tonangebender Historiker behandelt worden. Auch dem in der Berichtszeit führenden wissenschaftlichen Organ, der *Historischen Zeitschrift*, sind kenntnisreiche Beiträge gewidmet worden.[2] Im Folgenden soll mit der Analyse einer angesehenen, weit über Fachkreise hinausreichenden politisch-historischen Monatsschrift die Frage nach der Breitenwirkung historiographischer Debatten in der Weimarer Zeit gestellt werden. Wenn im Spiegel des Periodikums ein Spektrum von Positionen ins Blickfeld rückt und der Schwerpunkt sich von der Reihung individueller Stellungnahmen auf die Diskussion verlagert, so bewegt man sich auch damit in eine Richtung, in der neben der Geschichte der Geschichtswissenschaft Aspekte ihrer Soziologie und Rezeption zur Sprache kommen können. Zudem erlaubt der Rückgriff auf die aktualitätsbezogene Presse gerade in einer so brisanten Phase wie derjenigen der Weimarer Republik, die Historiographie nicht nur inhaltlich, sondern auch chronologisch in den Kontext politischer Zusammenhänge zu stellen. Parallelen zwischen historiographischen Interessen und der deutschen Gesamtsituation, Instrumentalisierung der Geschichtsschreibung zu politischen Zwecken, Rückwirkung ideologischer Überzeugungen auf geschichtliche Theorien: der Blick in die Presse ermöglicht Beobachtungen dieser Art – und kann darüber hinaus die Aufmerksamkeit auf Anregungen und Einwirkungen aus anderen kulturellen Bereichen lenken, die in den *Preußischen Jahrbüchern* hinlänglich vertreten sind.

Ein Wort zu den ideologischen Konturen des Blattes: ob die Zeitschrift wirklich jener „zentrale Sprechsaal" „ohne alle parteibeengende Exklusivität" war, als den sie Walter Heynen 1925 definiert[3], mag offen bleiben. Wenn in dem schon 1858 u.a. von Rudolf Haym geschaffenen Organ die

ganze Weimarer Zeit hindurch und bis zum Abbruch des Erscheinens 1935
neben dem Namen des Begründers und ersten Herausgebers auch die der
beiden Historiker Heinrich von Treitschke und Hans Delbrück im Impres-
sum erscheinen, obgleich ersterer schon 1889 nach dreiundzwanzig Jahren
die Leitung an seinen Nachfolger Delbrück abgegeben hatte und dieser sich
selbst bereits 1919 von der Herausgeberschaft zurückgezogen hatte[4], so,
weil mit dem erinnernden Hinweis auf diese beiden Historiker ihr prägender
Einfluß, und das bedeutet eben auch: ziemlich genau zu umreißende
ideologische, politische und historiographische Positionen der Zeitschrift,
benannt sind. Wenn Treitschke, wie bekannt, für die Linie des auf Bismarck
eingeschworenen Nationalliberalen steht, dessen preußisch-kleindeutscher
Nationalismus in antisemitisch gefärbten Chauvinismus ausartet, so repräsentiert Delbrück die viel konzilianteren Dispositionen der Vernunft-
republikaner. In diese Bandbreite zwischen einem rechtslastigen Konservatismus und einem widerstrebenden Liberalismus muß das Profil der
Preußischen Jahrbücher auch in der Weimarer Zeit eingepaßt werden.[5]

Geschichtsschreibung und Politik

Geschichtsschreibung als ideologisches Bekenntnis: das umschreibt eine
Seite des Zusammenhangs zwischen Geschichte und Politik, zwischen der
Auseinandersetzung mit der Vergangenheit und der Stellung in der eigenen
Zeit. Eine andere Seite dieser Korrelation ist die mögliche Nutzung historio-
graphischer Betätigung in politischer Absicht. Eine dritte Facette derselben
Problematik verweist auf gleichlaufende Entwicklungslinien der geschichts-
wissenschaftlichen Methoden und des politischen und gesellschaftlichen
Zeitzusammenhangs. Alle drei Aspekte lassen sich am Beispiel der *Preußi-
schen Jahrbücher* veranschaulichen.

Der für die Zeitschrift wichtigste Bereich des geschichtlichen Interesses ist –
in der Tradition Rankes und des Historismus – die politische Geschichte.
Aber die Ranke-Rezeption ist vielschichtig. Auf Ranke berufen sich die
engagierten Verfechter nationaler Größe wie die Befürworter von Objektivität und Universalismus. An den *Preußischen Jahrbüchern* läßt sich
ablesen, in welchem politischen Kontext welche Ranke-Erben aktuell sind.
    1923, im Jahr der Ruhrkrise, der Inflation, des Hitlerputschs, auf dem Hö-
hepunkt innerer und äußerer Bedrohung des besiegten Deutschlands,

schreibt Georg von Below einen zwanzig Seiten umfassenden Aufsatz über *Das gute Recht der politischen Historiker.* Ein paar Wochen später widmet Hans Herzfeld eine noch ausführlichere Darstellung dem Thema *Staat und Persönlichkeit bei Heinrich von Treitschke.*[6] In beiden Fällen geht es darum, aus aktuellem Anlaß für eine Geschichtsschreibung zu plädieren, der man in der Nachkriegszeit (besonders auch im Ausland) ein gut Teil der Schuld an nationalistischen und militaristischen Verirrungen Deutschlands anlasten möchte. Die Antwort der Zeitschrift bedeutet ein Bekenntnis zur eigenen Nation und zugunsten einer Geschichtsschreibung, die diese in den Mittelpunkt ihres Interesses stellt. Wenn Treitschke hier verteidigt wird als ein Mann, den der Geist der Antike und des Neuhumanismus tief geprägt haben, der sich vom Liberalismus nie endgültig verabschiedet hat, der keineswegs als brutaler Rassist gelten darf und für den der Staat durchaus auch Träger der Kultur und moralische Anstalt ist, so soll mit dieser Ehrenrettung Treitschkes auch das eigene konservativ-national-protestantische Weltbild verteidigt werden und eine militante Historiographie im Sinne dieser Werte. Treitschke, das könnte man an vielen Einzelheiten zeigen, steht als Leitbild des antidemokratischen Engagements gegen die Republik.

Erst neun Jahre später, nämlich 1934, nimmt der Historiker erneut einen hervorragenden Platz in der Zeitschrift ein, die ihm ein halbes Dutzend Ver-öffentlichungen widmet.[7] Gewiß, es ist Treitschkes 100. Geburtstag. Aber ebenso sicher ist, daß einmal mehr eine akute Krise die Erinnerung an eine leidenschaftlich engagierte nationale Geschichtsschreibung belebt hat. Ob nun, Bezüge zum nazistischen Deutschland herstellend, Erich Marcks mit seinem Urteil recht hat, in Treitschkes Werk stecke „ein gutes Stück Ahnentum heutiger Ideale"[8], oder ob man die Anspielung auf Treitschke im Abschiedswort des Herausgebers an die Leser, ehe die Zeitschrift 1935 endgültig eingestellt wird, als einen Appell an das sittliche Deutschland interpretieren darf – es bleibt die Tatsache der Zuordnung subjektiver politischer Historiographie und virulenter nationaler Krise.

Der Umkehrschluß trifft zu. Und wiederum beruft man sich auf Ranke. Aber im veränderten politischen Kontext, dem der Entspannung und Beruhigung, wie er in den *Preußischen Jahrbüchern* in der zweiten Hälfte der zwanziger Jahre zum Ausdruck kommt, wird ein anderer Ranke zitiert, der der ausgewogenen Sachlichkeit, der vom Historiker das Auslöschen des eigenen Selbst fordert, jener Ranke, der die Welt als Schöpfung Gottes und daher als etwas um ihrer selbst willen Anzuerkennendes zu betrachten lehrt.

Und andere Historiker entwickeln von dieser Ausgangsposition her andere Visionen von Vergangenheit und Gegenwart. 1928/1929 steht Hans Delbrück im Vordergrund: seines 80. Geburtstages wird gedacht und dann, im folgenden Jahr, seines Todes. Aber genau wie bei Treitschke gehören diese Gedenktage auch in einen politischen und historiographischen Zusammenhang. Delbrück, der schon seit dem Krieg für einen Verständigungs-frieden und das allgemeine Wahlrecht plädiert hatte, der die Weimarer Verfassung begrüßt, für den nicht Nationen, sondern die Menschheit Thema der Weltgeschichte ist, kommt in der Zeitschrift ein letztes Mal posthum 1929 zu Wort, mit dem Text einer Rede, die er zum 10. Jahrestag des Versailler Vertrags vorbereitet hatte. Zwar wird der Vertrag in einer langen Argumen-tationskette zurückgewiesen. Aber auch auf deutscher Seite sei „Sünde" gewesen und am Ende steht ein Plädoyer gegen den Krieg, für internationalen Ausgleich.[9]

Auch der Mediävist Bernhard Schmeidler plädiert für einen objektivistischen Standpunkt des Geschichtsschreibers. Echter Historismus, so Schmeidler als Ranke-Interpret, führe zu reiner Kontemplation, zum Quietismus und also zur einzig wünschenswerten Erkenntnis der Vergangenheit nach ihren eigenen Bedingungen. Wenn Troeltsch das Verständnis der Gegenwart als letztes Ziel der Historie definiere, so sei das „rundweg abzulehnen". Der aktivistischen Geschichtsschreibung, der es auf das Tun und Wirken in der Gegenwart ankomme, wirft Schmeidler ein „Sichbemächtigenwollen der historischen Dinge" vor. Nur ein Nebeneinander gleichberechtigter Methoden, deren einziger Maßstab sein müsse, den historischen Gegenstand angemessen zu erfassen, könne die Geschichtswissenschaft weiterbringen.[10]

Man kann sich fragen, ob Schmeidler seinen eigenen Grundsätzen treu geblieben ist, als er vier Jahre später, nämlich 1929, in einem Aufsatz über *Deutschland und Europa im Mittelalter* die deutsche Mittellage als zentrales Motiv der deutschen Geschichte hinstellt, über Anspielungen auf das mittelalterliche Reich eine Kritik am Weltmachtdenken zu üben scheint, in immer neu formulierten Wendungen Deutschlands Abhängigkeit von Europa thematisiert, dem einseitig nationalistisch argumentierenden Treitschke den „wissenschaftlichen Historiker" gegenüberstellt und schließlich Rankes starke Beziehung zu Europa hervorhebt. Jedenfalls liest sich sein Beitrag, ursprünglich eine zum Reichsgründungstag am 18. Januar 1929 gehaltene Erlanger Rede, wie ein überzeugtes Bekenntnis zu Europa, das im Kontext der Stresemannjahre eminent politische Aktualität erhält.[11] Auch wenn man sich kaum vorstellen kann, daß Schmeidler hier nicht selbst die Geschichte – und Ranke – in den Dienst von Gegenwartsanliegen gestellt hat, so ist doch unverkennbar, daß die Berufung auf Rankes Objektivität und Universalität zu politisch und historiographisch befriedigenderen Schlüssen führt als das über Treitschke abgeleitete einseitige Anknüpfen an Rankes machtstaatlichem Denken.[12]

Historismus und Methodenpluralismus

Auf der Ebene des objektivistischen Ansatzes, also der größten Ranke-Treue, liegt paradoxerweise dann auch die Möglichkeit, sich von eben jenem klassischen Historismus zu verabschieden, der wesentlich mit der Erforschung politischer Staatengeschichte befaßt ist. Immer wieder trifft man zwar in den *Preußischen Jahrbüchern* auf eine recht deutliche Gegenüberstellung der politischen und der Kulturgeschichte.[13] Aber im Hinblick auf eine Geschichte der Geschichtswissenschaft ist doch auffällig, daß man allmählich lernt, Staats- und Kulturgeschichte nicht nur als zusammengehörig, sondern auch als gleichwertig zu empfinden und für die Kulturgeschichtsschreibung auch soziale Zusammenhänge zu berücksichtigen.[14]

In der Verknüpfung von Kulturgeschichte mit Sozial- und Wirtschaftsgeschichte hatte Lamprecht den Weg gewiesen. Die zum Teil sehr heftigen Auseinandersetzungen der politischen Historiker, u.a. Georg von Belows, mit Karl Lamprecht noch vor der Jahrhundertwende sind bekannt. Die Zeitschriftenbände der zwanziger Jahre scheinen jedoch den Schluß nahezulegen, daß bei allem grundsätzlichen Festhalten an historistischen Positionen hier doch Aufgeschlossenheit signalisiert wird. In einem zweiteiligen, über vierzig Seiten umfassenden Aufsatz liefert Franz Arens ein *Gedenkblatt* zum 70. Geburtstag Lamprechts, offensichtlich in der Überzeugung, daß dessen Werk für die Geschichtswissenschaft unentbehrlich geworden sei. Der Artikel ist insgesamt eine um Sachlichkeit bemühte Einführung in Lamprechts Denken, wobei allerdings die materialistischen Aspekte sowohl in der wirtschaftlichen Variante des frühen Lamprecht als in der biologischen Variante des Spätwerks weitgehend zurückgedrängt sind. Hingegen erscheint Lamprecht in erster Linie als der Begründer einer sozialpsychologisch orientierten Geschichtsschreibung, die im menschlichen

Seelenleben die geistige Antriebskraft geschichtlicher Wandlungen zu
erfassen sucht. Das Bestreben, die Aufmerksamkeit des Lesers von der
Einseitigkeit einer Staats- und Ereignisgeschichte auf neue Fragestellungen
zu lenken, führt Arens dazu, Lamprecht etwa in Relation zu Fichte zu sehen,
seine Nähe zur Romantik mit ihrem Konzept der Nation und der Volksseele
zu unterstreichen, die Grenzen zwischen Personen- und Zustandsgeschichte
auch für ihn als fließend hinzustellen, an die ihm schon nach der
Jahrhundertwende selbst von Georg von Below und später von Meinecke
gezollte Anerkennung zu erinnern, seine persönliche Weltanschauung als
protestantisch, national, bismarckisch und monarchisch hinzustellen u.ä.
Lamprecht als Ganzes zu übernehmen wagt auch Arens nicht. Aber sehr
deutlich ist die Aufforderung, die hier aufgezeigte, grundlegend neue
Theorie und Praxis in die Geschichtswissenschaft zu integrieren.[15]

Daß die *Preußischen Jahrbücher* einen Aufsatz dieser Tendenz und dieses
Umfangs übernehmen, scheint darauf hinzuweisen, daß die Rezeption Lamprechts in Deutschland bei stabilen politischen Verhältnissen viel früher
hätte stattfinden können, als das tatsächlich der Fall war. Ein Bernhard
Schmeidler etwa hatte schon 1922 für die Wirtschafts - und Sozialgeschichte
plädiert; Schaumkell folgt ihm 1924.[16] Gewiß, die entschiedensten Gegner
Lamprechts aus der Zeit des großen Streits scheinen ihre Kritik nicht
revidiert zu haben. In seiner engagierten Verteidigung der politischen
Historiker wendet sich von Below 1923 explizit gegen den Versuch, die
Geschichte mit naturwissenschaftlichen Methoden anzugehen, und 1920
schon hatte er sich durch seine Kritik an der angeblich „Parteiamtlichen
neuen Geschichtsauffassung" eine Widerlegung durch die *Vierteljahrsschrift
für Sozial- und Wirtschaftsgeschichte* gefallen lassen müssen.[17] Gewiß,
selbst Schmeidler wendet sich entschieden gegen eine materialistische
Geschichtsschreibung, die ausschließlich ökonomische Bedingungen im
Auge habe[18] – aber von marxistischen Positionen war Lamprecht ja ohnehin
weit entfernt. Und insgesamt zeugen doch eine ganze Reihe von
Rezensionen in den *Preußischen Jahrbüchern*, und damit eine Anzahl der
damals erschienen Geschichtswerke, von der Einsicht, daß eine Synthese
von politischer Untersuchung einerseits, gesellschaftlicher und wirtschaftlicher Analyse andererseits der Rekonstruktion der Vergangenheit eher
gerecht werden könne als die Fixierung auf traditionelle historistische
Kategorien.[19]

Das klassische Rankesche Modell wird auch durch einen anderen Ansatz in seiner Verbindlichkeit relativiert, nämlich die sogenannte „geographische Geschichtsschreibung". Wenn Schmeidler unter diesem Titel drei Werke von Albert von Hofmann bespricht und dabei selbst den Einfluß von Gestalt und Beschaffenheit des Bodens auf die Geschicke der Menschen unterstreicht, deren Geschichte aus materiellen und geographischen Vorbedingungen ableitbar sei[20], wenn Hermann Haering in der Besprechung eines Buches von Dietrich Schäfer die Verbindung von Geschichte und Geographie lobend hervorhebt, die „eine anerkannte Forderung unserer Zeit" sei[21], so stecken dahinter wohl Auswirkungen von Friedrich Ratzels Thesen, die dieser schon vor der Jahrhundertwende (1897) in seiner *Politischen Geographie* vorgestellt hatte. Die Besprechung der dritten Auflage dieses Werks gibt Georg von Below 1924 Gelegenheit, gleichsam stellvertretend für die historistische Geschichtsschreibung (ein zweimaliger Hinweis auf gleichgerichtete Urteile in der *Historischen Zeitschrift* bestätigt das) die außerordentliche Bedeutung der Ratzelschen Positionen für die Geschichtswissenschaft zu unterstreichen. Hier bereite sich der Brückenschlag der Historiographie zur Anthropogeographie und zur Ethnographie vor.[22]

Die Integration Ratzelscher Theorien in nationalsozialistische Vorstellungen einer neuen Raumordnung ist bekannt[23], bekannt auch die Bedeutung des „Bodens" als Schlüsselbegriff etwa für das kulturelle Konzept des Dritten Reiches. Sieht man sich die in den *Preußischen Jahrbüchern* vorgestellten Vertreter einer geographischen Geschichtsschreibung an, so ist auch hier die Konvergenz mit rechtslastigen Überzeugungen auffällig. An Albert von Hofmanns *Deutscher Geschichte* kritisiert Schmeidler die „nationale Selbstbeweihräucherung allerübelster Art"; sein Antisemitismus und unbedarfter Chauvinismus gehörten „in die politische Kinderstube".[24] Auch Gerhard von Mutius, der sich auf die geographische Geschichtsschreibung einläßt, leitet daraus recht erstaunliche Thesen ab. In einem Vortrag über *Nordischen Geist* wird nicht nur der traditionellen Gegenüberstellung des südlich-klassischen Humanismus und nordischer Rauheit Raum gegeben. Auch Luthers Reformation werde man erst gerecht, wenn man sie unter geographischen Gesichtspunkten betrachte, als von nordischem Geist durchdrungen. Nordisch seien auch Shakespeare, Kant, Fichte, Nietzsche, Ibsen und Kierkegaard. Nur leider habe seit 1918 der Süden gesiegt und damit die der Mittelmeerkultur entstammenden Werte der

Aufklärung, der Zivilisation und des Humanismus. Die Zeit sei gekommen, den Norden wieder mehr zur Geltung zu bringen.[25]

Das Aufbrechen des traditionellen Schemas politischer Historiographie durch eine (allerdings erst noch vorsichtige) Berücksichtigung von Kultur-, Sozial- und Wirtschaftsgeschichte verweist auf ein gewisses Modernisierungspotential der Geschichtsschreibung und auf Ansätze zur Entwicklung einer bislang in diesem Bereich vorwiegend konservativen politischen Kultur. Gleichzeitig aber fällt die ja keineswegs zwangsläufige Funktionalisierung der geographischen Geschichtsschreibung im Sinne völkischer Anschauungen auf. Wenn sich hier nicht, wie etwa bei den Vertretern der Annales-Schule, das Einbeziehen des Raumes innovativ auf die Geschichtskonzeption ausgewirkt hat, so mag das Abgleiten in die Unwissenschaftlichkeit mit ideologischen Rahmenbedingungen zu tun haben, die dem Irrationalismus Vorschub leisten.

Im Umkreis völkischer Geschichtsbetrachtung

Sind die *Preußischen Jahrbücher* auf die Linie der völkischen Geschichtsschreibung eingeschwenkt? Tatsache ist, daß diese 1933 in einem zwanzig Seiten langen Aufsatz von Erich Keyser vorgestellt wird.[26] Ihre Prinzipien sind nach allem bisher Gesagten nur hier und da in verstreuten Anmerkungen einmal angeklungen. Was Erich Keyser hier fordert, bewegt sich in völlig anderen Bahnen: das Volk „als der eigentliche Träger des geschichtlichen Lebens", Geschichtsbewußtsein als Volksbewußtsein, Zusammenhang von Natur und Geschichte in einer vitalistischen, biologischen Geschichtskonzeption, die zugleich die Einheit aller Lebensbereiche postuliert; Blut, Boden und Kultur als bestimmende Faktoren des Volkes, d.h. dessen Bedingtheit durch Rasse und Landschaft; daher Rassenkunde und Geographie als unentbehrliche Hilfswissenschaften des Historikers; Stammeskunde und Landesgeschichte mit Dorf- Stadt- und Heimatgeschichte als wichtige Teildisziplinen; Erforschung des Volkstums als zentrales Anliegen der Kulturgeschichte; Einbeziehen der germanischen „Vorgeschichte" als unerläßliches Gebot der Geschichtsschreibung; verstärkte Berücksichtigung der Entwicklung deutscher Minderheiten außerhalb der Reichsgrenzen, insbesondere im Osten, völkisches Denken als Gegensatz zum nationalstaatlichen Denken, dennoch wissenschaftliche

Berücksichtigung des völkischen Staates – so lauten einige der Kernforderungen des Verfassers. Woher plötzlich diese überraschend anderen Kriterien, die fraglos auf einen historiographischen Paradigmenwechsel verweisen?

Das Beispiel der geographischen Geschichtsschreibung hatte gezeigt – und Erich Keyser bestätigt es in seinem Beitrag durch die ausdrückliche Namensnennung Ratzels – daß die völkische Geschichtsschreibung von dort her Anregungen bezog. Aber es gibt eine ganze Reihe anderer, in den *Preußischen Jahrbüchern* gestreifte Forschungsgebiete, in deren Umkreis sich das neue Paradigma konstituiert hat. Die Analyse der Zeitschrift erlaubt, das Kaleidoskop der verschiedenen Forschungsinteressen ins Blickfeld zu rücken, die die Völkischen dann für ihre Zwecke nützen, das Terrain abzustecken, auf dem sich die Blut- und Bodenforschung Ideen holen kann.

Im Zusammenhang mit der Bedeutung des Bodens waren bei Keyser auch die Stichwörter „Heimat", „Landschaft", „Stamm" aufgetaucht. Sollen damit volkskundliche Regionalstudien angeregt werden[27], so zeigen insbesondere zwei Beiträge, übrigens beide aus dem literarischen Bereich, wie schnell die Stammeskunde ins Biologistische abgleiten kann. Wenn Franz Koch in seinem ausführlichen Beitrag *Zur Begründung stammeskundlicher Literaturgeschichte* unter anderem Werke von Josef Nadler und Erwin Guido Kolbenheyer bespricht, also von zwei Standardautoren der NS-Zeit, so zeigt sich daran die bedeutsame Rolle, die insbesondere Nadler als Wegbereiter einer regimekonformen stammeskundlichen Kunstbetrachtung gespielt hat. Auf der anderen Seite erscheint biologisches, ja rassistisches Vokabular etwa in Ernst Barthels Werk *Elsässische Geistesschicksale, ein Beitrag zur europäischen Verständigung.* Das Barthelsche Modell elsässischer Genialität auf grund west-östlicher Blutmischung, d.h. einer Polarität aus Ratio und Mystik veranlaßt den Rezensenten zu skeptischer Hinterfragung einer „Geopolitik des Geistes", die die Völkerpsychologie vielleicht nicht unbedingt weiterbringen werde.[28] Wenn die Zeitschrift hier ihrer Informationspflicht genügt und dennoch mit ihrer Kritik nicht hinter dem Berg hält, so stellt sie andernorts, etwa auf dem von der völkischen Geschichtsschreibung besonders gehegten Gebiet der Vorgeschichte, eine Reihe, so scheint es, sachlich fundierter Untersuchungen vor, die, soweit feststellbar, ohne ideologische Hintergedanken verfaßt wurden.[29] Immerhin zeigen solche Artikel, daß vorgeschichtliche Untersuchungen doch einen weiteren Leserkreis anzusprechen geeignet waren. Warum sollte also der Ausbau dieser Teildisziplin nach 1933 Mißtrauen erregen?

Will man den *Preußischen Jahrbüchern* eine gewisse Repräsentativität zusprechen, so kommt man zu dem Schluß, daß vergleichende Mythenforschung und damit teilweise verbunden die Vorstellung einer indogermanischen Kultureinheit sich zu ideologischer Ausbeutung besser eigneten als der vorher genannte Bereich, so etwa, wenn Christian Waas im Zusammenhang mit den Funden im Mithräum von Dieburg Zusammenhänge zwischen dem Mithraskult und dem Wotanskult aufdeckt, wenn Hermann Wirth in seinen (bei Diederichs erschienenen) Forschungen zum *Aufgang der Menschheit* ur-indogermanische Kultur und Symbolik erläutert, wenn Arnold Federmann in einem Aufsatz mit dem Titel *Die Logoslehre, ein arisches Erbgut* den Nachweis zu führen sucht, daß der Logosbegriff nicht griechischen, sondern altarischen Ursprungs und bereits in den altindischen Veden zu finden ist, oder wenn Rudolf Fitzner die Verwandtschaft des babylonisch-phönizischen Sonnengotts Baal mit dem germanischen Lichtgott Biel (= Baldur) hervorhebt.[30]

Daß sich hier die Möglichkeit zur Konstruktion einer weltumspannenden arischen Kulturgemeinschaft bietet, haben regimefreundliche Forscher und Ideologen nach 1933 in ihrem Sinn zu nützen gewußt. Das Gleiche läßt sich behaupten, wenn – um hier ein anderes Anliegen völkischer Geschichtsschreibung zu streifen – der nordische Mensch und nordische Kultur zur Debatte stehen.[31] Daß die genannten Bereiche von der Stammeskunde über Vorgeschichte, germanische Mythologie, Indologie und Skandinavistik in der Zeitschrift aufgegriffen werden, zeigt, wie hier die Interessen gelagert sind: sie laufen der Entwicklung rechtskonservativen Denkens in der Weimarer Republik insgesamt parallel und sind als solche vom Hitlerregime vereinnahmbar. Allerdings: die Zeitschrift selbst macht den Schritt von kritischer Forschung zu bloßer ideologischer Instrumentalisierung und damit wissenschaftlicher Verbiegung und Verfälschung, soweit ich sehe, nicht mit.

Das gilt schließlich auch für den Rassismus. Zwar gibt es immer wieder Beiträge, in denen die Rasse in die Überlegungen mit einbezogen wird, etwa als „jener oft schwer faßbare und doch nicht zu leugnende Faktor, den man Rasse nennt", wie Gerhard von Mutius meint.[32] Aber wenn im Rezensionsteil über Autoren referiert wird, die sich zu unbekümmert auf rassistische Thesen einlassen, wenn es darum geht, mit Adolf Bartels' oder H. F. K. Günthers Maßstäben zu messen, dann erheben sich in der Zeitschrift warnende Stimmen, man fordert kritischen Sinn, fundiertes Wissen, umsichtig abgestützte Theorien.[33] Der vermutlich einzige Artikel der Berichtszeit, in dem die Rassengeschichte ausführlicher zum Zug kommt und der unter dem Titel *Wie entstand die blonde Rasse?* 1929 erscheint, stützt sich auf Virchows These, alle Menschen seien farbig, nur sei das Pigment je nach Domestikationsgrad in jeweils verschiedener Intensität im Körper. Der Autor unterstreicht für die Gegenwart die Unmöglichkeit rassereiner Individuen oder gar Völker. Sein Schlußsatz lautet:

> „Europa ist niemals der Entstehungsherd von Rassen gewesen, sondern es blieb der Mischkessel, in den die Rassenströme aus den großen Nachbarkontinenten, zuerst aus Afrika, dann aus Asien, einmündeten und zusammenflossen."[34]

Und wenn hier und da rassische Komponenten zur Erklärung gesellschaftlicher, wirtschaftlicher und kultureller Faktoren herangezogen werden, so sind sie keineswegs allein ausschlaggebend, vielmehr nur im Zusammenwirken mit geistig-seelischen Antrieben berücksichtigenswert.[35] Nirgends wird die Rasse als der eigentliche Motor und Inhalt der Geschichte dargestellt.

Sucht der Leser der *Preußischen Jahrbücher* nach neuen Kriterien der Geschichtsbetrachtung, die ihn von der bisher fast exklusiv herrschenden politischen Geschichte wegführen und seinen Blick auf Neuland lenken, so entdeckt er in seiner Zeitschrift alle eben skizzierten Bereiche, die in der einen oder anderen Form auch in die völkische Geschichtsschreibung Eingang gefunden haben, wobei vielleicht die stammeskundliche Literaturgeschichte ihren Ansatz am konsequentesten und am umfassendsten in die Praxis umgesetzt hat. In den Geschichtswissenschaften hingegen war die historistische Tradition noch viel zu stark verankert, als daß eine Rassegeschichte mit ihren schwammigen Begriffen hier zum Zuge hätte kommen können. Was man an den Entwicklungen der zwanziger Jahre ablesen kann, soweit sie sich historiographisch in den *Preußischen Jahrbüchern* spiegeln, ist der Beginn einer Aussöhnung mit Lamprecht und damit die Integration sozial- und wirtschaftsgeschichtlicher Ansätze. Weil dieser Weg nach 1933 nicht weiter begehbar war, weil andererseits neue, im Grunde durchaus fruchtbare Arbeitsgebiete ideologisch überfrachtet und daher für den Fachhistoriker nur mit Vorsicht zu betreten waren, behauptete der Historismus fast alleine das

Feld. Wie sagte doch Paul Herre im Hinblick auf die Neuorientierung der
Geschichtsschreibung im faschistischen Italien:

> „Nur wer nicht weiß, welche tiefen Wirkungen Zeiten starker ge-
> schichtlicher Aktivität und einschneidender staatlicher Umwälzung auf die
> Historiographie der Völker ausüben, kann darüber verwundert sein."[36]

Anmerkungen

1   Joachim Streisand (Hg.), Die bürgerliche deutsche Geschichtsschreibung von
    der Reichseinigung von oben bis zur Befreiung Deutschlands vom Faschis-
    mus
    (= Deutsche Akademie der Wissenschaften zu Berlin, Schriften des Instituts
    für Geschichte, Reihe I: Allgemeine und deutsche Geschichte, Bd. 21, Stu-
    dien über die deutsche Geschichtswissenschaft Bd. II), Berlin 1965 [im folg.:
    Streisand II]; GEORG G. IGGERS, Deutsche Geschichtswissenschaft. Eine
    Kritik der traditionellen Geschichtsauffassung von Herder bis zur Gegenwart,
    München 1971 (The German Conception of History. The National Tradition
    of Historical Thought from Herder to the Present, Wesleyan University Press
    1968); HANS SCHLEIER, Die bürgerliche deutsche Geschichtsschreibung der
    Weimarer Republik, I.: Strömungen – Konzeptionen – Institutionen, II.: Die
    linksliberalen Historiker (= Akademie der Wissenschaften der DDR,
    Schriften des Zentralinstituts für Geschichte, Bd. 40), Berlin 1975 [im folg.:
    Schleier]; BERND FAULENBACH, Ideologie des deutschen Weges. Die
    deutsche Geschichte in der Historiographie zwischen Kaiserreich und
    Nationalsozialismus, München 1980; HORST WALTER BLANKE,
    Historiographiegeschichte als Historik, Stuttgart-Bad Cannstatt 1991.
2   THEODOR SCHIEDER, Die deutsche Geschichtswissenschaft im Spiegel der
    Historischen Zeitschrift, in: Ders (Hg.), Hundert Jahre Historische Zeitschrift.
    1859-1958. Beiträge zur Geschichte der Historiographie in den deutsch-
    sprachigen Ländern, München 1959, S. 1-104; HANS SCHLEIER, Die
    Historische Zeitschrift 1918-1943, in: Streisand II, S. 251-302.
3   Preußische Jahrbücher [im folg.: PJ] 202 (1925), S. 90. [Vor der Jahreszahl in
    Klammern wird jeweils die Bandnummer zitiert (vier Bände pro Jahr).]
4   Auf die Herausgeberschaft des jungkonservativen Walter Schotte (1920-
    1927) folgt die von Walter Heynen und Emil Daniels (1927-1935). Der ur-
    sprüngliche, später nicht mehr verwendete Untertitel des Blattes lautet: Ber-
    liner Monatsschrift für Politik, Geschichte und Literatur. Auflage in der
    Berichtszeit: 1800-2000 Stück. Literatur zu PJ in: FRITZ SCHLAWE, Literari-
    sche Zeitschriften, Teil I: 1885-1910, Stuttgart 1961, 2., durchgesehene und
    ergänzte Aufl. 1965, S. 13 und Teil II: 1910-1933, Stuttgart 1962, 2., durch-
    gesehene und ergänzte Aufl. 1973, S. 64; HANS SCHLEIER, Treitschke,
    Delbrück und die Preußischen Jahrbücher„ in den 80er Jahren des 19. Jahr-
    hunderts, 1 (1967), S. 134-179; MARGOT KROHN, Rudolf Haym, der Politiker
    und Herausgeber der Preußischen Jahrbücher, in: Jahrbuch der Schlesischen
    Friedrich-Wilhelm-Universität 15 (1970), S. 92-145.
5   Dazu gehören das Bekenntnis zum Nationalstaat als Machtfaktor und grund-
    legendes Ordnungsprinzip im Zusammenleben der Völker, die implizit und
    explizit allgegenwärtige Sorge um Deutschland und Deutschtum, das Plä-
    doyer für den Obrigkeitsstaat in seiner konstitutionellen Variante, bzw. seit
    Mitte der zwanziger Jahre auch anerkennende Beiträge zum italienischen Fa-
    schismus (Hans Meydenbauer in: PJ 201 (1925), S. 105-109 und 202 (1925),
    S. 271-275 sowie die Hoffnung auf eine „Revolution von oben" bzw. eine
    „Reform durch Diktatur"; WALTER SCHOTTE, in: PJ 203 (1926), S. 92-108.

Politisch fortschrittliche Positionen, gar die Aussöhnung mit der Demokratie sind kaum zu verzeichnen. Immerhin verdient der Abdruck von THOMAS MANNs berühmt gewordenem Plädoyer für die Sozialdemokratie Beachtung (Kultur und Sozialismus in: PJ 212 (1928) S. 24-32. Die bewußte Frontstellung des Blattes gegen rassistische Bewertungskategorien zeigt sich u.a. an den Würdigungen prominenter Juden wie Georg Simmel [in: PJ 207 (1927) S. 292-316] und Martin Buber [in: PJ 233 (1933), S. 84] oder an Beiträgen zum Zionismus [PJ 220 (1930), S. 56-69], zur Frage der Assimilation [PJ 225 (1931), S. 132-141] und zur Erforschung des Jiddischen [PJ 222 (1930), S. 139-144]. Aufsätze zur Literatur zeugen von bemerkenswerter Aufgeschlossenheit gerade auch im Hinblick auf die Moderne [zu M. Proust: PJ 204 (1926)]; zu A. Schnitzler: PJ 208 (1927), S. 53-83 und 153-163; zu J. Roth: PJ 217 (1929), 320-324; zu A. Döblin: PJ 213 (1928), S. 362-366 und 221 (1930), S. 198-200).

6   Georg von Below: PJ 193 (1923) S. 283-303; Hans Herzfeld: PJ 194 (1923), S. 267-294.

7   PJ 237 (1934), S. 193-206, 207-226, 226-249 und 250-276; PJ 238 (1934), S. 1- 17 und 95-105; PJ 239 (1935), S. 251-263.

8   PJ 237 (1934), S. 201.

9   Zu Delbrück vgl. vor allem PJ 214 (1928), S. 265-271; PJ 217 (1929), S. 58-71 und S. 133-136; PJ 218 (1929), S. 290-303. Vgl. auch in PJ 238 (1934) den Artikel von OTTO HAINTZ zu Emil Daniels Lebenswerk, in dem anläßlich von Daniels Tod im Rückblick die Weiterführung von Delbrücks Geschichte der Kriegskunst durch Daniels gewürdigt wird.

10 BERNHARD SCHMEIDLER, Zur Psychologie des Historikers und zur Lage der Historie in der Gegenwart, in: PJ 202 (1925), S. 219-239 (Zitate zu Troeltsch S. 231) und ebd. S. 304-327.

11 PJ 217 (1929), S. 280-299.

12 Die historiographische Fruchtbarkeit des objektivistischen Ansatzes könnte schließlich auch an dem um einiges jüngeren Hermann Oncken veranschaulicht werden: PJ 218 (1929), S. 162-181.

13 Vgl. etwa zu Jacob Burckhardt: PJ 202 (1925), besonders S. 222ff; oder zu Johan Huizinga: PJ 209 (1927), S. 383-387.

14 Vgl. etwa BERNHARD SCHMEIDLER zu: Friedrich Bezold, Aus Mittelalter und Renaissance. Kulturgeschichtliche Studien, in: PJ 193 (1923), S. 242f; ERNST SCHAUMKELL zu: H. Preller, Weltgeschichtliche Entwicklungslinien vom 19. zum 20. Jahrhundert in Kultur und Politik, in: PJ 195 (1924), S. 309-312; EDUARD KALLOS, Verborgenes Wissen. Vorstudium zu einer sozialen Orientierung der kulturgeschichtlichen Forschung, in: PJ 196 (1924), S. 289-313; WERNER MAHRHOLZ, Gesellschaftliche Umschichtung und geistige Wandlung. Ein Beitrag zur Soziologie der deutschen Literatur im 19. Jahrhundert , in: PJ 209 (1927), S. 158-177.

15 FRANZ ARENS, Karl Lamprecht. Ein Gedenkblatt zur 70. Wiederkehr seines Geburtstages (25. Februar 1926), in: PJ 203 (1926), S. 191-213 und 306-328. Vgl. auch Arens' im selben Jahr im Archiv für Politik und Geschichte veröffentlichten Beitrag Über Karl Lamprechts Geschichtsauffassung und

einige dringliche Aufgaben der Geschichtswissenschaft", der bei SCHLEIER zitiert wird (S. 223, Anm. 28).

16 Zu Schmeidler, PJ 188 (1922), S. 182-194 (vgl. besonders ebd. S. 190: Wirtschafts- und Sozialgeschichte führt tiefer als politische Geschichte „in die innersten Fragen nach dem Zusammenhang und der Beschaffenheit des menschlichen Gemeinschaftslebens und der ihm vorzugsweise zugrunde liegenden Seiten der menschlichen Natur ein"). Zu Schaumkell, PJ 195 (1924), S. 309-312, besonders ebd. S. 310.

17 PJ 193 (1923), S. 283-303, besonders S. 287 und 291. In der Rezension eines Werkes von Dietrich Schäfer kommt GUSTAV STECHER ebenfalls zu dem Schluß, soziologische und wirtschaftliche Fragestellungen behinderten den Blick auf das eigentlich Politische; in: PJ 187 (1922), S. 373-375, besonders ebd. S. 375.

18 PJ 202 (1925), S. 321; vgl. auch ausführlicher E. SCHWIEDLAND, Materialistische und der Wirklichkeit gemäße Geschichtsschreibung, in: PJ 203 (1926) S. 252-255.

19 Vgl. etwa HEINRICH OTTO MEISNER zu: Felix Rachfahl, Staat, Gesellschaft, Kultur und Geschichte, in: PJ 198 (1924), S. 322; GERHARD VON MUTIUS, Die Religion der Geschichte, in: PJ 211 (1928), S. 20f; OTTO HAINTZ zu: Karl Stählin, Geschichte Rußlands von den Anfängen bis zur Gegenwart, in: PJ 226 (1931), S. 209-212.

20 BERNHARD SCHMEIDLER, Geographische Geschichtsschreibung, in: PJ 189 (1922), S. 199-214. Von Hofmann zeige, „wie der ganzen Tatsächlichkeit der historischen Ereignisse in ihrer langen Abfolge ein System geographischer Beziehungen zugrunde liegt, das in Siedlung und Wirtschaft, in Politik und Kunst, in allen Beziehungen des völkischen und gesamtmenschlichen Lebens mit unerbittlicher Notwendigkeit" wirke. Der durchaus fruchtbare Ansatz werde bei dem Verfasser nur durch eine allzu unkritische, systematische Anwendung um seine Wirkung gebracht. Vgl. auch die Antwort von Hofmanns in: PJ 191 (1923), S. 104-107 und das Schlußwort Schmeidlers in: ebd. S. 108-109.

21 HERMANN HAERING zu Dietrich Schäfer, Mittelalter. Ein geschichtlicher Überblick, in: PJ 194 (1923), S. 190.

22 PJ 196 (1924), S. 210 f.

23 Vgl. etwa KARL HAUSHOFER, Friedrich Ratzel als raum- und volkspolitischer Gestalter, in: Friedrich Ratzel, Erdenmacht und Völkerschicksal. Eine Auswahl aus seinen Werken, hg. und eingeleitet von Generalmajor a.D. Prof. Dr. Karl Haushofer, Stuttgart 1940, S. IX-XXVII („Kein stärkeres politischwissenschaftliches Temperament und keinen weitsichtigeren Erzieher seines Volkes zu großräumiger Weltbetrachtung hat das Zweite Reich der Unsterblichkeit im Dritten Reich übergeben, als Friedrich Ratzel, mit seiner mächtigen, wenn auch späten Wirkung von der Wissenschaft her in die Raumpolitik." Ebd. S. IX).

24 PJ 189 (1922), S. 210f.

25 PJ 213 (1928), S. 288-302, besonders ebd. S. 291-300.

26 ERICH KEYSER, Die völkische Geschichtsauffassung, in: PJ 234 (1933), S. 1-20.

27 Verschiedentlich wird in PJ in diesem Sinne plädiert, etwa von H. GÜRTLER in seiner Rezension zu: Adam Wrede, Rheinische Volkskunde, in: PJ 183 (1921), S. 116-118; vgl. auch GEORG STEINHAUSEN zu: Hans Braun, Grundlagen zu einer Geschichte der Familie Braun [...] Ein Heimatbuch [...], in: PJ 184 (1921), S. 268. Die Gründung der Deutschen Hefte für Volks- und Kulturbodenforschung, über deren erste fünf Hefte in PJ 225 (1931) berichtet wird, gibt Anlaß zu einer methodologischen Definition der Stammesforschung, bei der aus Wohnung und Siedlung die Art" und ihre Kultur (Tracht, Volkskunst, Sitte, Brauchtum etc.) abgeleitet werden soll. Die mögliche politische Nutzung solchen Wissens wird ausdrücklich angemerkt (S. 90-94; zur Politik ebd. S. 90).

28 PJ 216 (1929), S. 85-87.

29 Vgl. z.B. HERMANN KRABBO zu der von Hermann Oncken herausgegeben Reihe Deutsche Landesgeschichten, in: PJ 183 (1921), S. 104-106; RUDOLF FITZNER, Die Renntierjäger des Magdalénien, in: PJ 225 (1931), S. 285-294; F. P. STEGMANN VON PRITZWALD, Vorgeschichtliche Wanderung der germanischen Völker im Spiegel ihrer Haustierformen, in: PJ 233 (1933), S. 193-211.

30 Zu Christian Waas, PJ 214 (1928), S. 331-336; zu Hermann Wirth, ebd. S. 235-239; zu Arnold Federmann, PJ 218 (1929), S. 222-227; zu Rudolf Fitzner, PJ 234 (1933), S. 163-168.

31 Vgl. etwa WALTER HEINRICH VOGT, Wandel im altnordischen Menschen. Rede, gehalten auf der Gründungsfeier des Nordischen Instituts der Universität Kiel am 26. Juli 1923, in: PJ 193 (1923), S. 315-322; KURT BUSSE zu: Thule, Altnordische Dichtung und Prosa, in: PJ 195 (1924), S. 301f; GUSTAV STECHER zu: Nordische Erzähler, in: PJ 201 (1925), S. 98-104; GERHARD VON MUTIUS, Nordischer Geist, in: PJ 213 (1928), S. 288-302; GUSTAV STECHER zu: Nordische Literatur, in: PJ 216 (1929), S. 241-244. Vgl. auch EMIL LUCKA, Nordisch-Gotisches in Leonardo da Vinci, in: PJ 221 (1930), S. 43-53.

32 GERHARD VON MUTIUS, Die Religion der Geschichte, in: PJ 211 (1928), S. 27; vgl. auch etwa THEODOR VON HAHN, Vom Wesen und Wert der Geschichte, in: PJ 186 (1921), S. 318.

33 Vgl. z.B. KURT BUSSE zu: E. JUNG, Germanische Götter und Helden in christlicher Zeit. Beiträge zur Entwicklungsgeschichte der deutschen Geistesform, in: PJ 195 (1924), S. 302f; E. OBST zu: FRANZ BOAS, Kultur und Rasse, in: PJ 197 (1924), S. 106f; WALTER HEYNEN, Döblin wird 50, in: PJ 213 (1928), 362f; FRANZ ARENS zu: Friedrich Cornelius, Deutsche Weltgeschichte und ihr Rhythmus, in: PJ 216 (1929), S. 370-373.

34 RUDOLF FITZNER, Wie entstand die blonde Rasse?, in: PJ 218 (1929), S. 86-103. [Im Original gesperrt gedruckt].

35 E. SCHWIEDLAND, Materialistische und der Wirklichkeit gemäße Geschichtsauffassung, in: PJ 203 (1926), S. 252-255.

36 PAUL HERRE, Die alte Republik Venedig im Spiegel der jüngsten Geschichtsschreibung, in: PJ 237 (1934), 116-131 (Zitat S. 131).

Deutsch-Französische Transaktionsprozesse Personalistische Dritte-Weg-Diskurse der Zwischenkriegszeit

THOMAS KELLER

1. Antiliberale revolutionäre Austauschdiskurse

Ende 1931 treten in Frankreich junge Protestler mit folgendem Manifest an die Öffentlichkeit:

> „Nous sommes traditionnalistes mais non conservateurs, [...] révolutionnaires mais non révoltés, [...] ni bellicistes ni pacifistes, patriotes mais non nationalistes, socialistes mais non matérialistes, personnalistes mais non anarchistes."[1]
> „[...] ce personnalisme implique la rupture aussi bien avec l'individualisme abstrait des libéraux qu'avec toute doctrine plaçant l'Etat quelle que soit sa forme, au rang de la valeur supérieure [...]
> la machine économique et sociale doit exister pour la personne, et non la personne pour la machine économique et sociale [...]."[2]

Mit diesem antiliberalen Manifest konstituiert sich in Frankreich erstmals eine personalistische Bewegung. Der Text stammt aus der Gruppe *L'Ordre Nouveau* (ON) mit Alexandre Marc, Arnaud Dandieu, René Dupuis, Robert Aron, Denis de Rougemont, Claude Chevalley.

Ein Jahr später bildet sich eine zweite Gruppe, die sich ebenfalls als personalistisch bezeichnet, nämlich *Esprit* mit Emmanuel Mounier, Georges Izard, André Déléage, François Perroux, Jean Lacroix. Von diesen spaltet sich in der zweiten Hälfte der dreißiger Jahre eine Gruppe von technikkritischen Personalisten (Jacques Ellul, Bernard Charbonneau) aus der Gascogne ab. Ohne direkt von den deutschen Personalismen aus dem ersten Jahrhundertdrittel abzuhängen, berufen sich einige dieser Personalisten in Frankreich auf Vertreter des dialogischen Denkens und Personalisten wie Rosenstock, Buber, Scheler und Stern. Einige unterhalten Kontakte zu deutschen Gesinnungs- und Altersgenossen, so Marc zu Harro Schulze-Boysen und Mounier zu Paul Ludwig Landsberg.

Anhand der kommunikativen Netze dieser Gruppen und der von ihnen bewerkstelligten Transfers lassen sich besonders gut bewußtseinsmäßige Grundlagen im deutsch-französischen Verhältnis studieren. Solche Überlegungen verlassen das klassische Feld des Kulturvergleichs, der Imagologie und auch der Beschreibung sogenannter Einflüsse. Analysen, die weniger Institutionen, Gruppen und die Organisation von internationalen Beziehungen betreffen als „Transaktionen" (Karl W. Deutsch), und die Austauschprozesse auch von symbolischen Werten zwischen Kulturen erfassen, haben bis heute keinen systematisch abgesicherten Rahmen.[3] Das Desiderat besteht weniger darin, deutsch-französische „Beziehungen" auf verschiedenen, mehr oder weniger offiziellen Ebenen zu rekonstruieren, als Regeln für das Gelingen bzw. Mißlingen solcher „Transaktionen" zu ermitteln.

Gemeinhin wird das ungehinderte bzw. gehemmte Fließen von Diskursen in interkultureller Kommunikation von geteilten bzw. nichtgeteilten demokratischen Überzeugungen abhängig gemacht. Akkulturationsvorgänge sind bisher vor allem für die Zeit um 1800 beschrieben worden und zwar so, daß im Gefolge der expansiven französischen Kultur nicht nur eine nationalliberale, sondern auch ein antiliberale aggressiv abgrenzende und ethnizistisch operierende Reaktion in Deutschland entstanden sei. Für die jüngere Zeit wären auch umgekehrte Transferprozesse in Richtung Frankreich – etwa die Rezeption der Phänomenologie und des Denkens von Heidegger – zu berücksichtigen. Jene Beobachtungen lassen freilich die grundlegende Konstellation eines Gefälles zwischen der liberaleren französischen Kultur und der für anti-humanistische Angebote anfälligeren deutschen Kultur intakt.

Inzwischen läßt sich auf supranationale Entwicklungen verweisen, wodurch die deutsche und französische Gesellschaft sich zwar nicht immer aufeinander zubewegen, wohl aber beide denselben Modernisierungstendenzen unterliegen. Diese passive Annäherung durch Nivellierung bedeutet konkret, daß beide Gesellschaften sich strukturell angeglichen haben, etwa in ihren Familienstrukturen.[4] Sie impliziert auch, daß sie liberaler geworden sind. Die deutsche Kultur hat ihre antiwestliche Mobilisierungsenergie eingebüßt. Die französischen antiliberalen Widerstände, wie sie in Sonderwegen wie der *planification* zum Ausdruck kommen, haben sich verflüchtigt.

Jene Feststellungen berücksichtigen freilich nicht, daß viele Annäherungen zwischen Deutschen und Franzosen geradezu nicht-liberale Denkmuster

voraussetzen. So können Transaktionsprozesse auch unter dem Gesichtspunkt von nicht-liberalen Denkmustern auf beiden Seiten aufgeschlüsselt
werden. Auch die personalistischen Bewegungen der Zwischenkriegszeit
erinnern daran, daß Franzosen und Deutsche gemeinsam dem bloßen
laisser-faire-Prinzip und der Tendenz zur Vereinheitlichung entgegentreten
können. Die Tatsache, daß das deutsch-französische Tandem ehedem auch
durch nicht-liberale bzw. antiliberale Impulse beflügelt wurde, bedeutet, daß
heute mit der gemeinsamen liberalen Grundlage beider Gesellschaften ein
wichtiger Faktor des Ausgleichs – nämlich der nicht-liberale – wegfällt.
Deshalb soll im folgenden der Versuch gemacht werden, mit den
personalistischen Denkformen nicht-liberale und gleichwohl offene Diskurse
zu beschreiben.

Personalistische Problemstellungen sind nur ein Fall unter anderen kritischen
Anfragen an die Moderne. Auch wenn es heute fast niemand mehr wagt,
einen Revolutionsdiskurs der Gegenwart entgegenzuschleudern, so kehren
doch periodisch Krisendenken und Protest in der Geschichte hartnäckig
wieder. Solche Widerstandskräfte stellen potentiell zugleich im weitesten
Sinne Impulse und Denkreservoirs für eine deutsch-französische *Entente*
bereit, etwa im Namen des Anti-Amerikanismus. Personalistische Krisenphi-
losophien übernehmen freilich in einer ganz besonderer Weise Mittler-Funk-
tionen im deutsch-französischen Verhältnis.
    Die Personalisten sind Angehörige der sogenannten nonkonformistischen
Generation. Die personalistischen Nonkonformisten geben sich zugleich als
Anhänger des „Dritten Wegs" zwischen kapitalistischen und kollektivisti-
schen Modellen zu erkennen. Sie wollen die liberale Gesellschaft revolutionär beseitigen, ohne staatliche Lösungen zu befürworten und materialistische Denkformen zu vertreten. So drängt sich auch die Frage auf, wie
die französischen Revolutionäre zu den deutschen Nationalrevolutionären,
den Vertretern der konservativen Revolution, den Nationalbolschevisten
stehen. Bekanntlich erklärt Zeev Sternell[5] ja gerade die *Ni gauche ni droite*-
Positionen zu Kennzeichen eines französischen Faschismus. Bei seinen
Attacken auf antiliberale Nonkonformisten in Frankreich, die einen Dritten
Weg suchen, hat er auch Personalisten, nämlich Dandieu, Robert Aron und
Marc von ON und Mounier von *Esprit* ins Visier genommen. Immer wieder
zitiert wird der berühmt-berüchtigte in ON erschienene *Lettre à Hitler*. Die
grenzüberschreitenden Transfers oder Diskurse zu untersuchen heißt zu

fragen, ob ein so heterogenes Phänomen wie die konservative Revolution wirklich einem deutschen Sonderweg zugeschlagen werden kann.

Nun zeichnen sich personalistische Strömungen im Vergleich zu anderen zeitgleichen antiliberalen Positionen gerade dadurch aus, daß sie nicht nur nationale Diskurse sind. Anders als die erklärten Faschisten (Doriot) und die Junge Rechte (Maulnier, Maxence, Brasillach) bilden die Gruppen ON und *Esprit* eine Grenze sowohl gegen den faschistischen *„Magnet"*[6] als auch gegen die *„révolution conservatrice"*. Gleichwohl sind die Personalisten antiparlamentarisch eingestellt und können in ein Gespräch mit häufig antidemokratisch eingestellten deutschen Nonkonformisten eintreten.

Gesprächsgrundlage ist zu einem die Generationengemeinschaft. Die um 1905 geborene non-konformistische oder Kriegsjugendgeneration[7] teilt das historische Ereignis des Ersten Weltkrieges, an dem sie nicht mehr teilgenommen hat. Die in Sozialisationsinstanzen wie den Bünden und der *Ecole Normale Supérieure* versammelten Protestler wollen die bürgerliche Nachkriegsgesellschaft durch die Revolution beseitigen. Es entsteht ein Wettlauf der personalistischen Revolution mit anderen Revolutionen. Nun kann sich gerade der Transfer von Revolutionsdiskursen nicht auf ausschließlich personalistische Kontexte beschränken. Zwischen Revolutionen, der sozialistischen und konservativen, der roten und weißen, die „niemals stattgefunden haben"[8], zirkulieren austauschbare Konzepte.

Werden aber Bewegungen zwischen dem linken und rechten Lager allein in Begriffen wie Verrat und Überlaufen gefaßt, wird die Frage unterschlagen, weshalb ein und derselbe Diskurs in verschiedenen, u. a. auch rechten und linken Kontexten verwandt werden kann. Dies gilt nicht nur für Länder wie Russland und Deutschland, wo gegen und nach dem Ende des Ersten Weltkrieges Revolutionen stattfinden bzw. abbrechen, sondern auch für Frankreich. Dort setzt sich die revolutionäre Tradition mit Proudhon und Sorel fort; dort setzen in den zwanziger Jahren Oszillationen wie die zwischen Lenins *révolution prolétarienne* und der *révolution nationale* des Sorel-Schülers Valois ein. Die folgenden Ausführungen setzen so Überlegungen fort, die in den Veröffentlichungen über Austauschdiskurse der Weimarer Republik[9] und über *Ni droite-ni gauche*-Diskurse[10] aufgeworfen wurden.

Das Etikett „nonkonformistisch" bezeichnet eine übergreifende Suche nach dem Dritten Weg. Die Konfliktlinien verlaufen nicht zwischen

Kulturen, sie entstehen, sobald nach der personalistischen Orientierung gefragt wird. Die Unterscheidung des vereinzelten und egozentrischen Individuums von der besonderen und solidarischen Person bewahrt zwar das Erbe der Menschenwürde, bietet aber auch Schnittstellen mit anderen antiegalitären Vorstellungen der gegliederten Ordnung. Auch aus der antideterministischen Marx- und Hegelrevisionen gehen Austauschdiskurse hervor. So löst sich die Rede von der Revolution bei Sorel, de Man u.a. aus dem materialistischen Kontext des Klassenkampfes und wandert in „offene" Strategien wie Leben und Entscheidung. Die Gruppe der Personalisten ist dabei nicht nur unter komparativem, sondern auch interkulturellem Aspekt wichtig. Sie sind deutlicher als viele andere Nonkonformisten mit dem Nachbarland befaßt und übernehmen Funktionen im deutsch-französischen Philosophietransfer. Konzepte aus Deutschland werden analysiert, ausgewählt und verändert. Dabei läßt sich der von der föderalistischen ON-Gruppe realisierte Transfer von der Formulierung eines gemeinschaftsorientierten Personalismus in der katholischen *Esprit*-Gruppe abgrenzen.

2. Der föderalistische Weg von *L'ordre Nouveau*

Von den Mitarbeitern von ON ist es vor allem der aus Rußland stammende Alexandre Marc[11], der versucht, gegen die jugendbewegten Jean Luchaire und Otto Abetz eine revolutionäre Alternative aufzubieten. Es entsteht die Bewegung *„Jeune Europe"*, der neben Franzosen und Deutschen etwa auch Lewis Mumford von New Britain angehört. Das Frankfurter Treffen von Februar 1932, das deutsche Nationalrevolutionäre und französische Föderalisten der Zeitschrift *Plans* zusammenführt, enthüllt freilich vor allem Divergenzen. Der europäische Föderalismus ist mit den Vergötzungen von Staat, Nation oder Rasse, wie sie die deutschen Nationalrevolutionäre vornehmen, unvereinbar. Übrig bleibt der Kontakt zu Harro Schulze-Boysen und *Gegner*, der dann mit der Machtübernahme der Nazis fast unmöglich wird. Marc verwirft auch die Konzepte von Hendrik de Man. Er übernimmt freilich von deutschen Gesprächspartnern die Idee des Dritten Weges.

Er führt die in Deutschland entwickelten Konzepte des Personalismus in Frankreich ein, insbesondere die von der Phänomenologie übernommene, nicht-substantialistische Fassung der Person als eines Aktzentrums. Hierfür rezipiert er allerdings weniger die materiale Wertethik von Scheler als die

Personalistik von William Stern. In den Vordergrund stellt er die schöpferischen Fähigkeiten der Person. Die Idee des „realen Menschen" verteidigt er unter Berufung auf Werfels Aufsatz „Realismus und Innerlichkeit". Werfel verwirft die Vergötzung der Arbeit im Kapitalismus und Bolschewismus. Mit Werfel setzt Marc seine Hoffnung auf die wachsende Freizeit in der industriellen Gesellschaft, die den Menschen mehr Freiräume für selbstbestimmte Tätigkeiten gibt. Von Eugen Rosenstock übernimmt Marc die Überzeugung, durch die Abfolge der verschiedenen Revolutionen in Europa entstehe allmählich ein immer differenzierterer und damit personaler Mensch. Mittels dieser Kriterien kann er die „Pseudo-Revolutionen" eines Lenin, Mussolini und Hitler entlarven.

Ab 1933 integriert Marc zunehmend Elemente aus der *analogia-entis*-Lehre des Katholiken Erich Przywara, um einen theologisch abgesicherten Antihegelianismus und gleichwohl revolutionären integralen Personalismus zu vertreten. Auch Denis de Rougemont übernimmt theologische Figuren, allerdings von Przywaras Gegenspieler Karl Barth, der gegen alle Tendenzen des Menschen zur Selbstvergottung einschreitet, aber ebenfalls die bürgerliche Gegenwart verdammt.

Zu der phänomenologisch-personalistischen und der theologisch-metaphysischen Komponente des ON-Föderalismus treten Elemente aus dem surrealistisch-ethnologischen Feld. Robert Aron und Arnaud Dandieu – Dandieu arbeitet in der *Bibliothèque Nationale* mit Georges Bataille zusammen – übernehmen aus dem *Essai sur le don* von Mauss die Beschreibung des *potlatch*. In *La révolution nécessaire* (1933) wird Verausgabung als eine Perspektive für eine kommende Gesellschaft beschrieben, die über reine Tauschbeziehungen hinausgehend schöpferische Tätigkeiten des Menschen entwickelt.

Die Unterscheidung von *labeur* und *travail* bekommt so eine anthropologische Grundlegung. Dies wird von ON so konkret umgesetzt, daß die Gruppe ein europäisches Mindesteinkommen und einen Zivildienst fordert. Damit soll die soziale Frage entschärft werden. Die ON-Mitglieder übernehmen zeitweise entfremdete Arbeit, damit die an der Maschine ersetzten Fabrikarbeiter ihrerseits Zeit für selbstbestimmte Tätigkeit gewinnen.

Politisch werden dann mit der Machtergreifung der Nazis zwei „Zugänge" sichtbar: einerseits die verfehlten Revolutionen – so bezeichnet ON die putschartigen Revolten von Faschismus, Nationalsozialismus und Stalinismus – und die sozialdemokratischen Reformen, andererseits die nötige kommende personalistische Revolution, die höchsten individuellen Einsatz erfordert.

Der Bruch zwischen ON und *Esprit* Ende 1933, offiziell durch den *Lettre à Hitler* begründet, in dem jungen Nationalsozialisten idealistische Motive zugestanden, sie aber zugleich abgeworben werden sollen, ist in Wahrheit durch den katholischen Purismus von Mounier sowie eine grundlegende Differenz der Doktrinen begründet: ON hat eine aristokratische heroistische Vision einer zunehmend postindustriellen und entstaatlichten Gesellschaft, die von Arbeit befreit; *Esprit* möchte die Gemeinschaft auf Erden errichten und dabei Arbeit schlechthin heiligen.

3. Der gemeinschaftliche Weg von *Esprit*

Nicht der *Esprit*-Herausgeber Mounier ist der Begründer des modernen Personalismus in Frankreich. Der des Deutschen nicht Mächtige ist auf Mittler angewiesen - zunächst auf Marc, dann auf Maurice de Gandillac und Paul Ludwig Landsberg. Mounier[12] vertritt zunächst eine dezisionistische Tatphilosophie, die mit katholischen Elementen der Hingabe („*abandon*") verquickt ist. Jacques Maritain, Mentor von *Esprit*, bremst ihn. Der Putschversuch der Rechten von Februar 1934 tut ein übriges, um die Spaltung von den inhaltsleeren dezisionistischen Revolutionsvorstellungen eines Maulnier und Francis zu vollziehen. Durchgehend ist in Mouniers Stellungnahmen die Heiligung der Arbeit, sei es schöpferische Arbeit oder Arbeit an der Maschine. Diese behält er bei, als er ab 1935 wieder eine revolutionäre Philosophie vertritt, die auch Positionen beinhaltet, die ON 1932/33 vertreten hatte: das Gespräch mit anderen Kämpfern gegen die parlamentarische Demokratie, darunter italienische Faschisten und Otto Abetz, zu dem Marc den Kontakt längst abgebrochen hat; die Bereitschaft zur Tat. Freilich ist die Revolution eine gemeinschaftliche geworden. Das „personalistische Manifest" von 1936 erklärt sich für die „*révolution communautaire*". Es fordert eine Stärkung der Exekutive und eine Ausschaltung des durch Parteien dominierten Parlaments. Leitend ist das Mißtrauen gegen die Herrschaft der großen Zahl.

Mounier hat inzwischen auch die Anregungungen des Scheler-Schülers Paul Ludwig Landsberg verarbeitet, der in der Emigration *Esprit*-Mitarbeiter wird. Der Schelersche Begriff der „Gesamtperson", der von der vereinzelnden Gesellschaft und der individualitätsvernichtenden fusionellen Gemeinschaft abgesetzt ist, wird in mißverständlichen Übersetzungen (*personne inter-individuelle, personne de personnes, personne collective,* auch „*communauté*") von *Esprit*-Mitarbeitern und Mounier in gemeinschaftsorientierter Absicht eingesetzt. Der Begriff der Person gerät dadurch immer mehr in einen Gegensatz zum Individuum und kann in seiner Variante als Gesamtperson auch die (französische) Nation bezeichnen.

Mounier übernimmt insbesondere die Unterscheidung von Heiligung und Vergöttlichung, die Landsberg bereits 1923 in seiner Studie über die Platonische Akademie vorgeschlagen hat. Die Vergöttlichung des Menschen ist eine Seinsform in der Antike, in den politischen Mythen des 20. Jahrhunderts wird sie zu einer Drohung. Eine Individualisierung, die jenen Selbstvergötzungen entkommt, wird in extremer ekstatischer Form in der Mystik der Heiligen realisiert, die zugleich etwa im Antlitz der spanischen Mystiker eine absolute physiognomisch sichtbare Personalisierung darstellt. Landsberg und Mounier bieten jenen Heiligungsprozeß der Mystiker, die Liebe mit Todesbewußtsein verbinden, gegen die faschistischen Mythen auf.
    Landsberg selbst verwirklicht diese Haltung im persönlichen Engagement der Résistance. Er wirkt nach dem Scheitern der Volksfront auch an der Emigranten-Zeitschrift *Die Zukunft* mit. Neben Münzenberg ist hier der Linkskatholik Werner Thormann Redakteur, der in der Weimarer Republik mit Walter Dirks die *Rhein-Mainische Volkszeitung* redigiert hat. Auch Mounier trägt zu der Zeitschrift *Die Zukunft* bei. Hier bahnt sich – indirekt – die spätere Zusammenarbeit von Mounier und Dirks in den *Frankfurter Heften* an. Landsberg entledigt sich in der Résistance gegen die deutschen Besatzer der Zyankali-Kapsel, die er mit sich trägt. Er akzeptiert Todeserfahrung als äußerste Individualisierung. Er kann für die fragwürdigen Ausprägungen der Gemeinschaftsorientierungen von *Esprit* nicht in Anspruch genommen werden.

In der *Esprit*-Bewegung kommt es zu einer Annäherung an sehr verschiedene Revolutionen. *Esprit* begleitet die Volksfront sehr wohlwollend. Seit etwa 1937 betreiben François Perroux, der spätere berühmte Wirtschaftswissenschaftler Frankreichs, und Jean Lacroix die Annäherung personaler Konzepte an Staat und Nation. Dies wird es ihnen zumindest zeitweise erlauben, sich auf die *révolution nationale* des Vichy-Regimes einzustellen. Perroux steht einem offiziellen Institut vor, Lacroix wird in der Kaderschule in Uriage tätig und hat nach 1944 keine Mühe, unter gemeinschaftsbetonten Vorzeichen philomarxistische Standpunkte einzunehmen.

Jene etatistischen, nationalen und gemeinschaftsorientierten Positionen stoßen auf den Widerspruch bestimmter *Esprit*-Mitarbeiter.[13] Ellul und Charbonneau von der *Esprit*-Gruppe in Bordeaux trennen sich 1937 von der Bewegung, der sie blinde Verherrlichung von Technik, Vergötzung von Staat und Nation und anti-individualistische Orientierung vorwerfen. Noch in *Esprit* erscheint ein Artikel von Charbonneau, der die künstliche Kreativität der Werbung in der Zweitrealität geißelt, und eine Liberalismus-Kritik von Ellul, die die These von der Neutralität der Technik bestreitet. Bei Charbonneau und Ellul - ersterer kennt die deutsche Jugendbewegung, aber später auch Carl Amery[14], letzterer ist wie Rougemont Barth-Adept - ist jene Sorge spürbar, die kreatürliche Welt werde von der künstlichen verdrängt. Nach 1945 wird Mounier genau jene Position als kleinbürgerliche Angst abwerten.

Es bilden sich so drei personalistische Positionen heraus:
– die heroische der Verausgabung von ON, die den Nationalstaat ablehnt, aber Technik für neutral hält;
– die gemeinschaftliche der Hingabe von *Esprit*, die Nation, Staat und Technik wieder aufwertet;
– die bilder- und technikkritische individualistische Haltung der Personalisten der Gascogne, die zwischen *creatum* und *fabricatum* trennen.

4. Die Interkulturalität der personalistischen Dritte-Weg-Diskurse

Berechtigen die Ergebnisse der Analysen der non-konformistischen Personalisten dazu – auch zur Entlastung der Deutschen – zu behaupten, in Frankreich habe es ebenfalls so etwas wie eine konservative Revolution gegeben und es werde fortgesetzt, was in Deutschland abbricht? Eine erste Antwort muß hier der Opfer eingedenk sein. Die vorgestellten deutschen Revolutionäre werden beim Wettlauf der Revolutionen 1933 von den Nazis ausgebootet – und auch ermordet. Die Verfolgung trifft nun auch Personalisten in

Frankreich. Marc überlebt die Résistance – er ist einer der Gründer der
Widerstandszeitschrift *Témoignage Chrétien* – nur mit viel Glück und Geschick. Landsberg, seit seiner Flucht aus dem französischen Internierungsla-
ger in der Résistance auf der Suche nach seiner psychisch zusammengebro-
chenen Frau, wird 1943 gefaßt und stirbt 1944 im Konzentrationslager
Oranienburg an Typhus.

Die Aufbrüche setzen sich freilich auch bis heute fort. Mitglieder aus dem
früheren ON-Kreis sind zwar nach 1945 in Frankreich häufig abgedrängt
worden. Aus der ON-Initiative ist aber der integrale Föderalismus hervorge-
gangen, der die anti-marxistische Europa-Bewegung antreibt. Diese
Personalisten befördern föderalistische Elemente beim Aufbau der Europäischen Union. Sie wirken über das lange Jahre von Rougemont geleitete
Genfer *Centre Européen de la Culture* und das von Marc gegründete *Centre
International de Formation Européenne*. Das Denken der Personalisten aus
der Gascogne macht sich nur sehr bedingt in Frankreich, etwa in der Ökolo-
giebewegung, bemerkbar. Charbonneau engagiert sich zusammen mit
Rougemont und Kressmann in der *Ecoropa*-Initiative. Die *Esprit*-Personali-
sten hingegen werden von der *révolution nationale* des Vichy-Regimes nicht
in derselben Weise ins Abseits gedrängt. Zwar wird *Esprit* verboten und
nach der Mitwirkung an der Kader-Schule in Uriage gehen gegen Ende 1942
Domenach, Cacéres und andere in den Widerstand. Wie aber die weiteren
Lebenswege von an Uriage Beteiligten belegen, können Anhänger einer
elitär-gemeinschaftlichen und voluntaristischen Modernisierung ab 1944
massiv an der Entwicklung Frankreichs mitwirken.
    Die *Esprit*-Gruppe gewinnt in ihrer linkskatholischen Phase Ende der
vierziger und in den fünfziger Jahren eine erhebliche Bedeutung bei der
Propagierung eines Dritten Weges zwischen Kapitalismus und Kommunismus. Die Gemeinschaftsorientierung, mal unter eher sozialistischen, mal
unter nationalen Vorzeichen wird – abgesehen von einer von Domenach
bestimmten Phase in den siebziger Jahren – in *Esprit* bis heute fortgesetzt.

Heute lehnt *Esprit* den Maastricht-Vertrag zugunsten eines Europas der
Vaterländer ab. Daran ändert auch nichts, daß Jacques Delors aus der
Mounier-Bewegung stammt, sich aber stärker auf föderale Positionen zube-
wegt hat. Für ehemalige ON-Mitglieder hingegen ist der Maastricht-Vertrag
nicht föderalistisch genug.

Esprit und ON setzen sich beide für die deutsch-französische Verständigung ein. Die verblüffende Ähnlichkeit der Positionen der *RMV* und von *Die Zukunft* (Modernitätsbejahung, Kombination von sozialistisch-planerischen Elementen mit der Verteidigung der „bürgerlichen" demokratischen Rechte) findet nach 1945 in *Esprit*, in den *Frankfurter Heften* und in *Ende und Anfang* eine Fortsetzung.

Die Personalismen der Zwischenkriegszeit sind langfristig kein marginales Phänomen. Sie tragen zu europäischen Bildungsperspektiven, zum Ausbau des Sozialstaats, zur Stärkung der Exekutive, zu planerischen Initiativen, zum Bau von Trabantenstädten bei. Damit haben vor allem die *Esprit*-Personalisten ihren Anteil an den planerisch-technokratischen Merkmalen des modernen Frankreichs, auch an den fragwürdigen elitären, dirigistischen, häßlichen Aspekten. Die alternative Modernisierung ist damit zu einer realen französischen geworden.

Könnte man behaupten, daß die französischen Personalisten realisieren könnten, was den deutschen Personalisten durch den Nationalsozialismus verwehrt wurde? Dies ist sicherlich überspitzt und arg konstruiert. Es hieße, die Rolle der Personalisten denn doch zu hoch anzusetzen. Andererseits sind die Revolutionen nicht nur Revolutionen, die nicht stattgefunden haben. Man muß wohl zur Kenntnis nehmen, daß jenseits des Liberalismus *à l'américaine*, jenseits der nationalsozialistischen Revolte, des Staatskapitalismus, aber eben auch jenseits der dezisionistischen Konzepte der konservativen Revolution noch eine andere Modernisierung, eben die personalistische, auf die Bühne der Geschichte tritt. Sie aber bildet eine europäische Transversale. Für die Personalismen mit ihrer Stellung zwischen Mobilisierung und Entschärfung ist die Zuordnung zu einem Sonderweg nicht möglich. Sie orchestrieren eine andere europäische Moderne, die Macht und Geist sein will, aber nicht mit den realen Mächten versöhnt. Man sollte sich aber nicht darüber täuschen, daß dieser Weg aus antiliberalen Motiven gespeist ist. Auch die deutsch-französische Verständigung beruht wesentlich auf dieser Konvergenz. Deshalb ist sie noch lange nicht antidemokratisch und antihumanistisch.

Unbestreitbar gibt es eine gemeinsame Schnittmenge, für die das Etikett antiliberal viel zu ungenau ist. Auch die jungen Personalisten sind anti-egalitär orientiert. Beim Wettlauf der Revolutionen wird die Verhärtung angesichts der Zuspitzungen der Zwischenkriegszeit wohl unvermeidbar. Begriffe wie Disziplin, Elite, Ordnung kommen in allen personalistischen Richtungen massenhaft vor. Die Personalismen haben etwas von ihrer entspannenden Qualität eingebüßt. Sie werden an den Rändern aufgeweicht und zwar im Kontakt zu heroischen Weltbildern einerseits und in Berührung mit ent-individualisierenden gemeinschaftlichen Optionen andererseits. Auch die französischen Gruppen versuchen alternative Modernisierungen, die radikalisieren. Bei allen gilt der Einspruch gegen das laisser faire, gibt es die Weigerung, die Dinge laufen zu lassen.

In der ON-Gruppe, in der die heroische Option am ausgeprägtesten ist, bleibt der dezisionistische Einspruch ein individueller und anti-etatistischer. Der proletarisierenden Wirtschaftsordnung und dem Staat wird Entscheidungsmacht abgesprochen. Der Arbeitsorientierung der *Esprit*-Gruppe entsprechend ist hier die Sorge am größten, der Markt könne die Initiative gewinnen. Der Antikapitalismus baut bei den *Esprit*-Katholiken Vorbehalte gegen den Staat und die Nation ab. Der Anti-Industrialismus der Personalisten der Gascogne besagt, daß Nation und Technik nicht anonymer Souverän sein sollen.

Die Zuspitzung ist aber jeweils eine andere: ON ist dezisionistischer als *Esprit*, vermeidet aber kompromittierende Oszillationen und Allianzen. *Esprit* sucht Nähe zu anderen gemeinschaftlichen Bewegungen, meidet aber das Anheizen des Konflikts. Hier kehren zwar ältere Spannungen zwischen der Tatphilosophie der direkten Konfrontation und der Schelerschen Forderung nach einem Ruhenlassen der Triebe wieder. Die Option von *Esprit* für Scheler ist deshalb sicherlich kein Zufall. Die Orientierungen der Franzosen sind aber keineswegs ein Produkt eines jeweiligen deutschen Einflusses. Dies muß auch gegen die Vorstellungen eines sogenannten Imports des deutschen Anti-Humanismus gesagt werden. Vielmehr können deutsche Theorieanleihen nur dann in Denkfiguren in Frankreich eingebaut werden, wenn sie in eine diskursive Formation passen. Die Möglichkeit, die „dichotomische Methode" doppelt zu begründen, illustriert dies sehr schön: im deutsch-französischen Wissenstransfer ist diese Methode argumentativ unterfüttert von der „Freizeiten"-Konzeption bei Werfel und Rosenstock, im innerfranzösischen Diskussionszusammenhang ist sie mit der anthropologisch-ethnologischen Vorstellung von der Verausgabung begründet.

Schließlich kann die nicht-deterministische Revolutionstheorie alternativ mit ethnologischen oder deutschen Anleihen angelegt werden. Mit der Rekonstruktion von deutsch-französischen Wissenstransfers sind wir auf bestimmte Reihen von Elementen des personalistischen Diskurses gestoßen. Im Wissenstransfer werden im allgemeinen Texteinheiten des Erstkontextes auseinandergerissen. Der Transfer reduziert den konnotativen Reichtum der Elemente zunächst. Auf den Transfer folgt aber eine Konstruktion neuer Texteinheiten, die das verpflanzte Element erneut mit Konnotationen ausstattet und den Sekundärkontext eher noch breiter als den Erstkontext werden läßt.

Die einzelnen Ketten sind verschieden angelegt. Der „reale Mensch" kann als *„homme réel"* in den Kontext der korporatistischen Vichy-Ideologie verpflanzt werden, aber auch die freie und schöpferische Person bezeichnen. Die Reihe Revolution/*révolution* kann womöglich zu *révolution nationale* von Vichy zu werden, kann aber auch in ein föderales Koordinatennetz eingebunden werden. Die Reihen werden offensichtlich von zwei verschiedenen – nationalen und föderalen – Referenzen gekreuzt.

In der Kette, die Person und Gruppenform verknüpft – Person, Gesamtperson, *personne inter-individuelle, personne de personnes, personne collective, personne France* – kann die Person Substitut für die französische Nation werden. Wenngleich hier die Personalisierung noch nicht in eine Personifizierung umschlägt – schließlich sind auch die gemeinschaftlichen Optionen von *Esprit* keine substantialistischen –, wird doch die Analogie-Relation zwischen Mensch und Gruppe tendenziell zu einer Identitätsrelation. Besonders bedenklich hierbei ist das organizistische Vokabular. Wenn Mounier vom „lien organique entre la personne et la nation" spricht, fällt er sogar hinter die spätere Schelersche Fassung der Gesamtperson zurück. Jener Vorwurf kann allerdings auch föderalistische Konzepte treffen - dann nämlich, wenn die *petite patrie*, die Region, ethnizistisch gefaßt, ein kleiner Nationalismus ist.

Die Tatsache jener interkulturellen Reihen liefert keine Argumente für die Behauptung, eine grenzüberschreitende konservative Revolution bilde sich mit Hilfe der interkulturellen Personalisten. Die philosophische Anleihe bei Deutschen ist eine zwiespältige: sie ist anti-egalitär (was den jungen Franzosen entgegenkommt); die Modernisierung des philosophischen Denkens bietet zugleich nicht-substantialistische Bewußtseinstheorien, die gegen

biologistische Reduktionen feien. Es kommt dann auf die Verwendung der
Konzepte an: die europäischen Revolutionen nach Rosenstock werden eher
gegen den nihilistischen Dezisionismus, die Gesamtperson wird eher
gemeinschaftlich-national eingesetzt. Die Personalismen in Deutschland
überschreiten tendenziell die traditionelle deutsche Macht- und Kontin-
genzscheu der Gelehrten, müssen zugleich aber „theologische Sicherungen"
einbauen. Auch die französischen Personalisten müssen sowohl gegen einen
Idealismus häufig neukantianischer Prägung argumentieren, der apolitisch ist
und alle nicht-rationalen Antriebe ignoriert, wie auch gegen benachbarte
dezisionistische Revolutionskonzepte angehen.

Aber bestimmte Elemente weichen in innerfranzösischen Kontexten Grenzen
zwischen Personalisten und anderen Nonkonformisten auf und fungieren als
Austauschdiskurs. So ist auffällig, daß die Verknüpfung von Person und
Gemeinschaft Anfang der vierziger Jahre nicht nur Berührungen mit Vichy-
Initiativen erlaubt, sondern auch nach 1945 eine sehr nachsichtige Haltung
der *Esprit*-Gruppe gegenüber den Entwicklungen in Osteuropa motiviert.
Die soziale Komponente im „realen Sozialismus" wird anerkannt, der Frei-
heitsverlust heruntergespielt. Es können bezeichnenderweise dieselben
Leute sein, die jene gemeinschaftsorientierten Austauschelemente einmal in
den nationalen, dann in den sozialen Kontext einbauen.

Es ist zwar so, daß der Begriff der Gesamtperson zu diesen Operationen
beiträgt. Deshalb kann man aber Schelers Denken, das mit deterministischen
und fusionellen Geschichtsphilosophien unvereinbar ist, nicht verantwortlich
für jene Kontinuität machen. Die inneren Spaltungen der Personalisten
bekommen zuweilen durch – nicht immer treue – Anleihen bei Konzepten
deutscher Provenienz eine theoretische Basis.
   Es gibt so in der Tat eine antiliberale Kontinuität, die Diskurse in deutschen und französischen Kontexten verbindet. Die zornigen jungen Personalisten balancieren sie aber durch das anti-biologistische Menschenbild, die
Wertschätzung der bloß vorhandenen Welt und die Revision der Hegel- und
Marxrevisionisten aus. Sie haben ein eigenes Profil zwischen Anspannung
und Entspannung. Zum Teil unfreiwillig tragen die anti-parlamentarischen
Implikationen personalistischer Konzepte dazu bei, in Frankreich die verfas-
sungsmäßige Entwicklung von einer parlamentarischen zu einer Präsidialde-
mokratie zu stützen. In Deutschland ist die Dynamik aufgrund der Erfahrungen in der Weimarer Republik umgekehrt verlaufen. Anders als die Angriffe

auf den Reichstag und die *Assemblée Nationale* der Dritten Republik kann heute Protest keine Kritik an einem wertrelativistischen und schwachen System sein. Ein unbestimmter personalistischer Bodensatz – etwa Unterscheidungen von Person und Individuum und Identifizierungen von produktivistischen Gemeinsamkeiten liberaler und antiliberaler Gesellschaften durch deutsche Alternative – behauptet sich aber in kommunitaristisch geprägten Vorstellungen einer zivilen Gesellschaft, die nicht eigentlich antiparlamentarisch sind, aber doch Lebensformen als selbstbestimmte und ethisch verantwortliche Entscheidungsräume gewinnen wollen.

Wenn Paul Ricoeur jüngst gewissermaßen stellvertretend für die *Esprit*-Gruppe dem Begriff der Gesamtperson abgeschworen hat[15], signalisiert dies auch Unbehagen. Dies gilt nicht nur für den gemeinschaftsorientierten Personalismus. Die von den Föderalisten vorgezogenen kleineren Einheiten unterliegen denselben Kritikpunkten, sofern die Region ethnizistisch abgegrenzt wird. Das personalistische Denken bleibt zu häufig ein identitaristisches. Es ist zwar nicht selbstreferentiell – daß das Selbst nur durch den Anderen in der Zeit, in der kontingenten Geschichte sich konstituieren kann, betont Ricoeur in *Soi-même comme un autre*[16]. Aber die Vorstellung von Personsein bleibt doch dem eidetisch-hermeneutischen Ansatz des relationalen Differentialismus verpflichtet. Das Wesen des Ich und des Anderen werden bestimmt. Ob jene Bestimmungen regionale, nationale, europäische oder „betroffene" Identität definieren, ist im Grunde sekundär: immer wird eine einheitliche Identität vorausgesetzt. Ob diese Vorstellung von der Person aber auf der Höhe heutiger Bewußtseinslagen und - theorien ist, ist zweifelhaft.

Die Kontinuität der personalistischen Dritte-Weg-Diskurse im deutsch-französischen Kontext dürfte – obwohl weitgehend unbekannt – ziemlich einmalig und durchaus auch wirkungsmächtig sein. Akkulturationsszenarien beschränken sich gleichwohl meist darauf, kantianische Elemente im französischen Neoidealismus und die Husserl- und Heideggerrezeption in der französischen Phänomenologie zu benennen. Zwischen transzendentalem Idealismus und Seinsphilosophie verläuft aber offenbar noch eine andere Transversale, die für Deutsche und Franzosen bei der Suche nach einer nichtliberalen Alternative zur liberalen und antihumanistisch-antiliberalen Alternative eine erhebliche Bedeutung hat.

Anmerkungen

1 Plans, nov. 1931, p. 150.

2 Plans, déc. 1931, p. 154.

3 HANS MANFRED BOCK, Zwischen Locarno und Vichy. Die deutsch-französischen Kulturbeziehungen der dreißiger Jahre als Forschungsfeld, in: H. M. Bock / R. Meyer-Kalkus / M. Trebitsch (Hg.), Entre Locarno et Vichy. Les relations culturelles franco-allemandes dans les années 1930, Volume 1, Paris 1993, S. 25-61, bes. S. 28-29.

4 HARTMUT KAELBLE, Nachbarn am Rhein. Entfremdung und Annäherung der französischen und deutschen Gesellschaft seit 1880, München 1991.

5 ZEEV STERNHELL, Ni droite, ni gauche. L'idéologie fasciste en France, Complexe, Bruxelles 1987 (zuerst: Seuil 1983).

6 PHILIPPE BURRIN, La dérive fasciste. Doriot, Déat, Bergery 1933-1945, Paris, Seuil 1986.

7 E. GÜNTHER GRÜNDEL, Die Sendung der jungen Generation, Versuch einer umfassenden revolutionären Sinndeutung der Krise, München 1932. [Das Buch ist 1933 unter dem Titel La mission de la jeune génération auf Französisch bei Plon erschienen.]. – Vgl. ULRICH HERBERT, Generation der Sachlichkeit. Die völkische Studentenbewegung der frühen zwanziger Jahre in Deutschland, in: Frank Bajohr / Werner Johe / Uwe Lohalm (Hg.), Zivilisation und Barbarei: Die widersprüchlichen Potentiale der Moderne, Hamburg 1991, S. 115-144; S. W., „E. Gunther-Grundel", in: La Critique Sociale no 9, sept. 1933, S. 137; JEAN-LOUIS LOUBET DEL BAYLE, Les nonconformistes des années 30. Une tentative de renouvellement de la pensée politique française, Paris, Seuil, 1987 (zuerst 1969); JEAN-FRANÇOIS SIRINELLI, Génération intellectuelle. Khâgneux et Normaliens dans l'entre-deux-guerres, Paris, Fayard, 1988; Générations intellectuelles. Effets d'âge et phénomènes de génération dans le milieu intellectuel français, études coordonnées par Jean-François Sirinelli, Cahiers de l'Institut d'Histoire du Temps Présent 6, novembre 1987; IRMTRAUD GÖTZ VON OLENHUSEN, Jugendreich, Gottesreich, deutsches Reich. Junge Generation, Religion und Politik 1928-1933, Köln 1987; zeitgenössisch: KARL MANNHEIM, Das Problem der Generationen, in: Kölner Vierteljahreszeitschrift für Soziologie 7 (1928/29), S. 157-185.

8 RENÉ KÖNIG, Zur Soziologie der zwanziger Jahre oder Epilog auf zwei Revolutionen, die niemals stattgefunden haben und was daraus für unsere Gegenwart resultiert, in: DERS., Soziologie in Deutschland. Begründer/Verächter/Verfechter, München-Wien 1987, S. 230-257.

9 MANFRED GANGL/GÉRARD RAULET, Intellektuellendiskurse der Weimarer Republik. Zur politischen Kultur einer Gemengelage, Frankfurt a.M. 1994.

10 GILBERT MERLIO (dir.), Ni gauche ni droite: Les chassés-croisés idéologiques des intellectuels français et allemands dans l'Entre-deux-guerres, Maison des Sciences de l'Homme d'Aquitaine, Talence 1995.

11 Zum folgenden vgl.: BERNARD VOYENNE, Histoire de l'idée fédéraliste, Nice 1976; LUTZ ROEMHELD, Integraler Föderalismus. Modell für Europa. Ein

Weg zur personalen Gruppengesellschaft, 2 Bde, München 1977. [Lutz
Roemheld ist nicht nur Wissenschaftler, sondern möchte als Protagonist der –
inzwischen nicht mehr existierenden – Europäischen Föderalistischen Partei
das von ihm analysierte Denken auch in Politik umsetzen und in Deutschland
propagieren.] – FERDINAND KINSKY/FRANZ KNIPPING (Eds.), Le fédéralisme
personnaliste aux sources de l'Europe de demain. Der personalistische
Föderalismus und die Zukunft Europas, Hommage à Alexandre Marc, Baden-
Baden 1996, S. 153-167. CHRISTIAN ROY, Alexandre Marc et la Jeune
Europe, 1904-1934: L'Ordre Nouveau – aux Origines du Personnalisme,
Montréal 1993. JOHN HELLMAN/CHRISTIAN ROY, Le personnalisme et les
contacts entre non-conformistes de France et d'Allemagne autour de l'Ordre
Nouveau et de Gegner, 1930-1942, in: Entre Locarno et Vichy. a.a.O.,
Volume 1, S. 203-215. THOMAS KELLER, Médiateurs personnalistes entre
générations non-conformistes en Allemagne et en France: Alexandre Marc et
Paul L. Landsberg, in Merlio, a.a.O., pp. 257-274.

12 Vgl. KELLER, Médiateurs, a.a.O.; MICHEL WINOCK, Histoire politique de la
   revue Esprit 1930-1950, Paris 1975; DANIEL LINDENBERG, Les années
   souterraines 1937-1947, Paris 1990; SERGE BERSTEIN/PIERRE MILZA,
   Histoire de la France au XXe siècle, Bruxelles 1995, 1407 p., pp. 428-431,
   605, 765, bes. p. 429; JEAN-YVES MOLLIER/JOCELYNE GEORGE, La Plus
   Longue des Républiques, Paris 1994, 872 p., pp. 589-592. ALBRECHT BETZ,
   Exil und Engagement. Deutsche Schriftsteller im Frankreich der dreißiger
   Jahre, Edition Text und Kritik, München 1986, S. 134-136. – Vgl. JOHN
   HELLMAN, Emmanuel Mounier and the New Catholic Left 1930-1950,
   Toronto/Buffalo/London 1981; DERS., The Knight-Monks of Vichy France
   Uriage, 1940-45, Mc Gill-Queen's University Press 1993.

13 CHRISTIAN ROY, Aux sources de l'écologie politique: Le personnalisme
   „gascon" de Bernard Charbonneau et Jacques Ellul, in: Canadian Jounal of
   History/Annales canadiennes d'histoire XXVII, April/avril 1992, pp. 67-100,
   pp. 87 sq.

14 BERNARD CHARBONNEAU, Le feu vert. Autocritique du mouvement éco-
   logique, Paris 1980.

15 PAUL RICOEUR, Approches de la personne, in: Esprit (1990), pp. 115-130, p.
   119; DERS., Mounier philosophe, in: Le Personnalisme d'Emmanuel Mounier.
   Hier et demain. Pour une cinquatenaire, Colloque organisé par l'association
   des amis d'Emmanuel Mounier, Seuil 1982, pp. 219-230.

16 DERS., Soi-même comme un autre, Seuil 1990.

Ostdeutsche Diskurse und die Weimarer Republik
Variationen zum Verhältnis von Geist und Macht

WOLFGANG BIALAS

In der DDR-Historiographie wie im historischen Selbstverständnis der DDR überhaupt war 'Weimar' ein mit hoch konträren Bedeutungen besetzter Ort. Klassik, Demokratie und Konzentrationslager galt es hier in einer Weise zusammenzudenken, die den Anschluß an Traditionen eines 'besseren Deutschland' herzustellen versprach, ohne deshalb die barbarischen Seiten dieser Geschichte als marginale Episoden auszublenden.

Wie also, so lautete die nationalpädagogische Frage, ließen sich Goethe und Buchenwald zusammen denken? Weshalb war die Tradition der deutschen Klassik nicht wirkungsmächtig genug, Buchenwald zu verhindern? Oder, in vermeintlicher Radikalisierung dieser Fragestellung: Unter welchen Bedingungen konnte gerade diese Tradition zur Ermöglichung des deutschen Faschismus beitragen? Beschworen wurde in einer solchen Akzentuierung der Frage nach dem Verhältnis von Macht und Geist die Ohnmacht des klassischen bürgerlichen Humanismus gegenüber der brutalen Durchsetzungsmacht des gewöhnlichen Kapitalismus. Oder auf eine einprägsame, stärker generalisierende Formel gebracht: Gegenüber der nüchtern kalkulierenden Ratio materieller Interessenlagen hatten Geist und Kultur bestenfalls die Chance, diesen Interessen durch eine humanistische Phraseologie einen höheren Sinn zu geben.

NSDAP und SED gemeinsam war eine konstitutionelle Intellektuellenfeindschaft, ein tief sitzendes und generalisiertes Mißtrauen gegenüber jeder unabhängigen Regung freier Intellektualität. Nur als Parteiintellektuelle, eingebunden im Disziplinarzirkel der politischen Organisation waren sie zugelassen. Aber auch hier galten sie zumeist nur als bedingt zuverlässig. Ihre Kriminalisierung und Exkommunikation war jederzeit möglich. Dieser Zusammenhang nun führt mitten hinein in die historische Ortsbestimmung der Weimarer Republik und ihre identitätsbildende Integration in das offizielle Selbstbild der DDR. Dabei war auch in der sowjetischen Besatzungszone die Weimarer Republik zunächst der historische Bezugspunkt, auf den hin der Neubeginn gedacht wurde. Sehr schnell aber wurde diese in ihrem Ausgang noch offene Vergewisserung möglicher Traditionsbezüge zur Gestaltung der deutschen Nachkriegsgesellschaft überlagert und schließlich funktionalisiert durch die Frage nach den geschichtlichen Lehren, die aus

'Weimar' zu ziehen seien. Hier war es vor allem die verhängnisvolle
Spaltung der deutschen Arbeiterbewegung, aus der das sehr schnell in die
Tat umgesetzte Projekt einer sozialistischen Einheitspartei unter Führung der
KP seine historische Legitimation ableitete. Im Scheinpluralismus einer sich
wechselseitig paralysierenden vielgestaltigen Parteienlandschaft, die einer
ideologisch formierten, hierarchisch um einen charismatischen Führer
aufgebauten Kaderpartei wie der NSDAP keinen wirksamen Widerstand
entgegenzusetzen vermochte, galt diese mögliche Alternative zur Einheitspartei als historisch diskreditiert. Um aber auch dem Verdacht einer strukturell und funktional analogen Wiederholung nazistischer Gleichschaltung
der politischen Landschaft im NS-Regime entgegenzutreten, wurde der
parteipolitische Kompromiß eines Block demokratischer Parteien unter Führung der SED gewählt.

Parallelen von 'Weimar' über 'Bonn' bis 'Berlin' werden häufig gezogen.
Je nach dem thematischen Zielpunkt solcher historischen Analogien wird
dabei entweder die Gefahr eines 'Rückfalls in Weimarer Verhältnisse' oder
aber die kulturelle und intellektuelle Blütezeit der 'goldenen zwanziger
Jahre' beschworen. Im Hintergrund dieser zwischen Trauma und Faszination
schwankenden Retrospektiven steht die Tatsache der politischen Lähmung
einer Republik, die nicht in der Lage war, das Erstarken der nationalsozia-
listischen Bewegung und ihre schließliche Machtübernahme zu verhindern.
Für die DDR-Historiographie wurde in der Retrospektive ein 'Weimarer
Verhältnissen' zugeschriebener 'Pluralismus der Beliebigkeit' zur präfaschi-
stischen ideologischen Formation. Kulturelle, intellektuelle und politische
Pluralität erschienen dabei als vielfältig schillernde phänomenologische
Oberfläche, unter der sich, unbemerkt, verdrängt oder ignoriert von ihren
Akteuren, die eigentlichen strukturbestimmenden gesellschaftlichen Basis-
prozesse abspielten. Als Verharmlosung der faschistischen Gefahr wurde
'Weimar' zum Vorspiel der nazistischen Diktatur erklärt. Durch ihr Zuge-
ständnis ('vermeintlicher') kultureller Vielfalt und ('sogenannter')
intellektueller Freiheiten habe sich diese 'zahnlose Demokratie' schließlich
selbst bis zur Handlungsunfähigkeit gelähmt. Bürgerlicher Pluralismus und
potentieller Faschismus wurden damit gleichsam zu Synonymen. Pluralismus
schlechthin galt als Zeichen der Schwäche eines in der Anwendung der ihm
zur Verfügung stehenden politischen Mittel unentschlossenen Staates, einer
Schwäche, die jederzeit von einem entschlossenen, zielbewußten Gegner
ausgenutzt werden konnte. Diese Konstruktion ermöglichte es zudem, die
sozialistische Diktatur als strukturelle Sicherung einer antifaschistischen

Demokratie auszugeben. In ihr reproduzierte sich das geschichtliche Trauma der Schwäche, der fatalen Ahnung, im offenen Kampf mit dem 'Klassengegner' erneut zu unterliegen. Jede Lockerung dieser Diktatur, jede 'pluralistische Aufweichung' eines 'demokratischen Zentralismus' beschwor so als befürchtete Restauration kapitalistischer Verhältnisse zugleich die faschistische Gefahr herauf. 'Diktatur oder Demokratie', diese nach dem Nationalsozialismus scheinbar entschiedene Alternative, wurde unter Inanspruchnahme vermeintlich eindeutiger Weimarer Erfahrungen erneut zur Disposition gestellt. Indem eine starke 'Diktatur des Proletariats' gegen eine offensichtlich schwache 'bürgerliche Demokratie' gesetzt wurde, zu schwach jedenfalls, um ihre legale Transformation zur faschistischen Diktatur zu verhindern, sollte die Diskreditierung jeder Art von Diktatur durch ihre klassentheoretische Differenzierung ersetzt werden.

Die Weimarer Republik wurde in dieser Diktion stilisiert zur politischen Institutionalisierung der Schwäche, der Illusion von Sozialpartnerschaft, Klassenharmonie und drittem Weg zum Sozialismus. Dieses Bild setzte sich fort in der untergründigen Faszination vom Erfolg der Nazis, deutlich zum Beispiel an historiographischen Versuchen, dem machtpolitischen resp. herrschaftstechnischen Geheimnis dieses Erfolges auf die Spur zu kommen. In der hier verwendeten Metaphorik wurden, wenn auch in negativer Akzentuierung, letztlich all *die* Attribute bemüht, die auch die DDR und ihre politische Führung für sich beanspruchten oder aber gern in Anspruch genommen hätten: die neuartige Versammlungsstrategie der Nazis, Hitlers Talent als Regisseur spektakulärer Inszenierungen in einer wirksamen Mischung aus Predigt und Kampfappell.[1] Der Tabuisierung dieser atmosphärischen Nähe zu nationalsozialistischer Machteffizienz noch in der ideologischen Negation korrespondierte die sich immer mehr zur Gewißheit verdichtende Ahnung, eine vergleichbare Politisierung des Alltags im ideologisch konträren Kontext des real existierenden Sozialismus der DDR wohl nicht erreichen zu können. In ähnlicher Diktion markierte Jürgen Kuczynski den im Faschismus erreichten Grad an Politisierung der Massen als „einen Höhepunkt in der Geschichte des deutschen Volkes bis 1945. Nicht nur war die Wahlbeteiligung stets außerordentlich hoch. Auch die ideologische Beschäftigung mit politischen Problemen und die politisch-organisatorische Aktivität erreichten einen Höhepunkt, zum Unglück des werktätigen Volkes."[2] Hohe Wahlbeteiligung und politischer Organisationsgrad, genau diese zur Manipulationsmasse realsozialistischer Statistik verkommenen 'Indikatoren' öffentlicher Zustimmung zum politischen System benennen die sensibelsten Bereiche organisierter Legitimationsbeschaffung in der DDR. Als 'Lehre aus Weimar' ließ sich festhalten: Machtpolitische Pattsituationen sind im entschlossenen Zugriff zu lösen. Wer in der Lage ist, die strategische Initiative in solchen Situationen zu erringen, wird belohnt mit der Möglichkeit, künftig selbst Situationen entsprechend eigener Interessen zu definieren und machtpolitisch zu besetzen. Die Verlängerung der Ausnahmesituation zum Normalzustand liegt nahe, um die erneute Öffnung der historischen Situation auszuschließen. Weimar droht und wird gleichzeitig als Ausnahmezustand festgeschrieben. Es bleibt dabei: „Souverän ist, wer über den Ausnahmezustand entscheidet."[3]

Nicht von dieser Art des historischen Vergleichs soll jedoch im folgenden weiter die Rede sein, sondern von der über ihren Entstehungs- und Wirkkontext hinausreichenden Schärfe intellektueller Denkfiguren, die zur Zeit der Weimarer Republik geprägt wurden. Im Bewußtsein der Grenzen dieser Art von 'Übertragungen' werden solche Denkfiguren genommen, als wären sie für gegenwärtige intellektuellengeschichtliche Problemlagen entworfen worden. Dabei geht es u.a. um
- die Figur des freischwebenden Intellektuellen;
- den Zusammenhang von Ideologie, Utopie und 'geistiger Macht';
- die Funktion der Diskursgemeinschaft als normativer Ausgleichsinstanz zur Ausbalancierung von Nähe und Distanzen und schließlich
- die Ambivalenz der Grenzen einer Diskursgemeinschaft, die sowohl die interne Geltung verbindlicher Normen des Diskurses als auch die Möglichkeit von Austauschdiskursen zu sichern hat.
Neben Carl Schmitt und Karl Jaspers ist es dabei insbesondere Karl Mannheim, dessen intellektuellengeschichtliche Überlegungen genutzt werden. Die Gefährdungen, Risiken und Chancen intellektueller Existenz waren ein Dauerthema derjenigen Debatten, in denen sich die Intellektuellen der Weimarer Republik Klarheit über ihre Freiräume und Einbindungen, ihre geistesgeschichtlichen Prägungen ebenso wie die Möglichkeiten öffentlicher Interventionen in gesellschaftliche Angelegenheiten zu verschaffen suchten. Als eine solche Gefährdung wurde die Ausbildung von intellektuellen Kulturen thematisiert, die keinen Bezug mehr zur Erfahrungswelt der Alltagskultur hatten. Bilden diese gegeneinander abgeschlossene Bedeutsamkeitskreise, zwischen denen Kommunikation mangels eines gemeinsamen Bezugssystems oder mit gleichen Bedeutungen belegter Begriffe nicht möglich ist, so entsteht eine segregierte Kultur zirkulärer Selbstbezüglichkeit. Die Anerkennung eines je individuellen Weltbildes,

einer nach je individueller „Auswahl, Auffassung, Wesentlichkeitsbetonung"
herausgehobenen subjektiven „Wichtigkeitswelt (Bedeutungswelt,
Interessenwelt)"⁴ wird dann zur Polarität konträrer Weltbilder. Die einen
mögen 'wahr' sein und die Verhältnisse auf ihrer Seite haben, was die
anderen nicht daran hindert, auf der Authentizität ihrer Erlebnisse und
Erfahrungen zu bestehen, für die in den 'Wahrheiten der Sieger' kein Platz
ist. Zu einem Austausch der Argumente, zur probeweisen Übernahme der
Perspektive des anderen, zur Kommunikation kommt es auf diese Weise
nicht.

Von Karl Jaspers kann man lernen, daß Weltanschauungen die Funktion
haben, eine Vielzahl nur bedingt vereinbarer Eindrücke nach Kriterien ihrer
Funktionalität für die Aufrechterhaltung eines 'psychischen Haushaltes' zu
sortieren und dabei zu einem überschaubaren Bild von Welt zu ordnen. Mit
dieser Ordnung entsteht eine quasi selbstreferentielle eigene Welt, die mehr
ist als die selektive Widerspiegelung einer äußeren Welt, aber auch mehr als
die Objektivierung innerer Welten in der Projektion auf einen Gegenstand,
mit der Menschen versuchen, auf Distanz zu Problemen zu gehen, von
denen sie sich überfordert fühlen. Auch in ihren Distanzierungen können sie
jedoch nicht ohne Nähe leben. Diese suchen und finden sie in Gemeinschaften, deren Rituale eine gemeinsame Weltanschauung zur Modellierung
normierter Welten konstruieren. In diesen Welten sorgen Filter der Realitätswahrnehmung und Praktiken kontrollierten Austauschs mit einer als
Umwelt auf Distanz gehaltenen Gesellschaft dafür, daß das Mikroklima der
Gemeinschaft ungefährdet von äußeren Einflüssen gedeihen kann.
    Für eine solche Separierung zur exklusiven Gemeinschaft ist unter Um-
ständen ein hoher Preis zu zahlen: „Der Mensch des isolierten objektiven
Weltbildes steht ... unendlich einsam in der Wüste der Werke und Werte".⁵
Diese Einsamkeit sucht er durch die Sicherheit des geschlossenen Weltbildes zu kompensieren, das es ihm erlaubt, Verantwortung und Sinn an den
objektiven Gang der Geschichte zu delegieren.⁶ Solange eine objektive
Eigengesetzlichkeit der kulturellen Welt und das subjektive 'Werten und
Wollen' der Menschen zum Dualismus separater Welten verlängert werden,
bleiben ihnen nur die Anerkennung eines übermächtigen Determinismus
oder aber der dezisionistische Ausstieg aus Kausalitäten als mögliche
Reaktionsweisen. Je nach Lebenslage begehren die Menschen dann entweder ohnmächtig gegen diese geschlossene Welt auf oder aber meinen, sie
in ihren Visionen von einem guten, wenigstens aber besseren Leben ignorie-

ren zu können. An die Stelle „des konkreten Handelns in augenblicklicher
Situation" tritt dann „das Reden in großen welthistorischen Perspektiven."[7]
Was der historische Augenblick nicht hergibt, erscheint am Horizont
weltgeschichtlicher Perspektiven allemal als möglich. Insbesondere in Zeiten
der Krise von Weltbildern wird Welt nur noch als Zerrbild wahrgenommen.

Hier tauchen eine Vielzahl von Motiven auf, die immer dann präsent sind,
wenn es darum geht, den sozialen Ort der Intellektuellen zu bestimmen und
sozialpsychologisch einzugrenzen, also etwa:
- Einsamkeit und Isolation, die kompensiert werden wollen;
- der Anspruch auf exklusive Definitionskompetenz von Sinn und Bedeutung
  bei gleichzeitiger Delegierung von Verantwortung und Sinn an die
  eigengesetzliche Entwicklung anonymer Mächte oder an politische
  Funktionsträger;
- schließlich die Generalisierung der eigenen Situation zum universellen
  Deutungsapriori bei gleichzeitiger weltgeschichtlicher Perspektivierung
  von Handlungsabläufen und Konstruktion von Vernunftsubjekten.

Für Intellektuelle ist es von entscheidender Bedeutung, sich der Bindungs-
und Fliehkräfte bewußt zu werden, die ihre Affinität zu einer bestimmten
Gruppe als ambivalentes Spannungsverhältnis konstituieren. „Die Art, wie
einer partizipiert, bestimmt, wie er seine Probleme formuliert."[8] Die Zugehörigkeit Intellektueller zu einer sozialen Gruppe, deren intuitive Situations-
definition sie teilen und begrifflich artikulieren, führt zu einer Ausprägung
originärer Denkstile. Entsteht eine solche Gruppe erst in der historischen
Ausnahmesituation etwa eines gesellschaftlichen Umbruchs, kann sie durch
ganz unterschiedliche Merkmale definiert und zusammengehalten werden,
so auch durch das gemeinsame Gefühl, ihre Heimat, die Region fraglos
Vertrauten und Selbstverständlichen verloren zu haben. Ein solches gemeinsames Schicksal, das als Ausnahmesituation den Normalzustand soziokultureller Selbstverständlichkeiten und die in ihnen geltenden Differenzierun-
gen einfach als bedeutungslos geworden zur Seite schiebt, läßt politische,
soziale und kulturelle Unterschiede für den Moment vergessen. Solche
historischen Momente eines emotionalen Gleichklangs zwischen Intellektuellen und Nichtintellektuellen sind selten. Im Überschwang des Gefühls
positiv aufgehobener Zugehörigkeit sind Intellektuelle dann nur zu gern
bereit, solche Momente zu einer strukturellen Identität zu verlängern. Das
erneute Auseinanderdriften der Interessenlagen können sie damit nicht
verhindern. Es so lange als möglich hinauszuzögern, schließlich zu ignorie-

ren, versuchen sie dennoch. Der historische Moment, in dem die Aufladung lebensweltlicher Interessen mit außeralltäglicher Bedeutung anzuzeigen scheint, von nun an sei es realistisch, von Partikularinteressen getriebene Menschen als Vernunftwesen zu sehen, ihnen also zu unterstellen, sie seien bereit, ihr Leben höheren Werten zu widmen, im Alltag Verzicht zu üben, Erwartungen an ein besseres Leben, jetzt und sofort, zurückzustellen zugunsten einer ungewissen Zukunft, dieser Moment läßt sich jedoch nicht künstlich verlängern. Der Ausgang des Versuchs, mit dem 'Aufruf für unser Land' eine eigenständige DDR als Projektionsfläche einer solchen intellektuellen Utopie zu entwerfen, zeigte das in aller Deutlichkeit.

Bezogen auf die die intellektuellensoziologische Seite dieses spezifisch ostdeutschen Bündnisses von Geist(losigkeit) und (Ohn-)Macht ließe sich mit Karl Mannheim zunächst gegen die These argumentieren, daß die Genesis des Wissens unter allen Umständen geltungsirrelevant sei.[9] Der Entstehungskontext des Wissens prägt dessen Inhalt, ohne in ihm aufzugehen. Wichtiger noch als der Kontext, in dem es entsteht, ist der Zusammenhang, in dem es Wirkung entfaltet, Bestätigung erfährt, Erwartungen bedient oder neu erweckt, auf einen bereiteten Boden trifft, der Zustimmung und Anerkennung sichert. Wie nun sähe die Analyse aus, stünde sie unter einem intellektuellengeschichtlichen Ansatz, für den „alle Kontexte ihrerseits Konstrukte textueller Natur sind"?[10] Diese Frage ist keineswegs nur hypothetisch, sondern beschreibt den Sonderfall eines strukturell gesicherten Interpretationsmonopols einer nach außen abgeschlossenen Gemeinschaft. „Homogenität der Denkbasis und die Abgeschlossenheit des Sensibilitätskreises"[11] - der unproblematischen, verläßlichen und jedem Angehörigen der Gemeinschaft mitvollziehbaren lebensweltlichen Intuitionen - sind Kennzeichen einer solchen Gemeinschaft. „Die Denkbasis ist in einem auf Monopolsituation basierten Denken vorgegeben ... Das Denken bewegt sich vorwiegend in Textinterpretationen und nicht im Gebiete der Seinsinterpretation und ist sie vorhanden, so erhält auch die Seinsinterpretation mehr oder minder einen textinterpretativen Charakter."[12] Gesellschaftliche Gebilde, historische Ereignisse werden unter solchen Bedingungen als Texte behandelt, deren konsensuelle, für die Gemeinschaft verbindliche Interpretation ihren Zusammenhalt stiftet. Das Sein wird zum Text, die verbindliche, kanonisierte Interpretation ausgewählter Texte zur sinnstiftenden Instanz einer Gemeinschaft, die durch solche Interpretationen ihre Grenzen konstituiert. Kennzeichen dieser Grenzen einer ideologischen Diskursgemeinschaft, denn um eine solche handelt es sich, ist das kaum unterscheidbare

Ineinanderübergehen textueller und ontischer Versatzstücke zu einer Textsorte eigener Art, eben dem 'Seinstext', der einen Status idealtypischen Seins beansprucht. Dieses idealtypische Sein wirkt als Filter selektiver Realitätswahrnehmung ebenso wie als Projektionsfläche gemeinschaftsstiftender Phantasien. Es ist durch Realität prinzipiell nicht zu erschüttern. Die Gemeinschaft selbst wird zum Text, der von ihr nach eigenen grammatischen Regeln erst geschrieben wird. Als Schreiber, Zensor, normative Instanz und Produkt in einem wird sie zum geschlossenen Raum des zirkulären Diskurses.

Es ist ein Gemeinplatz, daß Intellektuelle noch in sozial freischwebender Existenz nicht im luftleeren Raum sich selbst genügender autonomer Produktion leben. Die Partikularität und Fragmentierung ihrer sozialen Existenz können sie durch deren geistige Universalisierung zur ideellen Vernunftgemeinschaft kompensieren, einer im Prinzip räumlich und zeitlich universellen Kommunikationsgemeinschaft. Sie sind dann in der Lage, fehlende *reale* Bindungen durch ein dicht geknüpftes Netz *ideeller* Bindungen auszugleichen, ohne deshalb den Anschluß an aktuelle Problemlagen ihrer eigenen Gesellschaft verlieren zu müssen. Intellektuelle bewegen sich, ob ihnen das nun bewußt ist oder nicht, im Spannungsfeld von Macht und Geist. Ihr Selbstverständnis beziehen sie dabei vorzugsweise aus einer Kritik der 'Geistlosigkeit der Macht', die geeignet erscheint, die Machtlosigkeit des Geistes zur kulturellen Tugend zu erklären. Wer sich nicht einläßt mit den Mächtigen, muß auch nicht befürchten, von ihnen verstoßen, gemaßregelt oder in die Verantwortung genommen zu werden. Für diese ihrerseits ist es dann ein leichtes, innerlich unangefochten vom 'Gekläffe der Pinscher' ihre Kreise zu ziehen. Politik und intellektuelle Diskurse bewegen sich in je eigenen Kraftfeldern, deren konzentrische Kreise sich jedoch berühren. Solche Berührungen lassen sich minimieren, sie werden aber auch von beiden Seiten provoziert.

Von seiten der Intellektuellen sind unterschiedliche Motive solcher Provokationen denkbar. Zwei konträre Varianten, nach denen sich das intellektuelle Feld der Weimarer Republik hier ohne vorschnelle politische Zuschreibungen differenzieren ließe, möchte ich im folgenden skizzieren. Als Rückzug in die reine Sphäre geistiger Produktion oder aber Stilisierung zum intellektuellen Gewissen ihrer Zeit, für das es keine neutralen Bereiche gibt, deren Entwicklung dem Selbstlauf zu überlassen wäre, scheint diese Alternative ein zeitlos gültiges intellektuellengeschichtliches Differenzierungskriterium bereit zu stellen. Die Realität intellektueller Debatten findet natürlich jeweils in Grenzüberschreitungen und Mischformen solcher idealtypischer Generalisierungen statt. Ein Motiv hat Carl Schmitt mit dem 'subjektivierten Occasionalismus' der politischen Romantik benannt, das Motiv nämlich, an der Welt als Anlaß und Gelegenheit die eigenen Produktivität zu steigern.[13] Sowohl die Bindung an Normen aber auch der Sachzwang kalkulierbarer Ursachen werden mit dieser Flucht aus sozialen Verbindlichkeiten aufgekündigt.[14] „Aus immer neuen Gelegenheiten entsteht eine immer neue, aber immer nur occasionelle Welt, eine Welt ohne Substanz und ohne funktionelle Bindung, ohne feste Führung, ohne Konklusion und ohne Definition, ohne Entscheidung, ohne letztes Gericht, unendlich weitergehend, geführt nur von der magischen Hand des Zufalls"[15], eine Welt, in der „das ästhetisch produzierende Subjekt das geistige Zentrum in sich selbst verleg(t)"[16] hat. Verantwortung trägt es dann nur für sich und die Aufrechterhaltung seiner intellektuellen Produktionsbedingungen. Konträr zu einer solchen Ästhetisierung intellektueller Existenz steht die Bestimmung des Intellektuellen als Seismograph weltlicher Miseren, die er exemplarisch und mit gesteigerter Intensität erleidet. Die sozialpsychische Symptomatik dieses symbolischen Leidensprozesses ist unter dieser Voraussetzung der Ausgangspunkt intellektueller Sublimierung zur Analyse und Interpretation der als solche ausgemachten Miseren.

Den 'Fluch der guten Sache' und die 'klassische Schwäche des reinen Intellektuellen' hat Dolf Oehler eine solche Selbststilisierung zur moralischen Instanz genannt: „Sobald es dem Intellektuellen nicht mehr um die Sache, sondern allein noch um die gute Sache geht, (er also) ... für die gute Sache denkt, vertauscht (er) den Status des Denkers mit dem des Ideologen."[17] Hier ist es der Typus des reinen Intellektuellen, der sich aus Interessenkonflikten herauszuhalten sucht, um desto sicherer von ihnen eingeholt zu werden, dessen Affinität zu ideologischer Indienstnahme herausgestellt wird. Seine vermeintliche Stärke, um 'das Gute' schon vorab zu wissen, macht ihn blind für die Ambivalenzen der Sache selbst und schlägt um zu seiner Schwäche, auf Rhetoriken des Guten fixiert zu sein, die ihm zur Bestätigung seines guten Gewissens gerade recht kommen. Er fühlt sich aufgehoben in der Gemeinschaft derer, die stets nur das Gute wollen, um doch immer wieder von der Widrigkeit der Umstände oder der Borniertheit unaufgeklärter Massen ereilt zu werden.

Mit Karl Mannheims idealtypischer Bestimmung eines 'freischwebenden Intellektuellen' als dem Soziotyp eines kritischen Intellektuellen scheint ein überzeugendes Gegenmodell zum vorab auf gesellschaftliche Funktionalität eingestimmten Intellektuellen vorzuliegen. Die soziale Zwischenlage der Intelligenz ist dabei für ihn Voraussetzung ihrer gruppenspezifischen Fähigkeit, „die soziologischen Hintergründe aller Gruppenideologie, auch ihrer eigenen, zu durchschauen."[18] Aber auch diese intellektuellengeschichtliche Kunstfigur bietet keine Garantie gegen politische Instrumentalisierung. Mit der Polarität von sozial freischwebender Existenz und politischer Instrumentalisierung ist die soziale Lage der Intellektuellen nur unzureichend beschrieben. Sie entscheidet sich in der Tat durch die gesellschaftlich bedingte Art und Weise, in der Erkenntnisse produziert werden und zirkulieren, in der sie soziale Bedeutungen akkumulieren und transformieren. Auch die Frage, nach welchen Regeln Erkenntnisse die Grenzen der Diskursgemeinschaft passieren, um öffentlich nach wieder anderen, nicht vorrangig expertenkulturellen Kriterien wirksam zu werden, ist wissenssoziologisch von außerordentlicher Bedeutung.

Wenn das so ist, dann kann etwa die Frage nach den Wahrheits- und Geltungskriterien dieser Erkenntnisse nicht mehr unabhängig von der nach den Konstituierungsbedingungen wissenschaftlicher Rationalität gestellt werden. Bevor ihre Erkenntnisse auf dem medialen Markt der Ideen und Konzepte frei zirkulieren können, müssen Intellektuelle zunächst die Hürden *der* Diskursgemeinschaft nehmen, deren Rationalitätsstandards sie in der „Konkurrenz im Gebiete des Geistigen" (Mannheim) für die Durchsetzung 'ihrer' Wahrheiten zu mobilisieren gedenken.

Wenn Wahrheiten „nur in einer bestimmten Erlebnis- und Erfahrungsgemeinschaft aktualisiert werden"[19] können, so gelten sie auch nur für Angehörige dieser Gemeinschaft. Ihre Geltung hat dann gemeinschaftskonstitutive Bedeutung. Außerhalb dieser Geltungsgemeinschaft verliert sich ihre Bedeutung. Die Aktualisierung dieser Wahrheiten erfolgt als Mobilisierung der Gemeinschaft. Sie dient dazu, diese Gemeinschaft nach innen zusammenzuschließen und gleichzeitig nach außen abzugrenzen. 'Wahrheiten' heißen diese identitätsbildenden Gemeinschaftsnormen deshalb, um ihren universellen Geltungsanspruch zu unterstreichen. Zum Selbstverständnis einer Gemeinschaft, die ihre Angehörigen auf 'Wahrheiten' verpflichtet, gehört der Anspruch einer über die Grenzen der Gemeinschaft hinausweisenden Funktion für eine Pluralität von Gemeinschaften bzw. die Gesellschaft als ganze. Das schließt die Verpflichtung ein, 'in der Wahrheit' als exemplarische Gemeinschaft zu leben.[20]

Einen anderen Weg, vermeintlich für den Erkenntnisprozeß funktionale Begriffe durch eine Differenzierung von kulturellen Perspektiven zu problematisieren, geht Mannheim in der Unterscheidung von aufeinander bezogenen Subjekt- und Bedeutsamkeitskreisen. An die Stelle erkenntnis-theoretischer Allgemeinbegriffe setzt er kulturell gebundene Begriffe. Die kulturelle Gebundenheit dieser Begriffe begründet er mit einer Art existen-tialepistemologischer Funktionalität soziokultureller Gemeinschaften. Diese dienen ihren Angehörigen nicht nur der Vergewisserung ihrer soziokulturel-len Existenz in Gemeinschaft. Zugleich entscheidet deren Funktionalität für die Gemeinschaft, welche Erfahrungen zur systematischen Generalisierung einer Gemeinschaftserfahrung zugelassen und welche als solche abgewiesen werden. Erkenntnis bleibt auf die Gemeinschaft bezogen. Sie ist in 'konjunktiven Begriffen' aufgespeicherte Gemeinschaftserfahrung. Mit ihrer Hilfe entwickelt die Gemeinschaft eine Art kollektives Gedächtnis, dessen Aktualisierung nur Angehörigen der Gemeinschaft möglich ist. Historische Erinnerung dient in dieser Lesart der Vergewisserung einer spezifischen Ge-meinschaftsidentität. Sie sichert die mögliche Weitergabe von Erfahrungen, die sich als nützlich für die Gemeinschaft erwiesen haben und ermöglicht die Identifizierung Gemeinschaftsfremder, die keinen Zugang zu diesem histo-rischen Gedächtnis der Gemeinschaft haben. Der Zugang Fremder zu geschlossenen Gemeinschaften wird also dadurch verhindert, daß ihnen ein kultureller Ort verweigert wird, an dem sich ihre Erfahrungen zu einer eigenen Gemeinschaftserfahrung zusammenschließen könnten. Umgekehrt sind die zu einem kulturellen Gedächtnis der Gemeinschaft zusam-mengeschlossenen Erfahrungen und Erkenntnisse außerhalb der Grenzen der Gemeinschaft ohne Wert, nicht nur funktionslos, sondern geradezu dysfunk-tional.[21] Das Erkenntnissubjekt repräsentiert die Gemeinschaft, deren Orientierungen es zu einer Norm kognitiver Rationalität transformiert. Vorausgesetzt, der Bedeutungsgehalt von Erkenntnissen wird an ihrer „Funktionalität für eine besondere Gemeinschaft"[22] festgemacht, so steht die Frage, wie diese verschiedenen Wahrheiten miteinander kommunizieren können. Ihre Kommunikation ist jedoch nur unter der Bedingung überhaupt zugelassen, daß dadurch die Stabilität der eigenen Diskursgemeinschaft nicht gefährdet wird. Zugelassen ist also funktionale Kommunikation. Das, was sie schon immer wußten, soll den mit Angehörigen anderer Gemein-schaften Kommunizierenden noch einmal bestätigt werden. Ausgetauscht werden Informationen, Erfahrungen, Wertungen und Interpretationen, die, verfremdet durch die Perspektive der eigenen Gemeinschaft, befremdet zur Kenntnis genommen, keinesfalls aber einfach übernommen werden. Die eigenen Vorurteile werden aneinander gefestigt, die eigene Diskursgemeinschaft geht gestärkt aus der lediglich symbolischen Konfrontation mit gemeinschaftsfremdem Perspektiven hervor. Sozial andere Erfahrungen werden auf diese Weise nicht akkumuliert. Dazu müßten diese in den Kontext anderer 'Subjekt- und Bedeutsamkeitskreise' übersetzt werden, um mit Mannheim zu sprechen. Erst dann würde Kommunikation zum Transfer perspektivischer Bedeutungen in den Geltungs- und Erfahrungsraum anderer Perspektiven.

Noch immer wird zum anderen die Isolierung der Intellektuellen als Bedingung dafür benannt, sich zum exemplarischen Vernunftsubjekt zu stilisieren: „Die Diskursrituale der Intellektuellen führen", so eine These in diesem Zusammenhang, „erst dann zu ... Durchbrüchen in einer bestimmten Problemgeschichte, wenn sie mit besonderen Formen der kommunikativen Isolierung, und nicht nur der sozialen, sondern auch der individuellen Abgeschiedenheit verbunden sind. Erst wenn der Diskurs ins Leere läuft und keine Antwort erhält, findet er das Allgemeine. ... Die Intellektuellen müssen sich nicht nur von anderen sozialen Gruppen, sondern auch von den weltlichen Erfordernissen der Situation abkoppeln, und ihre 'freischwebende' Lage selbst erzeugen, um so zu Beschreibungen des gesellschaftlichen Allgemeinen vordringen zu können."[23] Da ist er wieder, der einsame Denker der im luftleeren Raum der Abstraktionen nach der Wahrheit sucht. Unangefochten von dem 'Treiben der Menge', den Turbulenzen des Tages, den Erwartungen und Reaktionen eines Publikums folgen sie unbeirrbar und intuitiv ihrer inneren Stimme, die ihnen zuverlässig sagt, welchen Weg sie zu gehen haben. Dieser Weg führt sie heraus aus dem Alltag, von dem gewöhnliche Sterbliche belästigt werden, in den Bedeutungsraum außeralltäglicher Konstruktionen. Hier können sie sich profilieren: als 'Funktionäre des Weltgeistes', als 'Bürger einer Republik des Geistes', als 'exemplarische Gestalten eines Weltreichs der Vernunft und Gerechtigkeit'. Außeralltägliches Verhalten wird ihnen zur Gewohnheit, Theorie zur exemplarischen Praxisform, die für die Profanität alltäglicher Verrichtungen und Erfordernisse wenn nicht Verachtung, so doch nur geringes Interesse entwickelt. Die Fähigkeit, mit sicherer Urteilskraft und Kampfesmut in öffentlichen Angelegenheiten zu intervenieren - das im Umfeld der Dreyfusaffäre herausgearbeitete Kriterium der Zugehörigkeit zur Schicht der Intellektuellen[24] - bilden sie in dieser Lage nicht aus. Allerdings liegt es auch nicht in der Absicht dieses Typus von Intellektuellen, das freie Schweben über den profanen Niederungen des Geistes vor der Zeit aufzugeben, ahnen sie doch, daß dieses Schweben jederzeit in den freien Fall übergehen könnte.

Für Mannheim ist der in einer expertenkulturellen Gemeinschaft geltende Normativitäts- und Rationalitätskonsens Ausdruck der sozialen Funktionalität von Bedeutungen, die sich vom 'kollektiven Gemeinschaftssubjekt außer uns' zu solchen des 'kollektiven Gemeinschaftssubjekts in uns' transformiert haben. Historische Erkenntnisse geben damit einem theoretisch geschulten und für diese Zweigleisigkeit historischer Erkenntnisse sensibilisierten Beobachter nicht nur Auskunft über den explizit verhandelten Gegenstand. In sozial- und geisteswissenschaftlichen Erkenntnissen objektiviert sich zugleich die methodische Rationalität einer Erkenntnisgemeinschaft, die Normen und Kriterien interner Vergemeinschaftung begründet. Und nicht nur das. Auch die soziale und kulturelle Stellung dieser besonderen Gemeinschaft geht in diese Erkenntnisse ein. Nur vermittelt über ihre Funktionalität für die Gemeinschaft, die Reproduktion ihrer internen Geltungskriterien und Normen der Rekrutierung von Mitgliedern kann die soziale Funktionalität von Bedeutungen konstruiert und tradiert werden. Die binnenkulturelle Rationalität der Gemeinschaft wirkt als Filter von sozialen Bedeutungen, kann diese also sowohl verstärken als auch schwächen oder ganz absorbieren.

Es gibt Gesetze des intellektuellen Milieus, die durchschlagend sind. Als funktionale Praktiken haben sie den Status selbstverständlicher Regeln, die jeder einzuhalten hat, der Zugang zu diesem Milieu beansprucht. Zu diesen Regeln gehört eine Zirkularität, die dafür sorgt, daß in dem Kreislauf der Ideen und Interpretationen Verstärkereffekte wirksam werden, die diesen in einer durch Sensationen und die Normalität des Spektakulären übersättigten Öffentlichkeit dennoch immer wieder Aufmerksamkeit sichert. Dazu reicht es bei weitem nicht aus, nach den jeweiligen disziplinären Standards Erkenntnisse zu produzieren, die für sich beanspruchen können, wahr zu sein. Entscheidend ist ihre mediale Aufbereitung, sind Strategien ihrer öffentlichen Präsentation, die erfolgreich Kontraste setzen.

Initiationsrituale zur Aufnahme in die Gemeinschaft und Ausschließungspraktiken zur Ahndung von Verstößen gegen ihre Regeln sichern zusätzlich, daß ihre Angehörigen unter sich bleiben. Die Akzeptanz durch die eigene Gemeinschaft tritt an die Stelle eines nur noch zitierten Adressaten außerhalb dieser Gemeinschaft. „Zugehörigkeit wird ... durch die kompetente Teilnahme an besonderen Formen der Kommunikation bewiesen. Diese besonderen Rituale der Kommunikation unter Intellektuellen ... stiften ... die

Besonderheit der intellektuellen Lebensform."[25] Das, was Mannheim auf die 'Kennerschaft' als spezifischer Form der Erfahrungsgemeinschaft eingeschränkt hatte, daß nämlich die Erfahrungen derjenigen, die dieser Gemeinschaft angehören, „nur einem kulturell eng geschlossenen Kreise mitteilbar gemacht werden können"[26], daß es einer gemeinschaftsspezifischen Bildung und intellektuellen Sozialisation bedarf, um der internen Kommunikation folgen zu können, daß also die im Kontext dieser Gemeinschaft aktualisierbaren Erfahrungen „ihren Sinn aus ihrer Bezogenheit auf einen bestimmten von einer Gemeinschaft getragenen Erfahrungszusammenhang erhalten"[27], all das läßt sich m.E. für *jede Art* von Virtuosengemeinschaften generalisieren, für Gemeinschaften also, die ihren Angehörigen die Simulation außeralltäglicher Existenz ermöglichen. Kann diese außeralltägliche Existenz wie im Falle des real existierenden Sozialismus der untergegangenen DDR an die retrospektive Aktualisierung von Lebensformen anknüpfen, die zwar ihren sozialen Sinn verloren haben, im historischen Gedächtnis jedoch immer noch präsent und biographisch prägend sind, so steht dem Entwurf einer Welt gemeinschaftseigener Bedeutungen, die beides zur Gleichzeitigkeit zusammenzieht, nichts mehr im Wege. Mitteilbar, evident und zwingend einsichtig, so Mannheims Terminologie zu dieser Bedeutungswelt, sind die in solchen Gemeinschaften produzierten 'Wahrheiten' nur für diejenigen, die zu ihrer Aufnahme entsprechend kulturell sozialisiert sind. Als gesellschaftliche Situationsdefinitionen, politische Orientierungen und retrospektive Sinnzuschreibungen bestimmen sie normative Standards dieser Gemeinschaft, deren Anerkennung über Zugehörigkeit oder Nichtzugehörigkeit entscheidet. In solchen Sinnzuschreibungen geht es nicht nur um Ereignisse, sondern auch und vor allem um die Aktivitäten und Unterlassungen historischer Subjekte, deren Berechtigung im Nachhinein gegen aufkommende Zweifel unterstrichen werden soll. Mit ihrer Hilfe wird geistigen Gehalten, historischen Ereignissen oder subjektivem Handeln retrospektiv ein Sinn zugeschrieben, der den Zeitgenossen *so* nicht präsent war. Rechtfertigen lassen sich diese retrospektiven Sinnzuschreibungen im Anschluß an Mannheim mit dem Verweis auf die Undurchsichtigkeit der Seinsfunktionalität geistiger Produktion zum Zeitpunkt dieser Funktionalität. Eine solche Rechtfertigung wird jedoch sehr schnell zur Generalabsolution für jede Art opportunistischer Bedienung politischer Erwartungen an intellektuelle Dienstleistungen. Im sozialistischen Parteiintellektuellen, dem gesellschaftlichen Fortschritt verpflichtet, dessen Beförderung durch seine Zugehörigkeit zur 'Partei des Fortschritts' verbürgt schien, hatte dieser Typus des 'intellektuellen Funktionärs' exemplarische Gestalt angenommen. Ein parteiischer Funktionalismus kann dann in der Retrospektive zu einem Substantialismus der Vernunft erklärt werden, die sich nun einmal, wie wir seit Hegel wissen, als Eule der Minerva erst in der Dämmerung zum weltgeschichtlich folgenschweren Flug erhebt. Als Funktionsträger einer von den Konjunkturen des Zeitgeistes unbeschwerten historischen Vernunft entzieht sich das Handeln seiner Vertreter moralischer oder politischer Bewertung. In einer systematischen Verklammerung von Ideologie und Funktionssinn wird diese heroische Partikularisierung traditionsbildend. Wird sozial- und geisteswissenschaftliche Theorie mit der Aufgabe konfrontiert, sozial übergreifenden Sinn zu konstituieren und exemplarische Erfahrung zu generalisieren, so wird damit unterstellt, die Produzenten dieser Theorie seien als reflexionsfähige Monaden in der Lage, aus einer Perspektive distanzierter Beobachtung zeitgeschichtliche Problemlagen zu Variationen geschichtsphilosophischer Konfigurationen zu verfremden und dadurch zu entschärfen. Diese stilisieren sich dabei zu Vernunftsubjekten, die von den existentiellen Dimensionen solcher Probleme nur am Rande tangiert werden. Der soziokulturellen Prägekraft dieser Probleme entziehen sie sich durch deren theoretische Bearbeitung aus der Distanz des nicht Betroffenen. Zur kulturellen Funktion von Theorie wird aus dieser Sicht ihre Fähigkeit, artifizielle Räume freier Selbstbestimmung zu entwerfen und zugleich den Zugang zu diesen konstruierten sozialen Welten in einer Weise zu regeln, die intellektuelle Sozialisation prämiert.

Nur ausnahmsweise, in krisenhaften gesellschaftlichen Umbruchsituationen, wird die Determinationskraft subjektiv nicht verfügbarer Umstände aufgebrochen zur offenen historischen Situation, in der Subjekte mit einiger Aussicht auf Erfolg intervenieren können. In solchen Situationen allerdings ist das riskante, zivil couragierte und verantwortliche Handeln historischer Subjekte gefragt und zeitigt Folgen, die zu anderen Zeiten ausbleiben. Nur in „außeralltäglichen, also revolutionären"[28] Zeiten hat eine Orientierung an außeralltäglichen Werten die Chance, den Alltag von Menschen sinnhaft zu strukturieren. Nur in ihnen erneuert sich kurzzeitig die Illusion, Menschen seien in der Lage, ihrem Leben einen die Umstände transzendierenden Sinn zu geben. Es sei also nicht nötig, sich damit zu bescheiden, symbolischen Protest gegenüber einer „irrationale(n) Welt des unverdienten Leidens, des ungestraften Unrechts und der unverbesserlichen Dummheit"[29] zu artikulieren.

Anmerkungen

1   Vgl. WOLFGANG RUGE, Das Ende von Weimar. Berlin 1983, S. 55ff.
2   JÜRGEN KUCZYNSKI, Geschichte des Alltags des deutschen Volkes. Bd. 5:
    1918-1945. Berlin 1983, S. 200.
3   CARL SCHMITT, Politische Theologie. Berlin 1993, S. 13.
4   KARL JASPERS, Psychologie der Weltanschauungen. München, Zürich 1994,
    S. 155.
5   Ebd.
6   Vgl. ebd., S. 175.
7   Ebd, S. 183.
8   KARL MANNHEIM, Ideologie und Utopie. Frankfurt am Main 1969, S. 42.
9   Vgl. ebd., S. 251.
10 MARTIN JAY im Gespräch. In: Spuren Nr. 26/27, Febr./ März 1989, S. 30-34
    (S.32).
11 KARL MANNHEIM, Die Bedeutung der Konkurrenz im Gebiete des Geistigen.
    In: Volker Meja und Nico Stehr (Hg.): Der Streit um die Wissenssoziologie.
    Erster Band: Die Entwicklung der deutschen Wissenssoziologie. Frankfurt am
    Main 1982, S. 325-370 (S. 339).
12 Ebd.
13 Vgl. CARL SCHMITT, Politische Romantik. Berlin 1991, S. 23.
14 Vgl. ebd., S. 22.
15 Ebd., S. 25.
16 Ebd., S. 26.
17 DOLF OEHLER, Der Fluch der guten Sache. Paradox über den Intellektuellen.
    In: Neue Rundschau 1/ 2 1984, S. 170-186 (S.181f).
18 PAUL TILLICH, Ideologie und Utopie. In: Volker Meja und Nico Stehr (Hg.):
    Der Streit um die Wissenssoziologie. Zweiter Band: Rezeption und Kritik der
    Wissenssoziologie. Frankfurt am Main 1982, S. 451-458 (S. 452).
19 KARL MANNHEIM, Strukturen des Denkens. Frankfurt am Main 1980, S. 242.
20 Vgl. dazu VÁCLAV HAVEL, Versuch, in der Wahrheit zu leben. Reinbek bei
    Hamburg 1989.
21 Vgl. KARL MANNHEIM, Strukturen des Denkens. A.a.O., S. 226.
22 Ebd., S. 236.
23 BERNHARD GIESEN, Die Intellektuellen und die Nation. Frankfurt am Main
    1983, S. 85.
24 Vgl. DIETZ BERING, Die Intellektuellen. Stuttgart 1978, S. 41.
25 BERNHARD GIESEN, Die Intellektuellen und die Nation. A.a.O., S. 77.
26 KARL MANNHEIM, Strukturen des Denkens. A.a.O., S. 241.
27 Ebd.
28 MAX WEBER, Politik als Beruf. In: DERS.: Gesammelte Politische Schriften.
    Tübingen 1988, S. 505-560 (S. 515).
29 Ebd., S.554

Anhang

Verzeichnis der Abkürzungen

AdGG	Akten der Goethe-Gesellschaft in Weimar
BA Abt.	Bundesarchiv, Abteilungen Potsdam
BLA	Berliner Lokal-Anzeiger
BPh	MARTIN HEIDEGGER, Beiträge zur Philosophie. Vom Ereignis. Frankfurt a. M. 1989
DLA	Deutsches Literaturarchiv im Schillernationalmuseum Marbach a.Neckar
EM	MARTIN HEIDEGGER, Einführung in die Metaphysik. Tübingen 1987
GB	MARTIN HEIDEGGER, Grundbegriffe der Metaphysik. Welt-Endlichkeit-Einsamkeit. Frankfurt a.M. 1983
GG	HELMUTH PLESSNER, Grenzen der Gemeinschaft. Eine Kritik des sozialen Radikalismus, Frankfurt a.M. 1981
GSA	Goethe- und Schiller-Archiv Weimar
HGK/GS	HARRY GRAF KESSLER, Gesammelte Schriften in 3 Bdn., hrsg. v. C. Blasberg u. G. Schuster, Frankfurt a.M. 1988
KdfK	Kampfbund für deutsche Kultur
KM	MARTIN HEIDEGGER, Kant und das Problem der Metaphysik. Frankfurt a.M. 1991
KP	Kommunistische Partei
KPD	Kommunistische Partei Deutschlands
KZ	Konzentrationslager
MA	MARTIN HEIDEGGER, Metaphysische Anfangsgründe der Logik im Ausgang von Leibniz. Frankfurt a.M. 1978
MmN	HELMUTH PLESSNER, Macht und menschliche Natur. Ein Versuch zur Anthropologie der geschichtlichen Weltansicht. Frankfurt a.M. 1981
NS	Nationalsozialismus
NSDAP	Nationalsozialistische Partei Deutschlands
ON	L' Ordre Nouveau
PhG	GEORG WILHELM FRIEDRICH HEGEL, Phänomenologie des Geistes. Berlin 1971
PJ	Preußische Jahrbücher
RWZ	Rheinisch-Westfälische Zeitung
SED	Sozialistische Einheitspartei Deutschlands
SPD	Sozialdemokratische Partei Deutschlands
StAW	Stadtarchiv Weimar

StO	HELMUTH PLESSNER, Die Stufen des Organischen und der Mensch. Einleitung in die philosophische Anthropologie. Berlin 1975
SuZ	MARTIN HEIDEGGER, Sein und Zeit. Tübingen 1984
ThHStA	Thüringisches Hauptstaatsarchiv Weimar
WD	MARTIN HEIDEGGER, Was heißt Denken? Tübingen 1984
WuM	HANS-GEORG GADAMER, Wahrheit und Methode. Grundzüge einer philosophischen Hermeneutik. Tübingen 1960

ARENDT, H.: Elemente und Ursprünge totaler Herrschaft, Frankfurt a. M. 1955

ARLT, G.: Anthropologie und Politik. Ein Schlüssel zum Werk Helmuth Plessners, München 1996

ASPETSBERGER, F.: >arnolt bronnen<. Biographie, Wien/Köln/Weimar 1995

BARBUSSE, H.: Le feu, Paris 1916

BARTELS, A.: Die Not der Geistigen, in: Deutsches Schrifttum. Unabhängige kritische Monatsschrift, Weimar, 15, 1923

DERS.: Die Deutsche Dichterakademie, in: Deutsches Schrifttum, Weimar, 18, 1926

BAUCH, B.: Der von Potsdam und der Geist von Weimar, Jena 1926

BAUMGARTEN, O./E. FOERSTER/A. RADEMACHER/W. FLITNER: Geistliche und sittliche Wirkungen des Krieges in Deutschland, Stuttgart 1927

BAUREITHEL, U.: Das feste Land wird auf allen Gebieten verlassen. Arnolt Bronnen als Medienautor (1920-1942), in: Döring, J./ Jäger, C./ Wegmann, T. (Hg.), Verkehrsformen und Schreibverhältnisse. Medialer Wandel als Gegenstand und Bedingung von Literatur im 20. Jahrhundert, Opladen 1996

BECHER, J. R.: Gedichte für ein Volk, Leipzig 1919

BENDA, J.: Der Verrat der Intellektuellen, München/Wien 1978

BENJAMIN, W.: Gesammelte Schriften Bd. I-IV, hrsg. R. Tiedemann und H. Schweppenhäuser, Frankfurt a. M. 1977

BERGMANN, K.: Agrarromantik und Großstadtfeindlichkeit, Meisenheim a. G. 1970

BERING, D.: Die Intellektuellen, Stuttgart 1978

BESSEL, R.: Germany after the First World War, Oxford 1993

BIALAS, W.: Vom unfreien Schweben zum freien Fall. Ostdeutsche Intellektuelle im gesellschaftlichen Umbruch, Frankfurt a.M. 1996

DERS./ IGGERS, G. G. (Hg.): Intellektuelle in der Weimarer Republik, Frankfurt a.M. 1996

BLANCHOT, M.: Michel Foucault tel que je l' imagine, Montpellier 1986

BLANKE, H. W.: Historiographiegeschichte als Historik, Stuttgart-Bad Cannstatt 1991

BLOCH, E.: Die Angst des Ingenieurs, in: DERS., Literarische Aufsätze, Frankfurt a.M. 1984

BOBERG, J./FICHTER, T./GILLEN, E. (Hg.): Die Metropole. Industriekultur in Berlin im 20. Jahrhundert, München 1986

BOCK, H.M.: Zwischen Locarno und Vichy. Die deutsch-französischen Kulturbeziehungen der dreißiger Jahre als Forschungsfeld, in: DERS./ R.

MEYER-KALKUS/M. Trebitsch (Hg.), Entre Locarno et Vichy. Les relations culturelles franco-allendes les années 1930, Paris 1993

BODEN, P./FISCHER, B.: Der Germanist Julius Petersen (1878-1941). Bibliographie, systematisches Nachlaßverzeichnis und Dokumentation, Marbach a.N. 1994

BOLL, F.: Massenbewegungen in Niedersachsen 1906-1920. Eine sozialgeschichtliche Untersuchung zu den verschiedenen Entwicklungstypen, Braunschweig/Hannover/Bonn 1981

BORCHARDT, R./ALFRED WALTER HEYMEL/RUDOLF ALEXANDER SCHRÖDER,[Katalog] bearb. v. R. Tgahrt, W. Volke, E. Dambacher, H. Dilke (=Marbacher Katalog Nr. 29), Marbach a.N. 1978

BORNEBUSCH, H.: Gegen-Erinnerung. Eine formsemantische Analyse des demokratischen Kriegsromans der Weimarer Republik, Diss. masch. Amsterdam 1984

BRACHER, K.D. (Hg.): Die Weimarer Republik 1918-1933. Politik, Wirtschaft, Gesellschaft, Bonn 1987

BROGEIL, W.: Die Kategorie des Bundes im System der Soziologie, Gelnhausen 1936

BRONNEN, A.: Über neue Dramatik, in: Sabotage der Jugend. Kleine Arbeiten 1922-1934, hrsg. v. J. Holzner u.a., Innsbruck 1989

DERS.: Deutschland - kein Wintermärchen. Eine Entdeckungsfahrt durch die Deutsche Demokratische Republik, Berlin 1956

DERS.: Werke in 5 Bdn., hrsg. v. F. Aspetsberger, Klagenfurt 1988

BRUNKHORST, H.: Der Intellektuelle im Land der Mandarine, Frankfurt a.M. 1987

BUCHWALD, R.: Miterlebte Geschichte. Lebenserinnerungen 1884-1930, hrsg. v. U. Herrmann, Köln/Weimar/Wien 1992

BURRIN, P.: La dérive fasciste. Doriot, Déat, Bergery 1933-1945, Paris/Seuil 1986

BÜRGIN, H./MAYER, H.O.: Die Briefe Thomas Manns. Regesten und Register, Bd. 1 u. 2, Frankfurt a.M. 1976-1980

CASSIRER, E.: Der Mythos des Staates. Politische Grundlagen politischen Verhaltens, Frankfurt a.M. 1985

CERTTEAU, M. DE: Das Schreiben der Geschichte, Frankfurt a.M./New York 1991

CHAMBERLAIN, H. ST.: Die Grundlagen des 19. Jahrhunderts, München 1937

CURTIUS, L.: Morphologie der antiken Kunst, in: LOGOS 1919/20

DANIEL, U.: Arbeiterfrauen in der Kriegsgesellschaft. Beruf, Familie und Politik im Ersten Weltkrieg, Göttingen 1989

DELEUZE, G.: Foucault, Paris 1986

DENKLER, H.: Blut, Vagina und Nationalflagge. Über das Grundsätzliche am Sonderfall Arnolt Bronnen, in: Siebenhaar, K./ Haarmann, H., Preis der Vernunft, Berlin/Wien 1982

DICKMANN, F.: Die Regierungsbildung in Thüringen als Modell der Machtergreifung. Ein Brief Hitlers aus dem Jahre 1930, in: Vierteljahreshefte für Zeitgeschichte, 14, 1966

DOHNKE, K./HOPSTER, N./WIRRER, J. (Hg.): Niederdeutsch im Nationalsozialismus. Studien zur Rolle regionaler Kultur im Faschismus, Hildesheim 1994

DÖRNER, A.: Politischer Mythos und symbolische Politik, Opladen 1995

DVORAK, M.: Gesammelte Aufsätze zur Kunstgeschichte, München 1929

DERS.: Kunstgeschichte als Geistesgeschichte. Studien zur abendländischen Kunstentwicklung, München 1924

EBELING, H.: Martin Heidegger. Philosophie und Ideologie, Reinbek 1991

EICH, G.: Die Maulwürfe, in: Ders.,Gesammelte Werke, Bd. I, hrsg. v. A. Vieregg, Frankfurt a.M. 1991

ENZENSBERGER, H. M.: Der Triumph der Bildzeitung und die Katastrophe der Pressefreiheit, in: Ders., Mittelmaß und Wahn. Gesammelte Zerstreuungen, Frankfurt a. M. 1991

DERS.: Aussichten auf den Bürgerkrieg, Frankfurt a.M. 1993

ESSBACH, W.: Der Mittelpunkt außerhalb. Hellmuth Plessners philosophische Anthropologie, in: Der Prozeß der Geistesgeschichte, hrsg. v. G.Dux/U.Wenzel, Frankfurt a.M. 1994

FACIUS, F.: Politische Geschichte von 1828 bis 1945, in: Patze, H./Schlesinger, W. (Hg.), Geschichte Thüringens, Bd. V/2, Köln/Graz 1978

FAULENBACH, B.: Ideologie des deutschen Weges. Die deutsche Geschichte in der Historiographie zwischen Kaiserreich und Nationalsozialismus, München 1980

FIGAL, G.: Heidegger zur Einführung, Hamburg 1992

FEST, J.: Das Ende der Geschichte. Wo stehen wir?, München 1992

DERS.: Joseph Goebbels. Eine Porträtskizze, in: Vierteljahreshefte für Zeitgeschichte, 43, 1995

FEUCHTWANGER, L.: Erfolg. Drei Jahre Geschichte einer Provinz, 2 Bde., Berlin 1930

DERS.: Wie kämpfen wir gegen ein Drittes Reich?, zit. nach: M.Stark (Hg.), Deutsche Intellektuelle 1910-1933. Aufrufe, Pamphlete, Betrachtungen, Heidelberg 1984

FISCHER, J.: Plessner und die politische Philosophie der zwanziger Jahre, in: Politisches Denken, Jahrbuch 1992, hrsg. v. V. Gerhardt/H. Ottmann/M.P. Thompson, Stuttgart 1993

FLIEß, G.: Die politische Entwicklung der Jenaer Studentenschaft vom November 1918 bis zum Januar 1933, Univ. Diss. Jena 1959 (MS)

FLITNER, W.: Erinnerungen 1889-1945, Paderborn u.a. 1986

FOUCAULT, M.: Die Archäologie des Wissens, Frankfurt am Main 1973

DERS.: Die Ordnung des Diskurses, München 1973

DERS.: Sexualität und Wahrheit, Bd. I: Der Wille zum Wissen, Frankfurt am Main 1977

FRANK, M.: Kaltes Herz, Unendliche Fahrt, Neue Mythologie, Frankfurt a.M. 1989

DERS.: Die Dichtung als „Neue Mythologie", in: Bohrer, K.-H. (Hg.), Mythos und Moderne. Begriff und Bild einer Rekonstruktion, Frankfurt a.M. 1983

FREYER, H.: Soziologie als Wirklichkeitswissenschaft. Logische Grundlegung des Systems der Soziologie, Leipzig/Berlin 1930

FRÜCHTL, J.: Die Wiedergeburt des Ästhetischen aus dem Geist des nachmetaphysischen Denkens, in: Information Philosophie Nr. 2 (1993)

FÜRNKÄS, J.: Immaterialität und Übertragung. Medienästhetik im Widerstreit, in: Josef Fürnkäs et al. (Hg.), Das Verstehen von Hören und Sehen. Aspekte der Medienästhetik, Bielefeld 1993

DERS.: Ernst Jüngers 'Abenteuerliches Herz. Erste Fassung (1929) im Kontext des europäischen Surrealismus, in: Müller, H.H./Segeberg, H. (Hg.), Ernst Jünger im 20. Jahrhundert, München 1995

GALTUNG, J.: Mari Holmboe Ruge, The Structure of Foreign News. The presentation of Congo, Cuba and Cyprus Crises in Four Norwegian Newspapers, in: Journal of Peace Research 2, 1965

GADAMER, H.-G.: Wahrheit und Methode. Grundzüge einer philosophischen Hermeneutik, Tübingen 1960

GANGL, M.: Communauté contre société. Apories de la sociologie allemande entre les deux guerres mondiales, in: G. Raulet/J.M. Vaysse (Hg.), Communauté et modernité, Paris 1995

DERS./ RAULET, G.(Hg.): Intellektuellendiskurse der Weimarer Republik. Zur politischen Kultur einer Gemengelage, Frankfurt/New York/Paris 1994

GAY, P.: Die Republik der Außenseiter. Geist und Kultur der Weimarer Zeit 1918-1933, Frankfurt a.M. 1987

GEIßLER, R.: Dekadenz und Heroismus. Zeitroman und völkisch nationalsozialistische Literaturkritik, Stuttgart 1964

GEHLEN, A.: Über kulturelle Kristallisation, in: Ders., Studien zur Anthropologie und Soziologie, Neuwied 1963

DERS.: Die Seele im technischen Zeitalter. Sozialpsychologische Probleme im industriellen Zeitalter, Hamburg 1957

GENIUS HUIUS OCI. Weimar. Kulturelle Entwürfe aus fünf Jahrhunderten. Ausstellungskatalog Stiftung Weimarer Klassik, Weimar 1992

GEORGE, S.: Der Krieg, in: Das neue Reich, Düsseldorf/München 1964

GEUTER, U.: Polemos panton pater. Militär und Psychologie im Deutschen Reich 1914-1945, in: M.G.Ash, U.Geuter (Hg.), Geschichte der deutschen Psychologie, Opladen 1985

GIESEN, B.: Die Intellektuellen und die Nation, Frankfurt a.M. 1983

GLASER, H.: Bürgertum und Nationalsozialismus. Politik und Kultur im Wilhelminischen Deutschland, München 1993

GREIFFENHAGEN, M. U. S.: Ein schwieriges Vaterland. Zur politischen Kultur im vereinten Deutschland, München /Leipzig 1993

GRÜNDEL, G.E.: Die Sendung der jungen Generation. Versuch einer umfassenden revolutionären Sinndeutung der Krise, München 1932

GRUPP, P.: Harry Graf Kessler 1868-1937. Eine Biographie, München 1995

HABERMAS, J.: Philosophische Anthropologie, in: Ders., Kultur und Kritik. Verstreute Aufsätze, Frankfurt a.M. 1973

HAUSHOFER, K.: Friedrich Ratzel als raum- und volkspolitischer Gestalter, in: F. Ratzel, Erdenmacht und Völkerschicksal. Eine Auswahl aus seinen Werken, hrsg. v. K. Haushofer, Stuttgart 1940

HAHN, K. H.: Die Goethe-Gesellschaft in Weimar. Geschichte und Gegenwart (=Weimarer Schriften, H. 34), Weimar 1989

HARDT, E.: Weimar, in: Weimarer Blätter, 1, 1919

HAVEL, V.: Versuch, in der Wahrheit zu leben, Reinbek 1989

HÄUPEL, B.: Die Gründung des Landes Thüringen. Staatsbildung und Reformpolitik 1918-1923, Weimar/ Köln/ Wien 1995

HEARTFIELD, J.: Leben und Werk, dargest. v. seinem Bruder W. Herzfelde, Dresden 1976

HEGEL, G. W. F.: Wissenschaft der Logik I, Werke in 20 Bde., Frankfurt a. M. 1986

DERS.: Phänomenologie des Geistes, Berlin 1971

HEIDEGGER, M.: Beiträge zur Philosophie. Vom Ereignis, Frankfurt a. M. 1989

DERS.: Einführung in die Metaphysik, Tübingen 1987

DERS.: Grundbegriffe der Metaphysik. Welt-Endlichkeit-Einsamkeit, Frankfurt a. M. 1983

DERS.: Kant und das Problem der Metaphysik, Frankfurt a. M. 1991

DERS.: Metaphysische Anfangsgründe der Logik im Ausgang von Leibniz, Frankfurt a. M. 1978

DERS.: Sein und Zeit, Tübingen 1963

DERS.: Was heißt denken?, Tübingen 1984

DERS.: Schlageter , in: Schneeberger, G. (Hg.), Nachlese zu Heidegger, Bern 1962

DERS.: Der deutsche Student als Arbeiter, in: Schneeberger, G./ Hermand, J.: Literaturwissenschaft und Kulturwissenschaft. Methodische Wechselbeziehungen seit 1900, Stuttgart 1971

HEIDEN, D. / MAI, G.(Hg.): Nationalsozialismus in Thüringen, Weimar/ Köln/ Wien 1995

DERS.: Thüringen auf dem Weg ins „Dritte Reich", Erfurt 1996

HEPP, C.: Avantgarde. Moderne Kunst, Kulturkritik und Reformbewegungen nach der Jahrhundertwende, München 1992

HERBERT, U.: Generation der Sachlichkeit. Die völkische Studentenbewegung der frühen zwanziger Jahre in Deutschland, in: F. Bajohr/ W. Johe/ U. Lohalm (Hg.), Zivilisation und Barbarei. Die widersprüchlichen Potentiale der Moderne, Hamburg 1991

HERMAND, J./TROMMLER, F.: Die Kultur der Weimarer Republik, Frankfurt a.M. 1988

HILLE, K.: Beispiel Thüringen. Die „Machtergreifung" auf der Probebühne 1930, in: 1933 - Wege zur Diktatur. Ausstellungskatalog, hrsg. v. der Staatlichen Kunsthalle Berlin und der Neuen Gesellschaft für Bildende Kunst, Berlin 1983

HIRDINA, K.: Pathos der Sachlichkeit. Funktionalismus und Fortschritt ästhetischer Kultur, München 1981

HIRSCHFELD, G. / KRUMEICH, G. / RENZ, I. (Hg.): Keiner fühlt sich hier mehr als Mensch... Erlebnis und Wirkung des Ersten Weltkrieges, Essen 1993

HOFFER, K.: Bei den Bieresch, Frankfurt am Main 1986

HOFFMANN, D. M.: Zur Geschichte des Nietzsche-Archivs. Chronik, Studien und Dokumente, Berlin/New York 1991

HOFMANNSTHAL, H. V.: Die Ironie der Dinge, in: Reden und Aufsätze, hrsg. v. B. Schoeller u. I. Beyer-Ahlert, Bd. II, Frankfurt a.M. 1979

HÖRISCH, J. / WETZEL, MICHAEL (Hg.): Armaturen der Sinne. Literarische und technische Medien 1870-1920, München 1990

HONOLD, A.: Die Stadt und der Krieg. Raum- und Zeitkonstruktion in Robert Musils Roman *Der Mann ohne Eigenschaften,* München 1995

DERS.: Der Großschriftsteller, Rückansicht. Zum Bilde Thomas Manns in der neueren Forschung, in: Zeitschrift für Germanistik, Nr. 2, 1994

HOLZBACH, H.: Das System Hugenberg. Die Organisation bürgerlicher Sammlungspolitik vor dem Aufstieg der NSDAP, Stuttgart 1981

HOPSTER, N: Die kulturelle Tradition in Deutschland und die nationalsozialistische Revolution, in: Dohnke/Hopster/Wirrer 1994

HORKHEIMER, M.: Bemerkungen zur philosophischen Anthropologie, in: Ders., Zeitschrift für Sozialforschung, 4, 1935

HUBER, E. R.: Deutsche Verfassungsgeschichte seit 1789, Bd. VI, Stuttgart u.a. 1981

HÜBINGER, G.: Kulturprotestantismus und Politik. Zum Verhältnis von Liberalismus und Protestantismus im wilhelminischen Deutschland, Tübingen 1994

DERS.: Die europäischen Intellektuellen 1890-1930, in: Neue Politische Literatur, 39, 1994

HÜBINGER, G. / MOMMSEN, W. J. (Hg.): Intellektuelle im Deutschen Kaiserreich, Frankfurt/Main 1993

HÜPPAUF, B.: Schlachtenmythen und die Konstruktion des „Neuen Menschen", in: G. Hirschfeld, G. Krumeich (Hg.), Keiner fühlt sich mehr als Mensch..., Erlebnis und Wirkung des Ersten Weltkrieges, Essen 1993

IGGERS, G. G.: Deutsche Geschichtswissenschaft. Eine Kritik der traditionellen Geschichtsauffassung von Herder bis zur Gegenwart, München 1971

JAEGER, S., I. STAEUBLE: Die gesellschaftliche Genese der Psychologie, Frankfurt a.M. 1978

JANSEN, C. / NIETHAMMER, L. / WEISBROD, B. (Hg.): Von der Aufgabe der Freiheit. Politische Verantwortung und bürgerliche Gesellschaft im 19. und 20. Jahrhundert. Festschrift für Hans Mommsen, Berlin 1995

JARAUSCH, K.H.: Die Krise des deutschen Bildungsbürgertums im ersten Drittel des 20. Jahrhunderts, in: Kocka, J. (Hg.), Bildungsbürgertum im 19. Jahrhundert, Stuttgart 1989

JASPERS, K.: Psychologie der Weltanschauungen, München/Zürich 1994

JENS, I.: Dichter zwischen rechts und links. Die Geschichte der Sektion für Dichtkunst an der Preußischen Akademie der Künste, Leipzig 1994

JOHN, J.: Die Weimarer Republik, das Land Thüringen und die Universität Jena 1918/19 - 1923/24, in: Jahrbuch für Regionalgeschichte, 10, 1983

DERS. : Grundzüge der Landesverfassungsgeschichte Thüringens 1918 bis 1952, in: Thüringische Verfassungsgeschichte im 19. und 20. Jahrhundert, Jena 1993

DERS.: Kleinstaaten und Kultur in Thüringen vom 16. bis 20. Jahrhundert, Weimar/Köln/Wien 1994

DERS.: Aspekte und Probleme thüringischer Landesgeschichte von 1920 bis 1952, in: 44. Thüringischer Archivtag Erfurt 1995. Vorträge der Fachtagung Archive und Landesgeschichte, Weimar 1996

JOHN, J. / MAI, G. : Thüringen 1918-1952. Ein Forschungsbericht, in: Heiden/Mai: 1995

JOHN, J./WAHL, V.(Hg.): Zwischen Konvention und Avantgarde. Doppelstadt Jena-Weimar, Weimar/Köln/Wien

JOHNSTON,W. M. :Österreichische Kultur- und Geistesgeschichte. Gesellschaft und Ideen im Donauraum 1848-1938, Wien 1972

JÜNGER, E.: Der Kampf als inneres Erlebnis, Berlin 1928

DERS.: Blätter und Steine, Hamburg 1934

DERS.: Sturm, in: Sämtliche Werke Bd. 15, Stuttgart 1978

KAELBLE, H.: Nachbarn am Rhein. Entfremdung und Annäherung der französischen und deutschen Gesellschaft seit 1880, München 1991

KÄHLER, H.: Berlin-Asphalt und Licht. Die große Stadt in der Literatur der Weimarer Republik, Berlin 1986

KAMBARTEL, W.: Kunstwolken, in: Historisches Wörterbuch der Philosophie, Bd. 4

KANT, I.: Kritik der Urteilskraft, Leipzig 1878

KESSLER, H. GRAF: Der neue deutsche Menschentyp, in: Gesammelte Schriften und Werke in 3 Bdn., hrsg. v. C. Blasberg und G. Schuster, Frankfurt a. M. 1988, Bd. 2: Künstler und Nation, Aufsätze und Reden 1899-1933

DERS.: Tagebuch eines Weltmannes, bearb. v. G. Schuster u. M. Pehle, Marbach a. N. 1988

DERS.: Gesichter und Zeiten. Erinnerungen, in: Gesammelte Schriften in 3 Bdn., hrsg. v. C. Blasberg u. G. Schuster, Frankfurt a.M. 1988, Bd. 1

DERS.: Frick über Deutschland. In: Generalanzeiger für Dortmund und für das gesamte rheinisch-westfälische Industriegebiet, 21.12.1930, Nr. 353

DERS.: Tagebücher 1918-1937, hrsg. v. W. Pfeiffer-Belli, Frankfurt a. M. 1981

DERS.: Dekadenz oder Aufstieg? Nur aus Dekadenz kommt Aufstieg!, in: Acht Uhr Abendblatt vom 28. Dezember 1928

DERS.: Walther Rathenau.Traduit de l'allemand par Denise van Moppés. Préface de Gabriel Marcel. Paris 1933

KETELSEN, U.-K.: Die Sucht nach dem „resitenten Zeichen". Zur Ästhetik der Gewalt in Arnolt Bronnens Roman O.S., in Meyer-Gosau, F./ Emmerich, W. (Hg.): Gewalt, Faszination und Furcht, Leipzig 1994

KITTLER, F.: Grammophon, Film, Typewriter, Berlin 1986

KOCH, E.: Christentum zwischen Religion, Volk und Kultur. Beobachtungen zu Profil und Wirkungen des Lebenswerkes von Heinrich Weinel, in: John/Wahl 1995

KOCKA, J.: Klassengesellschaft im Krieg. Deutsche Sozialgeschichte 1914-1918, Göttingen 1973

KOKTANEK, A. M.: Oswald Spengler in seiner Zeit, München 1968

KÖNIG, R.: Soziologie in Deutschland. Begründer, Verächter, Verfechter, München/Wien 1987

KOSELLECK, R. (Hg.): Bildungsbürgertum im 19. Jahrhundert, Teil II: Bildungsgüter und Bildungswissen, Stuttgart 1990

KOSTKA, A.: Physiologie der Harmonie. Kessler und sein Kreis als führende Vermittler des Neoimpressionismus in Deutschland, in: Franz, E. (Hg.): Signac und die Befreiung der Farbe in Europa, Münster 1996

KRAMME, R.: Helmuth Plessner und Carl Schmitt. Eine Fallstudie zum Verhältnis zwischen Anthropologie und Politik in der deutschen Philosophie der zwanziger Jahre, Berlin 1989

KRAUS, K.: Das technoromantische Abenteuer, in: Die Fackel, Jg. 20, 1918

KRAUS, W.: Der fünfte Stand. Aufbruch der Intellektuellen in West und Ost, Frankfurt a.M. 1990

KRAUSHAAR, W.: Extremismus der Mitte. Zur Geschichte einer soziologischen uns sozialhistorischen Interpretationsfigur, in: Lohmann 1994

KRUSE, W.: Krieg und nationale Integration. Eine Neuinterpretation sozialdemokratischen Burgfriedensschlusses 1914/15, Essen 1994

KRÜGER, H.-P.: Angst vor der Selbstentsicherung. Zum gegenwärtigen Streit um Helmuth Plessners philosophische Anthropologie, in: Deutsche Zeitschrift für Philosophie, 44, 1996

DERS.: Demission der Helden, Berlin 1992

DERS.: Philosophische Anthropologie. Ein Plädoyer für die erneute Lektüre Helmuth Plessners, in: Cachaca. Fragmente zur Geschichte von Poesie und Imagination, hrsg. v. B.J. Dotzler/ H. Schramm, Berlin 1996

DERS.: Perspektivenwechsel, Berlin 1993

KUCZYNSKI, J.: Geschichte des Alltags des deutschen Volkes, Bd. 5: 1918-1945, Berlin 1983

KULENKAMPFF, J.: Kants Logik des ästhetischen Urteils, Frankfurt a. M. 1994

LACOUE-LABARTHE, P.: L'imitation des modernes, Paris 1987

LACOUE-LABARTHE, P./ NANCY, JEAN-LUC: Le mythe nazi, La Tour d' Aigues 1991

LANGBEHN, J.: Rembrandt der Erzieher. Von einem Deutschen, Leipzig 1890

LANGEWIESCHE, D.: Reich, Nation und Staat in der jüngeren deutschen Geschichte, in: Historische Zeitschrift, Bd. 254, 1992

LAQUEUR, W.: Weimar. Kultur der Republik, Frankfurt a. M. / Berlin 1976

LEDERER, E.: Zur Soziologie des Weltkrieges, in: Kapitalismus, Klassenstruktur und Probleme der Demokratie in Deutschland 1910-1940, Göttingen 1979

LEHNERT, D. / MEGERLE, K.: Politische Identität und nationale Gedenktage. Zur politischen Kultur der Weimarer Republik, Opladen 1989

LENGAUER, H.: The Disintegration of the Europaen Spirit. Count Kessler's Conzept of Cultural Politics at the Time of the First World War, Klagenfurt 1991

LEPSIUS, R.M. (Hg.): Bildungsbürgertum im 19. Jahrhundert, Stuttgart 1992

LESSING, T.: Europa und Asien. Untergang der Erde am Geist, Leipzig 1930

LIENHARD, F.: Die Vorherrschaft Berlins. Literarische Anregungen, Berlin 1900

DERS.: Gesammelte Werke in drei Reihen, Stuttgart 1926

LILIENFEIN, H.: Aus Weimar und Schwaben. Dichternovellen, Heilbronn 1925

LINK, J.: Die Struktur des Symbols in der Sprache des Journalismus. Zum Verhältnis literarischer pragmatischer Symbole, München 1978

LITT, T.: Individuum und Gesellschaft. Grundfragen der sozialen Theorie und Ethik, Leipzig/ Berlin 1919

LOEPER, G. VON: Berlin und Weimar (1890), in: Goethe im Urteil seiner Kritiker. Dokumente zur Wirkungsgeschichte Goethes in Deutschland, Teil III: 1870-1918, hrsg. v. K.R. Mandelkow, München 1979

LOHMANN, H.-M. (Hg.): Extremismus der Mitte. Vom rechten Verständnis deutscher Nation, Frankfurt/Main 1994

LOOS, K.: Das „Gauforum" in Weimar. Vom bewußtlosen Umgang mit nationalsozialistischer Geschichte, in: Nationalsozialismus in Thüringen, hrsg. v. D. Heiden u. G. Mai, Weimar/Köln/Wien 1995

LOSURDO, D.: Die Gemeinschaft, der Tod, das Abendland. Heidegger und die Kriegsideologie, Weimar 1995

LOYTARD, J.-F.: Heidegger und 'die Juden', Wien 1988

DERS.: Das postmoderne Wissen. ein Bericht, aus dem Französischen v. O. Pfersmann, Graz/Wien 1986

LUHMANN, N.: Soziale Systeme. Grundrisse einer allgemeinen Theorie, Frankfurt 1984

DERS.: Die Wissenschaft der Gesellschaft, Frankfurt a. M.1990

DERS.: Die Realität der Massenmedien, Opladen 1995

MANDELKOW, K.R.: Die Goethe-Gesellschaft in Weimar als literatur-wissenschaftliche Institution, in: König, C./Lämmert, E. (Hg.), Literaturwissenschaft und Geistesgeschichte 1910 bis 1925, Frankfurt a.M. 1993

DERS.: Die bürgerliche Bildung in der Rezeptionsgeschichte der deutschen Klassik, in: Koselleck 1990

MANN, T.: Leiden und Größe der Meister. Gesammelte Werke in Einzelbänden, Bd. 8, Frankfurt a.M. 1982

DERS.: Die Forderung des Tages, Gesammelte Werke in Einzelbänden, Bd. 20, Frankfurt a.M. 1986

DERS.: Von europäischer Humanität, Gesammelte Werke in 13 Bdn., Bd. 12, Frankfurt a.M. 1990

MANNHEIM, K.: Konservatismus. Ein Beitrag zur Soziologie des Wissens, hrsg. v. D. Kettler, V. Meja, N. Stehr, Frankfurt a. M. 1984

DERS.: Ideologie und Utopie, Frankfurt a. M. 1969

DERS.: Die Bedeutung der Konkurrenz im Gebiete des Geistigen, in: V. Meja/ N. Stehr (Hg.), Der Streit um die Wissenssoziologie, Bd. 1, Frankfurt a.M. 1982

DERS.: Strukturen des Denkens, Frankfurt a.M. 1980

MATTHIESEN, H.: Bürgertum und Nationalsozialismus in Thüringen. Das bürgerliche Gotha von 1918 bis 1930, Jena/Stuttgart 1994

MILLER, S. / POTTHOFF, H. (Bearb.): Die Regierung des Rates der Volksbeauftragten 1918/19 (Quellen zur Geschichte des Parlamentarismus und der politischen Parteien I/6), Bd. 2, Düsseldorf 1969

MITZENHEIM, P.: Die Greilsche Schulreform in Thüringen, Jena 1960

MÖLLER VAN DER BRUCK, A.: Das dritte Reich, Hamburg 1931

MOMMSEN, H.: Die verspielte Freiheit. Der Weg der Republik von Weimar in den Untergang. 1918-1933, Frankfurt a. M./ Berlin 1990

DERS.: Der Nationalsozialismus und die deutsche Gesellschaft. Ausgewählte Aufsätze, Reinbek 1991

MUSIL, R.: Der Mann ohne Eigenschaften, Hamburg 1988

MEYER, J.: Provinz. Literarische Kontroversen um 1930, Marbach a.N. (=Marbacher Magzin Nr. 35)

MÜLLER-KRUMBACH, R.: Harry Graf Kessler und die Cranach-Presse in Weimar, Hamburg 1969

MÜNCH, U.: Weg und Werk Arnolt Bronnens. Wandlungen seines Denkens, Frankfurt/Bern/ New York/Nancy 1985

NAAKE, E.: Nietzsche in Weimar, in: John/Wahl 1995

NEUMANN, F.: Wirtschaft, Staat, Demokratie. Aufsätze 1930-1954, hrsg. v. A. Söllner, Frankfurt a. M. 1978

NEUMANN, T.: Völkisch-nationale Hebbelrezeption. Adolf Bartels und die Weimarer Nationalfestspiele, Univ. Diss., Kiel 1996

NELIBA, G.: Wilhelm Frick und Thüringen als Experimentierfeld für die nationalsozialistische Machtergreifung, in: Heiden, D./Mai, G. (Hg.), Nationalsozialismus in Thüringen, Weimar/ Köln/Wien 1995

1919 BIS 1994. 75 Jahre Volkshochschule Jena, Jena/Rudolstadt 1994

NIEDHART, G., D. RIESENBERGER (Hg.): Lernen aus dem Krieg? Deutsche Nachkriegszeiten 1918 und 1945, München 1992

NIETZSCHE, F.: Also sprach Zarathustra, München 1958

NIPPERDEY, T.: Deutsche Geschichte 1866-1918, Bd. 1: Arbeitswelt und Bürgergeist, 3. Aufl. , München 1993

NITSCHKE, A. /RITTER, G. A. / PEUCKERT, D. J. K. / BRUCH, R. V. (Hg.): Jahrhundertwende. Der Aufbruch in die Moderne 1880-1930, 2 Bde. , Reinbek b. Hamburg 1990

OTT, H.: Martin Heidegger. Unterwegs zu seiner Biographie, Frankfurt a.M. 1988

PEUCKERT, D. J. K.: Die Weimarer Republik. Krisenjahre der klassischen Moderne, Frankfurt a. M. 1987

PLESSNER, H.: Die Aufgabe der philosophischen Anthropologie, in: Ders., Gesammelte Schriften, Bd. VIII, Frankfurt a. M. 1983

DERS.: Grenzen der Gemeinschaft. Eine Kritik des sozialen Radikalismus, in: Ders., Gesammelte Schriften, Bd. V, Frankfurt a.M. 1981

DERS.: Macht und menschliche Natur. Ein Versuch zur Anthropologie der geschichtlichen Weltansicht, in: Ders., Gesammelte Schriften, Bd. V, Frankfurt a.M. 1981

DERS.: Die Stufen des Organischen und der Mensch. Einleitung in die philosophische Anthropologie, Berlin 1975

DERS.: Lachen und Weinen. Eine Untersuchung der Grenzen menschlichen Verhaltens, in: DERS., Gesammelte Schriften, Bd. VII, Frankfurt a.M. 1982

PÖTHE, A.: Weimar zwischen Nachklassik und Moderne. Anmerkungen zu Literatur und Gesellschaft, in: John/Wahl 1995

PUSCHNER, U./SCHMITZ, W./ULBRICHT, J.H. (Hg.): Handbuch der völkischen Bewegung 1871-1918, München 1996

RASCH, W.: Harry Graf Kessler als Schriftsteller, in: Zeit der Moderne. Zur deutschen Literatur seit der Jahrhundertwende, hrsg. v.W. Müller-Seidel u.a., Stuttgart 1984

REDSLOB, E. Von Weimar nach Europa. Erlebtes und Durchdachtes, Berlin 1972

REICHEL, P.: Der schöne Schein des Dritten Reiches. Faszination und Gewalt des Faschismus, Frankfurt a.M. 1993

REHBERG, K.-S.: Philosophische Anthropologie und „Soziologisierung" des Wissens vom Menschen. Einige Zusammenhänge zwischen einer philosophischen Denktradition und der Soziologie in Deutschland, in: M.R. Lepsius (Hg.), Soziologie in Deutschland und Österreich 1918-1945, Kölner Zeitschrift für Soziologie und Sozialpsychologie, Sonderheft 23, 1991

RIEGL, A.: Historische Grammatik der bildenden Künste. Aus dem Nachlaß hrsg. v. K.M. Svoboda u. O. Pächt, Graz 1966

DERS.: Spätrömische Kunstindustrie, Wien 1929

DERS.: Stilfragen. Grundlegungen zu einer Geschichte der Ornamentik, Berlin 1923

ROTH, G.: Das Gehirn und seine Wirklichkeit. Kognitive Neurobiologie und ihre philosophischen Konsequenzen, Frankfurt a. M. 1994

ROTH, K. H.: Die Modernisierung der Folter in den beiden Weltkriegen. Der Konflikt der Psychotherapeuten und Schulpsychiater um die deutschen „Kriegsneurotiker" 1915-1945, in: 1999. Zeitschrift für Sozialgeschichte des 20. und 21. Jahrhunderts, 1987

ROEHMHILD, L.: Integraler Föderalismus. Modell für Europa. Ein Weg zur personalen Gruppengesellschaft, 2 Bde., München 1977

RUDOLPH, K.: Nationalsozialisten in Ministersesseln. Die Machtübernahme der NSDAP und die Länder 1929-1933, in: Jansen/Niethammer/Weisbrod 1995

RUGE, W.: Das Ende von Weimar, Berlin 1983

SAMELSON, F.: World War I intelligence testing and the development of psychology, in: Journal of History of the Bahavioral Sciences, 1977

SARKOWSKI, H. (Hg.): Der Insel-Verlag. Eine Bibliographie, 1899-1969, Frankfurt a.M. 1970

SAUERLÄNDER, W.: Alois Riegl und die Entstehung der autonomen Kunstgeschichte am Fin de Siecle, in: R. Bauer, E. Heftrich u.a. (Hg.), Fin de Siecle. Zu Literatur und Kunst der Jahrhundertwende, Frankfurt am Main 1977

SAVIGNY, C. F. V.: Grundgedanken der historischen Rechtsschule, hrsg. v. E. Wolf, Frankfurt a.M. 1944

SCHELER, M.: Das Ressentiment im Aufbau der Moral, in: Ders., Gesammelte Werke, Bd. 3, hrsg. v. M. Scheler, Bern 1955

DERS.: Die deutsche Philosophie der Gegenwart, in: Ders., Gesammelte Werke, Bd. 7, hrsg. v. M.S. Frings, Bern/München 1957

SCHIEDER, T.: Die deutsche Geschichtswissenschaft im Spiegel der Historischen Zeitschrift, in: Ders. (Hg.), Hundert Jahre Historische Zeitschrift. 1859-1958. Beiträge zur Geschichte der Historiographie in den deutschsprachigen Ländern, München 1959

SCHLAWE, F.: Literarische Zeitschriften, Teil I: 1885-1910, Stuttgart 1961; Teil II: 1910-1933, Stuttgart 1962

SCHLEIER, H.: Die bürgerliche deutsche Geschichtsschreibung der Weimarer Republik, I.: Strömungen - Konzeptionen - Institutionen, II.: Die linksliberalen Historiker, Berlin 1975

SCHMITT, C.: Der Begriff des Politischen, Berlin 1987

DERS.: Politische Theologie, Berlin 1993

DERS.: Politische Romantik, Berlin 1991

SCHNEIDER, B./ U. HAACKE (Hg.): Das Buch vom Kriege, 1914-1918. Urkunden, Berichte, Briefe, Erinnerungen, Ebenhausen 1933

SCHNEIDER, M.: Die lange Wut zum langen Marsch, Hamburg 1975

SCHRADER, B./SCHEBERA, J.: Kunstmetropole Berlin 1918-1933. Dokumente und Selbstzeugnisse, Berlin/Weimar 1987

DIES./SCHEBERA, J.: Die Goldenen Zwanziger Jahre. Kunst und Kultur der Weimarer Republik, Leipzig 1987

SCHREIER, B.: Untersuchungen zur Kirchengeschichte Thüringens 1918 bis 1933, Diss. Halle 1985

SCHRICKEL, L.: Weimar. Eine Wallfahrt in die Heimat aller Deutschen, Weimar 1926

SCHRÖDER, R. A.: [zu Harry Graf Kessler], in: Imprimatur, 1931

SCHRÖTER, M.: Der Streit um Spengler. Kritik seiner Kritiker, München 1922

SCHULIN, E.: Geistesgeschichte, Intellectual History und Histoire des Mentalités seit der Jahrhundertwende, Göttingen 1979

DERS.: Der erste Weltkrieg und das Ende des alten Europa, in: A. Nitschke/G.A. Ritter/
D. J. Peukert (Hg.), Jahrhundertwende, Aufbruch in die Moderne 1880-1930, Bd. 1, Reinbek 1990

SCHULZ, G. (Hg.): Die Weimarer Republik. Eine Nation im Umbruch, Würzburg 1987

SCHULZ, W.: Massenmedien und Realität, in: Kaase, M/ W. Schulz (Hg.), Massenkommunikation. Theorie, Methoden, Befunde, Opladen 1989

SCHWARTE, M. (Hg.): Der Krieg in seiner Einwirkung auf das deutsche Volk, Leipzig 1918

SONTHEIMER, K.: Antidemokratisches Denken in der Weimarer Republik, München 1992

SPENGLER, O.: Der Untergang des Abendlandes. Umrisse einer Morphologie der Weltgeschichte, München 1963

DERS.: Preußentum und Sozialismus, München 1932

STENZEL, B.: Harry Graf Kessler. Ein Leben zwischen Kultur und Politik, Weimar/Köln/Wien 1995

DERS.: Harry Graf Kessler und die Weimarer Reformen von 1902 bis 1906. Ein Versuch der Moderne, in: Kleinstaaten und Kultur in Thüringen vom 16. bis 20. Jahrhundert, hrsg. v. J. John, Weimar/Köln/Wien 1994

DERS.: Zur Literaturpolitik im „Dritten Reich". Weimar und die „Woche des deutschen Buches" (erscheint 1997 im Göttinger Wallstein-Verlag)

STERNHELL, Z.: Ni droite, ni gauche. L'idéologie fasciste en France, Bruxelles 1987

STÖCKER, M.: Augusterlebnis 1914 in Darmstadt. Legende und Wirklichkeit, Darmstadt 1994

STREISAND, J. (Hg.): Die bürgerliche deutsche Geschichtsschreibung von der Reichseinigung von oben bis zur Befreiung Deutschlands vom Faschismus, in: Schriften des Instituts für Geschichte der Deutschen Akademie der Wissenschaften zu Berlin, Reihe I: Allgemeine und deutsche Geschichte, Bd. 21, Studien über die Geschichtswissenschaft Bd. II, Berlin 1965

TAUBES, J.: Die Ästhetisierung der Wahrheit im Posthistoire, in: G. Althaus / I. Staeuble (Hg.), Streitbare Philosophie, Festschrift für M. v. Brentano, Berlin 1988

THEWELEIT, K.: Männerphantasien, Bd. I, II, Frankfurt a. M. 1986

THOMÄ, D.: Die Zeit des Selbst und die Zeit. Zur Kritik der Textgeschichte Martin Heideggers 1910-1976, Frankfurt a.M. 1990

TÖNNIES, F.: Besprechung von Helmuth Plessner, Die Grenzen der Gemeinschaft, Berlin 1922, in: Kölner Zeitschrift für Soziologie 5, 1926

DERS.: Gemeinschaft und Gesellschaft. Grundbegriffe der reinen Soziologie, in: Ders., Soziologische Studien und Kritiken, Bd. 1, Jena 1925

DERS.: Studien zur Philosophie und Gesellschaftslehre im 17. Jahrhundert, hrsg. v. E.G. Jakoby, Stuttgart 1975

DERS.: Thomas Hobbes. Leben und Lehre, eingel. u. hrsg. v. K.-H. Ilting, Stuttgart 1971

DERS.: Zweck und Mittel im sozialen Leben, in: Ders., Soziologische Studien und Kritiken, Bd. 3, Jena 1929

TÖTEBERG, M.: Nachwort zu Vatermord. Schauspiel in den Fassungen von 1915 und 1922, München 1985

TRACEY, D. D.: Reform in the Early Weimar Republic: the Thuringian Example, in: The Journal of Modern History, 44, 1972

TRAVERS, M.: German Novels on the First World War and their Ideological Implications, 1918-1933, Stuttgart 1986

TROMMLER, F.: Einleitung, in: Deutsche Literatur. Eine Sozialgeschichte, hrsg. v. H. A. Glaser, Bd. 8: Jahrhundertwende, Vom Naturalismus zum Expressionismus, 1880-1918, Hamburg 1987

TUCHOLSKY, K.: Ein besserer Herr, in: Gesammelte Werke, Bd. 7, hrsg. v. M. Gerold-Tucholsky u. F.J. Raddatz, Reinbek 1975

[DERS., Ignaz Wrobel].: Berlin und die Provinz, in: Die Weltbühne,11, 1928

TUGENDHAT, E.: Heideggers Seinsfrage, in: ders., Philosophische Aufsätze, Frankfurt a. M. 1992

ULBRICHT, J.H.: Volksbildung als Volk-Bildung. Intentionen, Programme und Institutionen völkischer Erwachsenenbildung von der Jahrhundertwende bis zur Weimarer Republik, in: Jahrbuch für historische Bildungsforschung 1 (1993)

DERS.: Die Heimat als Quelle der Bildung. Konzeption und Geschichte regional und völkisch orientierter Erwachsenenbildung in Thüringen in den Jahren 1933 bis 1945, in: 1919 bis 1994. 75 Jahre Volkshochschule Jena, Rudolstadt 1994

DERS.: Kulturrevolution von rechts. Das völkische Netzwerk 1900-1933, in: Heiden, D./ Mai, G. (Hg.), Nationalsozialismus in Thüringen, Weimar/Köln/Wien 1995

DERS.: „Deutsche Renaissance". Weimar und die Hoffnung auf kulturelle Regeneration Deutschlands zwischen 1900-1930, in: Heiden/Mai 1995

ULRICH, B.: Kampfmotivationen und Mobilisierungsstrategien. Das Beispiel Erster Weltkrieg, in: H. v. Stietencron, J. Rüpke (Hg.), Töten im Krieg, Freiburg/München 1995

ULLRICH, V.: Die Hamburger Arbeiterbewegung vom Vorabend des Ersten Weltkrieges bis zur Revolution 1918/1919, Hamburg 1976

VELDE, H.VAN DE: Geschichte meines Lebens, hrsg. v. Hans Curjel, München 1962

Verhandlungen der verfassungsgebenden Deutschen Nationalversammlung. Stenographische Berichte, Bd. 326, Berlin 1920

VERHEY, J.: The Myth of the Spirit of 1914 in Germany, 1914-1915, Diss. Berkeley/Cal. 1991

DERS.: Triumph of the Will: the Discourse on Propagande and Public Opinion in Germany after World War I, in: Hüppauf, B. (Hg.): War, Violence and the Structure of Modernity, New York (demnächst)

VONDUNG, K. (Hg.): Kriegserlebnis. Der Erste Weltkrieg in der literarischen Gestaltung und symbolischen Deutung der Nationen, Göttingen 1980

WAGNER, B.: Im Dickicht der politischen Kultur, München 1992

WAHL, V.: Jena als Kunststadt. Begegnungen mit der modernen Kunst in der thüringischen Universitätsstadt zwischen 1900 und 1933, Leipzig 1988

WEBER, M.: Soziologische Grundbegriffe, Tübingen 1981

DERS.: Wirtschaft und Gesellschaft, Tübingen 1985

DERS.: Politik als Beruf, in: Ders., Gesammelte Politische Schriften, Tübingen 1988

WEDEL, E. V.: Weltoffenes Weimar. Weimars kulturelle Beziehungen zum Ausland in der Geschichte, Weimar 1950

WEGE, C.: Gleisdreieck, Tank und Motor. Figuren und Denkfiguren aus der Technosphäre der Neuen Sachlichkeit, in: Deutsche Vierteljahresschrift für Literaturwissenschaft und Geistesgeschichte, Nr. 68, 1994

WERNECKE, K./HELLER, P.: Der vergessene Führer. Alfred Hugenberg, Hamburg 1992

WINKLER, H. A.: Weimar 1918-1933. Die Geschichte der ersten deutschen Demokratie, München 1993

WINKLER, K.-J.: Das Bauhaus in Weimar, in: Genius huis Loci, Weimar 1992

WITTGENSTEIN, L.: Philosophische Untersuchungen, in: ders., Tractatus lodico-philosophicus/ Philosophische Untersuchungen, Leipzig 1990

WÖLFFLIN, H.: Das Erklären von Kunstwerken, Leipzig 1940

DERS.: Kunstgeschichtliche Grundbegriffe. Das Problem der Stilentwicklung in der neueren Kunst, Dresden 1983

DERS.: Prolegomena zu einer Psychologie der Architektur, in: ders., Kleine Schriften, Basel 1946

WOLLKOPF, R.: Das Nietzsche-Archiv im Spiegel der Beziehungen Elisabeth Förster-Nietzsches zu Harry Graf Kessler, in: Jahrbuch der Deutschen Schillergesellschaft 1990

WORRINGER, W.: Formprobleme der Gotik, München 1911

WORTMANN, M.: Baldur von Schirach. Hitlers Jugendführer, Köln/Wien 1982

WYSLING, H.: Narzißmus und illusionäre Existenzform. Zu den Bekenntnissen des Hochstaplers Felix Krull, Bern/München 1982

ZIOLKOWSKI, T.: Der Hunger nach dem Mythos. Zur seelischen Gastronomie der Deutschen in den Zwanziger Jahren, in: Grimm,R./ J.Hermand: Die sogenannten Zwanziger Jahre, Bad Homburg 1970

ZUCKMAYER, C.: Der Hauptmann von Köpenick. Ein deutsches Märchen in drei Akten, Berlin 1930

ZUMBINI, M. F.: Macht und Dekadenz. 'Der Streit um Spengler' und die Frage nach den Quellen zum 'Untergang des Abendlandes', in: A. Demandt / J. Farrenkopf (Hg.), Der Fall Spengler. Eine kritische Bilanz, Wien 1994

ZELLER, B.: Aus unbekannten Tagebüchern Harry Graf Kesslers, in: Jahrbuch der Deutschen Schillergesellschaft 1987

Abbe, Ernst 15
Abetz, Otto 239, 241
Adorno, Theodor W. 173
Améry, Carl 243
Anders, Günther 98
Aquin, Thomas von 187
Arendt, Hannah 160
Arens, Franz 223 f.
Aristoteles 185
Aron, Robert 235, 237, 240

Bacon, Francis 133
Balzac, Honoré de 98
Barbusse, Henri 111
Bartels, Adolf 2, 15, 20, 28ff., 43, 46
Barth, Karl 240
Barthels, Ernst 227
Bataille, Georges 240
Bauch, Bruno 25
Baum, Erwin 20
Bäumer, Gertrud 85
Baumgarten, Otto 90
Becher, Johannes Robert 49
Below, Georg von 221, 223f.
Benjamin, Walter 74
Bergson, Henri 73
Biedermann, Flodoard Freiherr von 63f
Bismarck, Otto von 24, 220
Blanchot, Maurice 111
Bloch, Ernst 90
Bodmer, Hans 58
Bonnard, Pierre 42
Borchardt, Rudolf 86
Brasillach, Robert 238
Breker, Arno 48
Broch, Hermann 76f., 80
Bronnen, Arnolt 131ff.
Bürklin, Albert 59

Cacéres 244
Carl Alexander, Großherzog von Sachsen-Weimar-Eisenach 42
Cervantes, Saaveda 150
Charbonneau, Bernard 243f.
Chevalley, Claude 235
Class, Heinrich 89
Courbet, Gustave 42
Corinth, Lovis 43
Cues, Nicolaus von 187

Dandieu, Arnaud 235, 237, 240
Delbrück, Hans 220, 222
Delors, Jacques 244
Déleage, André 235
Denis, Maurice 42
Dewey, John 177
Diederichs, Eugen 15, 24, 32
Dilthey, Wilhelm 177, 180ff., 188, 191, 194
Dinter, Artur 19., 27f.
Dirks, Walter 242
Dix, Otto 39
Döblin, Alfred 77
Domenach 244
Donndorf, Martin 58, 60f., 64
Doriot, Jacques 238
Dumont, Louise 46
Dupuis, René 235
Dvorak, Max 148, 150

Ebert, Friedrich 3, 11
Einstein, Albert 104
Ellul, Jacques 243
Engelmann, Wilhelm 59
Ernst, Paul 44
Eucken, Rudolf 15

Federmann, Arnold 228
Feininger, Lyonel 39

Feuchtwanger, Lion 3
Fichte, Johann Gottlieb 224ff.
Fischer, Samuel 37
Fitzner, Rudolf 228
Flex, Walter 85
Flitner, Wilhelm 16
Foch, Marschall 117
Förster-Nietzsche, Elisabeth 40,
  43, 47
Freyer, Hans 201
Frick, Wilhelm 20f., 32, 39, 47
Friedrich der Große 24f.

Gadamer, Hans-Georg 186
Gauguin, Paul 42
Gehlen, Arnold 133
George, Stefan 78f.
Giesler, Hermann 48
Gill, Eric 47
Goebbels, Joseph 47, 121
Goethe, Johann Wolfgang von 2,
  24f., 27, 30, 41f., 46f., 57, 64, 82,
  118
Göring, Hermann 47
Greco, El 150
Greil, Max 18
Grillparzer, Franz 46
Gropius, Walter 3, 18
Grothe, Hans Henning 116
Günther, Hans F. K. 21, 228
Güntter, Otto von 58

Haeckel, Ernst 15
Haering, Hermann 225
Hardt, Ernst 18
Hauptmann, Gerhart 46, 67, 72, 79
Haym, Rudolf 219
Heartfield, John 39
Hebbel, Friedrich 46
Hegel, Georg Wilhelm Friedrich
  173, 185, 187f., 248, 267

Heidegger, Martin 157ff., 177ff.,
  250
Herre, Paul 230
Herrmann, Curt 42
Herzfeld, Hans 221
Hesse, Hermann 72
Heuer, Otto 58, 62, 65
Heyne, Moritz 60
Heynen, Walter 219
Hindenburg, Paul von 25, 87
Hitler, Adolf 3, 20, 46f., 48,
  122ff., 160, 240
Hobbs, Thomas 204ff., 212
Hoffer, Klaus 111
Hofmann, Albert von 225
Hofmannsthal, Hugo von 46,
  71ff., 77f.
Hölderlin, Friedrich 186, 195
Huch, Ricarda 58
Hübinger, Gangolf 6
Hugenberg, Alfred 112, 116, 122ff.
Husserl, Edmund 177, 249
Hussong, Friedrich 116

Ibsen, Henrik 46, 225
Izard, Georges 235

Jaspers, Karl 256f.
Johst, Hanns 88
Jünger, Ernst 73ff., 78, 113ff.,
  119, 121
Justinian 149

Kandinsky, Wassily 43, 104
Kant, Immanuel 185ff., 189f.
Karl der Große 149
Kerenyi, Karl 91
Kessler, Harry Graf 15, 29, 37ff.
Keyser, Erich 226f.
Kierkegaard, Sören 76, 225
Kippenberg, Anton 58ff.

Kittler, Friedrich 113
Klee, Paul 39
Kleist, Heinrich von 46
Klinger, Max 43
Kloppe, Fritz 27
Kloß, Max 25f.
Kluge, Friedrich 60
Koch, Franz 227
Koellreutter, Otto 15
Kolbenheyer, Erwin Guido 227
Korsch, Karl 15
Konstantin der Große 149
Köster, Albert 59
Kraeger, Heinrich 27
Kressmann 244
Kraus, Karl 75f.

Lacoue–Labarthe, Philippe 118
Lacroix, Jean 235, 242
Lamprecht, Karl 223f.
Landsberg, Paul Ludwig 235
Langbehn, August Julius 24
Lederer, Emil 86
Lenin, Wladimir Iljitsch 45, 235, 238
Lehmbruck, Wilhelm 39
Lessing, Theodor 138
Lesskow, Nicolai 74
Lewin, Kurt 99
Liebermann, Max 42,
Lienhard,Friedrich 2, 23, 28ff., 43, 58
Lilienfein, Heinrich 3
Lipmann, Otto 98, 103
Loeper, Gustav von 24
Lublinski, Samuel 44
Luchaire, Jean 239
Ludendorff, Erich 25, 27, 28, 39
Ludwig, Otto 46
Luhmann, Niklas 111
Luther, Martin 225

Lyotard, Jean-Francois 76, 169, 173, 186

Maillol, Aristide 47, 50
Mahraun, Arthur 27
Man, Hendric de 239
Mann, Heinrich 104
Mann, Thomas 2, 25, 57, 61, 66f., 72, 79ff., 91, 104
Mannheim, Karl 256, 259, 262f., 265f.
Marc, Franz 39
Marc, Alexandre 235, 237. 239ff., 244
Maritan, Jacques 241
Marx, Karl 45, 190, 248
Mauss, Marcel 240
Maulnier, Thierry 238
Maxence 238
Medem, Eberhard von 123
Meinecke, Friedrich 15
Michels, Victor 58, 60f. 64, 66
Misch, Georg 177, 180, 188, 194
Monet, Claude 42
Mounier, Emanuel 235, 241f., 247
Müller, Karl Alexander von 85
Mumford, Lewis 239
Munch, Edvard 42
Musil, Robert 72, 111
Mussolini, Benito 240
Mutius, Gerhard von 225, 228

Nadler, Josef 227
Niebergall, Friedrich 85
Nietzsche, Friedrich 2, 15, 20, 38, 41, 47, 48, 157, 189f., 225
Nohl, Hermann 16
Nolde, Emil 39
Novalis 71

Oehler, Dolf 261
Oettingen, Wolfgang von 43, 58

Pascal, Blaise 187
Pechmann, Wilhelm Freiherr von 58
Perroux, François 235, 242
Petersen, Julius 57, 59ff.
Petersen, Peter 16
Picoeur, Paul 249
Pierce, Charles 177
Plaut, Paul 97ff.
Plessner, Helmuth 6, 157, 177ff., 201ff.
Proudhon, Pierre-Josephe 238
Przywara, Erich 240

Radbruch, Gustav 15
Rathenau, Walther 50
Redslob, Edwin 14, 18
Reichwein, Adolf 16
Rein, Wilhelm 16
Remarque, Erich Maria 114
Rembrandt, Harmensz van Rijn 24
Renoir, Auguste 42
Reventlow, Ernst Graf von 27
Riegl, Alois 147ff.
Rilke, Rainer Maria 72
Rodin, Auguste 42
Roethe, Gustav 57ff.
Rosenberg, Alfred 1
Rosenstock, Eugen 235, 240, 246f.
Rougemont, Denis de 235, 240, 243

Savigny, Carl Friedrich von 205
Sauckel, Fritz 19, 21, 47f.
Schäfer, Dietrich 225
Schaxel, Julis 15
Scheidemantel, Eduard 64
Scheler, Max 157, 212, 239, 242, 246, 248

Schelle-Noetzel, A.H. (d.i. Arnolt Bronnen)
Schelling, Friedrich Wilhelm Joseph von 195
Scherer, Wilhelm 60
Schifrin, Alexander 91
Schiller, Friedrich von 2, 30, 41f., 46f.,
Schirach, Baldur von 19
Schlageter, Albert Leo 117 122
Schlemmer, Oskar 39
Schlenker, Max 122
Schmeidler, Bernhard 222ff.
Schmidt, Erich 60
Schmitt, Carl 121, 139, 192, 210f., 256, 161
Schnitzler, Arthur 46
Scholz, Wilhelm von 44
Schultze-Naumburg, Paul 15, 20, 21, 39, 47
Schulze-Boysen, Harro 235, 239
Schrickel, Leonhard 30
Schröder, Rudolf Alexander 51
Shakespeare, William 46, 225
Siemsen, Anna 16
Signac, Paul 42
Slevogt, Max 42
Sophokles 46
Sorel, Georges 238f.
Spengler, Oswald 87, 143ff.
Spranger,Eduard 57, 62, 64f.
Stapel, Wilhelm 23
Stern, William 98, 240
Sternell, Zeev 237
Studnitz, Hans 123

Thormann, Werner 242
Tönnies, Ferdinand 201ff.
Treitschke, Heinrich von 220f.
Troeltsch,Ernst 66
Tucholsky, Kurt 2, 131

Uexküll, Jakob von 183

Valois, Joseph Marie Noel 238
Velde, Henry van de 15, 18, 29,
 41, 46f.

Waas, Christian 227
Wachler, Ernst 29
Wächtler, Friedrich 47
Wahl, Hans 58
Wahle, Julius 58
Wartenburg, York Graf von 194
Weber, Max 201, 208
Wege, Carl 137
Weinel, Heinrich 16
Weiß, Wilhelm 88
Werfel, Franz 240, 247
Werner, Anton von 43
Wessel, Horst 122
Wickhoff, Franz 147
Wieland, Christoph Martin 30
Wildenbruch, Ernst 2
Wilhelm Ernst, Großherzog von
 Sachsen-Weimar-Eisenach 40,
 42, 46
Wilhelm II., Deutscher Kaiser und
 König von Preußen 41, 43
Wittgenstein, Ludwig 171
Wolff, Theodor 86
Wölfflin, Heinrich 148, 150
Worringer, Wilhelm 148
Wundt, Max 58, 64f.

Zarncke, Ferdinand 57, 60
Zeiss, Carl 15
Ziegler, Hans Severus 19, 28, 29,
 47

ULRIKE BAUREITHEL, M.A., Literaturwissenschaftlerin, Redakteurin und freie Publizistin in Berlin, derzeit Arbeit an einer Studie zur Neuen Sachlichkeit.

WOLFGANG BIALAS, geb. 1954, Dr. sc. phil., Promotion zur Hegelschen Philosophie, Habilitation zur Geschichtsphilosophie der Frankfurter Schule; wissenschafflicher Mitarbeiter einer Max-Planck-Forschungsgruppe an der Universität Potsdam. Forschungen zur Intellektuellengeschichte und zur Philosophie der Weimarer Republik. Bücher (Auswahl): Intellektuelle in der Weimarer Republik. Hrsg. zus. mit Georg Iggers, P. Lang Frankfurt a. M. 1995; Vom unfreien Schweben zum freien Fall. Ostdeutsche Intellektuelle im gesellschaftlichen Umbruch. S. Fischer Taschenbuch-Verlag 1996.

HANS-JÜRGEN BIENEFELD, geb. 1954, Studium der Philosophie und Geschichte an der FU Berlin, Forschungen zu Fragen der Geschichtsphilosophie, z. Zt. Doktorand am Friedrich-Meinecke-Institut der FU Berlin.

HILDEGARD CHÂTELLIER, Professor für Germanistik, Université des Sciences Humaines, Strasbourg; Arbeitsgebiet: Kultur und Gesellschaft um die Jahrhundertwende; Intellektuellendiskurse vom Kaiserreich zum Dritten Reich.

MANFRED GANGL, geb. 1947, Studium der Germanistik, Geschichte und Sozialkunde in München, Promotion zur Politischen Ökonomie der Frankfurter Schule, zahlreiche Publikationen zur Intellektuellengeschichte der Weimarer Republik, Professor für Germanistik an der Universität Angers, Frankreich.

KAI HAUCKE, Dr. phil.; Studium der Philosophie, zahlreiche Publikationen zu den Themen: Philosophie, Kunst und nachmetaphysisches Denken, z. Zt. Assistent am Philosophischen Institut der Universität Potsdam.

ALEXANDER HONOLD, geb. 1962, Dr. phil, Assistent für neuere deutsche Literaturwissenschaft an der FU und der Humboldt-Universität Berlin, Publikationen u.a. zu Musil, Kafka, Thomas Mann, arbeitet zur Literaturgeschichte des Ersten Weltkriegs, zum Exotismus in der Literatur der Moderne sowie zu Hölderlins Revolutionsbegriff.

JÜRGEN JOHN, geb. 1942, Professor für moderne Regionalgeschichte Mitteldeutschlands an der Friedrich-Schiller-Universität Jena, zahlreiche Veröffentlichungen zur Regional- und Kulturgeschichte Thüringens im 20. Jahrhundert.

THOMAS KELLER, Dr. Dr. habil., Maître de conferences à l'Université des Sciences Humaines de Strasbourg, Studium der Vergleichenden Literaturwissenschaft, Germanistik, Französisch und Geschichte; seit 1981 als Kulturwissenschaftler an französischen Universitäten tätig; u. a. mitverantwortlich für die Forschungsprojekte "Interkulturalität in Theorie und Praxis / Interkulturelle Autobiographien" und "Historische Diskurse in der Anthropologie und Ethnologie der Zwischenkriegszeit".

HANS-PETER KRÜGER, Prof. Dr. phil. habil., Studien zu: John Deweys Pragmatismus (Theorie des Forschungsprozesses und Sozialhphilosophie) und Helmuth Plessners philosophische Anthropologie, Lehrstuhl für Praktische Philosophie an der Universität Potsdam.

THOMAS NEUMANN, geb. 1961, Wissenschaftlicher Mitarbeiter, Goethe- und Schiller-Archiv Weimar; Forschungsschwerpunkte: deutschsprachige Literatur des 19. und frühen 20. Jahrhunderts, Arbeiten zur Goetherezeption.

MARTIN RASS, derzeit Mitglied des Graduiertenkollegs »Intermedialität« am FB 3 in der Gesamthochschule-Universität Siegen, promoviert an der Université Paris XII, Val de Marne, über Medienstrategien in der Hugenbergpresse während der Endphase der Weimarer Republik.

BURKHARD STENZEL, geb. 1961, Studium der Germanistik und Geschichte in Jena, 1994 Dissertation über das Ästhetik- und Politikverständnis von Harry Graf Kessler, verschiedene Veröffentlichungen zur Literatur der Moderne, wissenschaftlicher Mitarbeiter bei der Stiftung Weimarer Klassik, Forschungsschwerpunkt: Literatur und Nationalsozialismus in Thüringen.

JUSTUS H. ULBRICHT, geb. 1954, Studium der Geschichte. Germanistik und Allgemeinen Pädagogik in Tübingen, ab 1981 freier Wissenschaftler, seit Oktober 1995 wissenschaftlicher Mitarbeiter der Stiftung Weimarer Klassik, zahlreiche Vorträge und Veröffentlichungen zur Geschichte der völkischen Bewegung, zur deutschen Verlagsgeschichte, zur Genese agrarromantischer und ökologischer Denkmuster, zur Nationalisierung kultureller Deutungsmuster sowie zur Geschichte außerkirchlicher Religiosität im 20. Jahrhundert.

BERND ULRICH, geb. 1956, Historiker, promovierte mit einer Arbeit über die Bedeutung und Instrumentalisierung deutscher Feldpostbriefe des Ersten Weltkriegs, Veröffentlichungen über Kriegsfreiwillige, Kriegsneurotiker und die Wahrnehmung des Krieges, z. Zt. zusammen mit B. ZIEMANN Vorbereitung eines Quellenbandes zur Erinnerung und Darstellung des Ersten Weltkriegs in der Weimarer Republik (ersch. 1997).

JEFFREY VERHEY studierte Geschichte in Berkeley (USA), er war "Fellow" am "Center for European Studies" der Harvard Universität (Boston), z. Zt. ist er Postdoktorand beim Graduiertenkolleg "Intermedialität" der Literatur- und Kommunikationswissenschaftlichen Fakultät der Universität Siegen, Forschungsschwerpunkt: Propagandageschichte sowie Bedeutung von "Public Relations" für die Kulturgeschichte der Vereinigten Staaten nach dem Ersten Weltkrieg.

Burkhard Stenzel

Harry Graf Kessler

Ein Leben zwischen Kultur und Politik

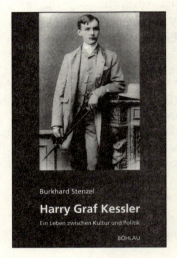

1995. 248 Seiten. Franz. Broschur.
22 Abbildungen. DM 49,80
ISBN 3-412-04994-8

Harry Graf Kessler war einer der bedeutendsten Förderer der Moderne in Kunst und Literatur. In seinem Werk und in den vielfältigen Beziehungen zu Schriftstellern, Künstlern und Politikern - darunter Hugo von Hofmannsthal, Gerhart Hauptmann, André Gide, Max Liebermann, Edvard Munch und Walther Rathenau - treten die Ambivalenzen dieser Strömungen offen hervor.

Veranlaßt durch die Erfahrungen des Ersten Weltkrieges, wird Kessler nach 1918 als Demokrat politisch aktiv. Das Scheitern seiner politischen Karriere mündet in ein schriftstellerisches Schaffen. Er hinterläßt später das Konvolut des umfassendsten Tagebuchs der Moderne. Erstmalig werden in dieser Studie die wesentlichen Auffassungen über Literatur, Kunst und Politik zwischen 1900 und 1933 im Längsschnitt dargestellt. Der Autor untersucht in biographischer Form die Ästhetik und Kunstkritik Kesslers für das Wilhelminische Deutschland und die Weimarer Republik. Im Mittelpunkt steht dabei das schriftstellerische und mäzenatische Schaffen. Das Buch entstand unter Verwendung von weitgehend unveröffentlichtem Tagebuch- und Briefmaterial des Weltbürgers Harry Graf Kessler.

BÖHLAU VERLAG KÖLN WEIMAR WIEN

Theodor-Heuss-Str. 76, D - 51149 Köln